U0143251

名家通识讲座书系

汉语和汉语研究十五讲（第二版）

□ 陆俭明 沈 阳 著

北京大学出版社
PEKING UNIVERSITY PRESS

图书在版编目（CIP）数据

汉语和汉语研究十五讲/陆俭明，沈阳著 . —2 版. —北京：北京大学出版社，2016.10
（名家通识讲座书系）
ISBN 978 - 7 - 301 - 27648 - 8

Ⅰ.①汉…　Ⅱ.①陆…②沈…　Ⅲ.①汉语—语言学—研究　Ⅳ.①H1

中国版本图书馆 CIP 数据核字(2016)第 237030 号

书　　　　名	汉语和汉语研究十五讲（第二版） HANYU HE HANYU YANJIU SHIWUJIANG
著作责任者	陆俭明　沈　阳　著
责 任 编 辑	艾　英
标 准 书 号	ISBN 978 - 7 - 301 - 27648 - 8
出 版 发 行	北京大学出版社
地　　　　址	北京市海淀区成府路 205 号　100871
网　　　　址	http://www.pup.cn　新浪微博：@北京大学出版社
电 子 邮 箱	编辑部 wsz@pup.cn　　总编室 zpup@pup.cn
电　　　　话	邮购部 62752015　发行部 62750672　编辑部 62756467
印 刷 者	北京中科印刷有限公司
经 销 者	新华书店
	965 毫米 × 1300 毫米　16 开本　24.75 印张　392 千字
	2003 年 1 月第 1 版
	2016 年 10 月第 2 版　2023 年 10 月第 6 次印刷
定　　　　价	65.00 元

"名家通识讲座书系"
编审委员会

"名家通识讲座书系"总序

本书系编审委员会

　　"名家通识讲座书系"是由北京大学发起,全国十多所重点大学和一些科研单位协作编写的一套大型多学科普及读物。全套书系计划出版100种,涵盖文、史、哲、艺术、社会科学、自然科学等各个主要学科领域,第一、二批近50种将在2004年内出齐。北京大学校长许智宏院士出任这套书系的编审委员会主任,北大中文系主任温儒敏教授任执行主编,来自全国一大批各学科领域的权威专家主持各书的撰写。到目前为止,这是同类普及性读物和教材中学科覆盖面最广、规模最大、编撰阵容最强的丛书之一。

　　本书系的定位是"通识",是高品位的学科普及读物,能够满足社会上各类读者获取知识与提高素养的要求,同时也是配合高校推进素质教育而设计的讲座类书系,可以作为大学本科生通识课(通选课)的教材和课外读物。

　　素质教育正在成为当今大学教育和社会公民教育的趋势。为培养学生健全的人格,拓展与完善学生的知识结构,造就更多有创新潜能的复合型人才,目前全国许多大学都在调整课程,推行学分制改革,改变本科教学以往比较单纯的专业培养模式。多数大学的本科教学计划中,都已经规定和设计了通识课(通选课)的内容和学分比例,要求学生在完成本专业课程之外,选修一定比例的外专业课程,包括供全校选修的通识课(通选课)。但是,从调查的情况看,许多学校虽然在努力建设通识课,也还存在一些困难和问题:主要是缺少统一的规划,到底应当有哪些基本的通识课,可能通盘考虑不够;课程不正规,往往因人设课;课量不足,学生缺少选择的空间;更普遍的问题是,很少有真正适合通识课教学的教材,有时只好用专业课教材替代,影响了教学效果。一般来说,综合性大学这方面情况稍好,其他普通的大学,特别是理、工、医、农类学校因为相对缺少这方面的教学资源,加上很少有可供选择的教材,开设通识课的困难就更大。

这些年来,各地也陆续出版过一些面向素质教育的丛书或教材,但无论数量还是质量,都还远远不能满足需要。到底应当如何建设好通识课,使之能真正纳入正常的教学系统,并达到较好的教学效果?这是许多学校师生普遍关心的问题。从2000年开始,由北大中文系主任温儒敏教授发起,联合了本校和一些兄弟院校的老师,经过广泛的调查,并征求许多院校通识课主讲教师的意见,提出要策划一套大型的多学科的青年普及读物,同时又是大学素质教育通识课系列教材。这项建议得到北京大学校长许智宏院士的支持,并由他牵头,组成了一个在学术界和教育界都有相当影响力的编审委员会,实际上也就是有效地联合了许多重点大学,协力同心来做成这套大型的书系。北京大学出版社历来以出版高质量的大学教科书闻名,由北大出版社承担这样一套多学科的大型书系的出版任务,也顺理成章。

编写出版这套书的目标是明确的,那就是:充分整合和利用全国各相关学科的教学资源,通过本书系的编写、出版和推广,将素质教育的理念贯彻到通识课知识体系和教学方式中,使这一类课程的学科搭配结构更合理,更正规,更具有系统性和开放性,从而也更方便全国各大学设计和安排这一类课程。

2001年底,本书系的第一批课题确定。选题的确定,主要是考虑大学生素质教育和知识结构的需要,也参考了一些重点大学的相关课程安排。课题的酝酿和作者的聘请反复征求过各学科专家以及教育部各学科教学指导委员会的意见,并直接得到许多大学和科研机构的支持。第一批选题的作者当中,有一部分就是由各大学推荐的,他们已经在所属学校成功地开设过相关的通识课程。令人感动的是,虽然受聘的作者大都是各学科领域的顶尖学者,不少还是学科带头人,科研与教学工作本来就很忙,但多数作者还是非常乐于接受聘请,宁可先放下其他工作,也要挤时间保证这套书的完成。学者们如此关心和积极参与素质教育之大业,应当对他们表示崇高的敬意。

本书系的内容设计充分照顾到社会上一般青年读者的阅读选择,适合自学;同时又能满足大学通识课教学的需要。每一种书都有一定的知识系统,有相对独立的学科范围和专业性,但又不同于专业教科书,不是专业课的压缩或简化。重要的是能适合本专业之外的一般大学生和读者,深入浅出地传授相关学科的知识,扩展学术的胸襟和眼光,进而增进学生的人格素养。本书系每一种选题都在努力做到入乎其内,出乎其外,把学问真正做活了,并能加以普及,因此对这套书的作者要求很高。我们所邀请的大都是那些真正有学术建树,有良好的教学经验,又能将学问深入浅出地传达出来的重量级学者,是请"大家"来讲"通识",所以命名为"名家通识讲座书系"。其意图就是精选名校名牌课程,实现大学教学资源共享,让更多的学子能够通过这套书,亲炙名家名师课堂。

本书系由不同的作者撰写,这些作者有不同的治学风格,但又都有共同的追求,既注意知识的相对稳定性,重点突出,通俗易懂,又能适当接触学科前沿,引发跨学科的思考和学习的兴趣。

本书系大都采用学术讲座的风格,有意保留讲课的口气和生动的文风,有"讲"的现场感,比较亲切、有趣。

本书系的拟想读者主要是青年,适合社会上一般读者作为提高文化素养的普及性读物;如果用作大学通识课教材,教员上课时可以参照其框架和基本内容,再加补充发挥;或者预先指定学生阅读某些章节,上课时组织学生讨论;也可以把本书系作为参考教材。

本书系每一本都是"十五讲",主要是要求在较少的篇幅内讲清楚某一学科领域的通识,而选为教材,十五讲又正好讲一个学期,符合一般通识课的课时要求。同时这也有意形成一种系列出版物的鲜明特色,一个图书品牌。

我们希望这套书的出版既能满足社会上读者的需要,又能有效地促进全国各大学的素质教育和通识课的建设,从而联合更多学界同仁,一起来努力营造一项宏大的文化教育工程。

目 录

说明和致谢

■**本书(2003 年第一版)获得下列奖项(获奖人:陆俭明、沈阳):**

2005 年:北京大学优秀教学成果一等奖;

2005 年:北京市高等教育精品教材奖;

2005 年:北京市高等教育优秀教学成果二等奖;

2006 年:第 9 届北京市哲学社会科学优秀研究成果二等奖;

2009 年:第 5 届全国普通高等学校科学研究(人文社会科学)优秀成果
　　　　普及奖。

■**本书部分研究成果来自下列科研项目(主持人:陆俭明、沈阳):**

1996 年:国家社科基金"九五"重点项目:"现代汉语语义学研究"(项目号:
　　　　96AYY005);

1999 年:国家社科基金一般项目:"现代汉语语义指向研究"(项目号:
　　　　99BYY005);

2000 年:教育部人文社会科学重点研究基地重大项目:"现代汉语动词论元
　　　　结构研究"(项目号:00JAZJD740032);

2001 年:教育部人文社会科学重点研究基地重大项目:"面向中文信息处理
　　　　的现代汉语语义指向研究"(项目号:01JAZJD740002);

2001 年:教育部"十五"博士点基金项目:"现代汉语特殊动词和复杂动词的
　　　　论元结构研究"(项目号:01JB740003);

2005 年:国家社科基金一般项目:"现代汉语焦点敏感算子研究"(项目号:
　　　　05BYY046);

2006 年:北京市哲学社会科学"十一五"规划项目:"网络语句对现代汉语语

法结构的影响"（项目号:06BaWY022）；

2007年:教育部人文社会科学重点研究基地重大项目:"作格结构、中动结构的句法语义性质及与被动结构、主动结构的句法语义关联"（项目号:07JJD740057）；

2008年:荷兰皇家科学院和中国教育部批准,莱顿大学和北京大学联合研究项目:"基于汉语方言和跨语言的作格结构、中动结构和动词及物系统研究"（项目号:08CDP035）；

2010年:国家社科基金后期资助项目:"现代汉语复杂动词结构研究"（项目号:10FYY006）；

2012年:教育部人文社会科学重点研究基地重大项目:"现代汉语名词短语（DP）的内部构造"（项目号:12JJD740008）；

2012年:国家社科基金重大项目:"新时期语言文字规范化问题研究"（项目号:12&ZD173）；

2013年:教育部人文社会科学普及读物项目:"传情和达意——语言怎样表达意义"（项目号:13JPJ016）；

2014年:国家语委重点项目:"海峡两岸（含港澳台）语文现状和发展趋势比较研究"（项目号:ZDI125-20）；

2014年:国家"973"重大基础理论研究项目子课题:"面向网络语言的句法和语义分析的理论模型"（项目号:2014CB340501）。

自　序

　　本书是北京大学出版社出版的《汉语和汉语研究十五讲》的修订版(即第二版)。本文作为修订版的"自序",取代原书的"绪论"。

　　本书2003年第一版是北京大学出版社推出的"十五讲"系列的一种,也是"大学素质教育通识讲座"的一课,2004年又列为"名家通识讲座书系"的一本。不过在我们看来,"十五讲"也罢,"通识讲座"也罢,"名家书系"也罢,都只是这本书的"外包装",叫什么名称或归为哪一类并不那么重要,我们更看重本书的内容和作用。从这个意义上说,如果要给这本书加上三个"关键词",我们觉得应该是"当代""理论"和"汉语"。换句话说,我们主要是想通过本书的内容,表达出"汉语研究要体现当代意识""汉语研究要坚持理论指导"和"汉语研究要面向汉语事实"这样的基本思想。或者说这三个关键词正是本书作为普及性学术著作的一项"任务",也是本书试图实现的对汉语研究的一种"导向"。

　　什么叫"体现当代意识"？所谓"当代",或许可以简单地理解为研究成果完成的时间更近些。这当然毋庸置疑,因为本书的内容虽然大多并非首次发表,但却都代表了汉语研究,尤其是汉语句法学和语义学研究近年来所取得的最重要的成果。其实"当代"更主要还是指科学研究中具有超过前人和超越传统的意识。这种当代意识可以表现在新的理论和方法上,比如本书的研究几乎涉及所有最具代表性的当代语言学理论,像生成语言学理论、认知语言学理论、功能语言学理论等,是公认引领潮流的语言学"地标",即使是有些看起来较为"传统"的理论,如结构语法理论、变换语法理论、配价语法理论等,也仍然表现出历久弥新的活力。这种当代意识也可以表现在新的广度和深度上，比如本书的研究几乎涉及汉语研究中主要的难点和热点问题，无论是像把字句、疑问句、连动句，以及语气词、合成词这样的老现象，还是像合并、提升、焦点、量化、所指这样的新发现，相关的分析和解释都反映了目前汉语研究的新高度。这种当代意识更可以表现在新的思路和取向上，比如本书的研究几乎涉及语言研究的各种观察视角，不仅有动态观、主观化、类型学、像似性这样的宏观建构，也有韵律与构词、句式与结构、转喻与语法这样的界面分析，因此所得到的结论都应该能给人耳目一新的感觉。

什么叫"坚持理论指导"？这本书的各个章节都以"理论"打头，意思就是要运用当代语言学的先进理论来研究汉语的问题。我们也毫不讳言：建立理论是解决实际语言现象的"钥匙"，是科学研究之"魂"，是万变不离之"宗"。本书中几乎每一讲都特别突出了所采用的当代语言学理论，其中大一点的如前面提到的生成语言学理论、认知语言学理论等，稍小一点的包括移位理论、空语类理论、约束理论、指向理论、特征理论、制图理论等重要理论，此外也不乏诸如层次分析、变换分析和韵律分析等"植根于"汉语传统的语言学理论。事实上这本书在对各个具体问题的讨论中都充分体现了这种以理论"导夫先路"，对理论"一以贯之"的精神。之所以本书每一讲都采用某某理论打头的标题，而且都特别强调理论的作用，其实我们就是希望能够突出"语言学和其他科学一样，都需要先进理论指导"这样一种基本态度。套用一句流行语就是，"理论不是万能的，但没有理论是万万不能的"。这就如同"头疼医头，脚疼医脚"固然也算治病，但那只能是庸医所为，只有掌握了医术之"道"，才能够真正"药到病除"。

什么叫"面向汉语事实"？这也是本书不同于以往只是介绍甚至照搬国外理论的某些著作的一个鲜明特色。现在用当代理论做汉语研究的人其实也不算少，著作和成果也不可谓不多，但为什么还是常常被人说成"雷声大，雨点小"，甚至被指责为"花拳绣腿""隔靴搔痒"呢？我们想最主要的原因可能是，在很多人看来，用当代的新理论解决汉语问题时还拿不出自己的"绝活"和"高招"，或者说还不能让人搞明白你在做什么和你能做什么。面对这样的质疑，光生气没有用，光着急也没有用。要让别人服气，要真正让当代语言学理论在汉语研究中成气候，说到底最好的办法就是"不管黑猫白猫，抓住老鼠才是好猫"，"是骡子是马，得拉出来遛遛"。这本书的很多内容就给出了这样的一种回答。本书所讨论的内容几乎全都是大家感兴趣的难点热点，并没有故意回避汉语中的难题而让人觉得装聋作哑；本书所面对的材料也全都是汉语中大家都能说的真实语句，而没有一味套用外语的用例而让人觉得削足适履。本书提到的很多研究成果之所以能在汉语研究中棋高一着，关键就在于这些内容敢于面对大家都关心的汉语事实，敢于解决大家都伤脑筋的汉语难题：这种态度也就是我们说的"面向汉语事实"的意思。如果丢掉了这个"事实"，那么即使有再好的理论也只能是"英雄无用武之地"，即使有再好的方法也只能是"巧妇难为无米之炊"。

上面说的还只是关于本书内容的"题内话"。其实进一步就这本书的意义来说，它可能产生的影响还远不止上面说的这几点。我们很愿意把本书当作当代语言学理论和汉语研究相结合的一个"样本"，换句话说就是这些研究还可以进一步启发所有的汉语研究者去思考这样的几个问题，即"汉语研究应当如何借鉴别人的理论""汉语研究应当如何运用科学的方法"和"汉语研究应当如何寻求自己的突破"。我们觉得像这样的几个大问题，倒是正好可以用这本书来"说事"的。这本书中对这些大问题当然没有专门去讨论，但我们想"事实胜于雄辩"。所以我们想建议广大读者，特别是青年学生，不妨一边读一读这本书的内容，一边认真想一想上面提出的这几个问题。而说到这里，我们不禁想起毛主席当年曾讲过的几句"名言"：一是"洋为中用"，二是"百花齐放"，三是"推陈出新"。我们想这三句话或许正好可以用来回答上面提出的几个问题。"洋为中用"的意思很清楚：一方面要肯定"洋"的东西可以"中用"，不是不用；另一方面则也要明确"洋"的东西怎么"中用"，不能瞎用。"百花齐放"的意思也很清楚：自己的优秀遗产固然要"走向世界"，因为"越中国才越世界"，人家的先进思想当然也是"他山之石"，因为"科学没有国界"。"推陈出新"的意思就更清楚了：一方面是要破除"陈旧"的观念和方法，不能敝帚自珍、抱残守缺；另一方面是要走出"创新"的路子和方向，不能自以为是、故步自封。毛主席的话虽然已经不是"一句顶一万句"了，但他老人家的这三句话大概不会有人怀疑，毕竟还是可与日月争光的"真理"吧！

我们之所以用了这么多"溢美之词"来评述这本书的内容和肯定这本书可能发挥的作用，其实并不是"自鸣得意"或"自以为是"。事实上，这本书的内容不光有我们自己的研究成果，更多的是汉语学界众多学者最新和最重要的研究成果，其中很多内容就直接来自这些学者的论著（见本书各讲"主要参考文献"）。因此从某种意义上说，我们也只是"借花献佛"。不过这篇"自序"所说的话，既非受人之托，也无掠美之意，确实是我们自己做语言学研究的一点"心得"，或者说是我们写这本书的一点"体会"，愿意在这里跟本书的读者分享。

最后需要说明的是，这本书虽然仍是"十五讲"，内容却有较大的变化。一方面是章节有调整，包括合并了若干章节，增加了一些章节；另一方面也删减了不少文字，包括替换例证，删除晦涩或啰唆的语句，全书总篇幅也有较大的压缩。因此本书差不多就是原书的"重写版"和"压缩版"。现在的"十五讲"除了第一讲是总论性质的"关于汉语和汉语研究"；从第二讲起，分别讨论"结构理论与结构层次分析""变换理论与句式变换分析""特征理论与语义特征分析""配价理论与配价结构分析""空语类理论与空语类分析""移位理论与成分移位分析""约束理论与语义所指分析""指向理论与语义指向分析""范畴理论与语义范畴分析""认知理论与语言认知分析""语用理论与语言运用分析""类型理论与语言类型分析""韵律理论与结构韵律分析"以及"最新理论与相关结构分析"。这"十五讲"就像"上菜"，读者可以"顺着吃"，也可以"挑着尝"。但不管是"大餐"还是"小菜"，只要大家觉得"有营养""合口味"，那就是本书作者最大的愿望了。

陆俭明、沈阳

2016 年 7 月 10 日于北京大学

第一讲

关于汉语和汉语研究

1.1 关于汉语

要了解汉语研究,就要先认识汉语。而说到汉语,就不能不提到汉语与其他语言相比的"三奇":一是历史之长久,二是成员之复杂,三是特点之突出。

1.1.1 汉语走过数千年

一般认为汉语距今有三千多年历史,其实那是从殷商时期的甲骨文算起的。而由于语言的出现肯定要早于文字,因此汉语作为语言的历史当然也就远不止三千年。从另一角度说,就算历史上还有比汉语更古老的语言,如古埃及语、古巴比伦语、古腓尼基语,以及著名的梵语,这些语言早在纪元前就都"死亡"了(即不再使用了)。目前正在使用的各种语言的历史一般都不超过一千年,大多不过几百年。就这一点看,历史如此悠久的汉语却至今还"活着",而且"越活越年轻",不但是当今世界上使用人口最多的语言,而且发挥着越来越大的作用,这无疑可称得上是人类文明史的一个奇迹。

从商代出现甲骨文,到周秦时代完整的汉语典籍,乃至此后两千多年汉语的文献更是浩如烟海,这些文字和资料都表明,有数千年历史的汉语的发展是绵延不断、一脉相承的。但时间跨度这么大的汉语当然也不会一成不变,古代的汉语也不会跟现代的汉语完全一样。着眼于这些不同,一般把汉语的发展大致分为古代汉语、近代汉语和现代汉语三个阶段。

古代汉语一般是指先秦两汉至隋唐这一千多年间的汉语。古代汉语虽然也可以上溯至史前汉语，但一般认为古代汉语的前身主要是指"夏语"。夏语也称为"雅言"，是先秦时代黄河流域中游一带华夏族的语言。华夏族与周围夷羌苗黎诸部族不断融合，到秦始皇时建立了大一统的封建帝国，秦始皇实行了众所周知的统一汉语文字的"书同文"政策，在这一融合和统一的历史潮流推动下，古代汉语正式形成。古代汉语的口语和书面语大体上是一致的，或者说现在看到的文言文就是当时古人口中说的话。古代汉语词汇和语法概貌可以从文献中直接观察，而语音系统则只能通过对诗文用韵、谐声系统和反切系统的分析归纳来间接推测。总的说来，古代汉语的面貌和现代汉语截然不同。例如《山海经·海外北经·夸父逐日》中的一段文字："夸父与日逐走。入日，渴，欲得饮。饮于河、渭，河、渭不足，北饮大泽。未至，道渴而死。弃其杖，化为邓林。"这一段话在用词和句式上都与现代汉语很不相同，读音则肯定差得更远，可以代表古代汉语的面貌。古代汉语发展到隋唐时代，在语音、词汇和语法上开始系统地偏离古代汉语，这种偏离不断积累，便逐渐出现了近代汉语的雏形。

近代汉语是指晚唐到清初近一千年间的汉语，其面貌与古代汉语明显不同。近代汉语的语音系统由繁趋简，韵母简化尤甚；词汇系统产生了一大批新词语，以单音词为主的格局转变成以复音词为主；语法上产生了新的代词、助词和语气词系统，以及动补式、处置式（把字句）等新的句式。但近代汉语书面语则基本上还是沿用古代汉语的样式，并形成两个不同的系统：一个是六朝以后以北方口语为基础进行加工的书面语，即通常所说的"古白话"；一个是以先秦口语为基础进行加工的书面语，以及后代以这种书面语为模仿对象的作品的语言，即通常所说的"文言文"。这一时期大量文献资料沿用古代汉语的文言文体，只能从一部分不同程度地记录口语的白话文献，如变文、语录、笔记、小说、话本、杂剧、散曲、戏文、民歌、会话课本等中，窥探近代汉语口语的面貌。例如敦煌变文《大目乾连冥间救母》中的一段话："目连到天宫寻父，至一门，见长者：'贫道小时，名字罗卜。父母亡没已后，投佛出家，剃除须发，号曰大目乾连，神通第一。'长者见说小时名字，即知是儿：'别久，好在已否？'罗卜目连认得慈父，起居问讯已了：'慈母今在何方，受于快乐？'"这段变文距今已有千年，但读起来并不费力，除个别词语与现在不同外，大部分词语和句式都跟现代汉语差不太多了。现代汉语共同语和方言的格局就是在近代汉语阶段逐渐形成的。

过去汉语学界(特别是中学语文教材)一般把古代汉语和近代汉语统称为"古代汉语"。这是因为相对于现代汉语,这一阶段的汉语有一点还是统一的,即不管口语发生了什么变化,正式的书面语都是自秦汉以来没有发生变化的"文言文"。但近代汉语到底是跟古代汉语关系更紧密还是跟现代汉语关系更紧密,这要从不同的角度看:如果从书面的文言文看,近代汉语更接近古代汉语;但如果从口语状况或书面的古白话看,则近代汉语更接近现代汉语。吕叔湘就认为现代汉语跟近代汉语一脉相承,前者是后者的一部分。

目前对现代汉语的起点有不同看法,其中主要说法是指清初以后的汉语,这样现代汉语迄今就已有三百来年历史了。现代汉语形成之初的面貌,从乾隆年间的白话长篇小说《儒林外史》和《红楼梦》的语言来看,其词汇语法基本上已和今天一样。王力的《中国现代语法》就是依据《红楼梦》的语料撰写的。现代汉语的新白话与近代汉语的古白话虽比较接近,但还是有差别的。比如《西游记》和《儒林外史》第一回的开篇文字,前者仍属近代汉语,后者则是现代汉语。不过由于文人写作时仍以先秦两汉的口语为准,也就是所谓"文必秦汉",文言一直占据着汉语书面语的统治地位。历朝历代文学、历史、哲学、自然科学等方面的文献资料,以及政府文书等,无不使用文言。直到民国初年还是两种书面语并存,文言文的地位仍然高于白话文。至于现代白话文完全取代文言文成为书面共同语则是"五四新文化运动",特别是"国语运动"和"白话文运动"以后的事了。从清中期算起的"现代汉语",从时间跨度上看虽不如古代汉语和近代汉语那么长,但语言演变的幅度却又显然非常巨大。特别是"西学东渐"后,受西方语言和日语的影响,汉语在语音、词汇、语法上都有明显变化;而最近几十年,随着社会生活的变化特别是信息时代的到来,现代汉语更是发生了剧烈演变。正因为如此,也有人主张将现代汉语的开端定在"五四"时期,从而与中国现代史保持一致。也有学者提出,如果把清初或清中期之后的汉语叫作"现代汉语",那么"五四"以来的汉语,或者新中国成立以来的汉语,也不妨叫作"当代汉语"。

1.1.2 现代汉语的大家庭

除了历史分期问题,"现代汉语"作为日常用语,虽然从字面上可以理解为"现今汉族人使用的语言",但作为科学术语至少还有广义和狭义两种不同的含义。狭义的现代汉语仅指现代汉民族的共同语——普通话，广义的现代汉语则还包括现代汉语的各种方言。

先说狭义的现代汉语，即作为民族共同语——普通话的现代汉语。

民族共同语既包括书面共同语，也包括口语共同语。现阶段现代汉语的书面共同语和口语共同语已经表现出极强的一致性，这也就是所谓的"言文一致"，"怎么说就怎么写"。1955 年全国人民代表大会将这种书面语和口语统一的共同语正式命名为"普通话"，其定义是"以北京语音为标准音，以北方话为基础方言，以典范的白话文著作为语法规范"。但从历史上看，汉语书面共同语和口语共同语的形成和发展过程还是有所不同的。因此可以说现代汉民族共同语实际上有两个不同的源头，是通过不同的路径最终才"殊途同归"的。

汉语的书面语，即用文字记载的汉语，最早当然是甲骨文，但甲骨文显然还不具备书面共同语的性质。稍晚些的文献，如西周时期的《诗经》和《楚辞》，已经开始反映出明显的南北方的不同地域特点和不同时代特点，但就在同时期也开始出现了以今洛阳（原称"成周"）一带方言为基础的汉语书面共同语形式，当时称作"雅言"（即"夏言"）。《论语》中就有所谓"子所雅言，诗书执礼，皆雅言也"的记载。前面说过，在汉语的长期发展过程中，书面语反映口语的情况是不一样的。如《诗经》中的"国风"是根据民间诗歌记录整理的，《论语》是孔子弟子记录孔子所说的话，因此肯定都非常接近当时的口语。但汉魏以后，写文章的人往往有意模仿先秦的这种书面语，逐渐就形成了跟后来的"口语"越来越远的"文言文"，而且文言一直在汉语书面语中占据统治地位。文言文虽然长期具有汉语书面共同语的性质，但却也因此变成了只有少数人才懂的一种"共同语"。书面语中跟"文言"相对的则是"白话"，在一些民间流传或接近民间的作品中就常常记录下这些更接近历代口语的书面语。如南朝产生的笔记小说《世说新语》主要记述东晋的逸闻趣事和名士言行，其中就可看到不少当时口语的痕迹。六朝甚至更早就开始翻译佛经，佛经要以群众为宣讲对象，译文中也就有许多非常接近口语的表达。唐和五代的说唱文学"变文"在寺院盛行，用有说有唱的"俗讲"宣传佛教故事和历史传统，这种变文和俗讲的白话程度就相当高。《禅宗语录》是禅师的问答记录，属于口耳传习的内容，自然很接近口语。而宋朝建立"道学"，讲学之风甚盛，更采用比较通俗的口语，《朱熹语录》就是非常接近当时口语的书面语作品。到 12—13 世纪宋末元初年间，白话文已经相当成熟。南宋末年的"话本"作为民间艺人说唱的底本，大部分通篇白话，以后的诸宫调、南戏、杂剧、散曲中都有大量白话。元末明初开始出现长篇小说，如《金瓶梅》《儒林外史》《红楼梦》等，虽然也有地域特色，但都是用以北方话为基础的白话文写成的。到这时现代汉语书面共同语即白话文就已经基本成熟了。"五四运动"中，陈独秀等创办的《新青年》杂志第一次喊出了"废除文言文、提倡白话文"的口号，《新青年》还最早发表了鲁迅的白话文小说《狂人日记》和胡适的白话文诗集《尝试集》，这也就是历史上著名的"白话文运动"。在这一运动的影响下，国民政府教育部于 1920 年正式宣布在学校全部停用文言文教科书，改用白话文教科书。由此终于使得白话文取得了正式文学语言的地位。因此可以说"白话文运动"是标志现代汉语书面共同语最终形成的语言文字运动。

汉语口语共同语开始出现的年代肯定要比书面共同语晚。不过在汉语史上，北方话一直在事实上处于口语共同语的地位。"雅言"（即"夏言"）就是以早期的北方话为基础的口语共同语。在春秋时代，"言语异声，文字异形"，"五方之民，言语不通"，因此就必须有一种能通行各地的口语才可能让更广大地区的人都听得懂。孔子周游列国，足迹遍及今天河北、山东、河南等很多地方，因此他在讲学时就只能使用"雅言"。西汉扬雄编纂的《輶轩使者绝代语释别国方言》（简称《方言》）就不但记载了当时各个地区的不同词语，也记录了一种"通语"，可见当时就已有了通行于各地的口语共同语形式。由于政治、经济的多种原因，北方话的口语一直在汉语中具有优势甚至占统治地位。1153 年金朝定都（陪都）于北京，及至元明清三代，北京一直是全国的政治、经济、文化中心，北京话的口语也逐渐成为最有影响和最具权威的一种北方话口语。元代周德清于 1324 年所撰音韵学著作《中原音韵》就提到"混一日久，上自缙绅讲论治道及国语翻译，下至讼庭理民，莫非中原之音"，其所说的"中原之音"就包括当时的北京话"大都话"，因此当时的北京话也被称作"天下通语"。虽然在明朝之前汉语有南北两种官话系统，其中南京官话的影响甚至还大于北京官话，但到了明朝之后，北京话的口语就逐渐取得了正统"官话"（全民通用口语）的地位。明代官场北京官话通行，以至于有人干脆忘记了自己的方言，《明史》称之为"不操乡音"。北方话向南方方言的渗透，也表现为官话的语音成为与当地方言的"说话音"不同的"读书音"，即"文白异读"，文读音明显就是受北方话影响产生的。1728 年清朝雍正皇帝还曾下令，所有官吏必须掌握官话，而且在方言最重的广东、福建设"正音书院"，同时还规定"举人、生员、贡监、童生，不谙官话者不准送试"。这些都说明北方话特别是北京话，早就具备了汉语口语共同语的性质。到清末，民众中"文字改革、言文一致、口语统一"的要求日益迫切。19 世纪末期开始，许多有识之士还纷纷创制出拼读"官话"的字母符号。民国二年（1912），蔡元培主持国民政府教育部时就制定和颁布了汉语的"注音字母"，并逐一审定汉字读音，以后又把"言文一致、统一读音、推行国语"作为政令施行，并正式确定国语标准音是北京音。这些也就构成了历史上著名的"国语运动"，并由此使得北方话特别是北京话最终取得了汉语口语共同语的地位。因此可以说"国语运动"是标志现代汉语口语共同语最终形成的语言文字运动。

再说广义的"现代汉语"，即现代汉语的方言。

汉语和所有语言一样始终处在不断的发展和演变之中。语言的发展演变会有两种结果：一种是由于有变化，因而分化成了不同的语言，这种语言的整体不复存在，就像原来一个大家庭的成员后来"分家单过"，现在欧洲各国的语言就是这样形成的；另一种是虽然有变化，但只是形成了不同的方言，这种语言的整体仍然保持不变，就像原来一个大家庭的成员始终"四世同堂"，汉语的方言就属于这种情况。

造成汉语各种方言产生的原因，主要可从三个方面来看：一是人群迁徙的结果。中国古代大规模的自然灾害、社会动乱、战争戍边、屯垦流放等，常常使大批居民背井离乡，长途迁徙。这就使随着他们分散到异地的语言发生了各种不平衡的变化。如随着先秦以来北方移民陆续增多和北方文化的影响，到六朝前后就在长江以南形成了吴语区和湘语区。粤语的形成则是从秦始皇在岭南"谪庶五十万"开始的。闽语发端于三国东吴汉人成批入闽之时。东晋到明朝初年，由于诸如"永嘉之乱""安史之乱"等战乱的原因，原来住在中原一带的汉族居民先后向南方进行了三次大规模的迁徙，这也成了赣方言和客家方言形成的主要原因。二是自然地理的条件。随着生产力的提高和人口的增长，人群居住的地域越来越大，语言被不同地区交际受到限制的人群所使用，自然会发生不同的变异。同时大山、大河、森林、沼泽作为地理障碍，可以阻断交通，阻隔交往，也为方言分歧的形成创造了条件。如福建山地占全省总面积90%以上,这样就使闽语成为内部差异最大的方言。浙南为山地,因此南片吴语的内部分歧远远大于北片吴语。相比之下大江大河的影响具有两面性:一定程度上当然会阻隔两岸的人员往来,但同时又能给上下游带来舟楫之便。比如长江将官话和吴语等方言分隔为南北两大块,但又形成了长江中下游沿岸的江淮官话,并且溯江而上沟通了上游云贵川地区的西南官话。三是语言的接触影响。在语言发展的过程中,不同语言之间的接触导致相互吸收借用,也在一定程度上影响了方言的形成。如东南诸方言分布地域原本百越杂居,这些方言中一些难从汉语里寻根溯源的成分很可能就是百越语言留下的底子。东北是满族发祥地,东北话里有不少满语词。北京话中的"胡同、井、打(打南边来)",汉语中查不到来源,很可能是女真语或蒙古语的渗透。吴语、粤语和闽语由于跟海外接触比较密切,就吸收了一些外语(主要是英语)语词,如上海话和港澳地区粤语中很多普通话用意译的外来词往往使用英语的音译,这也是这些方言的一个鲜明特色。

根据语音、词汇、语法上的一些重要差异,现代汉语目前共分成七大方言:(1)北方方言:也叫北方话、官话方言,以北京话为代表,是七大方言中历史发展最久、使用人数最多、分布地域最广的方言,是汉民族共同语的基础方言。北方方言的分布包括长江以北地区、长江南岸九江以东镇江以西沿江地带、湖北(东南除外)、四川、云南、贵州、广西西北部、湖南西北部,占汉语地区的四分之三。北方方言的使用人口也占说汉语人口的70%以上。(2)吴方言:也叫吴语,以上海话和苏州话为代表。主要分布在上海市、浙江省和江苏南部。使用人口7000万以上。(3)湘方言:也叫湘语,以长沙话为代表。分布在湖南省大部分地区,以及广西东北部。使用人口3000余万。(4)赣方言:也叫赣语,以南昌话为代表。分布在江西省中部和北部,及其毗连的湖南东部、湖北东南部、安徽西部等地区。使用人口3000余万。(5)客家方言:也叫客家话,是唯一不以地域而以人群命名的方言,以梅县话为代表。分布在广东省东部和中部及其毗连的赣南、闽西和湘东南地区、台湾西北部一些市县,另外在广西、四川还有不成片分布。使用人口约4000万。(6)粤方言:也叫粤语,以广州话为代表。分布在珠江三角洲、广西东南部和港澳地区。使用人口4000多万。(7)闽方言:也叫闽语,以福州话和厦门话为代表。分布在福建省、海南省、台湾省、广东潮汕地区和雷州半岛地区。使用人口 5000 多万。粤方言、闽方言、客家方言在海外华人社区也有分布。海外汉语方言的使用人数约为 2000—3000 万,其中使用汉语方言人口超过 100 万的国家有印度尼西亚、马来西亚、泰国、新加坡、菲律宾、越南、美国等。

1.1.3 现代汉语的"家族基因"

汉语不但是世界上使用人口最多的语言,而且跟其他语言(如印欧语)相比也有许多独特之处。吕叔湘(1989)说:"要认识汉语的特点,就要跟非汉语比较;……拿一种语言跟另一种语言比较,就会发现有三种情况:一种情况是彼此不同,第二种情况是此一彼多或者此多彼一,还有一种情况是此有彼无或者此无彼有。"如此来看,汉语在语音、词汇和语法方面确实都有一些重要的特点或者叫"显赫特征"。

汉语在语音上的特点可以从三个方面来概括:一是声调方面的特点,二是音素方面的特点,三是音节方面的特点。

从声调看,汉语每个音节都有声调,而且声调有区别意义的作用。有人认为世界上的语言主要分为两大类,像汉藏语系语言都有区别意义的声调,但是没有词的形态变化;而印欧语系语言都有词的形态变化,但是没有声调。可见有声调是汉语非常明显的特点。汉语的声调(即音节的音高变化)都有区别意义的作用。如普通话"汤、糖、躺、烫"的声母和韵母相同,声母都是"t",韵母都是"ang",但因为声调不同,意义就不一样,在书面上也就写成四个不同的汉字(这四个字被称作女子瘦身的"一字秘诀",就因为除了声调不同,这四个音节的声韵母都相同)。再如"单相思很'chun(纯)',也很'chun(蠢)'","这些话既是'zhufu(嘱咐)',也是'zhufu(祝福)'","要'jiangjiu(讲究)',不能'jiangjiu(将就)'",都是由于声调的差别而带来词语的意义差别。

从音素看,汉语音节中元音占有优势。印欧语中音节很少是不包含辅音的,而且音节中的辅音常常可以连续出现,如英语"splint(裂片)"这个音节就只有一个元音却有 5 个辅音。但汉语的音节中可以没有辅音,却都必须有元音;辅音不能独立构成音节,而元音都可以独立构成音节;辅音在一个音节中至多只能有 2 个,而且不能连续出现,而元音在音节中可以只有一个(韵腹),而且可以连续出现(韵腹＋韵尾,韵头＋韵腹,韵头＋韵腹＋韵尾），例如"衣［i］、屋［u］、鱼［y］"等就是由一个元音单独构成的音节，而"爱［ai］、蛙［ua］、歪［uai］、威［uei］、优［iou］、腰［iau］"等就是多个元音构成的音节。汉语的音节中元音居多，而元音都是发音响亮可以吟唱的乐音，这也就使得汉语的语音带有明显的乐感和韵味。

从音节看，汉语音节分明，音节结构简单严密。一方面，由于汉语最小的音义结合体基本都是单音节的，加上音节构造严密，音节发音也不像印欧语那样"拼读"发音而是"合读"发音，因此音节紧密，音节之间界限分明，如元辅音成分相同的汉语"岁［suei］"和英语"sway［suei］"，发音上就明显不同。另一方面，汉语音节中元音和辅音出现的类型和位置有严格限制。韵头仅限高元音"i［i］、u［u］、ü［y］"，韵尾仅限高元音"i［i］、u［u］"。英语中鼻音、塞音、擦音、塞擦音、边音等都可以作闭音节收尾辅音，如"gate［geit］（大门）、life［laif］（生命）、large［la:dʒ］（大的）、ball［bɔ:l］（球）"，但汉语普通话闭音节收尾辅音却只能是鼻音［n/ŋ］，（方言中也有鼻音［m］，以及塞音如［p/t/k］）。汉语的辅音要么在音节开头作声母，要么在音节末尾作韵尾：如音节中只有一个辅音，那么或者作声母，或者作韵尾，例如"安［an］、拿［na］"；如音节中有 2 个辅音（最多也只能有 2 个辅音），那么一定是一个作声母，另一个作韵尾，例如"蛋［tan^{51}］、南［nan^{35}］"。这些特点也就造成汉语的音节构造具有严密的组合性：最低层的"韵腹 + 韵尾"组成上一层的"韵"，如"ao"；然后由"韵头 + 韵"组成再上一层的"韵母"，如"iao"；再然后由"声母 + 韵母"组成再上一层的"无调音节"，如"tiao"；最后则由"无调音节 + 声调"组成最终的"音节"，如"［t'iau^{51}］（跳）"；反过来也可以说汉语的音节可以逐层两两切分，直到音素（声母、韵头、韵腹、韵尾）为止。

汉语在词汇上的特点可以从两个方面来概括：一是词语在音节上的特点，二是词语在语素上的特点。前者还包括汉语词语的韵律特征，后者还包括汉语词语的构造形式。

从音节数量看，主要表现为双音节词占优势。古代汉语主要是单音节词，即一个音节（一个汉字）就是一个词，如《论语》中除极少量的人名、地名外，都是单音节词。但现代汉语则是双音节词占绝大多数，即古代汉语单音节词在现代汉语中大多变为双音节词。例如"目：眼睛，石：石头，忆：回忆，菊：菊花"等。目前使用频率最高的现代汉语 8000 个常用词中，双音节词就占 70% 以上（日常口语常用词中也还有大量单音节词）。现代汉语双音节词多的一个重要原因就是为了减少同音词和分化多义词：如"yi[i⁵⁵]"这个音节，文言有"医、衣、依"等好多词，改成双音节的"医疗、衣服、依靠"等词就不是同音词了。再如文言的"道"这个词，有"道路、道理、道义、道学、道德"等许多意思，改成双音节词后，意义也就分开了。双音节词还有一个作用是在韵律上能形成轻重搭配的节奏感。比如"不宜"的肯定形式不是"宜"，而要说成双音节的"宜于"；双音节词或双音节组合的词如"种树、种植树木"若说成"种树木、种植树"就不大好；甚至有时候不够双音节的词要凑成双音节，多于双音节的词还得减缩到双音节，比较"泰国：日本，泰山：峨眉，黄县：顺义，小李：诸葛"，"航空母舰：航母，酒后驾驶：酒驾，春节联欢晚会：春晚"，就都是这种情况；甚至本来是"狐/假虎威""一衣带/水"要读成"狐假/虎威""一衣/带水"的停顿形式，"三十而立、不约而同"中间要加个没什么意义的"而"，变成或读成双音节或双音节组合后至少比较顺口。

　　从语素数量看，主要表现为合成词占优势。因为现代汉语音节、语素、汉字大致上是"三位一体"的，即通常情况下一个音节就等于一个汉字，也就等于一个语素。因此现代汉语中双音节词或多音节词多，也就意味着由多个语素构成的合成词也比较多。世界语言中合成词的三种主要构造方式"派生构词、重叠构词、复合构词"在汉语中都存在，而且现代汉语还有"拟声构词、译音构词"等形式，因此现代汉语合成词构词形式是最多样和最完整的。"拟声构词"的例子如"乒乓、布谷、咔嚓、叮当、潺潺、淅淅沥沥、稀里哗啦"等；"译音构词"的例子如"沙发、芭蕾、粉丝、黑客、俱乐部、奥林匹克"等；"重叠构词"的例子如"姐姐、星星、娃娃、渐渐、骂骂咧咧"等。印欧语中最多见的"附加构词"形式在汉语中也存在，例如"老虎、第一、阿姨、可怜"等是前缀附加构词，"锤子、木头、花儿、哑巴、热乎乎、黑咕隆咚、脏里叭唧"等是后缀附加构词。当然现代汉语中最常见和最能产的合成词构词形式还是"复合构词"。构成复合词的词根语素都是实义的成词语素（即不是虚词）或实义的不成词语素（即不是词缀），而且由于汉语中复合词、词组和句子这三级单位的结构形式基本上一致，因此复合词的构造形式也就多种多样。例如陈述式"胆怯、性急、祖传、口吃"，偏正式"布鞋、汉语、狂热、重视"，支配式"丢脸、悦耳、动人、缺德"，并列式"裁缝、道路、动静、教学"，补充式"改善、证实、打动、抓紧"等，也可以有多重复合词如"脑溢血、计算机、图书馆、英汉词典、国民生产总值"等。

汉语语法上的特点也可以从三个方面来概括：一是语法手段方面的特点，二是语法结构方面的特点，三是语法成分方面的特点。

从语法手段看，汉语缺乏形态标记和形态变化，所以很多语法现象跟这个基本特点有关。如汉语不是通过谓词词形变化表示"时、体、态"的语法意义，而是有一套表示时态的助词（如"了、着、过"等）。这类助词《马氏文通》就认为是"汉语所独"。汉语也没有像印欧语那样的定式动词和不定式动词的区别，动词可以作谓语、带宾语、带补语、作主语、作宾语、作定语，也可以受定语修饰，而形式上并不变化。例如"我们研究"（作谓语）、"打算研究"（作宾语）、"研究结束"（作主语）、"研究语法"（带宾语）、"研究清楚"（带补语）、"研究课题"（作定语）、"语法研究"（受定语修饰）。由于汉语词类本身没有形态标记，进入句子后也没有形态变化，即不是通过词尾变化表示"性、数、格、级"等语法意义，这就造成汉语实词词类和句法成分不像印欧语那样基本上是"一对一"的关系（即作主语和宾语的是名词，作谓语的是动词，作定语的是形容词，作状语的是副词等），而是"一对多"的关系。如汉语的形容词就既可以作谓语、定语、状语、补语，也可以作主语、宾语等，例如"漂亮姑娘"（定语）、"姑娘漂亮"（谓语）、"爱漂亮"（宾语）、"漂亮才吸引人"（主语）、"打得漂亮"（补语）、"漂亮地完成了任务"（状语）。正因为如此，汉语里相同的词类序列也可以构造出不同句法结构，例如同样是"动词＋动词"就可能形成各种结构关系，如"研究讨论"（并列关系）、"打算回家"（动宾关系）、"挖掘出来"（动补关系）、"研究结束"（主谓关系）、"访问回来"（连动关系）、"请他参加"（兼语关系）、"拼命逃窜"（状语—中心语关系）、"养殖研究"（定语—中心语关系）等。甚至同一种语法结构可包含复杂语义关系而没有任何表示名词语义类型的形式标志。如同样是"动宾结构"，动词和名词间的语义关系可以很不一样，例如"吃苹果"（动作—受事）、"（这锅饭）吃五个人"（动作—施事）、"吃火锅"（动作—工具）、"吃食堂"（动作—处所）、"吃利息"（动作—凭借）、"存活期"（动作—方式）、"躲高利贷"（动作—原因）、"排电影票"（动作—目的）等。

从语法结构看，由于汉语缺乏形态变化，因此就特别突出语序和虚词的作用，结构上也有一些独特表现。上面提到汉语实词词类没有形态标记，跟句法成分也不一一对应，就说明汉语主要是靠"语序"来确定结构形式和结构关系的，语序变动就会造成结构关系和结构意义也随之改变。例如"猫捉老鼠"和"老鼠捉猫"，"一会儿再说"和"再说一会儿"，"不怕辣""怕不辣""辣不怕"，由于语序不同，结构和意义就完全不一样或不完全一样。再如印欧语句子与词组是对立的：句子一定有一个定式动词，词组则一定没有定式动词；句子一定是主谓关系，词组则一定不是主谓关系。而汉语句子的构造规则跟词组的构造规则基本上一致，大部分实词或词组类型，只要加上句调和前后停顿，都能成为句子，如"走！""去上海。""我。"就都可以是句子。也可以说，在印欧语里，词、词组、句子之间是一层一层的"组成关系"，即由词组成词组，由词组组成句子；而在汉语里，词、词组和句子之间则是"实现关系"，即某些词和词组加上句调就可以成为句子。由于汉语句子是任何词组加上句调直接实现的，因此不像英语里主语、谓语、宾语都不可以随便省略，只要语境允许，汉语实际说出来的句子中也可以看作有很多成分是省略了的。例如回答"你喝啤酒吗"，可以说"我喝啤酒"，也可以说"我喝""喝"；回答"你喝什么"，可以说"我喝啤酒"，也可以说"喝啤酒""啤酒"。汉语语法结构中虚词的作用也很重要，如"我的弟弟""我和弟弟""我或弟弟"，换一个虚词，结构和意义就不一样了；再如"说了算""说算了""算说了""算了说"，除了语序的作用，虚词"了"的位置也决定结构的类型和意义。

从语法成分看，汉语中也有一些自身独有的成分或有特殊作用的成分。例如汉语有量词，现代汉语在说明事物数量时，不管是不是可数名词，都不能直接说"数词 + 名词"，中间一定要加量词。如一般不能说"＊五书、＊六笔、＊三狗"，而得说"五本书、六支笔、三只狗"。古代汉语倒是可以说"三人、五车"，但现代汉语中已没有这种用法了。除了有表示事物的量词即名量词，汉语还有表示动作的动量词和表示时间的时量词，如"去一次、唱一遍、看一眼、打三拳、学两年、等一会儿"等。动量词和时量词是说明动作行为的，通常出现在动词后面。因此也可以认为汉语的量词系统不但词语数量丰富，而且类型配套完整。汉语还有语气词，一方面，汉语的语气词系统很完备，如"啊、吗、吧、呢、呗、了"等。句子末尾使用不同的语气词，就可分别表示疑问、陈述、祈使、感叹等不同的语气意义。例如"他不愿意啊！""他不愿意吗？""他不愿意吧？""他不愿意呢？""他不愿意呗。""他不愿意了。"另一方面，汉语的语气词还有其他作用，如一般认为，像英语等语言构造疑问句需要将疑问词语（特殊疑问句中的疑问代词或一般疑问句中的助动词)移到句首,而汉语疑问句不需要移动任何成分,这就是因为汉语句末有疑问语气词的缘故。也就是说,世界上的各种语言构造疑问句无非靠两种办法:如果句末没有语气词,就必须靠成分移位;如果句末有语气词,就不需要成分移位。

1.2 关于汉语研究

要了解汉语研究和进行汉语研究,就先要大致了解汉语研究的基本情况。这可以从汉语研究的方方面面和前前后后来看:"方方面面"就是看汉语研究的任务目标;"前前后后"就是看汉语研究的发展线索。

1.2.1 汉语研究的"方方面面"

汉语研究的"方方面面"也就是汉语研究的任务和目标,这也可以再从不同的角度来看:一是从分支方向看,二是从理论方法看,三是从相互联系看。

第一,从分支方向看汉语研究。汉语研究是一个内容宽泛的学科,内部包含着许多分支方向。就像一棵参天大树,不但根深干壮,而且也枝繁叶茂;也很像一个大家庭,不但有"顶梁柱",也上有父老下有子孙,甚至包括后来进门的媳妇姑爷和七大姑八大姨等亲戚。因此如果把汉语学科"横"着切几刀的话,首先就可以看看其中可以分成哪些"分支方向"。

比如"语音学",既涉及古代音韵学,也涉及现代语音学。音韵学包括:上古音研究(先秦声母、韵部和声调,两汉音系,乃至"原始汉语"音系);中古音研究(《切韵》音系,诗文用韵,反切,梵汉等对音);近代音研究(宋代语音,元代语音,明清语音,《中原音韵》音系、等韵);等等。语音学则包括:实验语音研究,语音属性研究(物理、生理、心理、社会属性);汉语拼音方案研究;普通话语音系统研究(声韵调系统、元辅音系统、音位系统等);音变现象研究(儿化、变调、轻声等);普通话语音规范研究(异读、误读等);语音节奏韵律研究(停延、平仄、押韵等);等等。

比如"词汇学",包括古代训诂学和现代词汇学。古代训诂学的基本任务是以今语解释古语,解决古书阅读和注释问题,同时也重视综合运用语言学和文献学知识解决古书中的疑难问题。现代词汇学则包括:语素研究

(语素类型、语素义)；构词和造词研究(如复合、附加、重叠、拟声、译音等)；词义研究(同义词、反义词、多义词、义素组合、义素分析等)；义项引申研究；词汇类型研究(新造词、古语词、方言词、外来词等)；常用和专用词语研究；词典编纂和释义规则研究；词语语义场研究；熟语和固定词语研究(成语、谚语、俗语、歇后语、惯用语等)；新词新语研究；社会用语规范化研究(如网络词、外来词、生造词等)；等等。

比如"文字学"，包括古文字学和现代汉字学。古文字学主要是对甲骨文、金文、战国文字、陶文、玺印文字、钱币文字，特别是简牍文字，也包括对汉字性质、起源，汉字形体演变，汉字结构类型，以及《说文》、"六书"等的研究。现代汉字学包括：汉字简化研究；汉字字形研究(造字法、汉字构造、偏旁部首、笔画笔顺)；汉字规范化研究(正字法、错别字、繁体字、生造字)；常用字和通用字研究；汉字改革研究(定量、定型、定音、定序、定频)；等等。

比如"语法学"，广义的语法学也包括"语义学"和"语用学"。语法研究包括：语法单位研究(语素、词、词组、句子等)；词类研究(动词、名词、形容词，各种虚词)；词组类研究(主谓、动宾、偏正、动补、联合等)；词类和句法成分的对应关系研究；句子类型和特殊句式研究(陈述句、疑问句、祈使句，把字句、被动句、话题句、存在句等)；复句和句群研究；词汇化和语法化现象研究；等等。语义研究包括：语法形式和语法意义的关系研究；虚词(助词、语气词、副词等)的意义和用法研究；句式的特殊意义研究；动词和名词的论元语义关系研究；修饰语和中心语语义关系研究；歧义结构研究；人称代词和反身代词语义所指研究；省略或隐含成分语义所指研究；动词的语义特征研究；名词的语义指称研究；等等。语用研究包括：话语和篇章研究；语句的预设义和蕴含义研究；会话原则研究；言外之意研究；言语行为研究；语言和社会文化现象的关系研究；等等。

此外汉语研究中还有"方言学""修辞学""语言规范化"等学科方向。比如方言学包括：汉语方言的分区研究；方言和普通话的关系研究；方言的语音特点研究；方言的词汇特点研究；方言的语法特点研究；方言的共时差异和历史层次研究；等等。修辞学包括：词语的选用研究；句式和表达研究；修辞格(比喻、比拟、夸张、排比等)研究；语言的文体研究；语句的表达色彩研究；等等。

第二，从理论方法看汉语研究。古语说"工欲善其事，必先利其器"，就像种田要有农具、做工要有工具、打仗要有武器一样,研究汉语当然也要有"工具"和"武器"。这种工具和武器就是研究所必须采用的理论和方法。"没有金刚钻揽不了瓷器活",没有一定的理论和方法也研究不了汉语;"白猫黑猫都能抓老鼠",但也要知道哪只是"好猫"。所以如果"竖"着看汉语研究的话,也要看看其中可以再分成哪些不同的"理论背景"或"研究方法"。

根据这种分类,目前汉语研究中特别值得注意的语言学理论和语言研究方法可以分成"传统语言学理论""结构描写语言学理论""形式语言学(原则与参数)理论""认知功能语言学理论"等几大块。更具体地说,则还有分别从属于上述大理论的小一点的理论原则,比如"层次分析理论""变换分析理论""论元结构理论""语义特征理论""语义指向和语义所指理论""成分移位理论""管辖与约束理论""意象和图式理论""构式理论"等等。可见从不同理论和方法看,汉语研究也包括许多可能的视角。

上面说的这些不同理论背景和分析方法,当然一方面可以采用其中某种理论方法对汉语各个分支方向做贯通性的研究。比如从中学语文教学中语言知识教学的需要着眼,肯定就需要考虑语音该怎么分析,词汇部分要讲哪些内容,语法结构分析是采用中心词分析还是层次分析等等问题,而这些问题实际上就跟在中学教语言知识是基于"传统语言学理论"还是基于"结构语言学理论"有直接关系。不过在汉语研究中注意不同的理论背景和分析方法,更主要的还是指能够运用特定的理论和方法来分析处理某个学科方向中的某个专题,甚至某个比较具体的语言现象。这种情况下,按照理论方法来划分研究题目可能更容易些。从一方面看,前面说的某些汉语分支方向的具体研究课题实际上就已经直接反映了一定的理论背景。比如词汇研究中的"义素分析"和"语义场分析",就是"义素分析理论"和"语义场分析理论"的主要内容;"动词和名词的论元关系",就是"论元结构理论"的主要内容;"人称代词和反身代词的所指分析",就是"语义指向和语义所指理论"的主要内容;而研究"把字句"和"被字句"的构造,则离不开"变换分析理论"和"成分移位分析理论"。从另一方面看,对汉语中同一种现象,也完全可以试着采用不同的理论和方法来处理。举例说,前面说汉语的音节可以从声韵调的组合来分析,也可以从音素(元音和辅音)的组合来分析:这就要知道语音分析的不同理论背景和分析方法。再如词义的解释,可以采用语素义组合的分析,也可以采用义项搭配能力的分析,还可以采用义素分析和语义场分析;这也必须清楚不同分析所依据的是什么样的理论和方法。又比如语法中的词类到底应该怎么划分,是采用形态标准来划分,是采用意义标准来划分,是采用分布标准来划分,还是采用典型特征和家族相似性标准来划分;这些不同的分析标准和分析结果也就反映了"传统理论""结构理论""认知理论"等不同理论和方法。举例说,有人认为汉语中存在着一种"主谓谓语句",甚至其中可以分成十几种小类,这是"结构理论"的分析结果;但也有人认为汉语中的主谓谓语句都是通过某种基本结构的变化构成的,主谓谓语句并不是独立的结构类型,这就是"形式理论"的分析结果;还有人认为这种结构不是一种句法结构类型,而是一种反映人们心理上话题焦点的话语结构类型,这就是"认知功能理论"的分析结果。

第三,从学科的相互联系看汉语研究。任何一门学科都不是孤立存在的,都有自己的"远亲"和"近邻"。因此汉语研究不能做"井底之蛙",不能"画地为牢",而必须眼光放远一点,视野放宽一点。这一方面因为"尺有所短,寸有所长",要善于互相借鉴;另一方面也因为"你中有我,我中有你",要能够融会贯通。所以如果把跟汉语有关的一些研究线索看作是"网"的话,还可以看看其中哪些方面可以或远或近地联系起来一起研究。

首先,要注意汉语内部各分支方向或各个专题的联系。其实从语言现象上讲,汉语的各个分支方向或研究专题都不但可以而且有时还必须联系起来研究,这也是汉语研究取得新发现和新突破的重要途径。比如前面把普通话的"儿化""轻声"等归入"语音学",其实这两种现象在很大程度上就表现为"儿化词""轻声词",这就跟"词汇学"有关了。再如从语法研究的角度来看,汉语的很多语法现象都要联系其他分支方向。从"语法和语音"的联系看,其实上面说的"轻声"或"轻声词"中很大一部分主要就是一种语法现象,如时态助词、结构助词、语气词,还有大多数介词、方位词、作补语的趋向动词和动词重叠等,就都是语法上的轻声成分。另外很多语音形式还可能影响到语法:比如"想起来了"有两个意思也是两种结构,在语音上就表现为"起来"轻读还是重读。"你今天怎么来呢?"这句话,一个意思是问"来"的方式,另一个意思是问"来"的原因,其中"怎么"和"来"轻读和重读也不一样。从"语法和词汇"的联系看,词语的意义和用法也会影响到语法:比如"(这根绳子)长2米"和"(这根绳子)短2米",前者有两种意思,也是两种结构,后者就只是一种意思和一种结构,原因就在于"长、短"

这对词语中"长"有形容词和名词两种词性,也具有"长出"和"长度"两种意义;而"短"却只有一种词性和一种意思。从"语法和语义"的联系看,有时也只有从语义上才能解释某种语法结构形式:比如"鸡不吃了""反对的是少数人"等格式,语法结构相同,层次分析也相同,但是却有不同的意义,这就必须注意结构中的名词成分"鸡、少数人"可能是结构中"施事、受事"不同语义角色这样一种隐性的语义现象。从"语法和修辞"的联系看,修辞上的需要有时也可以超出语法规则的限制:像"两个红领巾走了过来""花儿绽开了笑脸"这种看起来违反词语搭配规则的结构实际上就是利用了"借代、拟人"等修辞手段的结果;而像"黑了他、很女人、被幸福"等词类活用现象或新型语法格式,也大多是从修辞开始逐步成为语法规则的。

其次,如果把前面说的汉语研究看作是内部联系研究的话,则还要注意汉语学科与其他相关学科的外部联系。而从研究范围上说,汉语研究跟其他学科研究的联系,应该说是汉语研究的一个十分广阔的领域。汉语研究的外部联系一种是"比较性联系",也就是汉语跟其他语言现象的联系。比如"汉语和外语的比较研究",这里面又可以专门研究汉语和外语的差异:如汉语没有形态变化形式,汉语的词类与句法成分不一一对应,汉语主谓结构、偏正结构的语序特点,汉语比较独特的"助词、语气词、量词"系统,等等。也可以偏重注意汉语和外语的共同点:比如汉语和外语是否都存在表示时态和体貌的某种形式,是否都存在相同的基础结构形式并通过成分移位构造不同的句式,是否都有相同的论元结构系统和论元组合规则,等等。再如"现代汉语和古代汉语的比较研究"以及"现代汉语共同语和方言的比较研究",这两种比较研究都可以看作对汉语历史演变现象的研究。比如一方面可以从纯粹的历史演变上看现代汉语的演变现象:如古代汉语的"之、乎、者、也"等语气词怎么会变成现代汉语的"的、了、吗、呢"等语气词,现代汉语的"把字结构""动补结构"是怎么形成的,等等;另一方面可以从普通话和方言的共时差异上看现代汉语的各种现象:如普通话有多种用途的结构助词"的"在方言中是怎么表现的,汉语中的"X 吗(去吗)""X 不 X(去不去)"和"副词 + X(阿去)"三种问句形式在普通话和方言中是怎么分布的,等等。汉语研究的外部联系另一种是"相关性联系",亦即汉语研究跟其他相关学科研究的联系。举例说,从人的心理认知的角度来研究语言,特别是联系对儿童掌握作为母语的汉语的研究来探索人头脑里的语言机制,这就是"语言认知研究"和"语言习得研究"。再如语言文字是文化的载体,文化反过来也会影响语言文字,可以联系民族的文化来研究汉语并探求其中蕴涵的文化因素,这就是"文化语言学"的研究。又比如语言的不同运用领域会形成各个领域在语言上的独特特点与风格,这样就又可以深入研究汉语某一领域的语言特点,其中就有像"法律语言""新闻语言""广告语言""网络语言"等方面的研究。这方面的研究还包括从汉语角度进行"社会语言学""交际语言学""词语释义和词典学"的研究;基于理科背景则还可以在"心理语言学""神经病理语言学""语言的量化分析和统计"等许多方面进行更大范围的跨学科研究。

再者,如果把前面说的汉语研究看作基本上还是一种"本体"研究的话,那么更要注意的就是把汉语的研究与汉语的"应用"联系起来。而从研究目标上说,汉语的应用研究不但是本体研究的最终检验,也是汉语研究的一个主要目的。前面提到的很多研究课题实际上也都跟应用有关,不过所谓汉语的应用研究,特别是现代汉语的应用研究,最主要的还是指两个方面的研究课题。一个课题是跟计算机语言信息处理相联系的应用研究,即"中文信息处理研究"。比如可以从计算机"字处理"的角度来考虑"汉字的字型构造""常用汉字统计""汉字的语音识别特点"等汉语问题;再如可以从计算机"词处理"角度来重新分析"汉语中语素和词的区别""汉语词的构造形式""汉语中词的语法类别""汉语中词的搭配组合特点""汉语中词语的语义系统""汉语中词的义项和释义"等问题;还可以从计算机"句处理"的角度来进一步思考"汉语虚词的意义和用法""句子结构的切分和组合规则""句子的基础形式和变换形式""特殊句式的句法构造和语义理解""动词的论元结构和论元组配原则"等汉语的语法、语义分析问题。另一个课题就是跟语言教学相联系的应用研究,即"汉语语言教学研究"。其中一种研究是目前已经成为热点的"对外汉语教学研究",也就是怎么把汉语研究的成果运用到对外汉语教学中,或者反过来是否能够从对外汉语教学中发现一些过去不大被人们注意的语言问题;另一种研究就是"中小学语文教学研究",这不光涉及在中小学中如何进行汉语的"字、词、句"知识的教学问题,也包括广义的研究儿童和青少年怎么能更好更快地学习掌握好自己的母语,青少年怎么通过一定的教学不断提高自己的语文水平和语文修养等方面的问题,甚至还不妨就中小学语文教学中"选文、阅读、写作"等具体专题从语言文字的角度进行新的探索。

1.2.2　汉语研究的"前前后后"

汉语研究的"前前后后"也就是汉语研究的发展线索,这也可以从两个不同的角度来看:一是看汉语研究的古代传统,二是看汉语研究的现代思潮。

先说说汉语研究的古代传统。语言学是一门有悠久历史的传统人文科学。因为其他所有科学研究都必须用语言作为工具来进行,所以甚至可以说语言学也是人类最古老的一门科学。语言学的古代传统主要体现在三个方面:一是从哲学思考的角度研究语言,二是从语文学习的角度研究语言,三是从历史比较的角度研究语言。这三个方向的研究也是汉语研究的主要内容,并且一直延续至今,经久不衰。

古代的哲学家早就认识到,人和人之间通过发出一串串声音或者通过书面文字形式传递信息、表达思想感情就是在使用"语言"进行交际活动,人们思考问题就是在运用"语言"对客观世界进行命名、分类和进行判断、推理的思维活动。所以无论在外国还是在中国,最早关心语言问题的都是哲学家。从哲学角度讨论语言,其中最重要的问题就是探讨语言的形式和意义的关系。在两千多年前的希腊和中国几乎同时开展了一场辩论,辩论焦点就是语言中的"名(名称)"和客观世界中的"实(事物或现象)"之间有什么样的关系。这也就是哲学上著名的"名实"之争。战国末期的荀子特别强调语言的社会本质,正确地指出了"名实"之间是一种约定俗成的关系。《正名篇》对这个问题讲得很透彻:"名无固宜,约之以命,约定俗成谓之宜,异于约则谓之不宜;名无固实,约之以命实,约定俗成谓之实名。"意思就是,一个事物本来没有固定的名称,约定俗成才有了某个名称;一个名称本来也没有固定的对象,约定俗成就给了某个对象。从哲学角度讨论语言问题,或者从语言现象讨论哲学问题,这在古今中外都是古老传统和优势方向。主要原因就是,在古代西方和古代中国,哲学的地位一直很高,因此人们只承认哲学家是学者和大师,而从事语言研究的人最多也只是注疏家或教书匠而已。西方在 19 世纪以前把语法列为"七艺"之一,是一种"技艺",是"哲学的婢女"。中国直到清代末年还把文字、音韵、训诂、虚词等研究称为"小学"。虽然今天语言学早已是一门独立学科了,但是从语言现象来研究哲学或者把语言现象和哲学思考挂钩，至今仍是哲学研究的主流，"语言哲学"甚至就是当代西方哲学主要的分支。在西方甚至有这样一种说法，如果要进大学研究语言，那么进哲学系和进语言学系其实是差不多的，唯一的区别只是看你是不是同时对伦理学之类的道德哲学或语音学之类的实验学科也感兴趣。

一般认为全世界注重语文学习的语言研究有四个传统：古印度语言学传统、古希腊古罗马语言学传统、古阿拉伯语言学传统和古中国语言学传统。这四处恰好就是人类文明的四个发源地，都有古老的文字和丰富的文献资料。可见所谓"语言学传统"，主要意思就是这些对语言的研究大多是为阐释古代的经典文献服务的，注重研究的是语言的声音和意义以及相关的文字。传统的语言研究又往往被称作"语文学"，就是这个原因。古代中国的语言学研究跟欧洲一样，也是为了阅读古代经典文献而产生的。古代中国社会崇尚经学，读书又关乎仕途，自然就带动了语言文字的研究。所不同的是古代印度、希腊和阿拉伯的语言研究都以语法研究为主，主要代表成果是语法书。而汉语没有形态变化，所以古代中国的语言研究是从研究汉字的构造（形）、读音（音）和意义（义）开始的，并由此形成了统称为"小学"的文字学、音韵学和训诂学这三门学问，而且主要代表成果都是词典类著作。中国的这种语言研究，在秦始皇一统天下并统一文字的秦汉时期初创，发展到清代达到了登峰造极的水平。在训诂学方面，成书于周秦之间众人之手的《尔雅》被认为是中国古代的第一部语言学专著。开创训诂学先河的另一部著作是西汉扬雄所撰的《方言》，是中国第一部方言学著作。古代训诂学也重视虚词的研究。元代卢以纬的《语助》、清代袁仁林的《虚字说》、刘淇的《助词辨略》和王引之的《经传释词》，是从辞章学和训诂学的角度解释虚词的意义和用法的代表性著作。这一类虚词研究其实也是中国最早的语法研究。在文字学方面，东汉时期的许慎编出了我国第一部完备的字典《说文解字》。该书广征博引，共收 9353 个汉字。方块汉字有独体的，如"一、水、木、手"等；有合体的，如"字、打、肝、性"等。独体为文，合体为字，这也就是"说文解字"的意思。《说文解字》采用"六书"作为分析汉字结构的原则，因而开创了以"六书"为中心的汉字学理论。该书还将 9000多个汉字按偏旁归纳为 540 个部首，注释体例基本是用小篆写下一个汉字，先讲字义，然后讲字形跟字义、字音之间的关系，这种"举一形以统众形"和

"就形以说音义"的方法对后世的词典编纂有很大影响,并形成了中国古代文字研究的主要思路。在音韵学方面,除了"声训"和"就形以说音义"等最早的语音研究外,汉代末年佛教传入后,在梵文拼音影响下产生了"反切",即利用汉语音节的双声叠韵原理,用两个汉字来拼注另一个汉字的音,由此形成独立的音韵研究。从魏晋开始到隋唐,为了适应诗词歌赋创作的需要,"文人盛解音律,学者讲究审音",出现了一大批韵书,"音韵蜂出"呈蔚为大观之势。现存最早的韵书是隋朝陆法言等编的《切韵》(今存残卷),该书按平上去入四声排列,共分193韵,基本上反映了魏晋南北朝时期汉语共同语的语音系统。后世修订本中影响最大的是北宋陈彭年等编撰的《大宋重修广韵》,收字26000余,分206韵。

语言学史上一般把19世纪欧洲出现的"历史比较语言学"看作是传统语言学的终结,这个意思其实是说从历史比较语言学开始,语言研究开创了一种全新的方向,并且由此开始使语言学成为一门系统的和独立的学科。历史比较语言学虽然在时间上后起,但仍不是真正现代意义上的语言学。历史比较语言学的最大贡献是为语言研究,特别是为语言历史的研究,提供了一种科学方法。过去研究语言历史的传统方法是把语言材料按照从古到今的顺序排列起来,理出线索,归纳条理。这种方法受语言材料的局限:文献毕竟是文字记载的东西,各种语言有文字的年代早晚不一;语言研究只能从找得到的文字资料入手,再往上就无法追溯;而且很多语言至今没有文字,过去的情况就更无从了解。由于历史比较语言学借鉴了生物学、地质学的方法,就开辟了以今证古的新途径。广义地说,"以今证古"既包括把现有属于同一来源的各个方言和语言进行比较推出语言早期状况的"历史比较法",也包括从一种语言内部成分的不整齐情况来推断语言早期状况的"内部构拟法"。这些方法都好像是研究语言的"望远镜"。从这个意义上说,中国清代学者段玉裁根据《说文解字》所收形声字和假借字提出"同声必同部"和"古无去声"说,及钱大昕提出"古无轻唇音"和"古无舌上音"说,也是某一种角度的语言历史比较研究。至于20世纪以后瑞典汉学家高本汉(B. Karlgren)根据汉语各种方言的比较拟定了中古音的体系,中国学者李方桂把汉藏语系划分为汉语、壮侗、苗瑶、藏缅等语族,更是直接运用历史比较语言学的方法得到的研究成果。

再来说汉语研究的现代思潮。20世纪以来整个语言学以前所未有的速度发展和壮大;不但语言学的学科划分越来越细致,语言学的研究范围越来越扩大,语言学的应用领域越来越广泛,而且在语言研究中还出现了许多新的理论和方法。从语言学理论和方法的角度审视 20 世纪至今的语言学思潮,具有里程碑意义的主要有结构语言学、生成语言学和功能认知语言学。

"结构语言学"或称"结构主义语言学",最早指瑞士语言学家索绪尔创立的语言学理论,但影响最大的是后来发展起来的美国描写语言学理论(即美国结构语言学理论)。索绪尔的代表作是 1916 年出版的《普通语言学教程》,其理论主要内容包括:把"说话"分成"语言(langue)"和"言语(parole/speech)";提出"语言是个符号系统",语言符号具有"线性"和"任意性",具有"能指"和"所指"两面;认为语言要素具有"句段关系(组合关系)"和"联想关系(聚合关系)";区分语言"共时研究"和"历时研究",区分"内部语言学"和"外部语言学"等。美国描写语言学代表人物有布龙菲尔德(L. Bloomfield)、哈里斯(Z. S. Harris)和霍凯特(C. F. Hockett)等。该理论从一开始就更注重语言的共时研究和口语研究,更重视对语料的穷尽分析,这就与欧洲传统语言学注重书面语研究和欧洲历史比较语言学重视历时研究的做法形成了明显对立。这一理论主要内容包括:提出"向心结构"和"离心结构",以及提出"直接成分分析(层次分析)""分布分析"和"变换分析"等重要的语言结构分析方法。结构语言学理论,特别是美国描写语言学的分析方法,对汉语研究产生了重大而长期的影响,至今仍然是汉语研究特别是语法研究的主流理论。虽然自 1898 年马建忠的《马氏文通》至 20 世纪 40 年代王力、吕叔湘、高名凯等的著作,在做句子分析时也有结构和层次的意识,不过真正采用层次分析等方法分析汉语结构,则是来源于美国描写语言学理论。在汉语研究中最早运用美国描写语言学的理论方法来分析描写汉语语法结构的是美籍华裔学者赵元任,代表著作是 1948 年哈佛大学出版的《汉语口语教程》(*Mandarin Primer:An Intensive Course in Spoken Chinese*)。这本小册子原是为外国人学汉语写的,但经翻译介绍到中国后,立刻在语法学界引起强烈反响,它也成了汉语结构语法学的奠基石。1952 年《中国语文》连载了中国科学院语言研究所编撰的《语法讲话》,后经修改于 1961 年由商务印书馆更名《现代汉语语法讲话》出版,该书明确说明是运用了描写语言学的理论方法。后来著名汉语语言学家朱德熙又于

1982 年出版了他 1960 年代在北京大学的讲稿《语法讲义》,该书把美国描写语言学的理论全面运用到汉语语法研究各个层面,不但讨论了句法结构的层次分析,而且用"分布"理论划分汉语词类,用"向心结构、离心结构"理论建立词组的类型,用"自由、黏着"理论建立语素的类型等,更是把汉语的结构语法研究推向高峰。此后在中国还围绕层次分析开展了"汉语句子分析问题大讨论",进一步扩大了美国结构主义描写语言学在汉语语法研究中的影响,结构理论甚至还成为中国中学语法教学体系的理论基础。

20 世纪五六十年代,以美国语言学家乔姆斯基(N. Chomsky)的《句法结构》《句法理论要略》等著作为标志,在语言学界开始形成了一种不但有别于传统语法理论,也不同于当时占主导地位的结构理论的"转换语法理论",这就是当代语言学史上所称的"乔姆斯基革命"。这一理论既是在美国描写语言学基础上产生的,同时也是在与结构语言学的对立中发展起来的。几十年来该理论不断发展,具体名称也有一些变化,现一般统称为"生成语法"或"生成语言学"。这一理论的精髓可以用"普遍语法""句法自治"和"原则与参数"这三个概念来概括。所谓"普遍语法",一方面是指由过去偏重"归纳、分解、描写"转变为更重视"演绎、生成、解释";而另一方面从更根本的目标上说,则是由过去偏重描写和说明"个别的语法现象"转变为更重视寻找或建立"普遍的语法机制"。"句法自治"是指在语言本体的语音、语义、语法、语用以及影响语言的文字、社会、文化等诸要素中,最容易找到不同语言相似性的是句法形式。为了揭示人类与生俱来的语言能力机制,就必然要求研究对象是语言中起决定作用和独立运转的部分,并且要能进行形式化的类似数学那样的精密处理。在语言各要素当中,只有句法形式才可以从人脑全部认知系统中抽象出来作为一个独立系统,或者说只有句法形式才是一个可以穷尽推导和通过有限手段重复使用而实现的系统。而"原则与参数",则一方面是指建立"X 阶标、界限、管辖、题元、格、约束、控制"等一系列理论原则,这些原则都具有高度的抽象性和极强的解释力,所有语言的句子结构都不能违反这些原则;另一方面这些普遍语法原则各种语言虽然都不能违反,但不同语言又可以有各自的特点和差异,而后者则只不过是原则的一些"参数"。"原则"是普遍适用于各种语言的,而"参数"则主要用来说明具体语言的差异,所以这一理论背景的生成语言学也叫作"原则与参数理论"。

　　"功能语言学"或"认知语言学"，一般认为并不是一种统一的语言学理论，而是一种学术思潮。功能语言学实际上也是从结构主义语言学发展起来的，只不过欧洲的结构语言学一直有功能主义倾向，也就是不只把语言作为一种抽象的实体，而更强调语言的实际运用。如果说美国描写语言学跟欧洲传统语言学的关系不那么紧密，更强调结构形式和语言系统的自主性，那么欧洲的结构主义语言学，特别是布拉格学派和伦敦学派，则可看作是传统语言学的延续，更重视语言意义和语言的使用功能。20 世纪后期，功能语言学甚至发展成为跟美国描写语言学以及后来的生成语言学相抗衡的当代另一个重要的语言学派。功能语言学内部有一种取向是从社会交际的角度研究语言，着重研究语言在社会中的使用规律。其中影响最大的是出自伦敦学派的澳大利亚学者韩礼德（M. A. K. Halliday）提出的"系统功能语言学"和荷兰学者西蒙·狄克（S. Dik）提出的"功能语言学"。这一类功能语言学都主张语言的主要功能是交际，所以语言研究要重视研究语言环境对语句意义的作用，要研究如何根据特定交际目的选择特定语句，总的来说就是要研究语言实现各种交际功能的规律。两种理论基本点相同：韩礼德提出语言有"概念功能、人际功能、语篇功能"三个基本的元功能；狄克则直接提出"语义功能、句法功能、语用功能"三个平面的理论。在这个意义上看，这一类功能语言学差不多就是一种词汇性的语法或注重语义解释的语法。功能语言学另一个主要的流派主张从心理体验角度研究语言，着重研究语言在心理上的表现特点，一般又称作"认知语言学"。相对于生成语言学等形式理论主要是建立一套形式化的原则和规则，试图从语言结构内部寻找对语言现象的解释，认知语言学主要是提出一套心理分析的手段，试图从语言外部去寻找对语言现象的解释。如果说生成语言学理论把语言学比作物理学，认为语言构造的规律就跟物质的构造规律一样无须从物质的外部去寻找解释；认知语言学理论则认为语言学跟生物学更相似，因为生物的构造部件和构造方式无一不是生物在进化的过程中为适应生存而形成的，无一不跟一定功能相对应。正因为认知语言学的理论背景与生成语言学的基本理论是对立的，所以认知语言学的一些基本假设也就体现在与生成语言学的区别上面。

　　上述语言学研究的现代思潮，即结构语言学、生成语言学和功能认知语言学，事实上也成为当前汉语研究的主要理论取向，并带来汉语研究，特别是语法研究的新发展和新突破。本书以下各讲将要讨论的是汉语研究的各个专题,实际上就是想让大家了解在这些新的理论背景下汉语研究的重要成果,同时也为深入进行汉语研究打下基础。

主要参考文献:

曹定云(1997)殷墟甲骨文研究百年回顾与展望,《社会科学战线》第 5 期。

曹右琦(1995)中文信息处理研究的现状和前瞻,《语言文字应用》第 1 期。

陈保亚(1999)《20 世纪中国语言学方法论》,山东教育出版社。

陈建民(1992)汉语口语研究四十年,《中国语文通讯》(香港)第 7 期。

陈新雄(1973)《六十年来之声韵学》,文史哲出版社。

程发轫(1972)《六十年来之国学》,台湾正中书局。

董莲池(1994)十五年来《说文解字》研究述评,《松辽学刊》第 3 期。

方　琰(1996)功能语音学在中国发展的近况,《国外语言学》第 4 期。

冯志伟(1992)《中文信息处理与汉语研究》,商务印书馆。

冯志伟(1996)《自然语言计算机处理》,上海外语教育出版社。

符淮青(1996)《汉语词汇学史》,安徽教育出版社。

格雷马斯(J. Greimas 1999)《结构语义学方法研究》(吴泓缈译),生活·读书·新知
　　三联书店。

龚千炎(1987)《中国语法学史稿》,语文出版社。

郭锡良(1997)《汉语史论集》,商务印书馆。

何大安(1988)《规律与方向:变迁中的音韵结构》,台湾学生书局。

何耿镛(1984)《汉语方言研究小史》,山西人民出版社。

何自然(1994)我国近年来的语用学研究,《现代外语》第 4 期。

贺　巍(1991)汉语方言研究的现状与展望,《语文研究》第 3 期。

胡奇光(1987)《中国小学史》,上海人民出版社。

胡壮麟(主编1990)《语言系统与功能——1989 年北京系统功能研讨会论文集》,北
　　京大学出版社。

黄伯荣(编1996)《汉语方言语法类编》,青岛出版社。

何九盈(1995)《中国古代语言学史》,广东教育出版社。

何九盈(1995)《中国现代语言学史》,广东教育出版社。

江蓝生(1994)试述吕叔湘先生对近代汉语研究的贡献,《中国语文》第 1 期。

蒋绍愚(1994)《近代汉语研究概况》,北京大学出版社。

李 开(1993)《汉语语言研究史》,江苏教育出版社。

李新魁(1993)四十年来的汉语音韵研究,《中国语文》第 1 期。

李学勤(1998)甲骨学一百年的回顾与前瞻,《文物》第 1 期。

李运富、林定川(1992)《二十世纪汉语修辞学纵观》,香港新世纪出版社。

林茂灿(1989)语音研究的新进展,《语文建设》第 6 期。

林玉山(1983)《汉语语法学史》,湖南教育出版社。

林玉山(1992)《中国辞书编纂史略》,中州古籍出版社。

林裕文(1982)回顾与展望,《中国语文》第 4 期。

凌德祥(1998)《语言与语言科学论》,暨南大学出版社。

刘丹青(主编 2005)《语言学前沿与汉语研究》,上海教育出版社。

刘 坚(主编 1998)《二十世纪的中国语言学》,北京大学出版社。

刘坚、曹广顺(1989)甲骨以来近代汉语研究综述,《语文建设》第 6 期。

刘坚、侯精一(主编 1993)《中国语文研究四十年纪念文集》,北京语言学院出版社。

刘开英、郭炳炎(1991)《自然语言处理》,科学出版社。

陆俭明(1993)《八十年代中国语法研究》,商务印书馆。

陆俭明(1999)新中国语言学 50 年,《当代语言学》第 4 期。

陆俭明(2000)汉语言文字应用面面观,《语言文字应用》第 2 期。

吕必松(1980—1981)现代汉语语法学史话,《语言教学与研究》第 2、3 期(1980),第 1 期(1981)。

吕必松(1990)《对外汉语教学发展概要》,北京语言学院出版社。

吕叔湘(1979)《汉语语法分析问题》,商务印书馆。

马松亭(1986)《汉语语法学史》,安徽教育出版社。

彭聃龄(主编 1997)《汉语认知研究》,山东教育出版社。

濮之珍(1987)《中国语言学史》,上海古籍出版社。

钱冠连(1990)语用学在中国:起步与展望,《现代外语》第 2 期。

裘锡圭(1989)四十年来文字学研究的回顾,《语文建设》第 3 期。

邵敬敏(1990)《汉语语法学史稿》,上海教育出版社。

邵敬敏、方经民(1991)《中国理论语言学史》,华东师范大学出版社。

《世界汉语教学》《语言教学与研究》杂志社编辑部(1992)《八十年代与九十年代中国现代汉语语法研究》,北京语言学院出版社。

沈家煊(1988)心理语言学述评,《外语教学与研究》第 2 期。

石定栩(2006)《乔姆斯基的生成语法理论》,上海教育出版社。

沈阳、冯胜利(主编2008)《当代语言学理论和汉语研究》,商务印书馆。

孙玄常(1983)《汉语语法学简史》,安徽教育出版社。

苏培成(1994)1992至1993年的现代汉字研究,《语文建设》第5期。

唐作藩、杨耐思(1989)四十年来的汉语音韵学,《语文建设》第5期。

王　力(1981)《中国音韵学史》,山西人民出版社。

王　力(1981)《中国语言学史》,山西教育出版社。

王　力(1992)《清代古音学》,中华书局。

王　宁(1992)1991年的训诂学研究,《语文建设》第11期。

王宇信(1981)《建国以来甲骨文研究》,中国社会科学出版社。

王蕴智(1993)六十年来关于汉字性质问题的讨论,《河南大学学报》第2期。

文　炼(1989)我对40年来现代汉语语法研究的一些看法,《语文建设》第1期。

吴浩坤、潘悠(1985)《中国甲骨学史》,上海人民出版社。

吴文虎(1992)汉语语音识别的现状与展望,《语文建设》第6期。

伍铁平(1994)八〇年以来我国理论语言学的回顾与反思,《湖北大学学报》第3—
　　4期。

徐　超(1996)《中国传统语言文字学》,山东教育出版社。

徐通锵(1991)《历史语言学》,商务印书馆。

徐通锵、叶蜚声(1979)"五四"以来汉语语法研究述评,《中国语文》第3期。

许嘉璐、王福祥、刘润清(主编1996)《中国语言学现状与展望》,外语教学与研究出
　　版社。

于根元(1996)《二十世纪的中国语言应用研究》,书海出版社。

袁辉、宗廷虎(1990)《汉语修辞学史》,安徽教育出版社。

曾宪通(1988)建国以来古文字研究概况与展望,《中国语文》第1期。

詹伯慧(1995)四十年来汉语方言研究的回顾,《方言、共同语、语文教学》,澳门日报
　　出版社。

张　斌(1998)《汉语语法学》,上海教育出版社。

张　敏(1998)《认知语言学与汉语名词短语》,中国社会科学出版社。

张　普(1992)《汉语信息处理研究》,北京语言学院出版社。

赵金铭(1997)《汉语研究与对外汉语教学》,语文出版社。

赵贤洲、李卫民(1990)《对外汉语教材教法论》,上海外语教育出版社。

赵振铎(1988)《训诂学史略》,中州古籍出版社。

郑子瑜(1984)《中国修辞学史稿》,上海教育出版社。

中国语文编辑部(1993)《中国语文四十周年纪念刊文集》,商务印书馆。

周法高(1973)二十世纪的中国语言学,《香港中文大学学报》第 1 卷。

周　荐(1995)《汉语词汇研究史纲》,语文出版社。

周振甫(1991)《中国修辞学史》,商务印书馆。

朱德熙(1982)《语法讲义》,商务印书馆。

朱德熙(1985)《语法答问》,商务印书馆。

朱凤瀚(1997)近百年来的殷墟甲骨文研究,《历史研究》第 1 期。

朱一之、王正刚(选编 1987)《现代汉语语法研究的现状和回顾》,语文出版社。

宗廷虎、李金苓(1997)《中国修辞学通史·近现代卷》,吉林教育出版社。

第二讲

结构理论与结构层次分析

2.1 句法结构的层次性与句法成分的"替换"和"扩展"

任何一个有规则的结构体,其内部的各个组成成分都是按一定的规则一层一层加以组合的,语言结构也不例外。就句法结构来说,如果一个句法结构只包含两个词,构造当然就很简单,即只可能有一种构造形式。例如:

(1) W1　W2　(如"我去、木头桌子、吃面包、洗干净、来玩儿……")
　　 <u>1</u>　<u>2</u>

但如果结构中包含不止两个词,比如说包含三个词,那么所形成的句法结构的内部构造就可能有四种情况。例如:

(2) a. W1　W2　W3　(养奶牛好)
　　　 <u>　1　</u>　<u>2</u>
　　　 <u>3</u>　<u>4</u>

　　 b. W1　W2　W3　(他不休息)
　　　 <u>1</u>　<u>　2　</u>
　　　 　　<u>3</u>　<u>4</u>

　　 c. W1　W2　W3　(便宜、美观、实用)
　　　 <u>1</u>　<u>2</u>　<u>3</u>

d. W1 W2 W3 （看得懂）

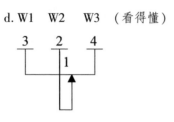

很明显,(2)中几个结构虽然都只包含三个词,但内部层次构造却很不一样。由此可知,从表面看一个句法结构是词的线性序列,其实一个复杂句法结构里词与词之间结合的松紧程度是不一样的,词和词的组合有着层次的透景,各个组成成分总是按一定的句法规则一层一层地进行组合的,而并不是像人排队那样,只是简单地相邻的两个词顺次发生关系。句法结构的这种构造特性,就称为"句法结构的层次性",或者说"句法构造的层次性"。

"句法结构的层次性"是一个非常重要的语言学概念。要深刻地理解这个问题,就还得先说明一下"替换"和"扩展"的概念。

"替换(substitution)"是语言学里最基本的一种分析方法。所谓"替换"就是在一个语言组合里一个语言项目替代另一个语言项目的过程。举例说,假如有"AB"这样一个语言组合,把"B"抽掉填上"C",而"AC"成立,或者把"A"抽掉填上"D",而"DB"成立,这一抽一填的过程就是"替换"。

"替换"这种分析方法,在语音研究中已被证明是用来确定音位最简便、有效的方法。看下面英语和汉语的两组例子:

(3) a. [pin]   pin   大头针

   b. [tin]   tin   锡

(4) a. [tian^{55}]   diān   颠

   b. [t′ian^{55}]   tiān   天

通过替换可以发现,在英语里,[p]和[t]是对立的,也就是说有区别意义的作用,可见英语中的[p]和[t]可分别看作不同的音位。通过替换可以知道,[t]和[t′]在现代汉语里有区别意义的作用,也应分析为两个不同的音位。

在语法研究中,"替换"同样是不可缺少的分析手段。比如说汉语里一

个双音节的音段只有一个语素(morpheme)还是包含两个语素,也得通过替换来确定。看几个例子:

(5)白菜　　啤酒　　垃圾

(5)中三个双音节音段都有意义。"白菜"里的"白"和"菜"都可分别用另外的音节替换,替换后整个双音节音段依然有意义,而其中"白"的意思和"菜"的意思都保持不变,内部结构关系也保持不变。可见"白菜"包含两个语素,"白"和"菜"都是语素。比较:

(6)a. 白菜　　白糖　　白药　　……
　　b. 白菜　　素菜　　香菜　　……

可是"啤酒"里的"啤"可以用别的有意义的音节替换,替换后整个双音节音段有意义,其中"酒"的意思保持不变;而"酒"则不能用别的有意义的音节替换。虽然"啤酒"的替换情况跟"白菜"不同,但毕竟还是有可替换性,而且通过替换可以表明"酒"是语素,所以还可以认为"啤酒"包含两个语素,只是"啤"是通过证明跟它组合的"酒"是语素,然后才被确定为语素的,所以像"啤"这样的语素一般称为"剩余语素"。比较:

(7)a. 啤酒　　白酒　　黄酒　　……
　　b. 啤酒　　啤—

"垃圾"则又是另一种情况:其中任何一个音节都不能由别的有意义的音节替换。可见其中的"垃"和"圾"都不能看作语素,整个双音节音段"垃圾"是一个语素。比较:

(8)a. 垃圾　　垃—
　　b. 垃圾　　—圾

语法研究中词类划分实际也是用"替换"的方法。例如确定形容词可以用以下两条具体标准:一是能够出现在"很____"的框架里;二是不能出现在"____宾语"的框架里。表面上看这里是结构框架,实际上也是一种"替换"。在上面所设定的框架里彼此有替换关系的词就是同一类的词——形容词。因此,替换是语言研究中必须使用的基本方法。

"替换"又有两种情形:一种是"等量替换",即替换不改变结构的长度,如(9)；另一种是"不等量替换"，即替换一定改变结构的长度，如(10)。比较：

(9) 看书 → 看报/看戏

(10) a. 看电影　<u>"电影"由"中国电影"替换</u>→　看中国电影

　　 b. 喜欢看电影　<u>"看电影"由"看"替换</u>→　喜欢看

上面(10a)和(10b)还不完全一样。(10a)是"超量替换"，即用以替换的语言项目的长度超过被替换的语言项目的长度（即"中国电影"＞"电影"）。(10b)是"差量替换"，即用以替换的语言项目的长度小于被替换的语言项目的长度（即"看"＜"看电影"）。"超量替换"的结果造成句法结构的扩展；"差量替换"的结果造成句法结构的紧缩。上面说的"等量替换"也可以归入"超量替换"。

现在再说"扩展（expand）"。句法学的所谓"扩展"，一般的理解是指一个句法结构由简单变为复杂。原先的词类序列称为"模型（model）"，扩展后的词类序列称为"扩展式（expanded form）"。"扩展"得满足三个条件：一是扩展式在长度上超过模型；二是扩展式与模型能有替换关系，即能在相同的语言环境中出现；三是模型中被替代的语言项目，到扩展式里后，在那个用来替代的语言项目中居核心（head）地位。例如：

(11) a. 买房子　→　买木头房子

　　 b. 我不喝　→　我不喝啤酒

　　 c. 来得早　→　来得早极了

上面(11a)"买木头房子"在长度上超过"买房子"，这就符合条件一。又如：

(12) a. 买木头房子　→　买房子

　　 b. 买木头房子合算　→　买房子合算

　　 c. 买木头房子的人　→　买房子的人

　　 d. 张三买木头房子　→　张三买房子

　　 e. 买木头房子住　→　买房子住

上面(12a)"买木头房子"与"买房子"能在相同的语言环境中出现,这就符合条件二。"买房子"里被替代的"房子"到了"买木头房子"里后,在那个用来替代的"木头房子"里居核心地位,这就符合条件三。可见(11a)就是一个合法的扩展。(11b/c)的情况跟例(11a)相同。可是下面(13)就不是一个合法的"扩展式"。比较:

(13) * 他爱干净   →   他爱干净的孩子

上面(13)中"他爱干净的孩子"在长度上超过了"他爱干净",这看起来也符合上述条件一;同时"他爱干净的孩子"与"他爱干净"又能在相同的语言环境中出现,这看起来也符合上述条件二。例如:

(14)a₁. 听说他爱干净的孩子。   a₂. 听说他爱干净。

b₁. 他爱干净的孩子是事实。   b₂. 他爱干净是事实。

c₁. 兴许他爱干净的孩子。   c₂. 兴许他爱干净。

但是(13)却不符合上述条件三。因为"他爱干净"里被替代的"干净",到"他爱干净的孩子"里后,在那个用来替代的片段"干净的孩子"里不是居核心地位(即不是中心语)。所以(13)就不是一个合法的"扩展式"了。

从上面所谈的情况不难发现:"扩展"是通过"替换"实现的,但"替换"不一定都造成"扩展"。也就是说句法结构的"扩展"可以有三种类型:

一种是"更迭性扩展(expansion by the supersession)"。这种扩展是模型里的某个语言项目被一个包含该语言项目但长度超过该语言项目的新的语言项目所代替,从而构成一个长度超过原模型的新的扩展式。例如:

(15)a. 老师的衣服   →   <u>我的</u>老师的衣服

b. 老师很能干   →   <u>数学</u>老师很能干

c. 做作业   →   做<u>完</u>作业

d. 买房子   →   买<u>木头</u>房子

e. 他去   →   他去<u>广州</u>

f. 马上说   →   马上说<u>清楚</u>

另一种是"组合性扩展(expansion through the combination)"。这种扩展是以模型作为一个整体跟另一个词的序列进行组合,从而构成一个长度超过原模型的新的扩展式。例如:

(16) a. 去　　　→　　我去

　　 b. 书　　　→　　新书

　　 c. 清除了　　→　　不合格的会员清除了

　　 d. 批判　　　→　　批判康德学说

　　 e. 吃饱　　　→　　吃饱肚子

　　 f. 唱红了　　→　　唱红了北京城

更迭性扩展是结构复杂化必不可少的手段；组合性扩展是由词组合成句法结构必不可少的手段，也是结构复杂化的一种手段。这两种不同类型的扩展，从本质上说，都可以看作是替换的结果。不同的是：在更迭性扩展中，模型与扩展式都是实序列；而在组合性扩展中，模型里被替代的是个零形式序列，扩展式里那个用来替代的语言项目是个实序列。也就是说：

(17) a. 更迭性扩展：XZ　　<u>YZ 替换 Z</u>→　　XYZ

　　　　　　（买房子　→　　买木头房子）

　　 b. 组合性扩展：X Ø　　<u>Y 替换 Ø</u>→　　XY

　　　　　　（批判　→　　批判康德学说）

除了上面两种扩展以外，还有一种扩展形式是"插入性扩展（expansion through the insertion）"。这种扩展是在原模型中间插入一个词的序列，从而形成一个长度超过原模型的新的句法结构。例如：

(18) 看完　　<u>插入"得/不"</u>→　　看得/不完

了解了"替换"和"扩展"，就能更好地理解句法构造的层次性了。上面讲到，任何一个复杂的句法结构都可以看作是由一个简单的句法结构通过扩展而形成的。请看例子：

(19) a. 吃

　　 b. →吃（苹果）［组合性扩展］

　　 c. →（我）（吃（苹果））［组合性扩展］

　　 d. →（我）（吃（（一个）苹果））［更迭性扩展］

　　 e. →（我）（吃（（一个）（（红）苹果）））［更迭性扩展］

　　 f. →（我）（吃（（一个）（（买的）（红）苹果）））［更迭性扩展］

g. →（我）（吃（（一个）（（（（刚）买的））（红）苹果））））［更迭性扩展］

h. →（我）（（吃（完））（（一个）（（（（刚）买的））（红）苹果）））［更迭性扩展］

i. →（我）（（吃〈不〉（完））（（一个）（（（刚）买的））（红）苹果）））
［插入性扩展］

上面我们以句法结构为例说明了语言中句法结构的层次性。语言中的语音结构其实也是如此。比如汉语的音节的结构形式可表示为（20）：

（20）

声　　　　　　　调		
声　母 ［辅音/Ø］	韵　　　　　　　母	
	（韵头） ［i,u,y］	韵腹 | (韵尾) （主要元音) | ［i,u／n,ŋ］

从上表就能看出汉语音节结构的层次性：先一分为二，声调是一部分，一般称为"超音段成分"；声母和韵母合为一部分，一般称"音段成分"。音段成分再一分为二，分为"声母"和"韵母"两部分。韵母再一分为二，"韵头"是一部分，"韵腹和韵尾"合为一部分。最后韵腹和韵尾可以再一分为二，分成"韵腹"和"韵尾"。可见语言结构一定是有层次性的。

关于语言结构的层次性，还要有两点重要的认识：第一，语言结构的层次性是句法结构基本属性之一，只要一个语言结构——不管是语法结构或是语音结构——所包含的成分的数目大于二，就存在着语言结构层次性的问题。第二，语言结构的层次性对句法结构来说是隐性的，不是显性的，也就是说句法结构的层次性从句法结构表面是看不出来的。试比较：

（21）a₁. 发现了敌人　　　　　　　a₂. 发现过敌人

b₁. 这篇文章不很好　　　　　b₂. 这篇文章很不好

c₁. 发现敌人的哨兵回营房了　c₂. 发现敌人的哨兵回营房了

上面（21a）和（21b）意义上的区别是显性的：（21a）意义上的区别是由于包含的词不同而造成的；（21b）意义上的区别是由于词序不同而造成的。这种区别我们一眼就能看出来。但（21c）在意义上的区别，则是由于内部构造层次不同而造成的，这种层次不同就是隐性的，从句子表面看不到，需要进行分析以后才能知道。请看分析的结果(22)：

(22) a. 发现　敌人　的　哨兵　回营房了
　　　　 ‾‾‾‾‾‾‾‾‾‾‾‾‾‾‾‾‾‾‾‾‾‾‾‾‾

　　　(意思是"发现了一个敌情,那回营房的是敌人的哨兵")

　　 b. 发现　敌人　的　哨兵　回营房了
　　　　 ‾‾‾‾‾‾‾‾‾‾‾‾‾‾‾‾‾‾‾

　　　(意思是"我方的哨兵回营房了,那哨兵发现了敌情")

2.2　关于结构层次分析的方法

由于语言结构的层次性是语言结构基本属性之一,因此要对一个复杂的句法结构进行结构分析就不能不管其中的层次;不但不能不管层次,而且一定得按照内部的构造层次进行分析,才能科学地揭示语言结构的内部构造。关于这一点,不研究语言的人不大体会得到。拿上面刚举的例子来说,你问一个普通人："'发现敌人的哨兵回营房了'这个句子是怎么构成的?"没有任何语言知识的人会回答说："这是由 11 个字组成的。"稍有一些语法知识的人可能会回答："这个句子是由 7 个词组成的,排列次序是……"这样的回答不能说错,也可以说是一种分析,但这种分析是表面的,没有深究其内部构造。因为按这种分析就解释不了为什么"发现敌人的哨兵回营房了"这句话能表示不同的意思。如果能透过句子表面,看到它内部的层次透景,那么就能从结构上分化这个歧义的结构了。至此,就可以给语言结构的层次分析下这样一个定义："在分析语言结构时,将语言结构的层次性考虑进来,并按其构造层次逐层进行分析,在分析时,指出每一层面的直接组成成分,这种分析就叫'结构的层次分析'。"

"结构的层次分析"或者直接说"层次分析"一般都被看作是一种方法。这种看法不能说有什么错,但严格说来应把层次分析看作是分析语言结构时所必须遵循的一种原则。为什么这样说呢？因为方法是可用可不用的,而原则是必须遵循的。进行句法分析也好,语音分析也好,必须按其内部层次构造一层一层地进行分析,从这个意义上讲,"层次分析"当然应该看作是一个原则。不过相对于别的分析法来说,如大家都学过的句法分析中的

"中心词分析法",将"层次分析"看作有别于其他分析法的一种新的分析方法也未尝不可。但是我们在心目中一定得明确,按语言结构的层次性来分析句法结构,这是句法分析必须坚持的原则。

对于层次分析,中外古代学者早已不自觉地在运用。但层次分析的理论则是美国语言学家布龙菲尔德首先明确提出并建立起来的。他在《语言论》(*Language*)一书中分析了下面这个句子,将其中"away"分析为"a-"和"way"两部分。他指出,"只有用这种方法分析,才能得出最终的语素的正确分析(当然实际上把意义也考虑在内了)"。例如:

(23)Poor John ran away. (可怜的约翰跑开了。)
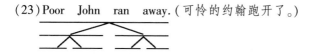

语法研究中的层次分析,实际应包含两部分的内容,一是"切分",一是"定性"。"切分"是解决一个语法结构的直接组成成分到底是哪些,换句话说,到底该在什么地方切分;"定性"是解决切分所得的直接组成成分之间在语法上是什么样的关系。

如前所述,在汉语研究中,最早自觉地运用层次分析理论来分析描写汉语语法现象的是赵元任,这见之于 1948 年由哈佛大学出版社出版的 *Mandarin Primer, An Intensive Course in Spoken Chinese* 一书。赵元任写这本书,原是供外国人学汉语用的,但它竟成了汉语描写语法学的奠基石,因为这是第一本运用描写语言学的理论方法来研究描写汉语语法的书,构拟了一个有别于以往的汉语语法体系。这本书很快就翻译到中国,先以《国语语法纲要》之名于 1951 年分别在《新建设》杂志和《光明日报》上分期发表,后以《北京口语语法》之名于 1952 年 5 月由开明书店正式出版。这是一本薄薄的小书,但立刻在中国大陆语法学界引起强烈反响。1952 年《中国语文》7月号开始连载中国科学院语言研究所语法小组撰写的《语法讲话》,后经修改,于 1961 年由商务印书馆正式出版,更名为《现代汉语语法讲话》。这是中国大陆第一本明确宣布运用层次分析法并自觉运用描写语言学的理论方法的现代汉语语法专著。

我们说现在所运用的层次分析来源于美国的描写语言学,这并不等于说自 1898 年马建忠的《马氏文通》至 20 世纪 40 年代王力、吕叔湘、高名凯三位大家的语法著作在对句子结构做语法分析时都没有层次的意识,而是说有关层次分析的理论首先是由美国描写语言学提出的,汉语语法研究借鉴了这种理论。不过汉语语法分析在借鉴中又根据汉语的特点对层次分析进行了适当改造。美国描写语言学进行层次分析时,只考虑二分还是多分、在哪儿切分这样的问题,即只讲"切分"问题,不考虑直接组成成分之间有什么样的语法关系,即"定性"问题;而汉语语法分析不但考虑"切分"问题,还必须考虑"定性"问题。例如采用层次分析法来分析"We do not need the imported facilities"(我们不需要进口设备)这个英语句子结构时,只需要这样分析(分析到词为止):

(24) We　do　not　need　the　imported　facilities

但是当我们用层次分析法来分析上面这个英语句子翻译过来的汉语句子"我们不需要进口设备"的结构时,就不能光进行"切分",还得对每一层面的"直接组成成分"(immediate constituents)加以"定性":

(25) a. 不　需要　进口　设备

　　　1　　　2　　　　　　　（1—2 状中偏正关系）

　　　　　3　　　4　　　　　（3—4 动宾关系）

　　　　　　　5　　6　　　　（5—6 定中偏正关系）

　　 b. 不　需要　进口　设备

　　　1　　2　　　　　　　　（1—2 状中偏正关系）

　　　　　3　　　4　　　　　（3—4 动宾关系）

　　　　　　　5　　6　　　　（5—6 动宾关系）

为什么在英语句法分析中进行层次分析时可以只讲切分不讲定性,而在汉语句法分析中进行层次分析时则必须既讲切分又讲定性呢? 这是因为英语里词类跟句法成分基本上是一对一的对应关系,因此词类序列和构造层次可以控制直接组成成分之间的语法结构关系;而汉语里词类跟句法成分之间基本上是一对多的对应关系,词类序列和构造层次不能控制直接组成成分之间的语法结构关系。英语里的"the imported facilities"(进口设备)

只能分析为修饰关系，不能分析为动宾关系；而汉语里的"进口设备"却既可以分析为(25a)中的修饰关系(定中偏正关系)，又可以分析为(25b)中的动宾关系。

从上面所谈就可以了解到，层次分析的基本精神：一是承认语言结构有层次性，并在分析语言结构时按照其内部的构造层次进行分析；二是每一次分析，都要明确说出每一个构造层面的"直接组成成分"；三是就语法分析来说，在分析中只需要管直接组成成分之间的语法结构关系，不管间接成分之间的语义关系。由于层次分析法的基本精神之一是要找出每一层面的直接组成成分，所以层次分析法也称为"直接成分分析法"。

层次分析基本上都是二分，但有时也可以多分。假如一个句法结构包含"W1、W2、W3"三个词，那么对"W1、W2、W3"是二分还是三分呢？确定二分或三分有没有什么原则呢？当然有原则，这个原则就是要求切分出来的"直接组成成分"数目尽可能少，而长度尽可能大。要符合这个原则最好当然就是二分。这看起来似乎带有主观性，事实上却是根据语言事实提出来的，因为二分的替换率大于多分。比如下面(26)，单就左边看"我"的替换率，A 和 B 一样，但如果就右边看 A 的替换率显然大于 B。由于层次分析基本二分，所以也有人把层次分析法称为"二分法"。比较：

(26) 我 吃 苹果
    A. __ _____
    B. __ __ ____

那是不是所有的结构都一律二分呢？也不是这样。假如是包含三个成分的结构体，要是没有理由认为是(27)，也没有理由认为是(28)，那么这个结构体就可以三分，即切分为三个并列的直接成分，如对(29)"便宜、好看、耐用"这个联合结构的切分就是如此。比较：

(27) W1 W2 W3 优于 W1 W2 W3

(28) W1 W2 W3 优于 W1 W2 W3

(29) 便宜 好看 耐用
    __1__ __2__ __3__   (1—2—3 联合关系)

2.3 结构层次分析中要注意的问题

进行结构分析时要特别注意两个方面的问题。

第一个要注意的问题,也是带有普遍性的问题是,在对语言结构,比如句法结构进行层次分析时,常常会遇到两难的困扰。所谓"两难"就是,类似"ABC"这样的结构,第一刀到底该切在"A"和"BC"之间,还是该切在"AB"和"C"之间。当遇到切分两难的情况时,千万不要就事论事,一定要善于跳出所分析的具体的句法结构的圈子,在更大的范围里,从该语言整个句法的系统性上去寻求答案。具体可以有以下两种解决办法。

对于"两难"结构的分析,一种解决办法是从与之相关的句法结构中寻求答案。举例说,现代汉语里有一种表示比况意义的"像 X 似的"结构,如"像木头似的"。这种结构该切分为(30a)还是(30b),表面上看似乎都可以。比较:

(30)a. 像　　木头　　似的
　　　　　　　━━━━　━━━━

　　b. 像　　木头　　似的
　　　　━━　━━━━

如果按(30a)切分,整个结构是动宾结构,其宾语由"木头似的"来充任;如果按(30b)切分,整个结构是"似的"助词结构,由动宾结构"像木头"加上助词"似的"构成。这两种切分看上去似乎都有些道理,因为既能找到一定的语言事实来支持(30a)的切分——现代汉语中存在着"似的"助词结构充任宾语的实例,比如下面(31a)里的"病了似的"就是作"感到"的宾语;也能找到一定的语言事实来支持(30b)的切分——现代汉语中存在着由动宾结构加上"似的"形成的"似的"助词结构的实例,比如下面(31b)"丢了魂儿似的"就是由动宾结构"丢了魂儿"跟"似的"形成的助词结构。比较:

(31)a. 今天早上一起来,他就感到病了似的,于是吃完早饭就先去了
　　　　校医院。

　　b. 他这个人呀,丢了魂儿似的。

因此到底该按(30a)切分还是该按(30b)切分,如果只是围绕着"像 X

似的"这一格式来讨论,只是就事论事,可能争论一万年也说不清楚。要真正解决问题,就应该跳出所讨论的"像 X 似的"这一格式的范围,从其他方面去找解决问题的途径。可以发现现代汉语里有另外一个格式与"像 X 似的"有某种联系,那就是"跟 X 一样"。所以不妨暂时撇开"像 X 似的"这一格式,先来考察一下"跟 X 一样"这个格式。通过对一定数量的语料的考察和分析可以发现,"跟 X 一样"可以表示两种语法意义:一种是表示"比较,强调等同",如下面(32);还有一种是表示"比拟,强调相似",如下面(33)。比较:

(32) a. 他的相貌跟张三一样,也是大眼睛,高鼻梁。

b. 今年的考试办法跟去年一样。

c. 我的物理分数跟数学一样,都是 92 分。

(33) a. 她又高又瘦,跟竹竿儿一样。

b. 她可狡猾了,跟狐狸一样。

c. 你呀,真笨,脑袋跟木头一样。

并且还可以发现,上面"跟 X 一样"这两种语法意义的不同,在语音和语法上都有反映。从语音上说,当表示前一种"比较"的语法意义时,自然重音在"一样"上;而当表示后一种"比拟"的语法意义时,自然重音却在"X"上。无一例外都是这样。比较:

(34) a. 跟 X ′一样   (比较)

b. 跟 ′X 一样   (比拟)

而从语法上看,二者的区别表现在若干个方面:一是当表示前一种"比较"的语法意义时,"一样"有时可以受程度副词修饰,如(35);而表示后一种"比拟"的语法意义时,"一样"不能受程度副词修饰,如(36)。比较:

(35) a_1. 他的相貌跟张三一样,也是大眼睛,高鼻梁。

a_2. 他的相貌跟张三很一样,也是大眼睛,高鼻梁。

b_1. 今年的考试办法跟去年一样。

b_2. 今年的考试办法跟去年非常一样。

(36)a. 她又高又瘦,跟竹竿儿一样。

(＊跟竹竿儿很/非常一样。)

b. 她可狡猾了,跟狐狸一样。

(＊跟狐狸很/非常一样。)

c. 你呀,真笨,脑袋跟木头一样。

(＊脑袋跟木头很/非常一样。)

二是在表示前一种"比较"的语法意义时,如需要添加状语成分,可以加在"跟"前,也可以加在"跟"后,如(37);而在表示后一种"比拟"的语法意义时,状语性成分只能加在"跟"前,不能加在"跟"后,如(38)。比较:

(37)a_1. 他的相貌跟张三一样,也是大眼睛,高鼻梁。

a_2. 他的相貌完全/确实跟张三一样,也是大眼睛,高鼻梁。

a_3. 他的相貌跟张三完全/确实一样,也是大眼睛,高鼻梁。

b_1. 今年的考试办法跟去年一样。

b_2. 今年的考试办法完全/确实跟去年一样。

b_3. 今年的考试办法跟去年完全/确实一样。

(38)a. 她又高又瘦,跟竹竿儿一样。

(完全/确实跟竹竿儿一样。/＊跟竹竿儿完全/确实一样。)

b. 她可狡猾了,跟狐狸一样。

(完全/确实跟狐狸一样。/＊跟狐狸完全/确实一样。)

c. 你呀,真笨,脑袋跟木头一样。

(脑袋完全/确实跟木头一样。/＊脑袋跟木头完全/确实一样。)

三是在表示前一种"比较"的语法意义时,可以有相应的否定形式,如(39);而在表示后一种"比拟"的语法意义时,没有相应的否定形式,如(40)。比较:

(39)a. 他的相貌跟张三一样,也是大眼睛,高鼻梁。

(他的相貌跟张三不一样,眼睛不大,鼻梁不高。)

b. 今年的考试办法跟去年一样。

(今年的考试办法跟去年不一样。)

c. 我的物理分数跟数学一样，都是 92 分。

（我的物理分数跟数学不一样，物理 92 分，数学只有 87 分。）

（40）a. 她又高又瘦，跟竹竿儿一样。

（＊她又高又瘦，但跟竹竿儿不一样。）

b. 她可狡猾了，跟狐狸一样。

（＊她不太狡猾，跟狐狸不一样。）

c. 你呀，真笨，脑袋跟木头一样。

（＊你虽然笨，但脑袋跟木头不一样。）

四是在表示前一种"比较"的语法意义时，"一样"应看作形容词；而在表示后一种"比拟"的语法意义时，"一样"不能看作形容词，一般归入助词。因此实际上二者内部层次构造也不一样。表示前一种"比较"的语法意义时，内部构造层次是（41）；而在表示后一种"比拟"的语法意义时，内部构造层次是（42）。比较：

（41）　跟　Ｘ　′一样

（状中偏正结构）

（介词结构）

（42）　跟　′Ｘ　一样

（动宾结构）

（助词结构）

通过对"跟 X 一样"的考察分析就可以发现，表示后一种"比拟"的语法意义的"跟′X 一样"与"像 X 似的"存在着一系列的平行现象：一是所表示的语法意义相同，都表示比拟；二是自然重音都在"X"上；三是如要添加状语成分，都不能直接加在"X"前；四是都没有相应的否定形式。这种平行现象为解决"像 X 似的"的切分争论问题提供了一定的依据。

"像 X 似的"与"跟′X 一样"的平行现象不是偶然的。最明显的事实是，"像 X 似的""跟′X 一样"存在着替换关系。例如：

(43) a. 像′X 似的　　例如：像电线杆儿似的

　　 b. 跟′X 似的　　例如：跟电线杆儿似的

　　 c. 好像′X 似的　例如：好像电线杆儿似的

　　 d. 像′X 一样　　例如：像电线杆儿一样

　　 e. 跟′X 一样　　例如：跟电线杆儿一样

　　 f. 好像′X 一样　例如：好像电线杆儿一样

(43)各个格式表示的语法意义相同，重音位置相同。我们已知"跟′X一样"的内部层次构造宜分析为(42)，那么显然与"跟′X一样"在语法意义、语音、语法上存在着一系列平行现象的"像X似的"，其内部构造层次也宜分析为下面的(44)：

(44)　　像　　X　　似的

　　　　—　————　　　　　（动宾结构）

　　　　—　———　　　　　　（助词结构）

另外还可以找到一个佐证，那就是现代汉语里有"不像X似的"的说法，如"他可不像木头似的，脑筋特灵活"，主要不是说他不像木头，而是说他不像"木头似地呆"。显然，"不像X似的"宜切分为"不像/木头似的（动宾）"。而"不像X似的"跟"像X似的"显然是同类结构，差别只在一个是否定形式，一个是肯定形式。至此就可以说，"像X似的"按(30a)切分是比较合理的。

对"两难"结构的分析，另一种解决办法是通过进一步研究分析所切分的实例所属的句法结构的内部规律来寻求答案。举例来说，"父亲的父亲的父亲"这个语言片段应该怎么切分？是该按下面(45a)来切分，还是该按(45b)来切分？表面上看似乎也不好确定。比较：

(45) a. 父亲的　　父亲的　　父亲

　　　　————　　　————

　　　　　1　　　　　2

　　 b. 父亲的　　父亲的　　父亲

　　　　————　　————————

　　　　　1　　　　　2

可能有人会认为两种分析都可以。因为按(45a)切分，意思是"祖父的父亲"，即指曾祖父；按(45b)切分，意思是"父亲的祖父"，也是指曾祖父：二者的意义等值。但如果就事论事,只就"父亲的父亲的父亲"这个具体的结构进行切分,也是争论不清楚的。考虑到"父亲的父亲的父亲"主要是由三个指人的名词组合成的,所以不妨先来考察研究一下由指人的名词自相组合形成的偏正结构,然后再来讨论"父亲的父亲的父亲"的切分问题。

经全面考察研究,可以发现由指人的名词自相组合形成的偏正结构,其内部有极强的规律性。根据由指人的名词自相组合形成的偏正结构内部极强的组合规则,比如"父亲的同事的孩子"就只能从右往左逐词切分,有理由判断:"父亲的父亲的父亲"这个结构,按(45a)切分是合理的,而按(45b)切分是不符合这类结构的内部组合规则的(陆俭明,1985)。那为什么"父亲的父亲的父亲"按(45a)切分或按(45b)切分在意义上是等值的呢? 其实这完全是一种偶然的巧合,或者说是一个特例。正如在数学中,如果在同一个算式里既有加减项,又有乘除项,那么一定得遵守"先乘除,后加减"这一原则。可是有时会遇到似乎不遵守"先乘除,后加减"这一原则也会获得正确的答案的情况。例如:

$$(46)\,a_1.\ 1 \times 7 + 3 = 7 + 3 = 10 \qquad (正确的运算法)$$
$$a_2.\ 1 \times 7 + 3 = 1 \times 10 = 10 \qquad (错误的运算法)$$
$$b_1.\ 7 + 3 \times 1 = 7 + 3 = 10 \qquad (正确的运算法)$$
$$b_2.\ 7 + 3 \times 1 = 10 \times 1 = 10 \qquad (错误的运算法)$$
$$c_1.\ 7 + 3 \div 1 = 7 + 3 = 10 \qquad (正确的运算法)$$
$$c_2.\ 7 + 3 \div 1 = 10 \div 1 = 10 \qquad (错误的运算法)$$

(46)其实也是一种巧合。就这里所举的例子看,其巧合的条件是,或者算式中乘在前加在后,并且乘数为1(如例(46a));或者算式中加在前乘在后,并且被乘数为1(如例(46b));或者算式中加在前除在后,并且被除数为1(如例(46c))。"父亲的父亲的父亲"按(45a)或(45b)两种切分在意义上等值,其条件就是因为组成成分都是"父亲"。

进行结构分析第二个要特别注意的问题是,当进行层次分析过程中得出一个结论以后,一定要思考一下"这种分析行不行"和"对语言事实的概括性怎么样"等问题。这里不妨也举一个实例来说明。比如"他所写的文章"该怎么切分? 一般人大概都会切分为(47):

(47) 他　所　写　的　文章

1　　2　　（定中偏正结构）

3　　4　　（定中偏正结构）

5　　6　　（“的”字结构）

7　　8　　（“所”字结构）

但(47)这样的切分合适吗？表面看起来似乎没什么问题。因为“他所写的文章”，那“文章”当然是“他”的。而按上面的切分，“他”正好一直管到“文章”。而且其中每一步的分析似乎也都合乎现代汉语语法规则。不过在做了这样的切分之后，恐怕还得思量思量：这样切分行不行？对语言事实的概括性怎么样？为了验证刚才得到的结论，就有必要进一步考察更多的语言事实。“他所写的文章”的词类序列是(48)：

(48) 他　所　写　的　文章

名词$_1$ + 所 + 动词 + 的 + 名词$_2$

但应该说“他所写的文章”实际上只是“名词$_1$ + 所 + 动词 + 的 + 名词$_2$”这一词类序列的一个具体的实例。现在就按照“名词$_1$ + 所 + 动词 + 的 + 名词$_2$”这一词类序列来搜集更多的语料。为了尽可能跟上面所分析的“他所写的文章”一致，“名词$_1$”都取“他”。考察结果发现，符合“名词$_1$ + 所 + 动词 + 的 + 名词$_2$”这一词类序列的实例有两类：

一类是跟“他所写的文章”一样，“名词$_1$”和“名词$_2$”之间有领属关系。例如：

(49) a. 他所写的信　　b. 他所盖的房子
c. 他所买的衣服　　d. 他所画的画
e. 他所治疗的病人　　f. 他所发明的机器
g. 他所制作的工艺品

另一类跟“他所写的文章”不一样，“名词$_1$”和“名词$_2$”之间没有领属关系。例如：

(50) a. 他所看见的外国人　　b. 他所听说的事情
c. 他所批改的作文　　d. 他所审查的论文
e. 他所报告的敌情　　f. 他所参观的展览会

g. 他所传达的指示

上面(49)中的"名词₁+名词₂"可以用"名词₁的名词₂"来替换,基本意思不变。例如(51):

(51) a. 他所写的信 　　　　→ 　　　　他的信

　　　b. 他所盖的房子 　　　→ 　　　　他的房子

　　　c. 他所买的衣服 　　　→ 　　　　他的衣服

　　　d. 他所画的画 　　　　→ 　　　　他的画

　　　e. 他所治疗的病人 　　→ 　　　　他的病人

　　　f. 他所发明的机器 　　→ 　　　　他的机器

　　　g. 他所制作的工艺品 　→ 　　　　他的工艺品

而上面(50)中的"名词₁+名词₂"则不能用"名词₁的名词₂"来替换,因为加"的"后意思就改变了。例如(52):

(52) a. 他所看见的外国人 　→ 　　　　*他的外国人

　　　b. 他所听说的事情 　　→ 　　　　*他的事情

　　　c. 他所批改的作文 　　→ 　　　　*他的作文

　　　d. 他所审查的论文 　　→ 　　　　*他的论文

　　　e. 他所报告的敌情 　　→ 　　　　*他的敌情

　　　f. 他所参观的展览会 　→ 　　　　*他的展览会

　　　g. 他所传达的指示 　　→ 　　　　*他的指示

值得注意的是,具体考察2500个常用动词发现,能进入"名词₁+所+动词+的+名词₂"这一词类序列的动词只有784个,而这784个动词按"名词₁+所+动词+的+名词₂"这一词类序列所组成的实例,属于前一类有领属关系的又只有30%,属于后一类的却占到70%。而在前一类30%的实例中,还有一些很难说"名词₁"和"名词₂"之间一定有领属关系。例如:

(53) a. 他所盖的房子("房子"不一定就是他的)

　　　b. 他所做的衣服("衣服"不一定就是他的)

面对上述情况就不能不反思先前所得到的(47)的切分结论是否合理。根据上面所考察的语言事实,属于前一类的"他所写的文章"按(54)切分似乎是说得过去的；但是像后一类"他所审查的论文"如果按(55)切分就说不过去了，因为"他"跟"论文"之间没有领属关系。比较：

(54) 他　所　写　的　文章

	1	2		（1—2 定中偏正结构）
		3	4	（3—4 定中偏正结构）
		5	6	（5—6"的"字结构）
		7	8	（7—8"所"字结构）

(55) 他　所　审查　的　论文

* 1	2		（1—2 定中偏正结构）
	3	4	（3—4 定中偏正结构）
	5	6	（5—6"的"字结构）
	7	8	（7—8"所"字结构）

那么属于后一类的"他所审查的文章"应该怎么切分才比较合理呢？考虑到这里的"所"是个虚词，只能出现在别的词的前面；"的"也是个虚词，只能出现在别的词的后边，所以"他所审查的文章"显然不能按下列(56X)或者(56Y)来切分。比较：

(56)(X)　他所　审查的文章

　　　　　* 定　　　中

　　(Y)　他所审查　的文章

　　　　　* 定　　　中

按(56X)切分，"所"出现在别的词（他）的后边了，这不符合"所"的用法；按(56Y)切分，"的"出现在别的词（文章）的前边了，这也不符合"的"的用法。这样看来只能按(57)来切分。比较：

(57) 他　所　审查　的　文章

	1	2	（1—2 定中偏正结构）
	3	4	（3—4"的"字结构）

可是这又会碰到一个问题："他所审查"该怎么切分？事实上"他所审查"是由主谓词组加结构助词"所"通过插入性扩展而来的（参见朱德熙

1982）。所以"他所审查的文章"可以按(58)具体切分。比较：

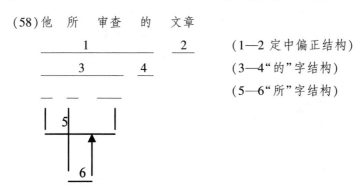

(58) 他　所　审查　的　文章

(1—2 定中偏正结构)

(3—4"的"字结构)

(5—6"所"字结构)

那么属于前一类的"他所写的文章"该怎么切分呢？是仍然按前面(47)的形式切分,还是也按(58)来切分呢？这里似乎可以有两种处理法：一种处理法是,前一类的实例维持原来(47)的切分法,而后一类的实例按(58)来切分;另一种处理法是,所有符合"名词$_1$＋所＋动词＋的＋名词$_2$"这一词类序列的实例都按(58)切分。

但从现代汉语整个语法系统看,(58)这种分析比较好。理由是：前一类和后一类的实例词类序列相同,所表示的语法意义也相同,只是各自内部的语意结构关系有差异——前一类"名词$_1$"和"名词$_2$"之间有领属关系,而后一类"名词$_1$"和"名词$_2$"之间没有领属关系。然而在语言中词类序列相同,表示的语法意义相同,而内部语义结构关系有差异,是非常普遍的现象。例如"他早早地炸了一盘花生米""他喜滋滋地炸了一盘花生米""他脆脆地炸了一盘花生米",这三者词类序列相同,所表示的语法意义相同,只是内部语义结构关系不完全一样——"早早地"是说明"炸"的时间的,"喜滋滋地"是说明"他"炸花生米时的神情的,"脆脆地"是说明炸了以后的花生米的,但没有人否认它们是属于同一个类型的句法结构,而不做相同的层次分析。因此把"他所写的文章"("他"和"文章"之间有领属关系)跟"他所审查的论文"("他"和"论文"之间没有领属关系)做相同的结构分析,应该说是完全可以的。至此,"他所写的文章"较为合理的切分应该就是(59)：

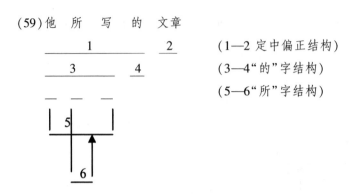

2.4 结构层次分析的作用和局限

层次分析是分析语言结构所必不可少的。层次分析理论的建立是语言研究中一项了不起的成就。层次分析法适用面广，语法分析、语音分析、篇章分析都得用到它。

比如层次分析能更好地分化歧义句式。像上面举到的歧义句"发现敌人的哨兵回营房了"和"我们不需要进口设备"，虽然用传统的句子成分分析法（或称"中心词分析法"）也可以分化。以"发现敌人的哨兵回营房了"为例，按（60）的意思，是个省略了主语的句子，"发现"是谓语，"敌人的哨兵回营房了"作"发现"的宾语。如下图所示：

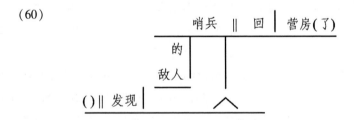

按（61）的意思，是个主谓句，"哨兵"是主语，"回"是谓语，"营房"是宾语，"发现敌人"作"哨兵"的定语。如下图所示：

(61)

```
哨兵 ‖ 回  营房 (了)
        的
    发现 敌人
```

但是像"那照片放大了一点儿"这样的歧义句,句子成分分析法可能就无能为力了。这个句子可以表示两个意思:一个意思是"那照片放得不大,只放大了一点儿";另一个意思是"那照片放得有点儿大了"。可是无论是哪种意思,用句子成分分析法分析都一样——"照片"是主语,"放"是谓语,"那"是"照片"的定语,"一点儿"和"大了"都是"放"的补语,如下图所示:

(62)

```
         照片  ‖ 放
    那      大(了) 一点儿
```

但用层次分析法就可以分化这个歧义句。按前一种"那照片放得不大,只放大了一点儿"的意思可切分为(63a);按后一种"那照片放得有点儿大"的意思可切分为(63b)。比较:

(63)a. 那照片 放 大 了 一点儿

```
    1       2              (1—2 主谓结构)
            3      4        (3—4 动补[动宾])结构)
            5  6  ( )       (5—6 动补结构)
```

   b. 那照片 放 大 了 一点儿

```
    1       2              (1—2 主谓结构)
            3      4        (3—4 动补["放得大了一点
                            儿"的紧缩形式])
            5( )  6        (5—6 动补[动宾]结构)
```

层次分析更大的作用在于有助于发现新的语法现象,揭示新的语法规律。如前面讲到的由指人的名词自相组合形成的偏正结构有极强的规律性,这一点及其具体规则就是因为要解决"父亲的父亲的父亲"这一结构的切分问题才发现的。再如汉语语法书上都说现代汉语里的动词一般都能作谓语,只要意义上能搭配,其实这是不用层次观念来分析句子结构所得出的结论。自从自觉运用层次分析法以来，人们逐渐认识到，现代汉语里动词单独作谓语是受到很大限制的。有大约50%的动词不能单独作谓语，像"姓、逗、企图、责怪"等就都不能单独作谓语；而像"看、等、吃、参观"等动词虽然能作谓语，也要受到语用上的限制，像"看"只在祈使句和答话里或含明显对比意义的句子里才能单独作谓语，如下面(64)。显然这一重要语法现象，如果不使用层次分析法是不会发现的。比较：

(64) a. 你看！

　　 b. ——那个电影她看不看？——她看。

　　 c. 那电影她看，我不看。

　　但任何理论方法都有它的局限性。当然不能简单地把局限性理解为缺点。所谓局限性，是说任何理论方法都有一定的适用范围，超出了它的能力范围，它就无能为力了。层次分析法也不例外。那么层次分析法的局限性表现在哪里呢？这倒不是像某些人所说的那样，什么"它不能分析双宾结构""不能分析递系结构（即所谓兼语式）"等等。层次分析的局限性主要表现在，它只能揭示句法结构的构造层次和直接组成成分之间显性的语法关系，即语法结构关系；不能揭示句法结构内部隐性的语法关系，即语义结构关系。这是因为层次分析只包含切分和定性两方面内容。例如"我写了一封信"，通过层次分析可以而且也只能知道它内部的构造层次和直接组成成分之间的语法结构关系，如(65)所示：

(65) 我　写　了　一　封　信
```
1 _____2_____        （1—2 主谓结构）
      3 ( )_____4                       （3—4 动宾结构）
                  5_____6              （5—6 定中偏正结构）
                  7  8                   （7—8 定中偏正结构）
```

　　但是"我"和"写"之间在语义上是什么关系，"写"和"信"之间在语义上是什么关系，层次分析就不能揭示了（或者说就不管了）。因此由于语义结构关系的不同而造成的歧义句式就不能用层次分析法来加以分化。例如"鸡不吃了"这一歧义句（一种意思是"鸡（生病了）不吃（东西）了"；另一种意思是"鸡（我们）不吃了，（再吃点别的菜）"），就没法通过层次分析来加以分化。为了解决这些问题,就需要去寻求新的分析方法。

主要参考文献:

巴　南(1981)谈谈层次分析法,《中国语文》第 3 期。

华　萍(1981)评"暂拟汉语教学语法系统",《中国语文》第 2 期。

陆俭明(1980)汉语语法研究中一个值得注意的问题,《中学语文教学》第 11 期。

陆俭明(1981)分析方法刍议,《中国语文》第 3 期。

陆俭明(1985)由指人的名词自相组合造成的偏正结构,《中国语言学报》第 2 期。

陆俭明(1990)关于"他所写的文章"的切分,《语言学通讯》1—2 期。

陆俭明(1985)析"像……似的",《现代汉语虚词散论》,北京大学出版社。

陆俭明(1993)《八十年代中国语法研究》,商务印书馆。

陆俭明(2010)《现代汉语语法研究教程》(第四版),北京大学出版社。

吕叔湘(1979)《汉语语法分析问题》,商务印书馆。

赵元任(1968)*A Grammar of Spoken Chinese*,中译本《汉语口语语法》(吕叔湘译),商务印书馆 1979 年;《中国话的文法》(丁邦新译),香港中文大学出版社 1980 年。

朱德熙(1962)句法结构,《中国语文》8—9 月号;又见《现代汉语语法研究》,商务印书馆 1980 年。

朱德熙(1982)语法分析和语法体系,《中国语文》第 1 期。

朱德熙(1982)《语法讲义》,商务印书馆。

L. Bloomfield(布龙菲尔德):*Language*,中译本《语言论》(袁家骅、赵世开等译),商务印书馆 1980 年。

R. S. Wells(1947) Immediate Constituent(直接成分),*Language*,23,译文见《语言学资料》1963 年第 6 期。

C. F. Hockett(霍凯特 1986)《现代语言学教程》(*A Course in Modern Linguistics*)(索振羽、叶蜚声译),北京大学出版社。

第三讲

变换理论与句式变换分析

3.1 结构层次分析的局限和句式变换
分析方法的产生

上一讲讨论的"层次分析"对于分析语言结构,不管是语法结构还是语音结构,都是不可缺少的。层次分析理论的建立是语言研究中一项了不起的成就。这种分析不但大大推动了语言研究,而且对其他学科也产生了积极的影响。但是层次分析也有局限,即不能揭示句法结构内部实词与实词之间的语义结构关系。例如:

(1)a.不适当地教育孩子,对孩子成长不利。

b.我们目前需要进口设备。

c.反对的是他。

上面(1)中的三个例子都是歧义句。(1a)可以通过层次分析中的"切分"加以分化;(1b)可以通过层次分析中的"定性"加以分化;而(1c)就不能通过层次分析的"切分"或"定性"来加以分化了。比较:

(2)a_1.不/适当地教育孩子……("不"后切分)。

a_2.不适当地/教育孩子……("不适当地"后切分)。

b_1.我们目前需要<u>进口设备</u>。(进口设备 = 动宾关系)

b_2.我们目前需要<u>进口设备</u>。(进口设备 = 定中偏正关系)

c_1.反对的/是他。(切分相同;定性相同。语义 = 他反对)

c_2.反对的/是他。(切分相同;定性相同。语义 = 反对他)

层次分析的这种局限促使变换分析方法得以运用。下面再举两个实例来具体说明。下面(3)中两个例子格式相同,词类序列也相同("名词L"代表表示处所的名词性成分,"名词语"代表名词性词语)。如果对这两个句子进行层次分析,"切分"和"定性"也都相同。比较:

(3)a.戏台上摆着鲜花。(名词L+动词+着+名词语)

　　b.戏台上演着京戏。(名词L+动词+着+名词语)

(4)　　名词L　动词　着　名词语

　a.　戏台上　摆　着　鲜花。

　b.　戏台上　演　着　京戏。

　　　<u>　1　</u>　<u>　　　2　　　</u>　　　　(1—2 主谓结构)

　　　　　　<u>　3　</u>　<u>　4　</u>　　　(3—4 动宾结构)

但可以明显感觉到,(4a)和(4b)所表示的语法意义是不同的。(4a)表示"存在、静态","动词+着"在意思上大致相当于"有"。(4b)表示"活动、动态","动词+着"在意思上表示某行为动作正在进行。如果把(4a)所表示的语法意义定为 A 义,把(4b)所表示的语法意义定为 B 义,事实上还能发现上述句式是既能表示 A 义又能表示 B 义的歧义句。如下面(5)就既能理解为"山上有炮",这时句子表示 A 义;也能理解为"山上正有人在架炮",这时句子表示 B 义。这种区别就不能通过层次分析来加以分化了。例如:

(5)山上架着炮。

那么上面(4)中这种 A 义和 B 义的差异是怎么造成的呢? 这就是由句法结构内部实词与实词之间不同的语义结构关系造成的。具体说,(4a)"戏台上摆着鲜花"这一句里的共现词("共现词"指在同一个句法格式里出现的实词性词语)之间的语义结构关系是,"戏台上"(名词L)指明"鲜花"(名词语)存在的处所;而(4b)"戏台上演着京戏"这一句里的共现词之间的语义结构关系是,"戏台上"(名词L)指明"演京戏"("动词+名词语")这一活动进行的场所。要揭示这种隐含在句子里边的实词与实词之间的语义结构关系,就不能不寻求新的分析手段。"句式变换分析"或者直接说

"变换分析"正是适应对这种语义关系研究的需要而产生的。

下面试用变换分析来分化上述同形的"名词L+动词+着+名词语"的句式。这里不妨假设表示A义的"名词L+动词+着+名词语"为A式，表示B义的"名词L+动词+着+名词语"为B式。可以发现，A式可以与"名词语+动词+在+名词L"句式(假设为C式)相联系，即A式可以变换为C式。例如：

(6) A式：名词L+动词+着+名词语

→C式：名词语+动词+在+名词L

a_1. 台上坐着主席团　　　　→　　　a_2. 主席团坐在台上

b_1. 门口站着人　　　　　　→　　　b_2. 人站在门口

c_1. 前三排坐着来宾　　　　→　　　c_2. 来宾坐在前三排

d_1. 床上躺着病人　　　　　→　　　d_2. 病人躺在床上

e_1. 门上贴着对联　　　　　→　　　e_2. 对联贴在门上

f_1. 黑板上写着字　　　　　→　　　f_2. 字写在黑板上

g_1. 墙上挂着画　　　　　　→　　　g_2. 画挂在墙上

h_1. 左胸上别着校徽　　　　→　　　h_2. 校徽别在左胸上

i_1. 树上钉着广告牌　　　　→　　　i_2. 广告牌钉在树上

……

上面(6)箭头左边的A式为"原句式"，箭头右边的C式就是"变换式"。拿"A式：台上坐着主席团→C式：主席团坐在台上"的变换关系来说，原句式中的共现词"台上"是指明"主席团"存在的处所，"主席团"与动词"坐"之间是施事与动作的关系；而变换式中的共现词"台上"同样是指明"主席团"存在的处所，"主席团"与"坐"之间仍然是施事与动作的关系。再拿"A式：门上贴着对联→C式：对联贴在门上"来说，原句式中共现词"贴"与"对联"之间是动作与受事的关系，"门上"指明"对联"存在的处所；变换式中共现词"贴"与"对联"、"门上"与"对联"之间的语义结构关系也是如此，也就是两个句式变换前后的语义结构关系保持不变。其他各个实例的原句式与变换式，其共现词之间的语义结构关系也都无一例外地保持一致。这说明，A式与C式之间存在着变换关系，即可以建立一个变换公式(7)：

(7)A 式→C 式

上面说的是 A 式。现在再看 B 式。可以发现,B 式可以与"名词 L + 正在 + 动词 + 名词语"(假设为"D 式")发生联系,而且共现词之间的语义结构关系保持不变,即 B 式可以变换为 D 式。例如:

(8)B 式:名词 L + 动词 + 着 + 名词语

→D 式:名词 L + 正在 + 动词 + 名词语

a_1. 台上演着黄梅戏	→	a_2. 台上正在演黄梅戏
b_1. 门外敲着锣鼓	→	b_2. 门外正在敲锣鼓
c_1. 外面下着大雨	→	c_2. 外面正在下大雨
d_1. 大厅里跳着舞	→	d_2. 大厅里正在跳舞
e_1. 教室里上着课	→	e_2. 教室里正在上课
f_1. 操场上放映着电影	→	f_2. 操场上正在放映电影
g_1. 炉子上熬着粥	→	g_2. 炉子上正在熬粥

上面(8)箭头左边的 B 式为"原句式",箭头右边的 D 式就是"变换式"。拿"B 式:台上演着黄梅戏→D 式:台上正在演黄梅戏"来说,原句式中共现词"台上"指明"演黄梅戏"这一活动进行的场所,"演"与"黄梅戏"之间是动作与受事的关系;变换式中共现词"台上"同样是指明"演黄梅戏"这一活动进行的场所,"演"与"黄梅戏"之间仍然是动作与受事的关系。其他各个实例的原句式与变换式,其共现词之间的语义结构关系都无一例外地保持一致。这说明,B 式与 D 式之间存在着变换关系,即可以建立一个变换公式(9):

(9)B 式→D 式

不过值得注意的是,A 式只能变换为 C 式,不能变换为 D 式。比较:

(10)A 式:台上坐着主席团　　→　　C 式:主席团坐在台上

　　A 式:台上坐着主席团　　→　　D 式:*主席团正在坐台上

反之,B 式只能变换为 D 式,不能变换为 C 式。比较:

(11)B 式:戏台上演着京戏　　→　　D 式:戏台上正在演京戏

　　B 式:戏台上演着京戏　　→　　C 式:*京戏演在戏台上

前面说到,例(5)"山上架着炮"这一句有歧义,这也可以通过变换加以验证,因为例(5)可以有上述两种变换式:

(12) A 式:山上架着炮　　　　→　　　C 式:炮架在山上

　　　B 式:山上架着炮　　　　→　　　D 式:山上正在架炮

3.2　句式变换分析的客观依据和需要遵循的原则

先说说句式变换分析有什么客观依据。层次分析的客观依据是句法构造的层次性,那么变换分析的客观依据是什么呢? 变换分析的客观依据是"句法结构的相关性"。造成这种相关性的原因有以下几条:

第一,语言表达要求细致而又经济的原则致使语言中同一个意义可以用不同的句法格式来表达,从而造成语言中存在大量的同义格式。前面第一讲里就谈到了这点,并举了个实例,这里不妨再举一个实例。比如说基本的意思是"我在昨天由于不小心丢了两把办公室的钥匙",可是在不同的场合,根据不同的表达需要,可以用不同的说法来表示。例如:

(13) a. 我昨天不小心丢了两把办公室的钥匙。

　　　b. 我昨天不小心把两把办公室的钥匙丢了。

　　　c. 昨天不小心,办公室的两把钥匙给我丢了。

　　　d. 昨天不小心,我把办公室的两把钥匙丢了。

　　　e. 昨天不小心,办公室的两把钥匙被我丢了。

　　　f. 我不小心在昨天把办公室的两把钥匙给丢了。

　　　g. 是我昨天不小心把办公室的两把钥匙给丢了。

　　　h. 我昨天不小心,办公室的钥匙给我丢了两把。

而且在对话中,本着说话经济的原则,其中有些成分,如"我、昨天"等还常常可以省略。例如:

(14)——你昨天玩儿得怎么样?

　　　——倒霉透了,把办公室的两把钥匙给丢了。

第二,语言中要表达的意义是无限的,而表达意义的句法格式又是有限的。这样要用有限的格式来表达无穷的意义,就致使同一种句法格式可以表示多种意义,从而使语言中存在大量的歧义句法格式。举例来说,"老虎不吃鸡了"和"鸡不吃白菜了"是意思不同的两句话,但在各自不同的语言环境下,而且为了说话经济,这两个意思就有可能会用相同的句子来表示,从而造成歧义句。例如:

(15) a. 鸡是"吃"的受事

　　　a_1. 老虎不吃鸡了。(回答"老虎还吃鸡吗?")

　　　a_2. 老虎不吃了。(回答"老虎还吃鸡吗?")

　　　a_3. 鸡老虎不吃了。(回答"鸡老虎还吃吗?")

　　　a_4. <u>鸡不吃了</u>。(回答"鸡老虎还吃吗?")

　　b. 鸡是"吃"的施事

　　　b_1. 鸡不吃白菜了。(回答"鸡还吃白菜吗?")

　　　b_2. <u>鸡不吃了</u>。(回答"鸡还吃白菜吗?")

　　　b_3. 白菜鸡不吃了。(回答"白菜鸡还吃吗?")

　　　b_4. 白菜不吃了。(回答"白菜鸡还吃吗?")

在上面例(15)里出现了词类序列相同、表面形式完全一样的两个"鸡不吃了",而它们各自来源于不同的意思:(15a)组的"鸡不吃了",其意思源于"老虎不吃鸡了","鸡"是"吃"的受事;(15b)组的"鸡不吃了",其意思源于"鸡不吃白菜了","鸡"是"吃"的施事。这样一来,"鸡不吃了"就成了一个歧义句了。

第三,意义中所存在的包含相同语义结构关系的不同句法结构之间总是存在着某种内在的结构联系。变换分析正是利用这内在的结构联系来揭示歧义格式各自所联系的同义格式,以达到分化歧义句法格式的目的。

再说说句式变换分析需要遵循的原则。需要强调的是,"变换"是指句式与句式之间的变换,而不是某两个具体句子之间的变换。明确这一点很重要。按照这个观点,作为一个合格的变换一定得遵守一些基本的原则。

第一,作为一个合格的变换一定得形成一个变换矩阵。矩阵的左边为原句式的一个个实例,矩阵的右边为变换式的一个个实例。原句式和变换式之间用箭头表示二者之间的变换关系。比如在第一节里举过的变换实例

(6)，就是一个"变换矩阵"：其中第一行为词类序列，第二行以下为一个个具体的实例，矩阵的左边为"原句式"，矩阵的右边为"变换式"，中间的箭头"→"用来表示原句式与变换式之间的变换关系。为了方便理解，这个实例再列举一遍：

(16) A 式：名词 L + 动词 + 着 + 名词语

→ C 式：名词语 + 动词 + 在 + 名词 L

a_1. 台上坐着主席团	→	a_2. 主席团坐在台上
b_1. 门口站着人	→	b_2. 人站在门口
c_1. 前三排坐着来宾	→	c_2. 来宾坐在前三排
d_1. 床上躺着病人	→	d_2. 病人躺在床上
e_1. 门上贴着对联	→	e_2. 对联贴在门上
f_1. 黑板上写着字	→	f_2. 字写在黑板上
g_1. 墙上挂着画	→	g_2. 画挂在墙上
h_1. 左胸上别着校徽	→	h_2. 校徽别在左胸上
i_1. 树上钉着广告牌	→	i_2. 广告牌钉在树上

第二，矩阵中变换之前竖行的句子，即矩阵左边作为原句式的一个个实例，形式（即词类序列）必须相同，语法意义（也称为"高层次语义关系"）也必须一致。拿上面(16)所列变换来说，原句式的一个个实例，其词类序列都是"名词 L + 动词 + 着 + 名词语"，形式相同，这符合本条所说的要求；而各个实例所表示的语法意义，即高层次语义关系相同，都表示"存在、静态"，这也符合本条要求。

第三，矩阵中变换之后竖行的句子，即矩阵右边作为变换式的一个个实例，形式（即词类序列）必须相同，语法意义（也称为"高层次语义关系"）也必须一致。再拿上面(16)所列变换来说，变换式的一个个实例，其词类序列都是"名词语 + 动词 + 在 + 名词 L"，形式相同，这符合本条所说的要求；而各个实例所表示的语法意义，即高层次语义关系相同，都表示"存在、静态"，这也符合本条要求。

第四，矩阵中每一横行左右两侧的句子，即每一横行作为原句式的实例和作为变换式的实例，其共现词之间的语义结构关系（也称为"低层次的语义关系"）必须保持一致。再拿上面(16)所列变换来说，每一横行作为原

句式的实例和作为变换式的实例,其共现词之间的语义结构关系保持不变。再略举两个例子来说明,例如:

(17) 前三排坐着来宾　　　→　　　来宾坐在前三排

(17) 原句式中"来宾"和"坐"是施事与动作的关系,"前三排"表示"来宾"所处的位置;变换式中"来宾"和"坐"仍是施事与动作的关系,"前三排"仍表示"来宾"所处的位置。二者在共现词之间的语义结构关系上保持不变。再如:

(18) 墙上挂着画　　　→　　　画挂在墙上

(18) 原句式中"挂"和"画"是动作与受事的关系,"墙上"表示"画"所存在的位置;变换式中"画"和"挂"仍是动作与受事的关系,"墙上"仍表示"画"所存在的位置。二者在共现词之间的语义关系上保持不变。这样看上面(16)所列的各个变换实例都符合这一条要求。

第五,矩阵中每一横行左右两侧的句子,即每一横行作为原句式的实例和作为变换式的实例,在语法意义(即"高层次语义关系")上的差别一致。再拿上面(16)来说,虽然上面第二条和第三条说,原句式的语法意义是表"存在、静态",变换式的语法意义也是表"存在、静态",但是二者还是有细微的区别。试以上面(16)里的两个具体实例来说明,例如:

(19) a_1. 台上坐着主席团　　　→　　　a_2. 主席团坐在台上
　　　b_1. 门上贴着对联　　　→　　　b_2. 对联贴在门上

上面(19a)原句式以"台上"为话题,说明"台上"存在什么事物;变换式则以"主席团"为话题,说明"主席团"存在于何处。(19b)原句式以"门上"为话题,说明"门上"存在什么事物;变换式则以"对联"为话题,说明"对联"存在于何处。显然,(19a)和(19b)各自原句式与变换式语法意义上的差异是一致的。(16)中所列变换的其余各例情况类似。这样看上面(16)所列的各个变换实例也都符合这一条要求。

以上所说的原则,朱德熙先生称为"变换分析的平行性原则"。这些原则确保了变换的合格性,同时可以防止在变换矩阵中出现鱼目混珠的情况。例如:

(20) A 式：NP + 在 + NPL + V + 着

→ B 式：NP + V + 在 + NPL

a_1. 病人在床上躺着   → a_2. 病人躺在床上

b_1. 孩子们在门口坐着   → b_2. 孩子们坐在门口

c_1. 他在马背上跳着   → c_2. 他跳在马背上

d_1. 张三在门外站着   → d_2. 张三站在门外

e_1. 棋盘在地上画着   → e_2. 棋盘画在地上

f_1. 对联在门上贴着   → f_2. 对联贴在门上

g_1. 胸针在胸前别着   → g_2. 胸针别在胸前

h_1. 书在地上堆着   → h_2. 书堆在地上

i_1. 水在河里流着   → i_2. 水流在河里

在(20)这个变换矩阵里就有鱼目混珠的实例，即(20c)和(20i)。为什么说这两个例子是鱼目混珠的实例呢？因为这两个实例不符合上面所说的平行性原则中第二至第五个条件。第二条说，原句式的一个个实例，语法意义（也称为"高层次语义关系"）必须一致，可是(20c/i)所表示的语法意义跟其他各实例的语法意义不一致，其他实例都表示"存在、静态"，而(20c/i)则表示"活动、动态"。第三条说，变换式的一个个实例，语法意义（也称为"高层次语义关系"）必须一致，可是(20c/i)所表示的语法意义跟其他各实例的语法意义不一致，其他实例都表示"存在、静态"，而(20c/i)则表示"事物的位移、动态"。第四条说，每一横行作为原句式的实例和作为变换式的实例，其共现词之间的语义结构关系（也称为"低层次的语义关系"）必须保持一致，可是(20c/i)不符合这一条。就(20c)来说，原句式里的"马背上"指明"他跳"这一活动的场所，而变换式里的"马背上"则指明"他"位移的终点，这样原句式与变换式中共现词之间的语义结构关系显然不一致；(20i)的情况类似。这两个例子跟上面说的第二至第四条都不符合，当然第五条无须多说也就肯定不符合了。显然，(20c/i)只是在形式上看上去跟其余各例一样，可是实质上并不一样，所以说这两个是鱼目混珠的实例。再看下面一个变换矩阵的例子：

(21) A 式：有 + 名词 + 动词

→ B 式：有 + 动词 + 的 + 名词

a_1. 有能力完成　　　→　　　a_2. 有完成的能力

b_1. 有办法解决　　　→　　　b_2. 有解决的办法

c_1. 有条件上大学　　→　　　c_2. 有上大学的条件

d_1. 有人骂过他　　　→　　　d_2. 有骂过他的人

e_1. 有人陪他　　　　→　　　e_2. 有陪他的人

f_1. 有钱买新房子　　→　　　f_2. 有买新房子的钱

g_1. 有时间研究　　　→　　　g_2. 有研究的时间

h_1. 有时候玩儿　　　→　　　h_2. 有玩儿的时候

在(21)这个变换矩阵里也有鱼目混珠的实例,即(21d)和(21h)。(21)所列的变换,其原句式所表示的语法意义是"具备做某件事的能力或条件",原句式里"有+名词"在表达上相当于"能、可以"的意思;而(21d/h)都不表示这样的语法意义,(21d/h)里的"有人"和"有时候"也不是相当于"能、可以"的意思。凭这一点就可以判断,(21d/h)在上面这个变换里,肯定是鱼目混珠的实例。

3.3　句式变换分析的作用和局限

"变换分析"最直接的作用是可以更有效地分化歧义句式。在分化歧义句式上,"层次分析法"强于"句子成分分析法",而"变换分析法"分化歧义句式的能力更强。也就是说,层次分析能分化的歧义句式,变换分析能分化;层次分析不能分化的歧义句式,变换分析也可以分化。

在现代汉语语法研究与教学中常常举"咬死了猎人的狗"来说明由于层次构造的不同所造成的歧义格式。这个歧义格式可以用层次分析法来加以分化。例如:

(22)a. 咬死了 / 猎人的狗(动宾结构)

　　b. 咬死了猎人的 / 狗(定中偏正结构)

像"咬死了猎人的狗"这样的歧义格式,当然也可以用变换分析来加以分化。假设按(22a)理解的格式为 A 式;按(22b)理解的格式为 B 式。A 式可以变换为 C 式,如(23);B 式可以变换为 D 式,如(24)。比较:

(23) A 式:动词 + 补语(了) + 名词$_1$ + 的 + 名词$_2$

→ C 式:把 + 名词$_1$ + 的 + 名词$_2$ + 动词 + 补语(了)

a_1. 咬死了猎人的狗 　　　 → 　a_2. 把猎人的狗咬死了

b_1. 打碎了张三的玻璃杯 　 → 　b_2. 把张三的玻璃杯打碎了

c_1. 砸坏了张家的门 　　　 → 　c_2. 把张家的门砸坏了

d_1. 弄丢了研究室的钥匙 　 → 　d_2. 把研究室的钥匙弄丢了

e_1. 吓坏了小张的妈妈 　　 → 　e_2. 把小张的妈妈吓坏了

f_1. 踢断了王小二的胳膊 　 → 　f_2. 把王小二的胳膊踢断了

g_1. 撕破了姐姐的衣服 　　 → 　g_2. 把姐姐的衣服撕破了

　　……

(24) B 式:动词 + 补语(了) + 名词$_1$ + 的 + 名词$_2$

→ D 式:是 + 指量名词$_2$ + 动词 + 补语(了) + 名词$_1$

a_1. 咬死了猎人的狗 　　　 → 　a_2. 是那条狗咬死了猎人

b_1. 踩坏了庄稼的牛 　　　 → 　b_2. 是那头牛踩坏了庄稼

c_1. 打伤了孩子的人 　　　 → 　c_2. 是那个人打伤了孩子

d_1. 叼走了鸡的狐狸 　　　 → 　d_2. 是那只狐狸叼走了鸡

e_1. 打破了玻璃的孩子 　　 → 　e_2. 是那个孩子打破了玻璃

f_1. 拆掉了房子的人家 　　 → 　f_2. 是那户人家拆掉了房子

g_1. 输光了钱的赌徒 　　　 → 　g_2. 是那个赌徒输光了钱

　　……

值得注意的是,A 式只能变换为 C 式,不能变换为 D 式,如(25);B 式只能变换为 D 式,不能变换为 C 式,如(26)。比较:

(25) A 式:打碎了张三的玻璃杯 → C 式:把张三的玻璃杯打碎了

　　 A 式:打碎了张三的玻璃杯 → D 式:*是那只玻璃杯打碎了张三

(26) B 式:踩坏了庄稼的牛 　　 → 　 D 式:是那头牛踩坏了庄稼

　　 B 式:踩坏了庄稼的牛 　　 → 　 C 式:*把庄稼的牛踩坏了

这样看来,层次分析能分化的歧义句式用变换分析也能分化,只不过看起来用变换分析法来分化(22)这样的歧义句式在手续上比用层次分析法要来得复杂。所以通常能够用层次分析法分化的歧义句式尽可能就用层次分析法来分化,而不必用变换分析法,正如在物理学中能用牛顿定律来解决的问题,就不一定非得用爱因斯坦相对论来解决一样。

问题在于,语言中有许多歧义句式是没有办法用层次分析法来加以分化的。例如"反对的是他"可以有两个意思:一个意思是"某人所反对的人就是他",按此理解,"他"是"反对"的受事;另一个意思是"反对某人或某事的人是他",按此理解,"他"是"反对"的施事。上述两种意思就不能用层次分析法来加以分化。而用变换分析法就可以清楚地分化这个歧义句式。"反对的是他"的词类序列是(27):

(27) 动词[及物] + 的 + 是 + 名词语

按上面第一种意思理解的"动词 + 的 + 名词语"为 A 式;按第二种意思理解的"动词 + 的 + 名词语"为 B 式。A 式可以有(28)的变换形式;而 B 式则可以有(29)的变换形式。比较:

(28) A 式: *动词[及物] + 的 + 是 + 名词语*
→　C 式: *动词[及物] + 名词语*

a_1. 反对的是他	→	a_2. 反对他
b_1. 吃的是馒头	→	b_2. 吃馒头
c_1. 看的是电影	→	c_2. 看电影
d_1. 学的是英语	→	d_2. 学英语
e_1. 惩罚的是他	→	e_2. 惩罚他
……		

(29) B 式: *动词[及物] + 的 + 是 + 名词语*
→　D 式: *动词[及物] + 实词语 + 的 + 是 + 名词语*

a_1. 反对的是他	→	a_2. 反对搬迁方案的是他
b_1. 苦练的是她	→	b_2. 苦练基本功的是她
c_1. 违反的是他	→	c_2. 违反纪律的是他
d_1. 吃过的是小王	→	d_2. 吃过燕窝的是小王
e_1. 出席的是冯平	→	e_2. 出席开幕式的是冯平
……		

同样值得注意的是,A 式只能变换为 C 式,不能变换为 D 式,如(30);B 式只能变换为 D 式,不能变换为 C 式,如(31)。很显然,"反对的是他"这样一种层次分析所无法分化的歧义句式,由变换分析加以分化了。比较:

(30) A 式:吃的是馒头　　　→　　　C 式:吃馒头

　　　A 式:吃的是馒头　　　→　　　D 式:＊吃××的是馒头

(31) B 式:苦练的是她　　　→　　　D 式:苦练基本功的是她

　　　B 式:苦练的是她　　　→　　　C 式:＊苦练她

变换分析的作用当然并不只在分化歧义句式方面。必须了解层次分析只着眼于所分析、研究的结构的内部构造情况,而变换分析从本质上说是更注重句法结构与句法结构之间联系的分析。因此,变换分析的运用更有助于把语法研究引向深入,揭示更多的语法规律。已有的现代汉语语法研究成果也充分说明了这一点。

比如变换分析对双宾结构中远宾语特点的揭示。

"双宾结构"就是指一个动词后面带上两个宾语的句法结构,如"给他一本书"。一般将离动词较远的那个宾语(如上例中的"一本书")叫"远宾语",也叫"直接宾语";将离动词较近的那个宾语(如上例中的"他")叫"近宾语",也叫"间接宾语"。双宾结构一直受到汉语语法学界的注意。从第一部现代汉语语法专著《新著国语文法》(黎锦熙1924)起,所有讲现代汉语语法的专著或教材都会谈到双宾结构,有关双宾结构的专题论文或谈到双宾结构的论文也有上百篇。可是大家都没能注意到其中宾语的特点——也不能说一点儿都没有注意到,但都只是说到"那远宾语一般指物,那近宾语一般指人"。其实,就现代汉语来说,双宾结构的宾语有着很重要的特点。首先一个特点是,远宾语通常要带数量成分,除非近宾语是人称代词,否则就不怎么能单独成句。例如:

(32) a.还图书馆五本书。　　　b.给张老师一幅画。

　　　c.送隔壁奶奶两条鱼。　　　d.还他十块钱。

上面(32)如果把其中的数量词"一幅、五本、两条、十块"删去,"还他钱"还能单独成句,而其余各句如说成"给张老师画""还图书馆书""送隔

壁奶奶鱼"就很难单独成句,总得在前后加些别的成分才行。例如:

(33)a. 该还图书馆书了。

　　b. 给张老师画,给王老师领带。

　　c. 送隔壁奶奶鱼吧。

其次一个特点,也可以说是更重要的特点是,远宾语不能是一个表示占有、领属的偏正结构。例如可以说(34),但是不能说(35)。比较:

(34)a_1. 把我弟弟的箱子给你。

　　a_2. 她把爸爸的电脑送给张老师了。

　　b_1. 我弟弟的箱子给你。

　　b_2. 爸爸的电脑她送给张老师了。

(35)a. ＊给你我弟弟的箱子。

　　b. ＊她送给张老师爸爸的电脑。

现代汉语双宾结构的上述特点,就是在运用变换分析考察、研究"把字句"的过程中才发现的。因为凡"把"的宾语为表示占有、领属的偏正结构,都不能变换为双宾结构。例如:

(36)a_1. 把我的书给他。　　　　→　　a_2. ＊给他我的书。

　　b_1. 把妈妈的手表送张阿姨。　→　b_2. ＊送张阿姨妈妈的手表。

　　c_1. 把你的帽子卖给我。　　　→　c_2. ＊卖给我你的帽子。

　　d_1. 把我们家的房子赔给他们。→　d_2. ＊赔给他们我们家的房子。

再如变换分析对现代汉语无标记受事主语句一个特点的发现。

现代汉语里有一种没有被动标记的"受事主语句"(即不带"被、给"一类字眼儿而表示被动意义的受事主语句),大家早就注意到了。关于这类受事主语句,一般都注意到这样两点:一是主语必须是"有定"的,即主语所指的事物,在说话人心目中,听话人是清楚知道的;二是谓语得是复杂的,即不会只是一个单个的动词。其实受事主语句还有一个很重要的特点,那就是主语不能是一个人称代词。例如我们可以说(37),却不能说(38),也就是(38)得说成(39)才合适。比较:

(37) a. 那烂了的西红柿扔了。　　　b. 衣服卖了。

　　　c. 书烧掉了。　　　　　　　　d. 李教授请来了。

(38) a. ＊你批评了？　　　　　　　　b. ＊他请来了。

　　　c. ＊那西红柿烂了，它扔了。

(39) a. 你挨批评了？／你被批评了？／把你给批评了？

　　　b. 把他请来了。

　　　c. 那西红柿烂了，把它扔了。／那西红柿烂了，扔了它吧。

　　现代汉语里没有被动标记的受事主语句的上述特点，就是在运用变换分析考察、研究"把字句"与受事主语句的关系时发现的。因为凡"把"的宾语为人称代词都不能变换为无标记受事主语句。比较：

(40) a$_1$. 把这个字擦了。　　→　　a$_2$. 这个字擦了。

　　　b$_1$. 把旧报纸卖了。　　→　　b$_2$. 旧报纸卖了。

　　　c$_1$. 把那啤酒喝了。　　→　　c$_2$. 那啤酒喝了。

　　　d$_1$. 把鸡窝拆了。　　　→　　d$_2$. 鸡窝拆了。

　　　e$_1$. 把他撤了。　　　　→　　e$_2$. ＊他撤了。

　　　f$_1$. 把它扔了。　　　　→　　f$_2$. ＊它扔了。

　　又如变换分析对程度副词"还"不同于"更"的某些现象的揭示。

　　先前一般辞书在谈到作为程度副词的"还"的时候，都说"还"就差不多相当于程度副词"更"。例如"他比我还高"，也就是"他比我更高"的意思。这会给人一个错觉，以为凡是用程度副词"还"的地方，都能用"更"去替换。可是事实告诉我们，虽然多数情况下确实是这样，但有时两个副词并不能随意替换。比如下面(41)中用于"比"字句的"还"就都不能用"更"去替换，即不能说成(42)。比较：

(41) a. 她的胳臂比火柴棍儿还细。

　　　b. 那蛇，好家伙，比碗口还粗。

　　　c. ——你孩子有多高了？

　　　　——我孩子？比书架还高了。

(42) a. ＊她的胳臂比火柴棍儿更细。

b. ＊那蛇,好家伙,比碗口更粗。

c. ＊——你孩子有多高了?

——我孩子? 比书架更高了。

略微思考一下就会发现,例(41)虽然是一种"比"字句,但其实都不是表示"比较",而只是表示"比拟"。比如(41a)并不真是要把"她的胳臂"去跟"火柴棍儿"做比较,而只是用"火柴棍儿"来比拟"她的胳臂",以强调说明"她很瘦"。再拿(41c)来说,说话人并不真要把"自己的孩子"跟"书架"比高低,而只是为了让听话人对自己孩子目前的高矮有所了解而临时拿"书架"作为衡量高矮的尺度罢了。

上述"还"和"更"的这种差异,也就是作为程度副词,"还"不仅能用于比较,还能用于比拟,而"更"只能用于比较,不能用于比拟,正是运用变换分析来研究比较"还"和"更"时发现的。比如下面(43)表示"比较",变换式就能说,即变换成立;下面(44)表示"比拟",变换式就不能说,即变换不成立。比较:

(43) a_1. 哈尔滨比这里还冷。　　→　a_2. 哈尔滨比这里更冷。

b_1. 我哥哥比我还有能耐。　→　b_2. 我哥哥比我更有能耐。

c_1. 小张跑得比王平还快。　→　c_2. 小张跑得比王平更快。

(44) a_1. 那孔儿比针眼儿还小。　→　a_2. ＊那孔儿比针眼儿更小。

b_1. 他呀,比狐狸还狡猾。　　→　b_2. ＊他呀,比狐狸更狡猾。

c_1. 他们跑得比兔子还快。　→　c_2. ＊他们跑得比兔子更快。

最后比如变换分析对表总括的程度副词"都"确切的语法意义的认定。

在以往的语法论著里,凡讲到副词"都",都会说它表示"总括"。至于该怎么理解"总括"的含义,也就不去注意了。母语为汉语的人大概没有一个人是翻阅了词典、字典才去使用这个"都"的,都是要用就用,脱口而出,因为他是从小就习得这种语言的用法的。而外族人或外国人学习汉语,如果要使用副词"都",就少不了要翻阅词典、字典之后用。而他们往往把"总括"理解为"只要前面是表示复数的名词性成分就能用'都'"。按此理解,多数情况下是用得对的,但也往往会出现用得不对的病句。例如:

(45)a. *麦克生日那天,我们三个人都给他送了一个大大的蛋糕。

　　b. *佐佐木、冈本俩都是同乡,都出生在鹿儿岛。

上面(45a)按现在句子的意思,"我们三个人"给麦克送了三个大蛋糕,实际只送了一个大蛋糕,句中的"都"应该删去。(45b)用了两个"都",后一个用对了,前一个用错了,应该删去。为什么(45a)不该用"都"？为什么(45b)该把前一个"都"删去？这就是因为副词"都"并不是一般地表示"总括",而是强调表示"性状或情况适用于它在语义上所指向的那事物集合中的每个个体无一例外地独自进行了后面所谈到的行为动作,或无一例外地各自具有后面所谈到的性状,或无一例外地属于后面所谈到的情况"。例如:

(46)a. 爸爸、妈妈、姐姐都给我送了礼物。

　　b. 小芸和小玲都天资过人。

　　c. 小张和小李都是八字脚。

　　d. 王先生、张先生和我都是山东人。

上面(46a)是说爸爸、妈妈、姐姐每个人无一例外地各自给"我"送了礼物,而不是合着送了一份礼物。(46b)是说小芸、小玲每一个无一例外地各自具备"天资过人"的特性。(46c)是说小张和小李每一个无一例外地属于"八字脚"的一类人。(46d)是说王先生属于山东籍的人,张先生属于山东籍的人,"我"也属于山东籍的人。由于"都"表示的是上述语法意义,所以用"都"的句子往往可以扩充为一个并列复句,复句里居后的分句中往往用副词"也",以强调彼此的类同关系。因此上面的(46)都可以说成下面的(47)。这种对于副词"都"的语法意义的新认识,就是在运用变换分析探究主语为复数的句子中为什么有的能变换为并列复句有的不能这一过程中获得的。比较:

(47)a. 爸爸给我送了礼物,妈妈给我送了礼物,姐姐也给我送了礼物。

　　b. 小芸天资过人,小玲也天资过人。

　　c. 小张是八字脚,小李也是八字脚。

　　d. 王先生是山东人,张先生是山东人,我也是山东人。

"变换分析"的运用扩大了语法研究的视野,有利于揭示更多的语法规律,也把语法研究引向了深入。但是变换分析也有一些局限性。比如变换分析虽然可以用来分化歧义句式,却不能用来解释造成歧义句式的原因。举例说,前面讲到现代汉语里"名词L + 动词 + 着 + 名词语"是个歧义句式,运用变换分析把这个歧义句式分化为"A 式:名词L + 动词 + 着 + 名词语(如"戏台上摆着鲜花")"和"B 式:名词L + 动词 + 着 + 名词语(如"戏台上演着京戏")",从而达到了分化这个歧义句式的目的。但是如果要进一步追问,A 式和 B 式词类序列相同,内部构造层次和结构关系也相同,为什么会表示不同的语法意义呢,也就是说"名词L + 动词 + 着 + 名词语"这一歧义句式是怎么造成的呢? 变换分析就回答不了了,它的局限就表现在这里。这就又需要寻求其他的语法分析手段。

主要参考文献:

方经民(1989)哈里斯的变换理论,《语言学通讯》第1—2 期。

方经民(1990)论变换分析的平行性原则,《湖北大学学报(社科版)》第 3 期。

方经民(1998)《汉语语法变换研究》,日本白帝社。

胡明扬(1985)刘复《中国文法通论》读后,《汉语学习》第 5 期。

吕叔湘(1946)《中国文法要略》,商务印书馆 1988 年(重印)。

陆俭明(1965)"还"和"更",《语言学论丛》第 6 辑。

陆俭明(1988)双宾结构补议,《烟台大学学报》第 2 期。

陆俭明(1990)变换分析在汉语语法研究中的运用,《湖北大学学报(社科版)》第 3 期。

陆俭明(1993)《八十年代中国语法研究》,商务印书馆。

陆俭明(2010)《现代汉语语法研究教程》(第四版),北京大学出版社。

邵敬敏(1982)关于"在黑板上写字"句式的分化和变换的若干问题,《语言教学与研究》第 3 期。

朱德熙(1962)论句法结构,《中国语文》8—9 月号;又见《现代汉语语法研究》,商务印书馆 1980 年。

朱德熙(1986)变换分析的平行性原则,《中国语文》第 2 期;又见《语法丛稿》,上海教育出版社 1989 年。

Harris Z. (1965) Transformational Theory,41. See Z. Harris *Papers on Syntax*,Heary Hiz,ed. D. Reidel Company,1981.

Harris Z. (1957) Co – occurrence and Transformational in Linguistic Structure,*Language*,

33. See Z. Harris *Papers on Syntax*, Heary Hiz, ed. D. Reidel Company, 1981.

Harris Z. (1952) Discourse Analysis. See Z. Harris *Papers on Syntax*, Heary Hiz, ed. D. Reidel Company, 1981.

第四讲

特征理论与语义特征分析

4.1 句式变换分析的局限和语义特征
分析方法的产生

前一讲里曾经指出,句式的变换分析的运用扩大了汉语语法研究的视野,有利于揭示更多的语法规律,并把语法研究引向深入;但是变换分析也有它的局限性,最主要的就是变换分析可以用来分化歧义句式,但不能用来解释造成某种句式有歧义的原因。就拿前面讲过的"名词 L + 动词 + 着 + 名词语"歧义句式来说,通过变换分析可以分化为"A 式"和"B 式"两个不同的句式,即写成(1):

(1)A 式:名词 L + 动词 + 着 + 名词语(例:戏台上摆着鲜花)

   B 式:名词 L + 动词 + 着 + 名词语(例:戏台上演着京戏)

现在需要进一步提出的问题是,这两个格式相同(词类序列相同,内部构造层次相同,每一层面的直接组成成分之间的语法结构关系相同)的句式为什么会产生歧义?经过细致考察发现,原来这种句式的歧义跟句式中的动词有极大的关系。比如先看 A 式的实例:

(2)a. 台上坐着主席团。　　　　b. 门口站着人。

   c. 地上蹲着一个人。　　　　d. 床上躺着病人。

   e. 门上贴着对联。　　　　　f. 桌上放着几本书。

   g. 黑板上写着字。　　　　　h. 墙上挂着画。

   i. 左胸上别着校徽。　　　　j. 树上钉着广告牌。

可以发现,(2)这些实例中的动词,如"坐、站、蹲、躺、贴、放、写、挂、钉"等,虽然具体的意思各不相同,但是又都具有某种共同的语义内涵,那就是"使(某样物体)附着(于某处)",简称"使附着"。一翻词典,果不其然,词典中对这些动词的注释有极大的相似之处。请看词典中对这些词语的解释:

(3) a. 坐:把臀部放在椅子、凳子或其他物体上,支持身体重量。

b. 站:直着身体,两脚着地或踏在物体上。

c. 蹲:两腿尽量弯曲,像坐的样子,但臀部不着地。

d. 躺:身体倒在地上或其他物体上。

e. 跪:两膝弯曲,使一个或两个膝盖着地。

f. 立:同"站"。

g. 贴:把薄片状的东西粘在另一个东西上。

h. 放:使处于一定的位置。

i. 写:用笔在纸上或其他东西上做字。

j. 挂:借助于绳子、钩子、钉子等使物体附着于某处的一点或几点。

k. 别:用别针把另一样东西附着或固定在纸、布等物体上。

l. 戴:把东西放在头、面、胸、臂等处。

m. 钉:用钉子、螺丝钉等把东西固定在一定的位置。

n. 绣:用彩色丝、绒、棉线在绸、布等上面做成花纹、图像或文字。

如果把这些出现在 A 式中的动词记为"动词 A",那么"动词 A"所具有的语义特征可以描写为(4a)。相应地也就可以把出现在 B 式中的动词记为"动词 B",那么"动词 B"所具有的语义特征可以描写为(4b)。例如:

(4) a. 动词 A:[+使附着]

b. 动词 B:[−使附着]

这样也就可以把前面那个"名词 L +动词 +着 +名词语"的句式直接根据动词的不同,分开来表示为(5):

(5) A 式:名词 L +动词 A +着 +名词语

B 式:名词 L +动词 B +着 +名词语

以上用来分析说明"名词 L +动词 +着 +名词语"这个句法格式之所

以会是一个歧义句式和之所以能分化为"A 式"和"B 式"两种格式的原因而采用的手段,就是"语义特征分析"。不难发现,在上面这个实例中,是通过分析该句法格式中处于关键位置上的动词在该句法格式内所呈现的互有差异的不同小类的词的不同语义特征,来达到说明造成该同形歧义句法格式的原因的。而这一点正是语义特征分析的主要精神之所在。

4.2 语义特征分析的方法和需要掌握的原则

这里需对"语义特征"和语法中的"语义特征分析"做进一步的说明。

"语义特征"这个概念是从词汇学中的"义素分析"借用来的。义素分析是指某个词语在意义上所具有的特点。义素分析的目的有两个。一是凸显同属一个语义类的词语相互之间的差异。例如"火"和"光"同属一个语义类,即"可见的自然现象",但语义上相互有区别。为了凸显相互之间的差异,就可以从以下一些方面描写它们正负两方面的语义特征(标注中"+"表示正面语义特征,"−"表示负面语义特征)。例如:

(6)a. 火:[+ 现象, + 亮度, + 温度, − 速度, + 形体……]
　　b. 光:[+ 现象, + 亮度, + 温度, + 速度, − 形体……]

有了上面的描写,就有助于说明这两个词在词语搭配上的差异。比如为什么有"光的速度"的说法,没有"＊火的速度"的说法;为什么有"大火、小火"的说法,没有"＊大光、＊小光"的说法。

再如动词"喝"和"吃",从某个角度看,属于一个语义类,即"饮食类",但语义上相互也有差别。为了凸显其相互之间的差异,就可以从以下一些方面描写其语义特征。例如:

(7)a. 喝:[+ 动作, + 对象为液体, − 对象为固体, + 用容器, + 使事物消失……]
　　b. 吃:[+ 动作, − 对象为液体, + 对象为固体, ± 用容器, + 使事物消失……]

有了上面的描写,就有助于说明这两个动词在动宾搭配上的差异。比如为什么可以说"喝水、喝汤、喝啤酒",不能说"＊吃水、＊吃汤、＊吃啤酒"；为什么可以说"吃饭、吃梨、吃面包"，却不能说"＊喝饭、＊喝梨、＊喝面包"。

最近网上有个段子，用两个语义特征"有钱"和"有思想"描写"高富帅、土豪、文青、屌丝"的词义差别，虽是调侃之作，但实际上也用到了"义素分析"。例如：

(8) a. 高富帅：[＋有钱，＋有思想]

  b. 土　豪：[＋有钱，－有思想]

  c. 文　青：[－有钱，＋有思想]

  d. 屌　丝：[－有钱，－有思想]

除了上述作用外，在词汇学里的义素分析，即使用"语义特征"这个概念还有一个作用，就是区别和辨析看似同义实际又不同义的词。例如"看"和"看见"好像差不多，实际上除了都是凭借眼睛这一点外，这两个词没有别的相同之处。通过对这两个词的语义特征的分析，就可以清楚地看出这一点。例如：

(9) a. 看：　[＋凭眼睛，－被动感知，＋自主，＋可控……]

  b. 看见：[＋凭眼睛，＋被动感知，－自主，－可控……]

而语法研究中借用"语义特征"这个概念为的是要做两件事：一是用以解释造成同形多义句法格式的原因；二是用以说明在某个句法格式中，为什么同是动词，或同是形容词，或同是名词，有的能进入该格式，有的就不能进入该格式。因此，语法研究中使用的"语义特征"，其含义跟原先词汇学中的意思不完全一样。

语法学中所讲的某一小类实词的"语义特征"是指该小类实词所特有的、能对其所在句法格式起制约作用的、足以区别于其他小类实词的"语义要素"。因此，实词的这种语义特征都是结合具体的句法格式概括得到的，而不是离开具体的句法格式单纯从词义角度的分析、概括中得到的。这里有两层含义：

一是如果离开具体句式，单纯从词汇角度概括一些词的语义特点，那么不一定有句法上的价值。例如从词汇的角度说，可以将"粉笔、黑板、板擦"等归为一类，标以"[＋教具]"的语义特征。这样做在词汇学里可能是有价值的,但在句法学里不一定有价值,因为这些词语在句法结构上的表现可能完全一样。

二是某些实词是否具有某种语义特征,只有结合具体的句法格式才能确定并概括得到。例如"写"离开具体句式,一般怎么也不会想到它还具有"[+给予]"的语义特征,只有在考察了"名词[主语] + 动词 + 给 + 名词$_1$ + 名词$_2$"这一句式(如"我写给你一封信")之后,这一语义特征才能确定。

可见语法研究中使用语义特征分析,主要着眼于分析概括同一句法格式的各个实例中处于关键位置上的实词所共有的语义特征,用来解释、说明代表这些实例的句法格式之所以独具某种特点,之所以能足以将该句法格式跟与之同形的句法格式加以分化的原因。

4.3 汉语句式语义特征分析的几个实例

语法研究中的"语义特征分析"使用时间不长,目前还缺乏必要的理论上的阐说。下面就再多举几个实例,帮助大家从中获得一些感性的认识。

第一个实例:关于"名词[主语] + 动词 + 名词[受事] + 给 + 名词[与事]"句式。

"名词[主语] + 动词 + 名词[受事] + 给 + 名词[与事]"里,"名词[主语]"是指充当主语的成分,"名词[受事]"和"名词[与事]"都是指充当宾语的成分。下面(10)都是按"名词[主语] + 动词 + 名词[受事] + 给 + 名词[与事]"格式造出的句子,但请注意各个句子所表示的语法意义的差异。例如:

(10) a. 他送了一本词典给小王。

　　 b. 他刻了一个图章给小王。

　　 c. 他偷了一份情报给敌人。

　　 d. 他画了一幅山水画给小王。

　　 e. 他卖了一件衣服给小王。

　　 f. 他要了一些白药给小王。

　　 g. 他还了一万元给小王。

　　 h. 他取了一些钱给小王。

　　 i. 他煮了一点稀饭给小王。

　　 j. 他交了五千元给学校。

k. 他买了一辆自行车给小王。

l. 他做了一只风筝给小王。

上面(10)中这些句子的词类序列相同，如果用层次分析法来对它们进行分析，无论从层次构造还是结构关系看都是一样的。例如：

(11)a. 他　送了　一本词典　给小王

　　b. 他　刻了　一个图章　给小王

　　c. 他　偷了　一份情报　给敌人

```
  1          2                    （1—2 主谓结构）
            3              4      （3—4 连动结构）
           5      6               （5—6 动宾结构）
```

但是不难发现，(10)中各例所表示的语法意义并不相同。仔细分析一下的话，这些句子可以分为三类："A 类"，包括(10a/e/g/j)各句；"B 类"，包括(10c/f/h/k)各句；"C 类"，包括(10b/d/i/l)各句。现在按这三类重新排列如下：

(12)A 类：

　　a. 他送了一本词典给小王。

　　e. 他卖了一件衣服给小王。

　　g. 他还了一万元给小王。

　　j. 他交了五千元给学校。

　　B 类：

　　c. 他偷了一份情报给敌人。

　　f. 他要了一些白药给小王。

　　h. 他取了一些钱给小王。

　　k. 他买了一辆自行车给小王。

　　C 类：

　　b. 他刻了一个图章给小王。

　　d. 他画了一幅山水画给小王。

　　i. 他煮了一点稀饭给小王。

　　l. 他做了一只风筝给小王。

可以发现,A 类组中的各例,两个动词所表示的行为动作实际是一个过程,拿(12a)句来说,"送小王词典"的过程也就是"给小王词典"的过程,即"送=给"。而 B 类和 C 类两组中的各例,两个动词所表示的行为动作是两个过程,但是 B 类这一组和 C 类这一组还有区别:B 类组中的各例,两个过程都是"转移"过程,拿(12c)句来说,一个转移过程是"情报"从别处偷到"他"手里,一个转移过程是情报再从"他"手里到"敌人"手里即"偷(转移)+给(转移)";而 C 类组中的各例,两个过程一个是"制作"过程,一个是"转移"过程,拿(12b)句来说,"刻图章"是制作过程,把图章从"他"手里到"小王"手里是转移过程,即"刻(制作)+给(转移)"。上述这些差别可以通过变换分析来加以分化。例如:

(13)T_1:名词$_{[主语]}$ + 动词 + 名词$_{[受事]}$ + 给 + 名词$_{[与事]}$

　　→名词$_{[主语]}$ + 动词 + 给 + 名词$_{[受事]}$ + 名词$_{[与事]}$

A 类:

a_1. 他送了一本词典给小王　　→　a_2. 他送给小王一本词典

e_1. 他卖了一件衣服给小王　　→　e_2. 他卖给小王一件衣服

g_1. 他还了一万元给小王　　　→　g_2. 他还给小王一万元

j_1. 他交了五千元给学校　　　→　j_2. 他交给学校五千元

B 类:

c_1. 他偷了一份情报给敌人　　→　c_2. *他偷给敌人一份情报

f_1. 他要了一些白药给小王　　→　f_2. *他要给小王一些白药

h_1. 他取了一些钱给小王　　　→　h_2. *他取给小王一些钱

k_1. 他买了一辆自行车给小王　→　k_2. *他买给小王一辆自行车

C 类:

b_1. 他刻了一个图章给小王　　→　b_2. *他刻给小王一个图章

d_1. 他画了一幅山水画给小王　→　d_2. *他画给小王一幅山水画

i_1. 他煮了一点稀饭给小王　　→　i_2. *他煮给小王一点稀饭

l_1. 他做了一只风筝给小王　　→　l_2. *他做给小王一只风筝

(14)T_2:名词$_{[主语]}$ + 动词 + 名词$_{[受事]}$ + 给 + 名词$_{[与事]}$

　　→名词$_{[主语]}$ + 从… + 动词 + 名词$_{[受事]}$ + 给 + 名词$_{[与事]}$

B 类:

c_1. 他偷了一份情报给敌人　→ c_2. 他从国防部偷了一份情报给敌人

f_1. 他要了一些白药给小王　　→ f_2. 他从大夫那里要了些白药给小王

h_1. 他取了一些钱给小王　　　→ h_2. 他从银行取了一些钱给小王

k_1. 他买了一辆自行车给小王　→ k_2. 他从商店买了一辆自行车给小王

C 类:

b_1. 他刻了一个图章给小王　　→ b_2. *他从某处刻一个图章给小王

d_1. 他画了一幅山水画给小王　→ d_2. *他从某处画一幅山水画给小王

i_1. 他煮了一点稀饭给小王　　→ i_2. *他从某处煮一点稀饭给小王

l_1. 他做了一只风筝给小王　　→ l_2. *他从某处做一只风筝给小王

　　变换分析可以将 A 类、B 类和 C 类各组例子分化出来,但是这并没有解释为什么这些例子格式相同而所表示的语法意义会有不同。而这一点就需要采用语义特征分析来解释。上述句式里最关键的是动词。经研究发现,A 类、B 类和 C 类各组例子语法意义的差别就是由句中动词决定的,而动词的不同又是由动词的不同语义特征决定的。

　　仔细分析会发现,A 类、B 类和 C 类各组例子所用的动词不同:A 组各句的动词如"送、卖、还、交"(假定为"动词 A")都含有"给予"的语义特征;B 组各句的动词如"偷、要、取、买"(假定为"动词 B")都含有"取得"的语义特征;C 组各句的动词如"刻、画、煮、做"(假定为"动词 C")都含有"制作"的语义特征。这些特征可以描写如下:

(15) 动词 A: [+ 给予, − 取得, − 制作]

　　　动词 B: [− 给予, + 取得, − 制作]

　　　动词 C: [− 给予, − 取得, + 制作]

　　这样就可以得出结论,正是动词的语义特征不同,才决定了 A 类、B 类和 C 类各组例子所表示的语法意义各不相同。按语法意义的不同和动词语义特征的不同,可以把"名词[主语] + 动词 + 名词[受事] + 给 + 名词[与事]"这个格式分化为三个具体的句式,如(16)所示。显然通过这种语义特征分析,就不仅达到了分化上述(10)这个歧义句式的目的,同时解释了造成这种歧义句式的根本原因。例如:

(16) A 类格式:名词[主语] + 动 a + 名词[受事] + 给 + 名词[与事]

　　B 类格式:名词[主语] + 动 b + 名词[受事] + 给 + 名词[与事]

　　C 类格式:名词[主语] + 动 c + 名词[受事] + 给 + 名词[与事]

第二个实例:关于"动词 + 了 + 时量 + 了"句式。

请先来看一组"动词 + 了 + 时量 + 了"句式的实例:

(17) a. 死了三天了　　　　　　b. 等了三天了

　　　c. 看了三天了　　　　　　d. 挂了三天了

上面(17)所举的四个例子,词类序列相同,都是"动词 + 了 + 时量 + 了";内部层次构造和直接组成成分之间的句法关系也相同。但是很显然,这四个句子所表示的语法意义不尽相同。实际上这四个句子就代表了四种不同的情况:

比如(17a)"死了三天了"这样的句子(记作 A 类句),其中的时量成分"三天",只指明"死"这一行为动作完成或者说实现后所经历的时间。类似的例子如下面(18):

(18) a. 伤了三天了　　　　　　b. 断了三天了

　　　c. 熄了三天了　　　　　　d. 了(liǎo)了三天了

　　　e. 丢(= 遗失)了三天了　　f. 塌了三天了

　　　g. 出现了三天了　　　　　h. 出嫁了三天了

　　　i. 娶了三天了　　　　　　j. 提拔了三天了

　　　k. 到任了三天了　　　　　l. 枯死了三天了

再如(17b)"等了三天了"这样的句子(记作 B 类句),其中的时量成分"三天",只指明"等"这一行为动作持续的时间。类似的例子如下面(19):

(19) a. 盼了三天了　　　　　　b. 哭了三天了

　　　c. 追了三天了　　　　　　d. 养了三天了

　　　e. 玩儿了三天了　　　　　f. 忍了三天了

　　　g. 病了三天了　　　　　　h. 想了三天了

　　　i. 考虑了三天了　　　　　j. 琢磨了三天了

又如(17c)"看了三天了"这样的句子(记作 C 类句),其中的时量成分

"三天"，则既可以指明"看"这一行为动作完成或者说实现后所经历的时间，如"那小说我早看完了，看了三天了"；也可以指明"看"这一行为动作持续的时间，如"那小说我都看了三天了，还没有看完"。类似的例子如下面(20)：

(20) a. 听了三天了　　　　　　b. 讲了三天了

　　　c. 学了三天了　　　　　　d. 教了三天了

　　　e. 擦了三天了　　　　　　f. 浇了三天了

　　　g. 剪了三天了　　　　　　h. 广播了三天了

　　　i. 研究了三天了　　　　　j. 商量了三天了

另外如(17d)"挂了三天了"这样的句子(记作 D 类句)，其中的时量成分"三天"，则既可以指明"挂"这一行为动作完成或者说实现后所经历的时间，如"灯笼早挂上了，都挂了三天了"；也可以指明"挂"这一行为动作持续的时间，如"那灯笼太大，不好挂，我们挂了三天了，还没有挂上"；还可以指明由行为动作造成的事物存在状态所持续的时间，如"彩灯一直在大门上挂着，都挂了三天了"。类似的例子如下面(21)：

(21) a. 插了三天了　　　　　　b. 贴了三天了

　　　c. 穿了三天了　　　　　　d. 系(jì)了三天了

　　　f. 摆了三天了　　　　　　g. 戴了三天了

　　　h. 吊了三天了　　　　　　i. 钉了三天了

上述这些语法意义的差别可以列出一个表来说明，如(22)：

(22)	动作完成后所经历的时间	动作本身所持续的时间	动作所造成的状态所持续的时间
A 类	+	−	−
B 类	−	+	−
C 类	+	+	−
D 类	+	+	+

现在要问的是，为什么这四类句式会有这种不同呢？原因其实还是在于动词。不妨将 A 类、B 类、C 类、D 类里的动词分别记为"动词 A""动词 B""动词 C"和"动词 D"。现分别把属于各类的动词列举一些如下：

(23)动词 A:死、伤、断、熄、了(liǎo)、丢(= 遗失)、塌、出现、出嫁、娶、
　　　　　 提拔、到任、枯死……

　　　动词 B:等、盼、哭、追、养、玩儿、忍、病、想、考虑、琢磨……

　　　动词 C:看、听、讲、学、教、擦、浇、剪、广播、研究、商量……

　　　动词 D:挂、插、贴、穿、系(jì)、摆、戴、吊、钉……

　　经考察各组动词后可以发现,不同组的动词各自所具有的语义特征不
同:"动词 A"表示的行为动作能在瞬间完成或者说实现,但不能持续,也不
能使事物形成一种存在的状态而可以持续;"动词 B"表示的行为动作不能
在瞬间完成或者说实现,这种动作可以持续,但不能使事物形成一种存在的
状态而可以持续;"动词 C"表示的行为动作既能在瞬间完成或者说实现,也
能持续,但不能使事物形成一种存在的状态而可以持续;"动词 D"表示的
行为动作能瞬间完成或者说实现,能持续,还能使事物形成一种存在的状态
而可以持续。以上四组动词各自所具有的语义特征就可概括如表(24):

(24)动词 A:[+ 完成, - 持续, - 状态]

　　　动词 B:[- 完成, + 持续, - 状态]

　　　动词 C:[+ 完成, + 持续, - 状态]

　　　动词 D:[+ 完成, + 持续, + 状态]

　　通过对格式中处于关键位置上的动词的语义特征的分析,就可以知道
前面一开始(17)中的四个例子,或者说 A 类、B 类、C 类、D 类四类句子,从
更严格意义上说并不同构,也就是说这四类句子可以分别表示为(25):

(25)A 类:动词 A + 了 + 时量 + 了(例:死了三天了)

　　　B 类:动词 B + 了 + 时量 + 了(例:等了三天了)

　　　C 类:动词 C + 了 + 时量 + 了(例:看了三天了)

　　　D 类:动词 D + 了 + 时量 + 了(例:挂了三天了)

　　第三个实例:关于"形容词 + (一)点儿!"祈使句式。

　　上面分析的都是动词性的句式,现在来谈谈形容词性的句式。现代汉
语里有一种祈使句,是由形容词带上"(一)点儿"构成的,可以称作"形容
词 + (一)点儿!"句式。例如下面的(26)和(27):

(26)a. 谦虚点儿!　　　　　　 b. 客气点儿!

  c. 大方点儿！   d. 灵活点儿！

  e. 坚强点儿！   f. 主动点儿！

  g. 耐心点儿！   h. 小心点儿！

  i. 虚心点儿！   j. 积极点儿！

(27) a. 远一点儿！   b. 近一点儿！

  c. 高一点儿！   d. 大一点儿！

  e. 低一点儿！   f. 小一点儿！

  g. 粗一点儿！   h. 细一点儿！

  i. 浓一点儿！   j. 淡一点儿！

  但需要注意的是，并不是所有的形容词都能进入"形容词 +（一）点儿！"这一祈使句格式。例如下面（28）中的例子就都不能说：

(28) a. ＊滑头点儿！   b. ＊骄傲点儿！

  c. ＊自满点儿！   d. ＊冒失点儿！

  e. ＊胆小点儿！   f. ＊粗心点儿！

  g. ＊散漫点儿！   h. ＊悲观点儿！

  i. ＊啰唆点儿！   j. ＊疲沓点儿！

  k. ＊嘈杂点儿！   l. ＊小气点儿！

  m. ＊笨一点儿！   n. ＊呆一点儿！

  o. ＊倔一点儿！   p. ＊蠢一点儿！

  那么这到底是为什么呢？这种现象就跟形容词的语义特征有关，只有通过对形容词的语义特征加以分析才能得到比较圆满的解答。

  语言事实告诉我们，"形容词 +（一）点儿！"这种祈使句对形容词有一定的选择性，而这种选择性就取决于形容词的语义特征。当然，到底具有什么样的语义特征的形容词才能进入这一格式，具有什么样的语义特征的形容词不能进入这一格式，需要全面考察和认真分析。为什么要强调"全面考察和认真分析"呢？因为如果只根据从大面上了解到的语言事实就做结论，很容易犯以偏概全的毛病。譬如说，我们不能只根据上面所举的例子，就匆忙地得出结论说：（26）例子中都是褒义形容词，（27）例子中都是中性形容词，因此褒义形容词和中性形容词都能进入这种句式；而（28）例子中都是贬义形容词，所以贬义形容词就不能进入这种句式。如果多考察一些语言事实，特别是如果拿一个形容词的词表逐个来检验的话，就会发现有一部分褒义的形容词照样不能进入这一祈使句格式。例如：

(29) a. ＊聪明一点儿！　　b. ＊高尚一点儿！

　　c. ＊健康一点儿！　　d. ＊可爱一点儿！

　　e. ＊平凡一点儿！　　f. ＊伟大一点儿！

　　g. ＊崇高一点儿！　　h. ＊出色一点儿！

　　i. ＊优秀一点儿！

　　上面(29)的例子看起来是增加了研究这个题目的难度，但同时也提升了研究这个问题的兴趣。那么"A(一)点儿！"这种祈使句式的规律在哪儿呢？条件是什么？如果把前面(26)的例子记作"A组"，(27)记作"B组"，(28)记作"C组"，(29)记作"D组"，不妨先来比较分析一下A组和D组中的形容词。这两类都是褒义的形容词，它们的区别在哪里呢？是词语的口语和书面语的色彩区别吗？看来不是，因为A组里既有口语性的形容词（如"小心"），也有书面性的形容词（如"坚强"）；而D组里也既有口语性的形容词（如"聪明"），也有书面性的形容词（如"高尚"）。那是什么因素决定了A组跟D组的不同呢？这是因为形容词除了有褒义、贬义等语义特征区别外，还有其他方面的一些区别。

　　仔细分析就可以发现，A组中的形容词和D组中的形容词存在着"可控"和"非可控"的语义特征区别，即A组的形容词都具有"可控"的语义特征，D组的形容词都不具有"可控"的语义特征。所谓"可控"，是说形容词所表示的性状，人是可以控制的；所谓"非可控"，是说形容词所表示的性状，人是不能控制的。譬如说A组形容词中的"谦虚、大方"等所表示的性状，人是可以进行一定的控制的，可以使自己尽量做到谦虚、大方；但D组形容词中的"聪明、高尚"等所表示的性状，人是不能控制的，一个人是不是"聪明、高尚"，是要让别人来评价的，而不是自己想要聪明就聪明，想要高尚就高尚的。"形容词＋（一）点儿！"是个祈使句式，说话人用这个句式，就是要让听话人做到句中形容词所表示的那种性状。这就不难理解为什么具有"可控"语义特征的褒义形容词能进入该句式，而不具有"可控"性状的褒义形容词就不能进入该句式了。

假如取三组语义特征,一组是"[±褒义]",一组是"[±贬义]",另一组是"[±可控]",并把上面各组中的形容词相应地分别记作"形容词A""形容词B""形容词C"和"形容词D",那么"形容词A""形容词B""形容词C"和"形容词D"的语义特征可以表示为(30):

(30) 形容词A:[+褒义,-贬义,+可控]
　　　形容词B:[-褒义,-贬义,+可控]
　　　形容词C:[-褒义,+贬义,±可控]
　　　形容词D:[+褒义,-贬义,-可控]

了解了各组形容词的语义特征,就可以知道哪些形容词能进入"形容词+(一)点儿!"祈使句式,哪些形容词不能进入"形容词+(一)点儿!"祈使句式。可列成下面(31)的表:

(31)　　　　　　　　　　　　　　　　　　A(一)点儿!
　　　形容词A:[+褒义,-贬义,可控]　　　　　　+
　　　形容词B:[-褒义,-贬义,可控]　　　　　　+
　　　形容词C:[-褒义,+贬义,±可控]　　　　　-
　　　形容词D:[+褒义,-贬义,-可控]　　　　　-

从(31)的语义特征差异可知,能进入"形容词+(一)点儿!"祈使句的形容词,只限于"形容词A"和"形容词B"。这两类形容词的语义特征可概括描写为(32):

(32) 形容词:[+可控,-贬义]

第四个实例:关于"名词语+了"格式。

下面再来介绍一个分析名词性词语语义特征的实例。现代汉语口语中有一种句法结构,是由名词性词语加上"了"形成的。这种句式可以描写为"名词语+了"。这个格式通常是作谓语,也可以单独成句,前面可以受副词的修饰。例如:

(33) a. 你们老夫老妻了,还闹什么别扭啊。

　　　b. 他呀,部长了,可还是那样平易近人。

　　　c. 哟,几年不见,你都大姑娘了。

e. 你<u>大学生了</u>,还那么不讲文明!

f. ——他哪一年入的党?

——<u>老党员了</u>。具体哪一年入的党,我也记不清了。

g. <u>冬天了</u>,得穿毛衣毛裤了。

h. ——今天星期几了?

——<u>星期四了</u>。

当然也不是随便什么名词都能进入这一句法格式的。比如下面(34)就不能说:

(34) a. *桌子了　　　　　　　b. *港币了

c. *饭碗了　　　　　　　d. *肥皂了

e. *香烟了　　　　　　　f. *黑板了

g. *足球了　　　　　　　h. *苹果了

那么到底什么样的名词能进入这个句法格式?其中有什么规律呢?现在看来,也需要通过语义特征分析才能较好地回答这个问题。

首先可以发现,名词所表示的事物(特别是时间词语),如果属于带有顺序性而又周而复始不断循环出现的,那么这些名词就能出现在"名词语 + 了"这一句法格式里。例如:

(35) a. 春天了　夏天了　秋天了　冬天了

b. 正月了　二月了　………　十二月了

c. 星期一了　星期二了　………　星期天了

d. 初一了　初二了　………　初十了

其次还可以发现,名词所表示的事物,如果属于带有顺序性并又有时间推移性的,那么这些名词就能出现在"名词语 + 了"这一句法格式里。例如:

(36) a. 小学生了　中学生了　大学生了　研究生了

b. 科长了　　处长了　　局长了　　部长了

c. 讲师了　　副教授了　教授了　　博导了　　院士了

d. 大姑娘了　新娘子了　妈妈了　　奶奶了　　老太太了

不过这里还需要注意两点：

一是在上述后一类非循环的顺序名词的情况下，名词所表示的事物如果在顺序中处于起始地位，则这个名词不能进入该句法格式。比如"小学生、大姑娘"，看起来是处在该序列的起始位置，其实真正处在这些序列起始位置的词语，如"婴儿、儿童"，就不大能说成"＊婴儿了、＊儿童了"。再如在"科长、处长、局长、部长"这个序列中，处在起始位置的"办事员（科员）"通常也不说"＊他科员了"；除非把"科员"看作是另一个顺序和时间推移序列，如"学生、待业者"等原来没有工作的人的后续序列之一时才能说。这方面最典型的例子还有"车站"序列，假定一列火车从北京开往上海，其中的各个车站就构成带有顺序性并且有时间推移性的序列，因此其中的任何一个中途停靠车站和终点站都可以进入这个格式，比如说"天津了、南京了、上海了"，但唯独其中的始发站"北京"，因为处在该序列的起始位置，所以就不能说"＊北京了"；除非当"北京"处在另一个"车站"序列中的中途停靠车站或终点站才行。

二是在上述后一类非循环的顺序名词的情况下，具有顺序性和时间推移性的名词还必须是指同一个人或事物；而看起来具有一定顺序和排列关系的不同的人或事物，不能进入这个格式。比如前面（36）中各个例子，像"小学生了、中学生了、大学生了"等，都一定是指同一个人说的，不会指不同的人；上面说的"车站"序列，也一定是相对于同一列火车的到站说的，不会只是说不同火车的车站。如果表面上看起来若干个名词也能构成序列或可以相互排列，如"四弟、三弟、二弟、我、三哥、二哥、大哥"之间看起来也有一种顺序或排列，但因为是指不同的人之间的关系，当然一般就不能进入这个格式。除非对于某个人而言，他原来没有弟弟，后来有了弟弟，这时可以说"你都哥哥了"；再假定某个人原来只有一个弟弟，后来又有了一个弟弟，这时或许可以说"你都大哥了""你也二哥了"等。但这种说法不但少见，而且肯定都是相对于同一个人前后身份的变化来说的，不会是相对于不同的人的不同身份来说的。

搞清楚了上面进入"名词语＋了"格式的名词语的情况，实际上我们就得到了能够进入该类格式的名词语的语义特征，那就是"系列推移性"。这样也就可以把这个格式中的名词语标记为（37）：

(37)"名词语＋了"（名词语：[＋系列推移性]）

第五个实例：关于"VA 了"结果偏离义动补结构。

陆俭明(1990)发现，汉语"VA 了"动补结构，如下面(38)的"VA 了"动补结构分别有或兼有"预期结果实现义(以下简称'结果实现义')"和"预期结果偏离义(以下简称'结果偏离义')"两种情况。例如：

(38) a. 晾干了　煮熟了　放平了　洗白了　（结果实现）
　　　b. 挖浅了　剪长了　切厚了　挂低了　（结果偏离）
　　　c. 挖深了　剪短了　切薄了　挂高了　（结果实现/结果偏离）

那么造成结果偏离义"VA 了"的条件或原因主要是什么呢？这其中一是 A 的语义特征不同，二是 V 的语义特征不同(V 对 A 的制约作用不同)。

怎么定义结果偏离义"VA 了"中的 A 的语义特征呢？表面看形容词 A 的褒贬性质对"VA 了"的意义好像会有影响。其实这里面通常有一种误解，即贬义的 A 构成的"VA 了"就是偏离类"VA 了"。比如"洗干净了"是实现义，"洗脏了"就是偏离义。其实贬义 A 构成的"VA 了"也是预期结果实现义，无非是表示"非理想结果的实现"罢了，更何况结果偏离类的"VA 了"中也有"挖深了"这种"挖得比预定结果更深了"的预期结果偏离义，也有"挖浅了"这种"没挖到预期结果那么深"这种预期结果偏离义。因此区分"非理想结果实现义"和"预期结果偏离义"大致有两个办法：一是从"VA 了"表达的意义本身来区别。非理想结果实现义表示"本来某个动作行为应有理想的某种结果，可并没得到这种结果，反倒成了'相反'的另外一种结果"。如"洗衣服"的结果本来当然应该是"干净"，但也有可能不但没洗干净，反而越洗越脏。因此"（衣服）洗脏了"仍然是"洗"的预期结果实现义，但却是一种"非理想结果实现义"。二是从不同句式的意义差异来区别。"（衣服）洗脏了"的意义和"（衣服）洗得太脏了"的意义不同，后者才是"洗得过/太脏了"的预期结果偏离义；但"（毛衣）织大了"和"（毛衣）织得过于/太大了"意义基本相同，都只表达偏离说话者预期的结果，即"织大"表示有一个"织"的事件，结果是"毛衣太大了"，即表示动作的结果比预期的"大"。这类"VA 了"尽管字面上没有"太、过于"等字眼，但却都表达这样一种不符合预期值的意义。据此，比较简单的办法就是，在偏离类"VA了"中排除带有褒贬义 A 的结构。也就是说凡是带褒贬义的 A 构成的"VA

了"，都只表达结果实现义，即无论"洗干净了/脏了"还是"摆齐了/乱了"，只要其中的 A 是有褒贬义的，就不会是预期结果偏离类的"VA 了"，除非另外说成"V 得过于/太 A 了"。

即使说褒贬义的 A 不可能构成偏离义"VA 了"，即把这部分 A 排除，还是要继续问，究竟什么样的 A 才能构成偏离类的"VA 了"，或者说这种 A 的性质和特点又是什么呢？陆俭明（1990）和马真、陆俭明（1997）对偏离类"VA 了"中的 A 进行了考察。把构成结果实现义"VA 了"中的 A 记作"A_1"，把所有能构成结果偏离义"VA 了"中的 A 记作"A_2"，而 A_2 只限于以下几小类：度量 A（如"大、小、长、短"等），表颜色 A（如"白、红、黑"等），表味觉 A（如"甜、酸、咸、辣"等），其他 A（如"胖、瘦、亮、暗"等）。王红旗（1996）进一步将结果偏离义动补结构称为"评价补语"，并认为只有中性形容词才能表示这种评价。显然"中性形容词"这个概念在这里起了很重要的作用。如果用最小对立体的"VA 了"来做一个对比，可以更清楚地说明这一点。例如"墙角挖掉了""古董挖坏了"和"坑挖浅了"三例动词相同，补语不同，但只有"挖浅"表达偏离义，"挖掉"和"挖坏"就都没有偏离义。可以发现，其中"掉"是动词，"坏"是贬义形容词，而"浅"就是中性形容词。

为什么中性形容词作补语能表示结果偏离义，以前的研究并没有明确回答。中性形容词、褒贬义形容词都只是形容词的感情色彩分类，也没有从语法或语义角度对偏离类"VA 了"进行解释。沈阳、彭国珍（2010）发现，"长、短、大、小、深、浅"这类形容词和"干净、空、破、碎、坏"等形容词在语义上有很大的不同。后者有一个内在的标准，"杯子碎了"的标准是杯子已经不是一个整体了，"衣服干净"的标准是衣服上的污垢不见了。而"大、小"这类形容词却没有一个内在的标准，即不能直接确定什么才是"大"，什么才是"小"。借用 Wechsler（2005）的形容词分类，"碎"这类形容词为"封闭等级式形容词"，"大"这类形容词为"开放等级式形容词"。开放等级式形容词没有一个内在的标准，必须依靠外在的语境才能取得一定的标准。当这个标准取说话者期望值的时候，就会呈现出偏离义。"毛衣织大了"和"坑挖浅了"中的"大"和"浅"，就是与说话者的期望值相比"大"了和"浅"了。由此可以得到一个结论就是，结果偏离类的"VA 了"中的 A 应该就是这一类"开放等级式形容词"，这才是结果偏离类"VA 了"中的 A 的真正性质和特点，即结果偏离义"VA 了"中 A 的语义特征可标记为（39）：

(39) A(形容词):[+ 开放, − 封闭]

在确定了结果偏离义"VA 了"中 A 的语义特征后,还要进一步看不同的"VA 了"中的 V 对 A 有什么制约作用。陆俭明(1990)曾指出,结果偏离义"VA 了"中的 V 对 A 的制约作用分为三种情况:一种是 V 对 A 不起制约作用。例如"买"这个动作不可能制约所买东西的大小、长短、颜色等。再一种是 V 对 A 有制约作用,但这种制约作用是单向的,或顺向,或逆向。例如"挖"这个动作对所挖的坑的大小深浅都起作用,但从道理上说,只可能顺向地越挖越大、越挖越深,不可能逆向地越挖越小、越挖越浅。还有一种是 V 对 A 有制约作用,但这种制约作用是双向的,而且都是顺向的。例如"写"这个动作对所写的字的大小有制约作用,但无论写大还是写小都有可能,而且无论写大写小都是顺向的。这样分化出不同动词类型后,陆俭明认为:第一类动词加 A 构成的"VA 了"一定表示结果偏离义,如"买大了、买小了"。第二类动词加 A 构成的"VA 了",其中逆向的也一定表示结果偏离义,如"挖浅了、剪长了";顺向的则可能兼有结果实现义和结果偏离义,如"挖深了、剪短了"。第三类动词加 A 构成的"VA 了"都兼表结果实现义和结果偏离义,如"写大了、挂高了"。

也可以从另一个角度来看这个问题。正因为不是所有动词带上开放等级式形容词 A 就一定都构成结果偏离义的"VA 了",或者说并不是所有情况下开放等级式形容词 A 的参照标准都是说话者的期望值,当然也就并不是所有带开放等级式形容词 A 构成的"VA 了"都可以表示结果偏离义。比较:

(40) a$_1$. 这画挂高了(偏离义)   a$_2$. 张三长高了(非偏离义)

b$_1$. 纸条裁宽了(偏离义)   b$_2$. 马路变宽了(非偏离义)

上例中的补语同样是开放等级式形容词 A"高、宽",但只有"挂高、裁宽"可以有结果偏离义,"长高、变宽"却没有结果偏离义。或许有人会说"挂、裁"是及物动词,"长、变"是不及物动词,所以只有及物动词和开放等级式形容词 A 构成的"VA 了"才能表示结果偏离义。但"洗"也是及物动词,"衣服洗小了"却并没有结果偏离义,可见动词的及物性也并不是问题的实质所在。这里可以引入另一对动词语义特征的概念,即"制作类(effective)动词"和"影响类(affective)动词"(Levin,1993)。制作类动词的结果是产生新的事物（即带结果类宾语的动词），如"织、盖、做、炒、写、画"等，动作结果分别是"毛衣、房子、衣服、菜、字、画"等。而影响类动词不会产生新的事物（即不能带结果类宾语的动词），而是对已经存在的事物进行影响，使事物出现一种新的状态，例如"洗、打、擦"等，可以造成"衣服干净、花瓶破、桌子干"等状态。制作类动词比影响类动词更容易与开放等级式形容词 A 组合，但只有前者才能构成结果偏离类"VA 了"，如"织大、织小、做肥、做瘦"等，后者不能构成结果偏离类"VA 了"，如"洗小、长高、变宽"等。有些动词在特定语境中也可以看成制作类动词，如"切、剪、裁、炒"等，例如"白菜丝切长/短了""纸条裁宽/窄了""头发剪短/长了""菜炒咸/淡了"等，所以也可以有结果偏离义。

还有一小部分动词，如"买"和"挂"等，也能构成结果偏离义"VA 了"，比如"衣服买大了""画挂高了"。表面看这类动词既不属于制作类动词也不属于影响类动词，但是实际上这类动词更类似于制作类动词。Basilico（1998）提到英语中"买"和制作类动词的句法表现几乎一样，即都是把一个新的事物介绍到语篇中来，只不过一个是通过制作得到，一个是通过某种方法（如"买"）从别处获得。所以"买、挂"这类动词在汉语中都可以构成结果偏离类"VA 了"也就不足为怪了。从下表（41）归纳的"不同类动词与不同类形容词构成的'VA 了'比较"中就可以看出，只有制作类动词和开放等级式形容词 A 构成的"VA 了"才表达结果偏离义。

（41）不同语义特征的动词、形容词构成的"VA 了"比较：

	A:［＋开放]	A:［＋封闭]
V:［＋制作]	偏离义"VA 了"	实现义"VA 了"
V:［＋影响]	实现义"VA 了"	实现义"VA 了"

主要参考文献：

李斌玉（1999）"VA 了"述补结构再考察，《山西大学学报(哲社版)》第 3 期。

陆俭明（1989）"V 来了"试析，《中国语文》第 3 期。

陆俭明（1990）"VA 了"动补结构语义分析，《汉语学习》第 1 期。

陆俭明（1991）语义特征分析在汉语语法研究中的运用，《汉语学习》第 1 期。

陆俭明(1993)《八十年代中国语法研究》,商务印书馆。

彭国珍(2006)偏离类"VA 了"的句法特性,《华中科技大学学报(社会科学版)》第
4 期。

沈阳、彭国珍(2010)结果偏离义"VA 了"结构的句法和语义分析,《汉语学习》第
5 期。

司马翎、沈阳(2006)结果补语小句和小句的内部结构,《华中科技大学学报(社会科
学版)》第 4 期。

马庆株(1981)时量宾语和动词的类,《中国语文》第 2 期。

马真、陆俭明(1997)形容词做补语情况考察(1—3),《汉语学习》第 1、4、6 期。

王红旗(1996)"VA 了"述补结构的语义是什么,《汉语学习》第 1 期。

邢福义(1984)说"NP 了"句式,《语文研究》第 3 期。

袁毓林(1993)《现代汉语祈使句研究》,北京大学出版社。

朱德熙(1979)与动词"给"相关的句法问题,《方言》第 2 期。

朱德熙(1990)"在黑板上写字"及相关句式,《语法丛稿》,上海教育出版社。

David Basilico. (1998) Object Position And Predication Forms. *Natural Language and Linguistic Theory*.

Hoekstra, Teun. (1988) Small Clause Results. *Lingua* 74.

Levin, B. (1993) *English Verb Classes and Alternations: A Preliminary Investigation*. University of Chicago Press, Chicago.

Sybesma, Rint. (1999). *The Mandarin VP*. Dordrecht: Kluwer Academic Publisher.

Wechsler, Stephen. (2005). Weighing in on Scales: a Reply to Goldberg and Jackendoff. *Language*.

第五讲

配价理论与配价结构分析

5.1 "动词语 + 的"结构引起的问题和
语法研究中的配价思想

"动词语 + 的"结构中的"动词语"实际上可以是任何一种动词性词组，这些动词性词组都可以加上"的"构成"动词语 + 的"的结构。为便于表述，下面将"动词性词组 + 的"形成的"的字结构"都用"动词语 + 的"来表示。例如：

(1) a. 认真打扫的　　　("状语 + 动词"偏正词组 + 的)

　　 b. 打扫房间的　　　("动词 + 宾语"动宾词组 + 的)

　　 c. 打扫干净的　　　("动词 + 补语"动补词组 + 的)

　　 d. 学生打扫的　　　("主语 + 动词"主谓词组 + 的)

　　 e. 打扫的　　　　　(单个儿动词 + 的)

上面(1)这种"动词语 + 的"的"的字结构"中，有些现象很值得注意。比如有的"动词语 + 的"(如"他买的""吃羊肉的")能独立作主语或宾语，并能独立指称人或事物，而有的"动词语 + 的"(如"他游泳的""他参观展览会的")就不能独立作主语或宾语，也不能独立指称人或事物，这是为什么？其中有无规律可循？再如有的"动词语 + 的"(如"参观展览会的")指代人或事物时没有什么歧义，而有的"动词语 + 的"(如"吃的")则会有歧义(即可以有两种或两种以上的理解)，这又是为什么？其中有无规律可循？又如当"动词语 + 的"修饰名词作定语的时候，有的"动词语 + 的"修饰的中心语(如"开车的司机"中的"司机")，在一定上下文里可以省略不说，如"开车的司机都吃饭去了"也可以说成"开车的都吃饭去了",而有的"动词语 + 的"修饰的中心语(如"开车的技术"中的"技术")则在大多数情况下都不能省略不说,如"那位司机啊,开车的技术可好了",就不大能说"＊那位司机啊,开车的可好了",这又是为什么? 其中有无规律可循?

上面提到的这些问题,用过去(包括本书前面提到过的)一些语法分析手段,诸如"中心词分析法""结构层次分析法""句式变换分析法""语义特征分析法"等,似乎都不太容易解决。而在汉语语法分析中引进了近年在国外(特别是法国和德国)创立的"配价"理论与方法以后,上面的这些问题就迎刃而解了。

在讨论上面说的这些关于"动词语 + 的"结构的问题以前,先要说说什么是"配价",语法分析中的"配价"又是怎么回事。大家在中学里都学过化学。化学课程在讲元素时,都会讲到"价"(英文 valence,法文 valence,德文 valenz)的概念。语法研究中的"配价"实际上就是借用了化学中这种"价"的概念。

化学中提出"价"(亦称"原子价"或"化合价")的概念为的是说明分子结构中各元素原子数目间的比例关系。一般是取氢原子为一价,某种元素的一个原子能和多少个氢原子相化合,或者能置换多少个氢原子,那么该元素就是多少价。如水分子式(H_2O)中一个氧原子总是跟两个氢原子化合,所以氧的原子价是二价。

最早把化学中"价"的概念明确引入语法研究中的是法国的语言学家特斯尼耶尔(Lucien Tesnière)。当初在语法学中引进"价"这个概念,是为了说明一个动词能支配多少种不同性质的名词性词语。动词的"价"就决定于动词所支配的不同性质的名词性词语的数目。也可以说动词就好比是带钩的原子,它能钩住(即支配)几种不同性质的名词性词语,就是几价的动词:一个动词如果不能支配任何性质的名词性词语,那它就是零价动词;一个动词如果能支配一种性质的名词性词语,那它就是一价动词;一个动词如果能支配两种性质的名词性词语,那它就是二价动词;一个动词如果能支配三种性质的名词性词语,那它就是三价动词。

按照这种看法,汉语中的动词也可以分为不同的"价"。比如现代汉语里的动词按上述"配价理论"就可大致分为四类。A 类动词:不强制要求与某种性质的名词性词语关联的,这类动词就称为"零价动词",记为"动^0"。"零价动词"大多是反映自然现象的动词,例如"地震、刮风、下雨、下雪"等。B 类动词:强制要求与一种性质的名词性词语关联的,这类动词称为"一价动词",记为"动^1"。"一价动词"差不多就是一般说的不及物动词,例如"病、醉、休息、咳嗽、游泳"等。C 类动词:强制要求与两种性质的名词性词语关联的,这类动词称为"二价动词",记为"动^2"。"二价动词"差不多就是一般说的及物动词,例如"爱、采、参观、讨论、改良"等。D 类动词:强制要求与三种性质的名词性词语关联的,这类动词称为"三价动词",记为"动^3"。"三价动词"差不多就是一般说的双宾动词,例如"给、送、告诉、退还、赔偿"等。

有人可能要问,上面说的零价动词"地震、下雨"好像也总要跟某个名词一起出现,并非不关联名词性的词语。例如:

(2)a. 唐山地震了。　　　　　　b. 昨天地震了。

　　c. 北京终于下雨了。　　　　d. 今天下雨了。

那既然如此,怎么能说(2)中的这些动词是零价动词呢? 这是因为能跟"地震、下雨"等动词一起出现的名词只限于表示"处所"或"时间"的名词,因为任何行为动作的发生或进行总是伴随着某个时间和某个处所的,这些表时间和处所的名词性词语跟一价动词、二价动词、三价动词也都能一起出现。所以凡表示行为动作发生的时间、处所的名词性词语一般就不计算在动词的价成分之内了。在印欧语中,这类表时间、处所的名词跟主语名词也不具有形态变化上的一致关系,也可以证明不是动词的直接关联成分。

特斯尼耶尔怎么会想到借用化学里"化合价"的概念呢? 他认为,所谓"句法"就旨在研究句子的结构,而句子是一个有组织的整体,它的构成成分不只是表面所看到的一个个词,更重要的是词与词之间的"关联"(法文 conexion,英文 conjunction)。他在一本书中曾举了这样一个例子:

(3)Alfred parle. (阿尔弗雷德说话。)

特斯尼耶尔首先提出,这个句子中除包含"Alfred"(阿尔弗雷德)和"parle"(说话)这两个词之外,还有一个表面上看不到但更为重要的成分,那就是"Alfred"和"parle"之间的句法关联。"关联"对于句子的表达来说是必不可少的，它赋予句子以有机性和生命力，也可以说这种"关联"是句子的生命线。句子中所隐含的这种"关联"就如同化学中的"化合"作用。化学中氢和氧化合成一种化合物——水，水的性质既不同于氢，也不同于氧。为什么水会不同于氢也不同于氧呢？这其中就是化合起了决定性的作用。语言中"Alfred parle"的意思，既不同于"Alfred"，也不同于"parle"，这其中就是相当于化学中"化合"的"关联"起了决定性的作用。

接下来特斯尼耶尔还提出，正是通过句法上的这种"关联"建立起了词与词之间的"从属关系"。这种从属关系，由"支配词(regissant)"和"从属词(subordonne)"联结而成。如上面所举的句子"Alfred parle"，其中的"parle"(说话)是支配词，"Alfred"(阿尔弗雷德)则是从属词，"parle"就是支配"Alfred"的。

最后特斯尼耶尔又提出，动词是一个句子的中心，它支配着句子中别的成分，而动词本身则不受其他任何成分的支配。直接受动词支配的有"名词词组"和"副词词组"，其中名词词组形成"行动元(actant)"，副词词组形成"状态元(circonstants)"。从理论上说，句子中的"状态元"可以是无限多的，而一个动词结构中的"行动元"不得超过三个。这三个"行动元"就是"主语、宾语$_1$、宾语$_2$"，动词的"价"就决定于动词所支配的"行动元"的数目。这也就是前面说的动词可以分成一价动词、二价动词、三价动词的原因。

动词有配价的问题，后来语言学家通过研究发现，形容词、名词等也有配价的问题。利用动词与不同性质名词之间、形容词与不同性质名词之间、名词中隐含谓词与不同性质名词之间的配价关系来研究、解释某些语法现象，这种研究和分析的手段就称为"配价分析"，由此形成的语法理论就称为"配价理论"。在中国最早运用"配价"的理论与方法来解决上述问题的是著名语言学家朱德熙，朱先生的研究就是首先从发现和解决汉语中"动词语＋的"结构的种种问题开始的。

5.2 怎样分析和解决"动词语＋的" 结构所引起的问题

上一节对"动词语＋的"这种"的字结构"的结构形式和表义特点提出

了一连串的问题。在回答这些问题之前,有必要先对汉语的"的字结构",特别是"动词语 + 的"的"的字结构"做一点说明。

汉语的"的字结构",是由实词性词语或词组加上结构助词"的"所形成的一种名词性的结构。这里需要补充说明的是,"的字结构"从语法性质上说,实际上就相当于一个名词性成分。而从"的字结构"的用法看,它又有点儿像代词。譬如说"红的",它不是只用来指称某一种特定的事物,而是可以用来指称任何具有红颜色的事物——或"衣服",或"裙子",或"圆珠笔",或"铅笔",或"帽子",或"花儿",等等。但是它跟代词又有所不同。代词指代一个事物时纯粹是一种指代;而"的字结构"指代事物时,总是同时指明该事物的某一特征。如"红的"所指代的事物一定具有红颜色的特征。上面说的"红的"是"形容词 + 的"的"的字结构","动词语 + 的"构成的"的字结构"也是相同的情况。比如"开车的",首先这个"的字结构"可以指称某个人或某类人,但同时又不是只指代人,而是同时指明了这个人或这类人的某一特征,即"他开车",或者说是具有"开车"特征的人。

现在就来分析"动词语 + 的"这种"的字结构"所引起的问题。上面说了,"动词语 + 的"这种"的字结构"所引起的问题,用"层次分析""变换分析""语义特征分析"等都没法解释和回答,而"配价分析"则能解释和回答。这是怎么回事呢?

原来"动词语 + 的"形成的"的字结构"能不能作主语或宾语来指称人或事物,会不会产生歧义,作定语后它所修饰的中心语能不能省略,等等,这些都跟动词的配价有关。具体说决定于以下两点:一是动词语中动词的配价数,即动词属于几价动词;二是动词的配价成分在动词语中出现的个数。就拿"动词语 + 的"形成的"的字结构"能不能作主语或宾语来指称人或事物这一问题来说,具体情况如下:

第一,由零价动词构成的"动词语 + 的"的"的字结构",如"地震的""下雨的"等,根本就不能独立作主语或宾语来指称人或事物。这是很清楚的。

第二,由一价动词构成的"动词语 + 的"的"的字结构",如果一价动词的配价成分(实际上也就只有一个成分)没有在"动词语"里出现,这个"的字结构"就能独立作主语或宾语来指称人或事物,它所指称的就是一价动词的那个价成分,也就是一价动词所关联的那个名词性词语,或者说就是一

价动词的"施事"或"主体"成分。例如:

(4)a₁. 游泳的要注意安全。　　a₂. 正在游泳的是我弟弟。

　　b₁. 蔫了的就快扔掉吧。　　b₂. 已经蔫了的是蔷薇花。

上面(4a)里"游泳的""正在游泳的"这样的"的字结构"在这里都是作主语,指称一价动词"游泳"的"施事"成分"某些人"或"我弟弟"。(4b)里"蔫了的""已经蔫了的"这样的"的字结构"在句中也是作主语,指称一价动词"蔫"的"主体"成分"某些花"或"蔷薇花"。但是如果一价动词的配价成分已经在"的字结构"的"动词语"里出现了,这个"的字结构"就不能独立作主语或宾语来指称人或事物了。"弟弟游泳的""那朵玫瑰花蔫了的"就不能独立作主语或宾语来指称人或事物。这也是很清楚的。

第三,由二价动词构成的"动词语 + 的"的"的字结构",如果二价动词的两个配价成分都在"动词语"里出现,这个"的字结构"就不能作主语或宾语来指称人或事物了,如"小王戴帽子的"就不能作主语或宾语来指称人或事物;如果在"动词语"里两个配价成分都没出现,或者只出现其中一个配价成分,由此构成的"的字结构"就都能作主语或宾语指称人或事物。举例来说,"参观"是二价动词,它关联两种不同性质的名词性词语,一个是"参观"的施事,如某人,一个是"参观"的受事,如某物。如"今天参观的""今天参观展览会的"和"张三今天参观的"等这些"的字结构"就都能作主语或宾语指称人或事物。例如:

(5)a. 今天参观的到左边排队。

　　("今天参观的"作主语,指称"参观"的施事)

　b. 今天参观的是工业展览会。

　　("今天参观的"作主语,指称"参观"的受事)

　c. 今天参观展览会的是北大学生。

　　("今天参观展览会的"作主语,指称"参观"的施事)

　d. 张三今天参观的是工业展览会。

　　("张三今天参观的"作主语,指称"参观"的受事)

但是,同样,如果二价动词的两个配价成分都已经在"的字结构"的"动词语"里出现了,这个"的字结构"就不能独立作主语或宾语来指称人或事物了。"大家参观展览会的""运动员创造成绩的""工人制造机器的"等，就不能独立作主语或宾语来指称人或事物。这当然也是很清楚的。

第四，由三价动词构成的"动词语 + 的"的"的字结构"，其独立作主语或宾语来指称人或事物的特点，也可以按照上面讲的情况类推。

上面说的是"动词语 + 的"的"的字结构"能不能独立作主语或宾语来指称人或事物的情况。那么"动词语 + 的"构成的"的字结构"的歧义是怎么引起的呢？这是因为，同样按照上面说的道理，如果由二价动词构成的"动词语"构成"的字结构"，而这个动词的两个配价成分都没有在"动词语"里出现，这种"的字结构"就会有歧义了。如上面举到的"今天参观的"这个"的字结构"，就既能指称"参观"的施事，如上面的(5a)；又能指称"参观"的受事，如上面的(5b)。

同样，如果由三价动词的"动词语"构成"的字结构"，而动词的三个配价成分都没有在"动词语"里出现，或者只出现其中的一个而其余的两个配价成分没有在"动词语"里出现，这种"的字结构"也就会有歧义。例如"给"是三价动词，关联三个行动元。那么在"不给的"这个"的字结构"中，就是三个配价成分都没在"动词语"里出现，这个"的字结构"也就会有歧义了，而且会有三种不同的指称意义。比较：

(6) a. 不给的举手。　　　　　（作主语，指称施事）

　　b. 张经理我是不给的。　　（作宾语，指称与事"张经理"）

　　c. 不给的是英汉词典。　　（作主语，指称受事"英汉词典"）

再如仍是三价动词"给"，在"我给的"这个"的字结构"中，"给"的一个配价成分，也就是施事成分"我"在"动词语"里出现了，另两个配价成分没有在"动词语"里出现，这个"的字结构"仍然会有歧义，而且是两种不同的指称意义，如(7)所示。又如"给学校的"这个"的字结构"中"给"的一个配价成分，也就是与事成分"学校"在"动词语"里出现了，另两个配价成分没有在"动词语"里出现，这个"的字结构"仍然会有歧义，而且是两种不同的指称意义，如(8)所示。又如"给鸡蛋的"这个"的字结构"中"给"的一个配价成分，也就是受事成分"鸡蛋"在"动词语"里出现了，另两个配价成分没有在"动词语"里出现，这个"的字结构"仍然会有歧义，而且是两种不同的指称意义，如(9)所示。比较：

(7) a. 我给的是张经理。　　　　　（作主语,指称与事"张经理"）

　　 b. 我给的是些衣服。　　　　　（作主语,指称受事"衣服"）

(8) a. 给学校的只有周敏一个人。　（作主语,指称施事"周敏"）

　　 b. 给学校的我已经准备好了。　（作主语,指称受事）

(9) a. 给鸡蛋的请马上来把鸡蛋领走。　（作主语,指称与事）

　　 b. 给鸡蛋的不是我。　　　　　（作主语,指称施事）

　　从上面的例子不难看出,"动词语 + 的"的"的字结构"能不能独立作主语或宾语来指称人或事物,会不会有歧义,有很强的规律性。朱德熙(1978)正是根据上述情况,概括并建立了一个有关"动词语 + 的"的"的字结构"指称的"歧义指数公式"。这个歧义指数公式是"P = n − m"。其中的"P"代表"动词语 + 的"的"的字结构"的歧义指数,"n"代表动词的配价数,"m"代表在"动词语"里出现的动词的配价成分的数目。这样,当 P 为 0,这样的"动词语 + 的"结构就不能独立作主语或宾语来指称人或事物;当 P 为 1,这样的"动词语 + 的"结构就能独立作主语或宾语来指称人或事物,且没有歧义;当 P 为 2 或 3,这样的"动词语 + 的"结构就一方面能独立作主语或宾语来指称人或事物,但同时一定会有歧义。

　　上面说了"动词语 + 的"形成的"的字结构"能不能作主语或宾语来指称人或事物的问题,以及这种结构会不会产生歧义的问题。那么为什么"动词语 + 的"作定语后它所修饰的中心语有的能省略,有的不能省略呢?比如前面说过,"开车的司机"可以说成"开车的","开车的技术"就不能说成"开车的"。这其中又是什么原因呢? 这种情况同样也跟动词的配价有关,也只有用配价理论来解释才容易说清楚。

　　如果把"开车的司机""开车的技术"这类定中偏正结构都记为"动词语 + 的 + 名词语(中心语)"。那么如果"名词语(中心语)"是"动词语"中动词的一个配价成分,即这个成分在"动词语 + 的"中没有出现,这个作中心语的名词性词语就可以省略不说;如果"名词语(中心语)"不是"动词语"中动词的一个配价成分,这个作中心语的名词性词语就不可以省略不说。比较下面的例子(其中" = "表示"动词语 + 的"修饰的中心语省略或不省略的结构形式均可成立;"≠"表示"动词语＋的"修饰的中心语省略的结构形式不成立）：

(10) a. 开车的人＝开车的

   （"人"是"开"的配价成分"施事"）

   b. 开车的技术≠开车的

   （"技术"不是"开"的配价成分）

(11) a. 扩大招生名额的学校＝扩大招生名额的

   （"学校"是"扩大"的配价成分"施事"）

   b. 扩大招生名额的问题≠扩大招生名额的

   （"问题"不是"扩大"的配价成分）

(12) a. 群众拥护的干部＝群众拥护的

   （"干部"是"拥护"的配价成分"受事"）

   b. 群众拥护的原因≠群众拥护的

   （"原因"不是"拥护"的配价成分）

(13) a. 他吃的苹果＝他吃的

   （"苹果"是"吃"的配价成分"受事"）

   b. 他吃的时候≠他吃的

   （"时候"不是"吃"的配价成分）

上面(10—13) a 例中，作"动词语＋的"修饰的中心语的名词性成分都分别是前面"动词语"中动词的配价成分：如(10)(11)里的"人"和"学校"分别是动词"开"和"扩大"的施事成分，(12)(13)里的"干部"和"苹果"分别是动词"拥护"和"吃"的受事成分，而这些配价成分在"动词语＋的"中未出现，而是充当了"的字结构"中被"动词语＋的"修饰的中心语，这个中心语在一定上下文里就可以省去不说。换句话说就是，这些例子中的"动词语＋的"可以指称那个作中心语的名词性成分。而上面(10—13)中的 b例，作"动词语＋的"修饰的中心语的名词性成分"技术、问题、原因、时候"都不是前面"动词语"中动词"开、扩大、拥护、吃"的配价成分，所以这样的名词性成分在任何上下文里都不能省去不说。换句话说就是,这些例子中的"动词语 + 的"不可以指称那个作中心语的名词性成分。

5.3　形容词和名词也有配价结构分析问题

配价分析其实还不限于对动词的分析和对像"动词语 + 的"这种"的字结构"的指称特点的分析,对于形容词和名词,也需要运用配价理论来进行分析。

先看形容词的配价结构分析。

动词性的结构可以进行配价分析,那么形容词或形容词结构有没有配价问题,能不能进行配价分析呢?不妨先来考察一下语言事实。汉语中的介词结构"对……"有时可以修饰形容词或形容性的结构(以下简称"形容词")。例如:

(14)a. 对顾客很热情　　　　　b. 对学生很严格

c. 对这一带很熟(= 熟悉)　d. 对工作很负责

是不是所有的形容词都能够受介词结构"对……"的修饰呢?语言事实告诉我们,并不是所有的形容词都能受介词结构"对……"的修饰,像"(很)大、(很)漂亮、(很)聪明、(很)伟大"等,就都不能受介词结构"对……"的修饰。例如下面(15)中的例子就都不能说:

(15)a. ＊对这个苹果大　　　　b. ＊对这件衣服很漂亮

c. ＊他对计算机很聪明　　d. ＊他对这个人很伟大

那么现代汉语中哪些形容词能够受介词结构"对……"的修饰呢?这些能受介词结构"对……"修饰的形容词有什么特点呢?反过来,现代汉语中什么样的形容词不能受介词结构"对……"的修饰呢?这些不能受介词结构"对……"修饰的形容词有什么特点呢?引入"配价理论"就能较好地解决这个问题。

上面说到,"配价"原是用来说明一个动词能与多少种不同性质的名词性词语发生关联。其实形容词同样也有跟名词性词语发生联系的问题,当然也就有配价问题。可以认为,如果某类形容词在语义上要求必须有一种性质的名词性词语与之关联，这种形容词就可以称为"一价形容词"，记为"形¹"；如果某类形容词在语义上要求必须有两种性质的名词性词语与之关联，这种形容词就可以称为"二价形容词"，记为"形²"。现代汉语中一般的形容词都是一价形容词，也就是差不多类似于一价动词（不及物动词），如上面所说的"大、漂亮、聪明、伟大"等。而能受介词结构"对……"修饰的则一定是二价形容词，如上面所举到的"热情、严、熟（＝熟悉）、负责"等。

汉语中一价形容词与二价形容词的"语义配置式"是不同的。形容词的语义配置指的就是形容词在语义上需要跟几个名词性成分相联系。这样，一价形容词的语义配置式就可以表示为（16）或（17），即只与一个名词性成分联系。例如：

（16）　　形¹

　　　　名词语

（17）形¹〔名词语〕

而二价形容词的语义配置式则可以表示为（18）或（19），即需要跟两个名词性成分联系。例如：

（18）　　　　形²

　　名词语₁　　　名词语₂

（19）形²〔名词语₁，名词语₂〕

对二价形容词来说，"名词语₁"是"主体"成分，"名词语₂"是"对象"成分，因此上述二价形容词（以"热情"为例）的语义配置式可以用文字表述为下面的（20）：

（20）某人　对某人/某事　热情

可以发现，现代汉语中介词结构"对……"所能修饰的形容词就只限于二价形容词。据研究,现代汉语中的二价形容词"形²"根据具体意义的不同,大致可分为以下三类:A类"情感态度类",如"好、严、气愤、恐惧、麻木、生气、友好、热情、友善、热心、冷淡、客气……",如(21);B类"经验认知类",如"内行、在行、精、精通、熟、熟悉……",如(22);C类"有用无益类",如"有用、有害、有利、有益、无用、无益……",如(23)。比较:

(21) a. 大家对腐败现象很气愤。　　b. 他对什么事情都很麻木。

　　 c. 日本人民对我们很友好。　　 d. 张三对人很热情。

　　 e. 那狼狗对她特别友善。　　　 f. 老板对他很客气。

(22) a. 他对炒股票很内行。　　　　b. 张三对修摩托车最在行了。

　　 c. 他对电视机很精(通)。　　　d. 李老头对这条山路很熟(悉)。

(23) a. 这个人对我们有用。　　　　b. 抽烟对身体有害。

　　 c. 形势对我们有利。

汉语中有的形容词能表示多种意思,这种形容词的价也会因意义不同而有所不同。举例来说,形容词"熟"起码有三个意义:

(24) 熟(义项分析):

　　 a. 植物的果实等完全长成。如:"西瓜已经熟了。"

　　 b. 食物加热到可以食用的程度。如:"饭熟了。"

　　 c. 因常见常用而知道得很清楚。如:"这条路我很熟。"

这样,属于义项(24a/b)的"熟"在语义上都只跟一种性质的名词性词语关联,所以都属于一价形容词;而义项(24c)的"熟"在语义上就要求有两种性质的名词性词语与之关联,所以是二价形容词,因为它可以受介词结构"对……"的修饰。例如:

(25) a. 他对这一带地形很熟。

　　 b. 他对这条山路很熟。

再看名词的配价结构分析。

上面说了动词和形容词都有配价问题,那么名词有没有配价问题,或者说是否也可以或需要进行配价分析呢?也可以先来看一个语言事实。一般讲现代汉语语法的书都会说到，汉语中介词结构主要作状语，但有少数介词所形成的介词结构可以带上结构助词"的"作名词的定语，其中举到的介词就有"对、对于、关于"等。比如下面(26)就是由介词"对(于)"组成的介词结构加"的"后作名词定语的例子。例如：

(26) a. 对(于)考试的意见

　　b. 对(于)身体的害处

　　c. 对(于)祖国的感情

那么是不是任何名词都能受介词结构"对(于)……"的修饰呢？显然不是。什么样的名词才能受介词结构"对(于)……"的修饰呢？对外汉语教学中外国学生常常会提出这样的问题。关于这个问题，以往从事对外汉语教学的老师也曾做过一些研究。

首先可以发现一点，即表示具体事物的名词都不能受"对(于)……"这一介词结构的修饰。以下面(27a)来说，虽然"论文"的内容可以是对《红楼梦》的论述，但因为"论文"是具体名词，所以不能受"对(于)……"这一介词结构的修饰，所以不能把(27a)分析为介词结构作定语的偏正结构，否则就不合汉语的语法。比较：

(27) a. 对(于)《红楼梦》的论文

　　b. 对(于)农村情况的影片

那么进一步说，表示抽象事物的名词是否都能受"对(于)……"这一介词结构修饰呢？也不是。可以发现，表示抽象事物的单音节名词不能受"对(于)……"这一介词结构的修饰。例如，除非在韵文（如诗歌等）里，否则下面(28)就不能说。一般情况下，下面(28a)得说成"对(于)黑社会的仇恨"，(28b)得说成"对(于)家乡的感情"。比较：

(28) a. *对(于)黑社会的仇

　　b. *对(于)家乡的情

上面所获得的这两点看法，对于说明什么样的名词能受介词结构"对(于)……"修饰是有用的，但还不是很管用。因为这两点并不能解释为什么"话题、原则、问题"这样一些双音节抽象名词还是不能受"对(于)……"的修饰。例如：

(29)a. ＊大家谈论了一些对(于)家庭的话题。

　　b. ＊他向大家介绍了对(于)外交工作的原则。

　　c. ＊她还提出了对(于)住房的问题。

　　上面(29)这三个例子里的"对(于)"都应该改为"关于"。这又是为什么呢？过去在语法教学中往往是从意义上来加以解释，说"从意思上来看，这里主要是强调关涉关系，而不是强调对待关系，所以得用'关于'，不能用'对(于)'"。可是这种解释外国学生很难理解，也很难掌握。事实告诉我们，真要说清楚这个问题，也需要运用配价的理论。从配价理论的角度来观察这种现象，问题就变得简单而清楚了。

　　原来，不光是动词和形容词有配价问题，名词也有配价问题。名词的配价表现为某个名词一定要求与另外某个名词在语义上构成依存关系。比如说到"弟弟"这个名词，一定有"哥哥"或"姐姐"这个名词跟它相对，或者说一定表示"某人(的)弟弟"，二者构成不可分离的依存关系。所谓"依存关系"，就是说二者各自均以对方为自己存在的先决条件。当然也可以这样来看，"弟弟"这种需要另一个名词作为依存条件的有价名词，实际上本身也就与另一个名词之间隐含着一种谓词性的配价关系，即"弟弟"这种有价名词的配价关系就是"某人(有)弟弟"。再如"意见"这个名词，一定与"某个人"和"(对)某个问题"这样两个名词相对，并且相互构成依存关系；或者说这样来看，"意见"这种需要另外两个名词作为依存条件的有价名词，实际上本身也就与另外两个名词之间隐含着一种谓词性的配价关系，即"意见"这种有价名词的配价关系就是"某人(对)某个问题(有)意见"。这样一来，名词的这种配价关系就跟前面说的动词和形容词的配价关系都统一起来了。

　　这样，也就跟前面说的动词和形容词的情况类似，如果一个名词不要求与另外的名词在语义上构成依存关系，或者说没有与另一个或多个名词之间存在隐含的谓词性配价关系，就可以称为"零价名词"，不妨记为"名^0"。这样的名词就是普通的名词，如"大海、天空、空气"等。

　　如果一个名词只要求与一种性质的名词在语义上构成依存关系，或者说与另一种性质的名词之间存在隐含的谓词性配价关系，就可以称为"一价名词"，不妨记为"名^1"。这样的名词包括"哥哥、弟弟、叔叔、爸爸、爷爷、姑父"等亲属称谓类的名词，"质量、脾气、价格"等属性类的名词，"脚、手、锅盖、抽屉"等部件类的名词，等等。可以看出，这样的名词实际上都是具有某种"领属关系"的名词性词组的中心语，即"'属'名词"。

而如果一个名词要求与两种性质的名词在语义上构成依存关系，或者说与另外两种性质的名词之间存在隐含的谓词性配价关系，就可以称为"二价名词"，不妨记为"名^2"。这样的名词都是一些抽象的名词，如"意见、兴趣、态度、害处"等等。

前面已经举例说明，能受"对（于）……的"修饰的名词正是上面说的这种"二价名词"。根据一些学者（袁毓林，1992）的考察，现代汉语中的二价名词主要有以下四种语义类型：

A类"情感、态度类"：这类二价名词都是表示人或感情动物对人或事物的感情、态度的。这类二价名词的两个配价成分分别是"情感、态度的持有者"和"情感、态度所针对者"。"对（于）……"这一介词结构修饰这类名词时，"对（于）"引出"情感、态度所针对者"，而"情感、态度持有者"总是出现在介词"对（于）"的前面。例如：

(30) a. （他们）对（于）祖国的感情

　　 b. （人们）对（于）旅游的兴趣

　　 c. （人们）对（于）弱者的同情心

　　 d. （他）对（于）艺术的灵感

　　 e. （大家）对（于）这件事的反应

　　 f. （人们）对（于）陌生人的戒心

　　 g. （村长）对（于）他的敌意

　　 h. （他）对（于）工作的热情

　　 i. （泰国人民）对（于）中国的好感

　　 j. （同学们）对（于）考试的态度

B类"见解、论点类"：这类二价名词都是表示人们对人或事物的见解、看法、印象的。这类二价名词的两个配价成分分别是"见解、论点的持有者"和"见解、论点所针对者"。"对（于）……"这一介词结构修饰这类名词时，"对（于）"引出"见解、论点所针对者"，而"见解、论点的持有者"总是放在介词"对（于）"的前面。例如：

（31）a.（他）对（于）这件事情的看法

　　　b.（他）对（于）这个问题的见解

　　　c.（他）对（于）妇女的偏见

　　　d.（他）对（于）这个问题的结论

　　　e.（他）对（于）新加坡的印象

　　　f.（他）对（于）考试的意见

　　　g.（他）对（于）这部影片的感想

　　　h.（他）对（于）校长辞职的说法

　　C类"作用、意义类"：这类二价名词都是表示人或事物对其他人或其他事物的作用、意义的。这类二价名词的两个配价成分分别是"起作用者"和"受作用者"。"对（于）……"这一介词结构修饰这类名词时，"对（于）"引出"受作用者"，而"起作用者"总是出现在介词"对（于）"的前面。例如：

（32）a.（市场）对（于）经济发展的作用

　　　b.（这种药）对（于）感冒的治疗效果

　　　c.（阳光）对（于）生命的意义

　　　d.（这篇文章）对（于）读者的吸引力

　　　e.（这种理论）对（于）歧义现象的解释力

　　　f.（他）对（于）当前形势的洞察力

　　　g.（运动）对（于）健康的好处

　　　h.（吸烟）对（于）健康的害处

　　　i.（青蛙）对（于）农业的益处

　　D类"方针、政策类"：这类二价名词都是表示人们针对某个方面所采取的工作方针、政策的。这类二价名词的两个配价成分分别是"方针、政策的制定者"和"方针政策的针对者"。"对（于）……"这一介词结构修饰这类名词时，"对（于）"引出"方针、政策的针对者"，而"方针、政策的制定者"总是放在介词"对（于）"的前面。例如：

（33）a.（政府）对（于）农村工作的方针

　　　b.（政府）对（于）农民的优惠政策

　　当然，介词结构"对（于）……"带上"的"除了只能修饰二价的抽象名词以外,还要受到语音的制约,即单音节抽象名词虽也属于二价名词,但不能受"对(于)……"的修饰。这样我们也就解释了上面所举的(28)(29)不能说的原因。

需要再做些补充的是,前面我们说"对(于)《红楼梦》的论文"只能分析为"介词结构",即介词"对(于)"是管到"论文",整个片段只是一个介词词组;而"对(于)祖国的感情"只能分析为"介词结构 + 名词",即介词"对(于)"只管到"祖国",然后"对(于)祖国"一起作定语修饰中心语"感情",整个片段是一个定中偏正词组。可是也存在另一种情况,即一个"介词 + 名词 + 的 + 名词"的结构可能会有歧义。比如"对校长的意见"这样的结构就有两种意思,而且在结构层次上也可以做两种切分。比较:

(34) a. 对　校长的意见

　　　　<u>1</u>　　<u>2</u>　　　　　　（1—2 介词结构）

　　　 b. 对校长的　意见

　　　　<u>1</u>　　　　<u>2</u>　　　　（1—2 定中偏正结构）

那么为什么"对校长的意见"这种结构会有歧义呢? 这也得用配价理论来解释才比较清楚而深刻。根据有的学者(李小荣,2000)的研究,如果介词"对(于)"的宾语成分(即"对(于)"后面的那个名词)在语义上可以任意地理解为"的"字后面那个二价名词的不同性质的某个配价成分的话,那么整个结构就会有歧义了。例如:

(35) a. 对(于)儿子的感情　　　　b. 对(于)这篇文章的看法

　　　 c. 对(于)这部电影的吸引力　　d. 对(于)美国的政策

上面(35)中这些例子之所以都会产生歧义,就是因为,(35a)中的"感情"属于"情感、态度类"名词,而"儿子"既可以看作"情感的持有者",也可以看作"情感所针对者"。按前者理解,该按(34a)切分;按后者理解,该按(34b)切分。(35b)中的"看法"属于"见解、论点类"名词,而"这篇文章"既可以看作"看法的持有者",也可以看作"看法所针对者"。按前者理解,该按(34a)切分;按后者理解,该按(34b)切分。(35c)中的"吸引力"属于"情感、态度类"名词,而"这部电影"既可以看作"吸引力的具有者",也可以看作"吸引力所针对者"。按前者理解,该按(34a)切分;按后者理解,该按

(34b)切分。(35d)中的"政策"属于"方针、政策类"名词,而"美国"既可以看作"政策的制定者",也可以看作"政策所针对者"。按前者理解,该按(34a)切分;按后者理解,该按(34b)切分。

至此就可以明确而清楚地说:现代汉语中能受介词结构"对(于)……"修饰的只限于双音节的二价抽象名词,即"名²(抽象)"。

主要参考文献:

奥田宽(1982)论现代汉语形容词的强制性联系和非强制性联系,《南开学报》第3期。

冯志伟(1983)特思尼耶尔的从属关系语法,《国外语言学》第1期。

李 洁(1987)德国配价理论的发展及成就,《外语教学与研究》第1期。

李小荣(2000)从配价角度考察介词结构"对于……"作定语的情况,《配价理论与汉语语法研究》,语文出版社。

刘丹青(1987)形名同现及形容词的向,《南京师大学报》第3期。

陆俭明(1997)配价语法理论和对外汉语教学,《世界汉语教学》1997年第1期。

陆俭明(2013)《现代汉语语法研究教程》(第四版),北京大学出版社。

吕叔湘(1946)从主语宾语的分别谈国语句子的分析,《汉语语法论文集》,科学出版社1956年。

沈 阳(主编2000)《配价理论与汉语语法研究》,语文出版社。

沈阳、郑定欧(主编1995)《现代汉语配价语法研究》,北京大学出版社。

文 炼(1982)词语之间的搭配关系,《中国语文》第1期。

文炼、袁杰(1990)谈谈动词的"向",《汉语论丛》,华东师大出版社。

吴为章(1982)单向动词及其句型,《中国语文》第5期。

吴为章(1993)动词的"向"札记,《中国语文》第3期。

袁毓林(1992)现代汉语名词的配价研究,《中国社会科学》第3期。

袁毓林(1994)一价名词的认知研究,《中国语文》第4期。

袁毓林(1998)《汉语动词的配价研究》,江西教育出版社。

袁毓林、郭锐(1998)《现代汉语配价语法研究》(第二辑),北京大学出版社。

詹卫东(1999)一个汉语语义知识表达框架:广义配价模式,《计算语言学文集》,清华大学出版社。

张国宪(1994)有关汉语配价的几个理论问题,《汉语学习》第4期。

周国光(1995)现代汉语形容词配价研究述评,《汉语学习》第2期。

朱德熙(1978)"的字结构"和判断句,《中国语文》第1—2 期。

朱德熙(1983)自指和转指,《方言》第 1 期。

朱小雪(1989),Gerhard Helbig 的价语法理论及其实用语法模式,《国外语言学》第
    1 期。

Tesniere,L. (1959) Elements de Syntaxe Structurale(结构句法基础)(方德义选译),
    《西方语言学名著选读》,中国人民大学出版社 1988 年。

第六讲

空语类理论与空语类分析

6.1 语法结构模型的变化和"空语类"概念的引入

提出"空语类（empty category）"的概念跟 20 世纪中后期以来当代语言学理论的发展，特别是跟生成语言学理论关于如何建立语法结构模型以及如何解决语义问题的讨论，有密切的关系。从对语义的不同处理看，语法结构模型大致可概括为以下几个主要变化：

最初阶段的语法结构模型的基本倾向是"语法研究不考虑意义"。

自从 1940 年代美国"结构语言学理论"兴起，到 1960 年代前后在美国出现"生成语法学理论"，都是不重视甚至在语言分析中排除意义问题的。结构理论是从研究美洲土著印第安语这样完全陌生的语言发展起来的，当然很难从意义的研究入手。而生成语法理论同样不考虑意义问题，原因主要在于其基本目标是要揭示人类语言的生成机制，而语言各个部分当中只有句法结构形式可以从人脑的全部认知系统中抽象出来作为一个独立系统来研究，而其他的部分，尤其是语义部分，往往与人们对世界的认识即所谓百科知识交织在一起而无法分离出来。换句话说，句法结构形式是一个可以穷尽推导和通过有限手段重复使用而实现的独立演算系统，而语义知识则是一个开放的、跟其他知识界限不清的系统，所以语义既不是一个独立系统（即语义必须依附于句法结构），也不可能全面研究（最多只能研究其中一部分）。生成语法理论的这种研究原则就形象地叫作"句法自治（autonomy of syntax）"。

在这种观念指导下，最初生成语法理论建立的语法结构模型（比如记作"A 模型"）中就只包括以下（1）表示的几个部分,其中并没有语义部分。例如：

(1)A 模型：| 词库 |——| 基础部分 PSR |

               （深层结构 DS）

             | 转换部分 TR |

             （表层结构 SS）

简单说,上面 A 模型中只包括"基础部分"和"转换部分"两个语法规则模块,另外再加一个"词库"。基础部分主要是通过使用"语类规则（PSR）"生成"深层结构（deep structure）";然后再经过使用转换部分的"转换规则（TR）",最终生成"表层结构（surface structure）"。可以举些简单例子来看看语法结构模型的操作是怎样完成的。比如假定有（2）这样三条"语类规则"（箭头表示左侧符号可以分解为右侧符号,或左侧符号是由右侧符号组成的）：

(2)语类规则：

    1.SP（句子结构） →   NP（名词短语）+ VP（动词短语）

    2.NP（名词短语） →   Det（指示词语）+ N（名词）

    3.VP（动词短语） →   V（动词）+ NP（名词短语）

根据这三条语类规则,另外再通过从词库中调用符合规则中终端符号（即 N、V、Det 这样的最小成分位置）要求的词语,就可以得到（3）这样的抽象深层句法结构形式：

(3)a.深层结构（词汇前结构）：

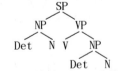

b.深层结构（词汇后结构）：

不过如果仅仅是(3)这样的分析程序,那生成语法跟结构语法还没有什么区别,而且这样的规则生成句子的能力还太弱,如果碰到跟(3)不同的结构,比如被动句、话题句等,就得不断建立许多新规则才能处理。所以 A 模型在"深层结构"之后还建立了一个"转换部分"和"转换规则(TR)"来解决这个问题。转换规则跟语类规则不同:语类规则实际上是"X→YZ"这样的分支规则,通俗地说就是把左侧的大符号变成右侧的小符号,或者把左侧的符号变成右侧的词语,也可以说箭头左侧的符号在右侧就不再出现,这是一种"演化"过程。而转换规则是"XY→YX"这样的移位规则,通俗地说就是箭头左侧的符号在右侧必须保留(或至少保留其中一部分),只不过是原来的符号变换了个位置,这就是一种"变化"过程。加上这样的转换规则以后,不但仍然可以直接从(4a)输出(4b$_1$)这样的表层结构,当然也就很容易通过转换从(4a)构造形成(4b$_2$)这样的表层结构。例如:

(4)深层结构 → 表层结构:

    a. 那个男孩踢足球(使用语类规则:得到深层结构)

    b$_1$. 那个男孩踢足球(使用转换规则:得到表层结构)

    b$_2$. 足球那个男孩踢(使用转换规则:得到表层结构)

需要注意的是,上面 A 模型中的语类规则和转换规则都只是严格的句法规则,其中并没有语义部分和语义解释规则。虽然上面(3—4)的例子都是语义上合格的结构,但其实根据语类规则(2),生成"男孩踢足球"是合格结构,生成"足球踢男孩"也是合格结构,因为后一句的毛病属于词语之间的意义搭配问题,这一点语类规则和转换规则是不管的。正因为如此,当时语言理论界有一句名言就是"语言学 – 语法学 = 语义学",意思就是语义问题不应放在语法规则之内。有人还举过下面的例子,即(5—6)虽然语义上都不通,但(5a)(6a)至少在语法上合格,而(5b)(6b)因为不符合基本的规则才在语法上也不合格了。比较:

(5)a. Colorless green ideas sleep furiously.

    (无色的绿色的思想疯狂地睡觉。)

  b. * Furiously sleep ideas green colorless.

    (疯狂地睡觉思想绿色的无色的。)

(6) a₁. 吃三角形(动词 + 名词)

　　a₂. 石头得了糖尿病(名词 + 动词 + 名词)

　　b₁. ＊看见们(动词 + 名词后缀)

　　b₂. ＊又星(副词 + 名词)

接下来一个阶段,语法结构模型进行了重大的修改,那就是"在深层结构进行语义解释"。

尽管上面关于在语法结构模型中不考虑语义的意见有一定的道理,但毕竟还得承认如果只使用语类规则和转换规则,虽然可以生成所有合语法的句子结构,但也不可避免地会生成诸如"足球踢男孩"一类语法合格而语义不通的句子。要解决这样的问题就必须想办法对这些句子结构增加一些语义的限制。生成语法理论的创始人美国语言学家乔姆斯基(Chomsky)就曾提出:"句法概念不可以从语义出发,但句法研究最好能符合语义事实。而且越有利于描述语义,对语法的评价就越高。"他还提出语法规则至少应该想办法解释(7)这样的问题:

(7) a. Sincerity may frighten the boy.　　(真诚可能吓着这个男孩。)

　　b. ＊The boy may frighten sincerity.　　(这个男孩可能吓着真诚。)

为此生成语法提出了一种修改语法结构模型的意见,概括地说就是"深层结构决定语义解释",这也被称作"D 结构假说"。生成语法理论根据这一假设建立的新的语法结构模型(比如记作"B 模型"),主要就是增加了语义规则部分,另外也增加了一个语音规则部分。这也就形成了以后影响很大的"句法、语义、语音"三分的语言要素框架。B 模型可以表示为(8):

(8) B 模型：

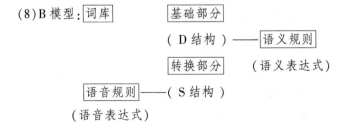

B 模型跟 A 模型相比,除多了"语音部分",主要就是增加了一个"语义规则"的模块,并且据此生成"语义结构"。由于语义规则主要是在深层结

构起作用,因此标注在深层结构这一层次上。语义规则大致上说主要包括两个部分:一是对根据语类规则从词库调入深层结构终端符号位置的词语进行"词语选择限制(selection restriction)",二是对语类规则生成的深层结构本身进行"语义投射限制(projection rule)"。

所谓"词语选择限制"跟前面第四讲讨论的"语义特征分析"有许多类似的地方。比如要解决"足球踢男孩"或"The boy may frighten sincerity"这样的句子的词语搭配问题,就得设法先在词库中给这些词语分别加上一些"语义特征标记"。例如:

(9) N(名词):boy(男孩)〔+N,+可数,+人,+男性,+未成年……〕

    N(名词):football(足球)〔+N,+可数,-生物,-抽象,+物体……〕

    V(动词):play(踢)〔+动作,+用脚触及客体,+主语是人,+宾语是物……〕

    V(动词):frighten(吓)〔+行为,+间接触及客体,+主语是人,+宾语是人……〕

可以想见,假设从词库调用的词语在进入深层结构前都先进行语义过滤,比如先选择某个动词,再根据该动词的语义特征选择符合要求的与之联系的名词,或者先选择某个名词,再根据该名词的语义特征选择符合要求的与之联系的动词,这就有可能保证只有符合语义特征选择限制的各种词语最终进入结构树形图中终端符号的位置。比如只能生成"男孩踢足球",不会生成"足球踢男孩"了。

再后面一个阶段,语法结构模型又改成了"在深层结构和表层结构共同进行语义解释"。

其实对语义的处理更大的问题来自"D结构假说"本身。根据该假说,语义解释只在深层结构进行,句法转换不影响语义。因此像"主动句—被动句"等句式变换以后,句子的意义应基本相同。这一说法应该说还是有一定道理的。看下面的例子:

(10)   a₁. John is easy to please.   (约翰很容易被讨好。)

    →a₂. It is easy to please John.   (很容易讨好约翰。)

    b₁. 我吃了点心。

→b₂. 点心我吃了。

→b₃. 点心被我吃了。

→b₄. 我把点心吃了。

上面(10)经过转换的句子的意义有没有改变呢？应该说其中确实有一种意义没有改变。如"讨好某人"或"某人吃某物"，这就是前面第五讲提到的"动词配价关系"，后来也叫"论元结构关系"，即"施事＋动作""动作＋客体"和"动作＋对象"等关系。这种动词和名词之间的语义关系在结构转换后当然没有改变，比如"吃"的"施事（动作发出者）"在转换前后始终是施事，"吃"的"受事（被吃的东西）"在转换前后始终是受事。但如果说这种语义关系只是所有语义中的一种，那么其他语义在转换前后就未必也不发生改变了。因为事实上即使是合格转换形式也并非不改变意义。有人就认为下面是一些转换改变语义的例子。比较：

(11) a. Einstein has visited Princeton. (爱因斯坦访问了普林斯顿大学。)

　　 b. Princeton has been visited by Einstein. (普林斯顿大学爱因斯坦访问过。)

(12) a. 乡亲们在水灾后又盖起来了新房子。

　　 b. 水灾后新房子又被乡亲们盖起来了。

(13) a. Not many arrows hit the target. (没有很多箭射中这个靶子。)

　　 b. Many arrows did not hit the target. (有些箭没有射中这个靶子。)

　　 c. The target was not hit by many arrows. (这个靶子没有被很多箭射中。)

(14) a. Everyone in this room knows two languages.

　　　(房间里的每个人都懂两种语言。)

　　 b. Two languages was known by everyone in this room.

　　　(有两种语言房间里的每个人都懂。)

(15) a. The sonata is easy to play on this violin. (这曲子很容易在钢琴上演奏。)

　　 b. This violin is easy to play the sonata on. (钢琴上很容易演奏这个曲子。)

(16)a. 李大夫用中草药给这位病人治好了胃病。

　　b. 这种中草药李大夫用它给病人治好了胃病。

　　c. 这位病人李大夫用中草药给他治好了胃病。

　　d. 这种胃病李大夫用中草药给病人治好了。

　　上面(11—12)主动句和被动句转换后,动词和名词的论元语义关系虽没有改变,但(11a)却是个错句,原因就在于"Einstein"(爱因斯坦)已经死了,所以不能用现在完成时主动式。(12)主被动句式虽都合格,但(12a)中"新房子"不一定是"所有的房子",而(12b)却一定指"所有的房子"。(13)三句中词语没有改变,但如果否定词出现的位置不同,仍可能改变全句的语义:(13a)是说"没有很多箭射中靶子",(13b)并不否认"有很多箭射中靶子",(13c)形式上是(13b)的被动式,但意义却相当于(13a)。(14)是英语量词位置及语序改变影响语义的例子:(14a)说"房间里的每个人都懂两种语言",但却不一定是懂相同的"两种语言",比如张三懂英语和汉语,李四懂汉语和日语等;而(14b)说"有两种语言房间里的每个人都懂",这"两种语言"却一定是指相同的两种语言。(15—16)是英语和汉语"话题句"的例子,虽然结构内某个成分充当话题而出现在句首并不改变这些名词跟动词的论元关系,比如不管出现在什么位置上,(15)中都是(某人)在"钢琴上"演奏"曲子",(16)中治病的人都是"李大夫",治的对象都是"病人",治的病都是"胃病",治病用的都是"中草药"。但是名词跑到句首却至少有一个作用,就是分别成为这句话谈论的"话题",从这个意义上说,这些句子转换后的语义当然也都改变了。

　　很显然,如果把所有这些语义差异都算作句子的语义问题,那就很难找到转换前后(即深层结构和表层结构)语义完全相同的结构了。而且如果要在深层结构解决所有的语义问题,那语义规则中要包括的东西就实在太多了。所以后来语法结构模型中放弃了"D结构假说",改为"深层结构和表层结构共同进行语义解释"。意思就是,除了上面(10)中动词和名词的论元语义关系仍然放在深层结构处理外,其余语义问题都放到表层结构来处理。根据这种意见修改后的语法结构模型(比如记作"C模型")可以表示为(17):

(17) C 模型:

最后,语法结构模型又修改为"由逻辑式处理必要的语义问题,放弃处理其余语义问题",也就是提出了"空语类"的语义解释作用。

上面(17)的 C 模型是把语义问题分成两类来处理。那么有没有办法只通过一个通道来处理语义问题呢? 要解决这个问题,唯一办法就是把深层结构的语义规则都移到表层结构来操作。正因为这一点才想到,既然深层结构只处理动词和名词的论元语义关系,那么只要想办法在转换后的表层结构中仍保留深层结构的形式,就不必非在深层结构来处理这种语义问题了。正是出于这种考虑才提出了可以在表层结构中建立"语迹"(trace)这样的概念。所谓"语迹"也就是名词移动后在原来位置上留下的痕迹。因为当深层结构构造完成后,实际上也就确定了动词(V)和相联系的名词(NP)的位置,而动词和名词间的论元语义关系,即所谓"施事—动作"和"动作—受事"等关系,就是由这种位置确定的;而经过转换后的表层结构,也就是这些名词(NP)离开原来的位置或者说经过"移位(movement)"形成的,如果在移位后原位置留下痕迹,那么当然也就可以通过表层结构"看到"或者说"保留"深层结构的形式了。"语迹"就是最早提出的一种严格意义的"空语类"的概念。看下面的例子(符号"t"表示"语迹",下标"i"表示语迹与移位成分的同指关系):

(18) 深层结构:

a₁.[s他看过这本书]

a₂.

```
        SP
       /  \
     NP    VP
     △    /  \
         V    NP
              △
     他  看(过)这本书
```

表层结构：

b₁.(这本书)[s他看(过)t]

b₂.

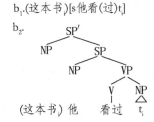

(这本书) 他　看过　tᵢ

(18b)虽然是表层结构,但由于留有"语迹",就不但保留了(18a)深层结构的形式(方括号内结构),而且当然也就可以把深层结构决定的动词和名词的论元语义关系放到表层结构来处理了。这种思路跟"D结构假说"比较就可以叫作"S结构假说"。应该说,提出"语迹"是S结构假说最主要的贡献,而保证深层结构的结构形式不变,并且对深层结构中动词和名词的论元语义关系做出解释,就是S结构假说建立"语迹"这种"空语类"的最重要的作用。

在这个基础上,语法结构模型也做出了一些调整。最主要就是另建立了一个"逻辑式(logical form)部分",用来专门处理句法结构中动词和名词的论元语义关系。显然要对论元结构进行充分语义解释,就要保证结构中各个NP成分不可缺少,这就必须考虑在NP位置不出现词语时"空语类"的作用。这样动词(V)和名词(包括实语类NP和空语类NP)的语义关系就成了语法结构模型需要处理的主要语义问题。至于其他所有的语义问题,则可以放到核心模式之外,比如建立"完全语义规则部分",但核心模型就不管了。这个语法结构模型(比如记作"D模型")可以表示为(19)：

(19)D模型： 词库 — 基础部分

　　　　　　　　　（S结构）

　　　　　　　 转换部分

语音规则 —（S结构）— 逻辑式 —— 其他语义规则
　　　　　　　　　　　　　　　　　　　完全语义表达

（语音表达式）　　　　　（语义表达式）

D模型(由于模型很像一个倒写的T字,所以又叫作"T模型")就是后来被广泛认可的反映语言生成机制的语法结构模型。(19)图形的中间部分(即句法、逻辑、语音三块)是模型的核心部分,又叫"计算系统";旁边加括号的部分(即词库、完全语义)是模型的外围部分,又叫"调节系统"。空语类研究就是在这个模型的基础上发展起来的。

6.2 是不是存在空语类和空语类的句法语义性质

前面说过建立"语迹"等空语类的目的主要就是通过保持基本句法结构形式在深层结构和表层结构都不变,从而对动词和名词的论元语义关系进行充分的语义解释。但话又说回来,"空语类"好像只是人们想出来的一种通过观察抽象句法结构各个成分位置的办法。那么"空语类"究竟只是"凭空"想出来的概念,还是客观的语言结构中确实存在的东西呢? 如果真的存在"空语类",那它究竟是一种什么样的东西呢? 这是需要进一步讨论的问题。

究竟是否存在"空语类",又怎么证明语言结构中存在"空语类"呢? "空语类"的特点就是"空(empty)"。既然"空",当然可以说原来就没有。比如"我吃了""吃了两个苹果",可以说其中缺少了什么或空出什么位置,也可以说其中并不缺少什么或没有空出任何位置。即使说这两句都可以补出或加上些词语,那也仅仅是"补出来"或者"加上去"的,因为如果要补要加的话,可能补出和加上的词语相当多,如果都是"空语类",那句子里的空语类就多得没有边儿了。更何况前面说结构语法理论不重视研究语言的意义,结构理论有一种说法是"语言结构成分只有语音形式,没有语义内容",而现在生成语法理论提出的"空语类"连语音形式都没有,即在物理上都不存在,那又怎么能证明它的"存在"呢?

这里关键的问题就是怎么看待空语类的"空"。就像数学中"0"也被看作是自然数一样,"空"也不能说就完全不具有客观现实性。这可以跟汉语普通话音节结构中的"零声母"现象相比较。"零声母"中"零"的意思也是"空",但实际上除了从系统性考虑可以认为汉语的每个音节都包括声母部分,所以"零"也是一种声母外,实际上还可以找到更直接的证据。语音实验就证明,汉语所有零声母音节的开头部分都存在轻微摩擦的半元音或喉塞音,而且在连续音节中这个部位的语音成分也有典型声母那样的音节间隔作用,这就可以证明零声母实际上也是客观存在的,而并非真正的"零"。

语言学家们也想了一些办法来证明"空语类"的客观存在。比如下面英语的"wanna"试验就证明"空语类"作为句法成分是存在的。比较下面的句子：

(20) a₁. Who do you want to see?　　　　（你希望见谁？）

　　 a₂. Who do you wanna see?　　　　　（你希望见谁？）

　　 b₁. Who do you want to see Bill?　　（你希望谁去见比尔？）

　　 b₂. * Who do you wanna see Bill?　　（你希望谁去见比尔？）

上面(20a)和(20b)中都包括"want to"这个动词短语。但有意思的是，(20a₂)中的"want to"可以连读成"wanna"，而(20b₂)却不能。这是什么原因呢？仔细分析就会发现，(20a)中的"who"（谁）是"see"（见）的对象，换句话说是从"see"的宾语位置移到句首的；而(20b)中的"who"却是"want"的客体，换句话说是从"want"的宾语位置移到句首的。这样似乎就可以得出结论："who"如果从句尾移出来，不会影响"want to"的连读合并；而如果从句中移出来，就会影响"want to"的连读合并。也就是说，虽然在(20)中都看不出来"want"和"to"中间有没有东西，但对于(20a)这样的句子，人们在心理上并不认为"want"和"to"中间原来有成分，所以才可以连读合并；而对于(20b)这样的句子，人们心理上就认为"want"和"to"中间原来有一个成分，这也就会阻止"want"和"to"的连读合并。既然语言结构中有这种看不见但又客观存在（至少心理上存在）的成分，就恰恰证明"语迹 t"是存在的。(20)的这种情况可以标记为(21)。比较（"t"表示语迹空语类）：

(21) a. Who$_i$ do you want to see（ t$_i$）?　　　　（你希望见谁？）

　　 b. Who$_i$ do you want（ t$_i$）to see Bill?　　（你希望谁去见比尔？）

上面是从句法上证明语言结构中存在空语类，下面的一个例子还可以证明空语类在语义解释上也有重要的作用，因而作为语义成分也是存在的。比较：

(22) a. John is too stubborn to talk to. （约翰太固执，以至于没人愿意跟他谈。）

　　 b. John is too stubborn to talk to him. （约翰太固执，以至于不愿意跟他谈。）

上面(22)两个句子的结构形式看上去差别很小，只是后一句后面多了个"him"（他）。但这可不能看作是省略，因为这两句话的意思很不一样。

（22a）是说"约翰太固执，以至于没人愿意跟他（约翰）谈"；（22b）却是说"约翰太固执，所以不愿意跟他（别人）谈"。这两个句子之所以会有这种区别的原因其实很清楚：因为（22a）中"John"是从句尾（talk to 后面）移来的，因此"talk to"后面一定有个"语迹 t"；而（22b）中的"John"却不是从句尾（talk to 后面）移来的，因为"talk to"后面另有词语"him"。也正因为如此，（22a）中"talk to"的对象就是由"语迹 t"代表的移位成分"John"，而（22b）中"talk to"的对象就是原来位置的"him"。如果不承认（22）两句"talk to"后面都有成分，而且一定是不同成分（其中一个是"语迹 t"），那就无法解释这两句中谈话对象的差异了。可见从语义上也可以证明至少语迹这样的空语类是肯定存在的。（22）的这种差别可以标记为（23）。比较：

(23) a. John$_i$ is too stubborn to talk to (t_i).

    b. John$_i$ is too stubborn to talk to him$_j$.

进一步说，其实（22）（23）不但证明了"语迹 t"的客观存在，还证明空语类实际上也有不同的类型。因为从道理上讲，既然上面两句中"talk to"后面一定有个"谈"的对象，而且可以证明其中一个是"语迹 t"代表的"John"，一个是"him"，那么当然就可以据此推论"talk to"前面虽然没出现词语，但在意义上也需要有一个"谈"的发出者。有意思的是，这两句中"talk to"的发出者也不是同一个人，即（22b）（23b）中是"约翰"，（22a）（23a）中是"别人"。这就恰恰可证明两句中"talk to"前面不但也有空语类成分，而且还在语义上各有各的所指。当然这种空语类跟"talk to"后面移位造成的"语迹 t"不同，是本来就在那里的，这种原位置存在的空语类可以叫作"隐含空语类"（记作"P"）。至于为什么"隐含 P"可以表示不同的人，则在于通常情况下"隐含 P"总是出现在从句中，因此在语义上的所指就需要受到句内某个非移位大主语名词的"控制"。比如（22b）（23b）中的谈话者受大主语"John"控制，所以是约翰；而（22a）（23a）中虽然句首也有大主语"John"，但由于是从"talk to"后面移来的，已经跟"语迹 t"同指，所以不能再控制"隐含 P"，这种失去控制的"隐含 P"就可以指别人，而且通常是任指，即指任何人。这也就是为什么两句中的谈话者一个是约翰，一个是别人（任何人）。（22）（23）中的这种差别可以进一步标记为（24）。比较：

(24) a. John$_i$ is too stubborn (P_k) to talk to (t_i).

b. John$_i$ is too stubborn（P$_i$）to talk to him$_j$.

汉语中也可以找到证明语言结构中存在某种空语类的例证。比如下面(25)中的两个词组看起来一样(至少读起来一样),但实际上可以有不同的意思。对这种现象的唯一解释就是结构中存在空语类,而且是不同的空语类。比较:

(25) a. 买菜的篮子 = 他买菜的篮子/(e)买菜的篮子

　　　b. 买菜的篮子 = 买菜的人的篮子/(t$_i$)买菜的(e$_i$)(的)篮子

上面的几组例子就是证明语言结构中存在空语类的经典例子。尽管这些例子中的空语类,包括"语迹 t"和"隐含 P",都没有语音形式,也就是都"看不见",但显然很难否认这些空语类都是客观存在的东西。退一步说,至少这些例子告诉我们,承认其中有空语类而且有不同类型的空语类,能够更好地说明这些句子在句法构造和语义表达上的差异,或者说这些结构和语义的差异其实就是由空语类决定的。

上面说语言结构中不但确实存在空语类,而且有不同类型的空语类,那么怎么才能确定空语类,以及怎样区别不同的空语类呢?对于英语等形态丰富的印欧语言来说,确定空语类还是比较简单的。因为从上面举的例子,大致上可以得出一个印象,所谓"空语类"其实就是指动词前后没有出现的主语名词和宾语名词。在印欧语中确定这种位置很简单,因为形态丰富的语言往往存在"主谓一致(N-V agreement)"关系和"动宾粘着(V-N bounded)"关系。既然像英语这样的语言的主语、宾语很容易确定,那当然空语类也就容易确定了,即当主语、宾语的位置没出现词语时,这个位置就是空语类。具体像英语中的空语类主要就是上面说过的两大类:一类是移位造成的"语迹 t",打个比方就是某人外出以后留出的空房子;另一类是隐含造成的"隐含 P"(正式名称是 PRO),打个比方就是有户口而没有人住的空房子。

英语中移位造成的"语迹 t"主要指动词后的宾语位置,也就是都是宾语名词向前移位造成的,所以是一种"宾语空语类"。当然对英语来说移位又有两种情况:一种是移到句子的最前面,如疑问句移位、话题句移位,这种移位留下的语迹又称作"WH 语迹";还有一种是移到句子的主语位置,如被动句移位,这种移位留下的语迹又称作"NP 语迹"。例如:

(26) a. Who_i did you see t_i?（你见到谁了？）　　——WH 语迹

　　　b. The house_i was sold t_i.（房子被卖了。）　　——NP 语迹

英语中隐含造成的"隐含 P"是一种"主语空语类"。英语限定动词的主语不能不出现（也不能省略），而非限定动词（不定式动词）前则不能出现主语名词，所以"隐含 P"主要就是不定动词前的主语位置。"隐含 P"也有两种情况：一种是其所指受到主句主语控制，称作"受控制 P"；还有一种是其所指不受主句成分控制，可称作"不受控制（任指）P"。例如：

(27) a. I_i try P_i to learn Japanese.（我将努力学日语。）——受控制 P

　　　b. P_j To learn Japanese is difficult.（学日语很难。）——不受控制 P

6.3　如何建立基础论元结构和确定不同类型空语类

跟上面讲的英语确定空语类相比，在汉语这样的语言中要确定空语类可能就比较复杂了。因为如果仍然说空语类就是没有出现词语的主语和宾语位置，那首先汉语中什么是主语、什么是宾语就很难确定。因为汉语的语法结构没有英语那种主谓一致关系和动宾粘着关系，宾语常常可以省略姑且不论，而可以出现在谓语动词前的名词不但有时可以换来换去，有时谓语动词前的名词可以有一大堆，而且所有的名词有时都可以没有介词之类的标记，这样一来哪个是真正的主语和宾语，或者说有几个主语位置和宾语位置当然就不好确定了。下面例子中到底哪个词语是主语或者可能有几个主语也许就说法不一。比较：

(28) a₁. <u>弟弟</u>吃了。

　　　a₂. <u>苹果</u>吃了。

　　　a₃. <u>苹果</u> <u>弟弟</u>吃了。

　　　b. <u>这件事</u> <u>我</u> <u>现在</u> <u>脑子里</u> <u>一点印象</u>也没有了。

所以要确定汉语的空语类，首先就得确定汉语的主语和宾语。换句话说就是必须先建立汉语动词的基本结构形式，即论元结构形式，根据基本结构才可能知道其中哪个位置是主语，哪个位置是宾语，并由此确定空语类的位置。有学者（沈阳,1994）提出可以采用以下（29）的操作原则来建立这种

基本结构:

> (29) 动词基本结构的分析程序:单个动词(V)的基本结构形式,由动
> 词与符合下列数量和位置条件限制的名词(NP)组成:
>
> 1. 预选 NP 原则:所有可能出现在结构中的名词性成分都是预
> 选 NP;
>
> 2. V 前 NP 原则:所有预选 NP 可以在 V 前无标记(unmarked)出
> 现,是 V 前 NP(主语);
>
> 3. V 后 NP 原则:所有预选 NP 可以在 V 后有位置(occupied)出
> 现,是 V 后 NP(宾语)。

"预选 NP 原则"的意思是,对于可以进入单个动词结构的 NP 先不作
语义类型的限制,也不管有没有介词引导,有一个算一个,并且可以考虑最
大可能的数量。比如下面同样由单个动词"洗"构成的结构,(30a)中没有
出现一个名词,(30b)中却有五个名词,那么后者的五个名词都可以先认为
具有"预选 NP"(即充当主语或宾语)的资格。比较:

> (30) a. 洗了。
>
> b. 昨天 他 在家里 用洗衣机 洗 衣服。

"V 前 NP 原则"的意思是,对于进入同一结构最大数量的预选 NP,其
中"必须"找出一个并且"只能"找出一个"V 前 NP",这就是"主语"。V 前
NP 的特点可以定义为该名词不但可以出现在动词前,而且不能加上介词
(表被动的"被、给"等除外)。比如下面的例子中动词前都只出现了一个名
词,但只有(31a)中的"他"符合 V 前 NP 条件(即不能加上介词),因此可确
定为主语;其余(31b—g)中的名词,或者已有介词,或者可以加上介词,因
此都不是主语。只不过这些出现在动词前的名词不是主语,并不意味着这
些结构就没有主语,因为在这些结构中实际上都可以再加上一个类似
(31a)中"他"那样的成分,说明这些结构一定还是有一个"V 前 NP"的位置
的。比较:

> (31) a. 他洗了那几件衣服。
>
> b₁. 在车站 碰到了朋友。
>
> b₂. 我(在车站)碰到了朋友。

c_1. 跟老李商量那件事。

c_2. 我(跟老李)商量那件事。

d_1. (在)昨晚看了一个电影。

d_2. 他(昨晚)看了一个电影。

e_1. (对)那事已没什么印象。

e_2. 我(对那事)已没什么印象。

f_1. (把)信寄走了。

f_2. 我(把信)寄走了。

g_1. (关于)那起事故已写了报告。

g_2. (关于那起事故)我们已经写了报告。

当然也不能因为(31)中确定的主语都是指人的名词,就认为汉语中只有指人的施事名词才能作主语。下面(32)中动词前的名词在语义上分别表示时间、处所和关涉对象,但同样符合 V 前 NP 的条件,所以也是主语。比较:

(32) a. 三年过去了。

b. 北京在中国的北方。

c. 那衣服值不少钱。

"V 后 NP 原则"包含两个意思:一是哪些语义类名词能进入 V 后 NP 位置,即可能有哪几种"宾语";二是 V 后能同时放下几个名词,即可能有几个"宾语位置"。

"哪些能进入"是说,把已确定的主语名词排除之后,所有预选 NP 中只要"能够"(不是"已经")出现在动词后,不管哪种语义类型,就都属于"V 后 NP",即"宾语"。比如下面例子中的各语义类名词都可以进入动词后,所以都可以看作是 V 后 NP 宾语。比较:

(33) a. 受事宾语:吃面条 / 洗衣服

b. 工具宾语:吃火锅 / 写毛笔

c. 结果宾语:包饺子 / 写文章

d. 目的宾语:考博士 / 排车票

e. 对象宾语:教孩子 / 送学校

f.方式宾语:吃快餐 / 存活期

g.处所宾语:去上海 / 放桌上

"能同时放下几个"是说,在考虑有多少不同语义类的名词能够进入 V 后的情况下,还得看动词后面能同时有几个宾语位置。为什么还要有这一条呢?因为在一般情况下汉语中能进入 V 后的名词数和 V 后能放下宾语的位置数是一致的。比如有的动词后一个名词也进不去,当然也就没有宾语位置,这就是无宾语动词(记作 V^1);有的动词后能进入一个名词,也只有一个宾语位置,这就是单宾语动词(记作 V^2);还有的动词后能同时进入两个名词,也就是有两个宾语位置,这就是双宾语动词(记作 V^3)。分别如(34)(35)(36):

(34) V^1 结构:

    a.孩子们在游泳。

    b.爸爸又咳嗽了。

    c.这些人醒悟了。

(35) V^2 结构:

    a.他洗了那几件衣服。

    b.他创造了新的纪录。

    c.工厂又扩充了设备。

(36) V^3 结构:

    a.他泼了小张 一身水。

    b.爸爸挂墙上 一幅画。

    c.老师送了我 一本书。

不过也有时汉语在同一动词结构中能进入 V 后的不同语义类的名词数就可能多于 V 后宾语的位置数,即根据"哪些能进入"原则找出的名词多,而根据"能同时放下几个"原则得到的位置少。这种情况是汉语动词结构特有的一种现象。对此可以有一种说法,即在这样的结构中可能只有一个宾语位置,却有多于一个语义类型的宾语名词;当然也可以换另一种说法,即在这样的结构中有多个宾语位置,只不过只有一个显性宾语位置,其余的是隐性宾语位置。正因为如此,这些多于宾语位置的宾语名词如果同时出现在一个结构中,就只有符合宾语位置数的宾语名词可以进入动词后位置(显性宾语位置),其余的宾语名词进不来(必须放在动词前)。这种结构可以叫作"单宾位置多系宾语(单宾多系)动词结构"。例如:

(37) a. 我浇了花(受事宾语)／我浇了水(材料宾语)／水浇了花／花浇了水

b. 我吃午饭(受事宾语)／我吃食堂(处所宾语)／午饭吃食堂／食堂吃午饭

因为上面说的"单宾多系动词结构"只对结构中宾语的数量有影响,对结构中宾语的位置(显性宾语位置)没有影响。因此根据上面三个原则,就可以建立起汉语的基本动词结构形式,也就是动词和名词(主语、宾语)组合构成的最小的抽象结构形式,可表示为(38):

(38) 汉语基本动词结构形式:

SP_1(无宾语结构):$[NP_1 \quad V^1]$

SP_2(单宾语结构):$[NP_1 \quad V^2 \quad NP_2]$

SP_3(双宾语结构):$[NP_1 \quad V^3 \quad NP_2 \quad NP_3]$

有了(38)这种汉语抽象动词结构形式,当然也就可以比较严格地确定汉语动词结构中的空语类了。因为同样可以说,汉语的空语类就是在动词抽象结构规定的 NP 位置(即主语或宾语位置)没有出现词语的情况。也可以说只要结构中看到有动词(不管充当什么句法成分),根据动词抽象结构形式就可以认定该动词结构存在相应的 NP 位置,如果在这些位置上没有出现符合前述 V 前 NP 或 V 后 NP 条件的词语,就表现为空语类。

比如根据动词抽象结构,已知动词"洗"是 V^2,也就是前面和后面各有一个 NP 位置,那么当然下面(39)方括号标示的"洗"的结构中该 NP 位置没有出现词语,就可以认定存在空语类了。比较(暂时把所有空语类位置都记作"e"):

(39) a. [s 他洗了 e]

b. [s e 洗了 e]

c. [s(那几件衣服)他洗了 e]

d. [s 他(把那几件衣服)洗了 e]

e. (他打算)[s e 洗那几件衣服]

f. (父母嘱咐他)[s e 洗那几件衣服]

汉语的空语类当然也应该有不同的类型。不过就像无法跟英语一样根据主谓一致关系和动宾黏着关系确定空语类,汉语空语类的分类也必须要有不同的标准。比如上面(39)中的空语类虽然都是"空",但"空"的特点却不相同,或者说造成"空"的原因不相同。其中(39a—b)中 V 前后 NP 位置(即主语、宾语位置)是部分或全部临时没有出现词语;(39c—d)中 V 后 NP 位置(即宾语位置)也没有出现词语,不过属于这个位置的词语是移动到结构中其他位置上去了;(39e—f)中 V 前 NP 位置(即主语位置)没有词语,不过这个位置的词语既不是临时没有出现,也没有移到别处去,而是根本不能出现(更大结构中语义所指相同的成分是另一个动词的 NP,与最小结构内"洗"的 V 前 NP 无关)。这样,就可以根据这些不同特点把汉语的空语类分作三大类:

像(39a—b)中的空语类可以叫作"省略型空语类",记作"省略 e"。其特点:一是某个可以充当 V 前 NP 或 V 后 NP 的词语没有在主语、宾语位置出现,也没有在结构内其他位置出现;二是相关词语却可能进入这个空位置,即可以"补出来"。所以"省略 e"是一种句法上自由的空语类。像(39c—d)中的空语类可以叫作"移位型空语类",记作"语迹 t"。其特点:一是某个可以充当 V 前 NP 或 V 后 NP 的词语没有在主语、宾语位置出现,但是这个词语移位到结构中其他位置;二是这个词语的原来位置不能补出相同的有形词语。"语迹 t"有时是句法自由的(因为可以移回原位),有时又是句法强制的(受到结构限制不能移回原位)。像(39e—f)中的空语类可以叫作"隐含型空语类",记作"隐含 P"。其特点:一是某个可以充当 V 前 NP 或 V 后 NP 的词语没有在主语、宾语位置出现,也没有在结构内其他位置出现;二是这个词语的原来位置永远不能补出相同的有形词语。其中第一条跟"省略 e"类似,区别于"语迹 t";第二条跟"语迹 t"类似,区别于"省略 e"。"隐含 P"跟结构内任何成分都没有句法上的联系,因此一定是句法强制的。这样上面(39)就可以重新标注为(40)(其中的下标只表示语义所指):

(40) a. [$_s$ 他$_i$ 洗了 e$_j$]

b. [$_s$ E$_i$ 洗了 e$_j$]

c. [$_s$（那几件衣服$_j$）他$_i$ 洗了 t$_j$]

d. [$_s$ 他$_i$（把那几件衣服$_j$）洗了 t$_j$]

e.（他$_i$ 打算）[$_s$ P$_i$ 洗那几件衣服$_j$]

f.（父母$_i$ 嘱咐他$_j$）[$_s$ P$_j$ 洗那几件衣服$_k$]

把汉语的空语类分成上面说的三类，一方面跟英语等印欧语中的空语类有一致的地方，比如都有移位造成的"语迹 t"和隐含造成的"隐含 P"；但也有不太一样的地方，比如汉语的"隐含 P"就不是根据非限定动词来确定的，原因在于汉语根本就没有限定和非限定动词之分，所以不得不采取"永远无法补出词语"这样的变通标准，而汉语之所以增加"省略 e"这一类，就是因为英语等语言的主语、宾语都不能省略，而汉语的主语、宾语却常常可以自由不出现，由于空语类的性质就是可以确定的主语或宾语位置不出现有形词语，那当然就不能不算上这种情况了。

6.4 空语类与"语法同构分析"和"成分提取分析"

建立了汉语的"空语类"，而且区分了汉语不同类型的"空语类"，那接下来要讨论的问题就是，空语类到底在汉语语法研究中有什么样的用处。由于空语类中像"移位、隐含"等，本书后面还有专门章节讨论，这一讲里只举几个空语类具有的普遍性作用的例子来谈。

先说说空语类与"语法同构分析"问题。

前面说建立空语类的基本作用有两条：一是保证句法结构的最大一致性，即通过空语类可以保证相同的动词都具有相同的深层结构形式，以便进行句法构造分析；二是保证语义解释的最大一致性，即通过空语类可以保证结构中每个 NP 位置始终都有成分，以便进行论元语义关系解释。这两点都体现在汉语的"语法同构分析"中。

所谓"语法同构"问题，就是如何判断两个结构的句法形式是否相同以及两个结构的基本语义关系是否相同这样的问题。"语法同构"是有不同层面标准的。比如说"吃面包"和"穿衣服"是同构，大家可能容易理解；但说"快走"和"好书"也是同构,大家可能就不容易理解。其实这两组都可以算作同构,只不过采用的标准不同罢了。比如说前两个词组都是"动宾",而且动词和名词的语义关系也一致,因此就是"狭义的同构";而后两个词组因为都可以叫作"偏正",所以也是同构,但毕竟内部的小类不同(分别是"状中偏正"和"定中偏正"),而且成分的语义关系也没有共同点,所以就只能算是"广义的同构"。

采用空语类分析,就可以建立更加严格和更加系统的"同构"概念。比如按照结构语法的层次分析,下面(41)中各例应该是"同构"的,因为动词相同,而且都是"主谓结构";而(42)中各例应该是"异构"(不同构)的,因为虽然动词相同,但至少看上去有的是"主谓",有的是"动宾",还有的是"主主谓",还有的是"动宾宾"。比较:

(41)a.小李去过了。

    b.去年去过了。

    c.北京去过了。

(42)a.客人来了。   b.来客人了。

    c.客人来家里了。   d.家里来客人了。

    e.家里客人来了。   f.来家里位客人。

其实说上面句子是"同构"或"异构"就只是一种基于层次同构层面的分析,并不是一种严格的同构或异构分析。因为实际上凭直觉就可感觉到,把(41)这样的结构看作是"同构",其实它们的结构并不严格相同,而且在基本意义(即论元语义关系)上的差别也很大;而把(42)这样的结构看作"异构",其实它们的结构有密切联系,而且在基本意义(即论元语义关系)上又没多大差别。如果要在同构分析中把这种相异和相同之处都体现出来,那就必须引入"空语类"的概念。

比如一种情况是可以借助空语类建立"扩展同构"的分析。因为假定已知"来、去"都是 V^2(即单宾动词),其基本结构形式和动词名词的语义关系可以表示为"[s NP$_{1主体}$ V^2(来/去)NP$_{2处所}$]",那么显然(41)就不是这种基本结构形式和基本语义关系的"同构",因为在基本结构规定的有些 V 前或 V 后 NP 位置上并没有出现符合条件的词语。这样如果还要说(41)是同构,那就只能说彼此是基本结构形式的"扩展同构",也就是说得承认结构中有些 NP 位置上没有出现词语,出现了的词语又可能不是 NP 位置成分。"扩展同构"就是加进了空语类(主要是"省略 e")的同构。比较(41)"层次同构"和下面(43)"扩展同构":

(43)a_1. 小李去过了   ← a_2. [s 小李 去过了 e]

      b_1. 去年去过了   ← b_2. [s(去年)e 去过了 e]

      c_1. 北京去过了   ← c_2. [s(北京)e 去过了 t]

再如一种情况是可以借助空语类建立"变换同构"的分析。同样假定已知"来、去"都是 V^2(即单宾动词),其基本结构形式和动词名词的语义关系可以表示为"[s $NP_{1主体}$ V^2(来/去) $NP_{2处所}$]",那么显然(42)也就不能简单地说是"异构(不同构)"了,因为其中无非只是基本结构规定的 NP 位置上的有些词语跑到其他位置上去罢了。这样当然就可以说(42)仍然是同构,只不过是基本结构形式基础上的一种"变换同构",也就是说得承认结构中有些 NP 位置的词语移动了位置。"变换同构"就是加进了空语类(主要是"移位 t")的同构。比较(42)的"层次异构"和下面(44)的"变换同构":

(44)a_1. 客人来了   ← a_2. [s 客人 来 e 了]

      b_1. 来客人了   ← b_2. [s t 来(客人)了]

      c_1. 客人来家里了   ← c_2. [s 客人 来家里了]

      d_1. 家里来客人了   ← d_2. [s(家里)t 来(客人)t 了]

      e_1. 家里客人来了   ← e_2. [s(家里)客人 来 t 了]

      f_1. 来家里位客人   ← f_2. [s t 来家里(位客人)]

再说说空语类与"成分提取分析"问题。

前面第五讲已讨论过汉语的"的字结构"。假如用变量符号"X"表示所有可能出现在"的"前的成分,又可以叫作"X 的词组"。"X 的"常常可以作定语去修饰另一个名词,但有时也可以独立使用(如直接作结构的主语或宾语),并且在功能和意义上就相当于一个名词性成分。比较下面由动词性"X"构成的"X 的"的例子:

(45)a_1. 他开的车出过事故。 a_2. 他开的(＝车)出过事故。

b_1. 开车的人今天休息。　　b_2. 开车的(= 人)今天休息。

c_1. 看的人比开的人还多。　　c_2. 看的人比开的(= 人)还多。

但也有的时候,"X 的"只能作定语修饰另一个名词,本身却不大能独立使用。例如:

(46) a_1. 他开车的技术数一数二。　　a_2. *他开车的(= 技术)数一数二。

　　　b_1. 他开车的路线比较灵活。　　b_2. *他开车的(= 路线)比较灵活。

　　　c_1. 他开车的支出一般不高。　　c_2. *他开车的(= 支出)一般不高。

那么是什么原因造成(45)和(46)中"X 的"用法的这种区别,也就是为什么有时"X 的"可以相当于名词独立使用,有时却又不行呢? 前面第五讲已说过,上例中的 X 实际上原本都可以看作是一个基本结构,即"他开车"。这样,如果作定语的 X 中缺少一个名词成分,即其中主语或宾语位置上有空位,"X 的"就不但可以修饰这个空位名词,而且还可以独立使用,并指称这个空位的成分;反之如果 X 中不缺少任何名词成分,即其中主语和宾语位置上都没有空位,"X 的"就只能去修饰其他某个名词,而且也就失去了独立使用和指称名词的作用。语法上一般把可独立使用并有指称作用的"X 的"叫作"转指 X 的",把不能独立使用并且没有指称作用的"X 的"叫作"自指 X 的"。而其中在构造"转指 X 的"时先让 X 中出现空位,再使"X 的"修饰或指称原来在这个空位的名词的语法操作过程,就叫作"成分提取(extraction)"。用术语表述,"成分提取"就是"从 X(VP) 中抽出一个带有 NP 空位的 X(VP)′,而 X(VP)′与 X(VP)的区别就在于使得 X(VP)至少要比 X(VP)′多包含一个 NP"。

说到这里就已经很清楚,所谓"成分提取",其实就是要在"转指 X 的"的 X 中"提取"出一个主语或宾语名词和造成一个名词空位,这个"空位"就是空语类。这样就可以说,X 中发生了"提取",也就是有空语类,就可以构成"转指 X 的"。当然从一个方面看,如果 X 中提取的空位超过 1 个,也就是有多于 1 个空语类,就会造成"X 的"有多种转指(即产生歧义)的可能;而从另一个方面看,如果 X 中没有发生提取,也就是没有空语类,那就只能是起修饰作用而不能起独立指称作用的"自指 X 的"。据此上面(45—46)就可以更严格地标记为下面(47—48)的形式(提取空位暂用横线表示):

(47) a₁. [s 他开__(的)] 车　　　　a₂. [s 他开__(的)] (= 车)

　　 b₁. [s __开车(的)] 人　　　　b₂. [s __开车(的)] (= 人)

　　 c₁. [s __开__(的)] 人　　　　c₂. [s __开__(的)] (= 人/车)

(48) a₁. [s 他开车(的)] 技术　　　a₂. [s 他开车(的)] (≠ 技术)

　　 b₁. [s 他开车(的)] 路线　　　b₂. [s 他开车(的)] (≠ 路线)

　　 c₁. [s 他开车(的)] 支出　　　c₂. [s 他开车(的)] (≠ 支出)

不过汉语的转指"的字结构"或者说"成分提取"还会出现一种比较特殊的现象，即有时候虽然看起来"X 的"的 X 中主宾语齐全，看不出 X 有空位，但整个"X 的"仍然可以独立使用和指称名词。例如：

(49) a. 你先搬<u>他捆了绳子的</u>(箱子)。

　　 b. <u>我没浇过水的</u>(花儿)都死了。

　　 c. <u>孩子考上大学的</u>(家长们)留下。

　　 d. <u>自己开火做饭的</u>(年轻人)挺多。

(49) 中画横线的"X 的"中的 X 都是主宾齐全的主谓结构，也就是看起来 X 中并没有发生成分提取或者并没有空语类。按照前面的分析，这样的"X 的"原本应该是"自指 X 的"，即不能独立使用和指称名词，可是 (49) 却是"X 的"的转指用法。这是什么道理呢？其实这就要用到前面说过的汉语确定空语类的定义。因为汉语的空语类并不是根据显性的主语和宾语确定的，而是根据"建立汉语基本动词结构的三个原则"确定的，也就是说完全有可能虽然在结构中显性主语宾语位置都有词语，但仍然存在 NP 位置。比如像 (49a/b) 中的 X 就是前面说过的某种"单宾多系动词结构"，即这种动词结构中可能占据宾语位置的名词类型要多于动词后的宾语位置，或者说即使动词后出现了一个显性宾语，仍然可能存在另一个隐性的宾语位置。这一点很容易证明，因为存在"捆箱子(V + 受事)/捆绳子(V + 工具)""浇花(V + 受事)/浇水(V + 材料)"这样的用法。这样当然就可以说，这种结构充当"X 的"中的 X，即使主宾语齐全，仍然可能是提取了一个隐性的多系宾语，也就是仍然存在空语类。(49c/d) 又是另一种情况，尽管这种结构中的动词不是单宾多系动词，可是这种结构中一定有一个名词是组合名词，如"孩子"和"自己"，即这种名词在语义上一定需要一个相关成分，在句法上也可以说一定支配一个连带成分(这也就是前面第五讲说的名词的配价)。如"孩子"必须能与领有名词构成领属性组合名词(某人的孩子),"自己"必须能与同位名词构成照应性组合名词(某人自己)。这样或许就可以说,这种结构充当"X的"中的X,即使主宾语齐全,仍然可能提取组合名词的一部分,并且存在特殊的空语类。所以(49)这些例子不但不是X中成分提取和存在空语类的反例,恰恰再次证明了转指"X的"结构中肯定都要发生"成分提取",也都必须存在空语类,只不过提取NP和存在空语类的情况比较特殊罢了。

主要参考文献:

范继淹(1979)"的"字短语代替名词的语义规则,《中国语文通讯》第3期。

范 晓(1991)动词的价分类,《语法研究与探索(5)》,语文出版社。

方 立(1993)《美国理论语言学研究》,北京语言文化大学出版社。

古川裕(1989)"的S"及其所修饰的名词,《语言教学与研究》第1期。

顾 阳(1994)论元结构理论介绍,《国外语言学》第1期。

郭 锐(1999)表述功能的转化的"的"字的作用,《当代语言学》第1期。

黄 衍(1992)汉语的空范畴,《中国语文》第5期。

李临定(1988)《汉语比较变换语法》,中国社会科学出版社。

李临定(1990)《现代汉语动词》,中国社会科学出版社。

廖秋忠(1984)现代汉语中动词的支配成分的省略,《中国语文》第4期。

陆俭明(1983)"的"字结构和"所"字结构,《语法研究和探索(1)》,北京大学出版社。

陆俭明(1991a)现代汉语不及物动词之管见,《语法研究和探索(5)》,语文出版社。

陆俭明(1991b)现代汉语句法里的事物化指代现象,《语言研究》第1期。

陆俭明(1993)《现代汉语句法论》,商务印书馆。

陆俭明(1994)《80年代中国语法研究》,商务印书馆。

吕叔湘(1979)《汉语语法分析问题》,商务印书馆。

吕叔湘(1986)汉语句法的灵活性,《中国语文》第1期。

马庆株(1983)现代汉语的双宾语构造,《语言学论丛》第10辑,商务印书馆。

沈家煊(1999)转指和转喻,《当代语言学》第1期。

沈 阳(1994a)《现代汉语空语类研究》,山东教育出版社。

沈 阳(1994b)动词的句位和句位变体结构中的空语类,《中国语文》第2期。

沈　阳(1996)汉语句法结构中名词短语部分成分移位现象初探,《语言教学与研究》第 1 期。

沈　阳(1997)动词的题元结构与动词短语的同构分析,《世界汉语教学》第 4 期。

沈　阳(主编 2000)《配价理论与汉语语法研究》,语文出版社。

沈阳、何元建、顾阳(2001)《生成语法理论与汉语语法研究》,黑龙江教育出版社。

石定栩(1998)从"的"字结构看句法同语境和语用的关系,《语法研究与探索(10)》,商务印书馆。

石定栩(2002)《乔姆斯基的形式句法》,北京语言文化大学出版社。

宋国明(1997)《句法理论概要》,中国社会科学出版社。

吴为章(1982)单向动词及其句型,《中国语文》第 5 期。

吴为章(1993)动词的"向"札记,《中国语文》第 3 期。

邢福义(1995)小句中枢说,《中国语文》第 6 期。

徐烈炯(1988)《生成语法理论》,上海外语教育出版社。

徐烈炯(1990/1995)《语义学》,语文出版社。

徐烈炯(1991)汉语宾语从句中的空位主语,《中国语言文学研究的现代思考》,复旦大学出版社。

徐烈炯(1992)汉语语义研究的空白地带,《中国语文》第 5 期。

徐烈炯(1994)与空语类有关的一些汉语语法现象,《中国语文》第 5 期。

徐烈炯(主编 1999)《共性与个性——汉语语言学中的争议》,北京语言文化大学出版社。

徐烈炯、沈阳(1998)题元理论与汉语配价问题,《当代语言学》第 3 期。

徐　杰(2001)《普遍语法原则与汉语语法现象》,北京大学出版社。

袁毓林(1995)谓词隐含及其句法后果,《中国语文》第 4 期。

袁毓林(1999)句法空位和成分提取,《语法研究入门》(吕叔湘等著),商务印书馆。

赵世开(1986)语言结构中的虚范畴,《中国语文》第 1 期。

周国光(1997)工具格在汉语句法结构中的地位,《中国语文》第 3 期。

中国社会科学院语言研究所(1987)《句型和动词》,语文出版社。

朱德熙(1962)论句法结构,《中国语文》8—9 月号。

朱德熙(1978)"的"字结构和判断句,《中国语文》第 1—2 期。

朱德熙(1980)《现代汉语语法研究》,商务印书馆。

朱德熙(1982)《语法讲义》,商务印书馆。

朱德熙(1983)自指和转指——汉语名词化标记"的,者,所,之"的语法功能和语义

　　功能,《方言》第 1 期。

朱德熙(1985)《语法答问》,商务印书馆。

朱德熙(1990)《语法丛稿》,上海教育出版社。

Chomsky, N. (邢公畹等译 1979)《句法结构》,中国社会科学出版社。

Chomsky, N. (黄长著等译 1986)《句法理论的若干问题》,中国社会科学出版社。

Chomsky, N. (周流溪等译 1993)《支配和约束论集》,中国社会科学出版社。

Fillmore, C. J. (胡明扬译 1968)"格"辨,《语言学译丛》第 2 辑。

第七讲

移位理论与成分移位分析

7.1 "移位"与"易位""倒装"的区别

前面第六讲提到有一类空语类（语迹 t）是由句法成分的移位造成的，可见"移位"也是一种重要的语法手段。但说语法成分发生了"移位（movement）"，顾名思义当然是相对于某"原型结构"中某些成分的"原始位置"而言的，没有原型结构的原始位置，也就无所谓"移位"。比如假定认为"我吃过晚饭了"和"晚饭我吃过了"本来就是两个不同的结构（层次分析就是这样），那就不好说有哪个成分发生了移位。只有承认"我吃过晚饭了"和"晚饭我吃过了"中有一个是原型结构，才能说另一个结构中的某个成分发生了移位。

那么什么是"原型结构"呢？前面第六讲已经讨论过，各类动词都可以建立起一种基本的结构形式，比如根据"建立汉语动词基本结构的三原则"，就可以得到汉语动词的三种"基本结构"。这些基本结构形式就可以看作是汉语动词的"原型结构"。例如：

(1) a. 那只羊跑了。　　　　SP$_1$（无宾语结构）：[$_S$ NP$_1$　V^1]

b. 邻居杀了一只羊。　SP$_2$（单宾语结构）：[$_S$ NP$_1$　V^2　NP$_2$]

c. 老乡送了我一只羊。SP$_3$（双宾语结构）：[$_S$ NP$_1$　V^3　NP$_2$　NP$_3$]

这样就可以说，只要本来应该出现在原型结构中某个位置的成分（即论元性名词成分）离开原来位置跑到结构中其他位置上去了，就是"移位"。比如下面(2)就可以看作是(1)中某些成分发生了移位的结构形式。如果把该成分原来的位置看作留有"语迹"（用"t"表示），用圆括号表示移位的成分（语法上称为"先行词［antecedent］"），并用下标符号"i／j／k"表示"语迹 t"与移位成分的所指关系，(2)各句的移位变化就可以表示为：

(2)a. <u>跑了</u>一只羊。　　　　　[s　t_i　V^1　（NP_{1i}）]

　　b. <u>那只羊</u>被邻居杀了。　　[s（NP_{2i}）　NP_1　V^2　t_i]

　　c. 老乡把<u>那只羊</u>送我了。　[s NP_1　（NP_{3i}）　V^3　NP_2　t_i]

(1)和(2)比较，显而易见就是名词词组"那只羊/一只羊"在结构中发生了移位。比如(2a)是从原来动词前的主语位置移到动词后的宾语位置；(2b)是从动词后的宾语位置移到动词前的主语位置；(2c)是从动词后的远宾语位置移到动词前主语后面的状语位置（至于名词词组在移位前后有"那只羊"和"一只羊"的差别，这是名词成分在语义指称上"定指"和"不定指"的区别，这种变化不影响这个名词成分作为原型结构中的成分还是发生了移位）。

不过这样看起来，似乎"移位"跟有些语法书上说的"易位"和"倒装"差不多；对于没有学过语法分析的人，更可能认为这些不同的说法大概就是一回事。其实"移位"跟"易位""倒装"比起来虽然有些相同之处，但本质上还是很不一样的概念。

"移位"跟"易位"的区别主要表现为："易位"后的成分不再能分析为这个结构的成分，因此只是一种话语平面上的成分移动；而"移位"后的成分却一定可以充当这个结构的句法成分，因此是一种句法平面上的成分移位。如前面(2)各句就分别构成"动宾句""被字句"和"把字句"。下面(3)左侧例句只是典型的"易位句"的例子，因为这些结构都不能再像一般结构那样进行层次分析（即易位成分不能分析为主语、宾语、状语、补语等，这些结构也不算某种特定句式），原因就在于这种"易位"是话语中临时追加或补正造成的。比较：

(3)a_1. 太美了，这地方！　　　（← a_2. 这地方太美了！）

　　b_1. 到家了吧，他大概？　　（← b_2. 他大概到家了吧。）

　　c_1. 我们先去上海，打算。　（← c_2. 我们打算先去上海。）

　　d_1. 肚子都疼了，大伙儿笑得。（← d_2. 大伙儿笑得肚子都疼了。）

　　"移位"跟"倒装"的区别则主要表现为："倒装"虽然也是一种"移位"，不过"倒装"必须有一个显性的原位置，通俗地说就是"回得去"。从这个意义上说上面（2）其实也是一种"倒装"结构，或者不妨说"倒装"只是"移位"的一种，即"自由移位"。但"移位"并不限于"回得去"的情况，还包括"回不去"的情况，或者说既包括原来位置是"显性位置"的情况，也包括原来位置是"隐性位置"的情况，后者就可叫作"强制移位"。说到底"倒装"只是表层结构和表层结构之间成分位置的一种变化，所以"原位置"是"看得见"的；而"移位"却是深层结构和表层结构之间成分的位置变化，有时（比如受到复杂结构的限制而造成某些成分移位时）移位成分的"原位置"可能是"看不见"的。但"移位成分"的"原位置"，即根据动词基本结构确定的该成分的位置，却始终存在。所以下面（4）并不是"倒装"，但却仍然有"移位"，即其中有个名词（画线成分）是受到结构限制而"强制移位"了。比较：

　　（4）a₁. <u>绳子</u>我捆了箱子了。［s（绳子）我捆 t（S）］

　　　　（← a₂. 我捆<u>绳子</u> +（我）捆箱子）

　　　　b₁. 我把<u>衣服</u>洗干净了。［s 我（衣服）洗 t（S）］

　　　　（← b₂. 我洗<u>衣服</u> +（衣服）干净了）

　　　　c1. <u>道理</u>你说得不清楚。［s（道理）你说 t（S）］

　　　　（← c₂. 你说<u>道理</u> +（道理）不清楚）

　　此外上一讲说过，"移位"实际上是跟"语迹 t"空语类相对应的，"语迹 t"主要是指原型结构中的论元 NP 成分（主语、宾语）的位置，"移位"当然就是指这些位置的成分的移动。但"易位"或"倒装"虽然也可以是名词性成分的位置变化，但更多的还是非名词性成分（如状语、补语等成分）的位置变化，而不限于论元 NP 成分，这一点也不同于"移位"。

7.2　"转换规则""移位规则"和"移位限制规则"

　　前面第六讲里讨论过，当代生成语法理论的"语法结构模型"中有"转换部分"和"转换规则（TR）"。运用转换规则的目的就是在基础部分生成"深层结构"的基础上形成各种"表层结构"，即各种具体使用的句式。"移位"就是转换规则中的一种。"移位规则"的研究也经历了理论认识和具体操作上的一些转变,大体上说,一个转变是从"转换规则"到"移位规则",另一个转变是从"移位规则"到"移位限制规则"。

先说说从"转换规则"到"移位规则"。

最初的"转换规则"当然并不限于"移位"这一种形式,因为所有在构造表层结构过程中需要的操作手段都可以看作是转换规则。比如(5)就都是"转换规则"的主要形式:

(5)"转换规则"的主要形式:

  a. XY→YX 转换   b. XY→X 转换

  c. X→XY 转换   d. X→X′转换

(5a)"XY→YX 转换",这就是成分的"移位"形式。汉语话题句(又叫主谓谓语句)就都是由主谓结构中某个成分移至句首位置构成的,例如"我认识这个人→这个人我认识"(宾语前移),"我们一定能克服这个困难→这个困难我们一定能克服它"(宾语前移,代词复指),"我在这间屋子堆东西→这间屋子我堆东西"(处所状语中的介词宾语前移)。英语的疑问句都必须把所问的主谓结构中的某个成分变成疑问词并前移至句首,例如"I know this person(我认识这个人)→Who do you know(你认识谁)"。这些就都是成分的移位构成的。(5b)"XY→X 转换",这是成分的"删略"形式。很多语言中的祈使句都不需说出主语,例如英语"sit down"(坐下)、汉语"进来""休息休息",这些都是成分的删略构成的。(5c)"X→XY 转换",这是成分的"添加"形式。英语构造疑问句,在原来的结构前还要添加一个助动词,如上面"Who do you know"(你认识谁)中的"do",再如英语"'There be X'存在句式"就是在一个句子前面添加上"there be"。汉语疑问句常常需要在主谓句后面加上语气词,如"你去上海→你去上海吗 / 谁去上海呢"。这些都是成分的添加构成的。(5d)"X→X′转换",这是成分的"替换"形式。英语和汉语的疑问句都需要把所问的成分替换成疑问词,如上面例子中"this person(这个人)→who(谁)"和"你→谁",再如汉语疑问句"你去上海→你去不去上海"中的"去→去不去",这些都是成分的替换构成的。

但换一个角度看,在上述所有转换规则中,"移位"又显然是最重要的一种转换形式,甚至可以说是全部转换规则的核心规则。比如上面提到的汉语和英语的话题句、被动句、存在句,以及英语的疑问句和汉语的"把字句"等,都首先要涉及句法成分的移位。而其他诸如"添加""删略"等操作则是移位过程中连带使用的一些附属规则。正因为如此,后来生成语法理论就干脆把语法模型中的转换规则都叫作"移位规则",或者说"转换部分"中只需剩下"移位规则"就够了。

再说说从"移位规则"到"移位限制规则"。

语言成分的顺序可以变动,语法成分的位置可以移动,这其实几乎是一种常识。因为连小学生可能都知道,要把英语和汉语的主动句式变成被动句式,就是让原来的受事宾语移到句首,让原来的施事主语离开主语位置并移到介词(英语是"by",汉语是"被")的后面整个去充当状语。但是,要作为一种可以严格操作的规则真正说清楚语法成分具体应该怎么移位,即要在语法模型中建立严格和系统的移位规则,可能就不那么容易了。因为除开移位规则可能太多,也太琐碎,更重要的是按照"怎么移位"建立起来的移位规则很可能还不管用,甚至不正确。

举一个简单的例子,比如几乎所有的英语语法书和英语教师都会说:"英语中构造疑问句就是把所要问的那个词语变成疑问词,再把这个疑问词移位到句首。"但实际上这一条最基本的规则就不一定是正确的。下面按照这种规则构造出来的一个疑问句就不成立。比较:

(6) a. He can read the book which criticizes John. (他能读得懂批评约翰的书。)

→ b. *Who can he read the book which criticizes? (他能读得懂批评谁的书?)

(6b)就是按照上面说的规则把(6a)句中的一个名词 John 移到了句首变成"who"(假定这句话要问的就是"约翰"是"谁"),可是这样造出来的疑问句却不合格。英语教师或语法书上出的练习题当然会有意避免这类句子,或者认为反正没人这么说就不提它了。可是存在这种情况毕竟说明现在的这条规则有漏洞。

那么怎么去堵上这条规则的漏洞呢? 比如要是追问下去,为什么这个句子的移位不对? 可能会听到这样几种回答:一是约定俗成,大家都不这么说;二是意思不通,所以不能有这种句子;三是结构复杂,移位要受到限制;

四是定语从句中的成分不能提问。第一种答案显然不能令人信服,类似的句子可以说是无穷无尽的,怎么约定,怎么俗成?第二种说法道理也不充分,这个句子意思很清楚,而且翻译成汉语还是合格的句子,可见问题不在于句子的意思,而在于句法形式。第三种说法也说不过去,因为即使结构再复杂一点也还是可以移位和构成疑问句的,比如下面是包含三层从句的结构,同样可以通过移位构造疑问句。比较:

(7) a. I remember she said she could read this book.

（我记得她说过她能读懂这本书。）

→ b. Which book do you remember she said she could read? （你记得她说过她能读懂哪本书?）

恐怕只有第四种解释才有点道理,但问题在于很可能不光是定语从句有这样的移位限制,其他很多结构也有这样的限制。正是由于意识到以往语法研究建立的移位规则对像上面第四种意见说的这一类限制条件注意得很少,所以后来语法学家才又想到,或许与其花费很大精力去研究那些复杂琐碎的甚至不一定管用的"移位规则",不如更多地研究"移位限制规则",也就是不如把移位研究重点从"怎样移位"转变为"怎样不能移位"。这其中最主要的就是提出了更加明确的对"WH 移位(即名词移位到句首)"的限制条件。

比如一个就是"复合名词结构限制(Complex NP Constraint)"。意思就是一个句子结构作一个名词的定语或同位语时,这个句子结构中的任何成分都不能移出来。下面(8)(9)是英语和汉语"关系化移位"。(8)中"that man"处在一个定语从句中,移位后结构就不合格;(9)说明汉语定语从句中的成分也不能做"话题化移位"。根据这种情况就可以建立"复合名词结构"的移位限制规则,用图形表示就是(10)。比较:

(8) a. I read a book [which was about that man]. (我读过关于那个男人的一本书。)

→ b. *The man who I read a book which was about t (is sick).

(9) a. 小王把[他常常用来写文章的]笔(送给了我)。

→ b. *文章小王把[他常常用来写 t 的]笔(送给了我)。

(10)在下列位置处的成分任何情况下不能移出：

再一个是"并列名词结构限制（coordinate structure constraint）"。意思就是并列名词结构中的某一个成分不能单独移出来，英语和汉语都是这样，如下面的(11)。"并列名词结构"移位限制图形可以表示为(12)。例如：

(11)a. I bought <u>a book</u> and a pen.（我买了<u>一本书</u>和一支笔。）

→ b. ＊<u>A book</u> I bought   t   and a pen.（＊<u>一本书</u>我买了和一支笔。）

(12)在下列位置处的成分任何情况下不能移出：

还有一个是"左分支名词结构限制（left branch structure constraint）"。意思就是在一个由连续多个名词作修饰语的名词结构（主要是领属性的名词词组）中，其中一个成分处于更大成分的左侧时，不能发生移位，英语和汉语都是这样，如下面的(13)。"左分支名词结构"的移位限制图形可以表示为(14)。比较：

(13)a. 他娶了<u>张局长的爱人的妹妹的同学</u>。

→ b. ＊<u>张局长</u>他娶了爱人的妹妹的同学。

→ c. ＊<u>张局长的爱人</u>他娶了妹妹的同学。

→ d. ＊<u>张局长的爱人的妹妹</u>他娶了同学。

(14)在下列位置处的成分任何情况下不能移出：

另外还有一个是"主语从句结构限制（sentential subject constraint）"。

意思是由一个句子结构作主语时,这个结构中的任何成分都不能移出来,如下面的(15)。"主语从句结构"的移位限制图形可以表示为(16)。比较:

(15)a. That you said this suggestion is unsuitable. (你提这个建议不合适。)

→ b. * The suggestion that you said　t　is unsuitable.

(16)在下列位置处的成分任何情况下不能移出:

因为上述条件都是说某种结构对其中的成分移位构成了一个"封锁区域",就像有人被困在"孤岛(island)"上跑不出来,所以后来就把所有类似的关于"WH 移位"(即句首化移位)的限制条件统称为"孤岛禁区条件(Island Conditions)"。在"孤岛禁区条件"的基础上,语法学家们又总结出以下更加概括的对 WH 移位的限制性规律,可以用公式表示为(17):

(17)在下列结构中,Y 不能移至 X 的位置:

　　　　a. ...X...[$_{NP}$...[$_{NP}$...Y...] ...]

　　　　b. ...X...[$_{NP}$...[$_{SP}$...Y...] ...]

　　　　c. ...X...[$_{SP}$...[$_{SP}$...Y...] ...]

可以看出来,(17a)指的就是"并列名词结构"和"左分支名词结构"中的成分移位限制情况,(17b)指的就是"复合名词结构"和"主语从句结构"中的成分移位限制情况,而(17c)主要指下面某些特殊的"宾语从句结构"中的成分移位限制情况。这样(17)就可以进一步归并为一个条件,可表述为:"在结构式'[...X...[$_{\alpha}$...[$_{\beta}$...Y...] ...]]'中,当 α 和 β = NP(名词词组结构)或 SP(从句结构)时,Y 不能移至 X 处。"这个条件就称作"邻接条件(subjacency condition)",或者叫"界限原则(boundary principle)"。这也是生成语法理论中最概括的一种"移位限制规则"。

上面说的"邻接条件"也不是完全没有问题,比如有人就认为"复合名词结构限制"和"并列名词结构限制"对于成分移位可能是普遍适用的,而其他的限制条件就不一定了。除了"左分支名词结构"和"主语从句结构"

中的成分有可能分段移出外,"宾语从句结构"中的成分能否移位也有很多例外。不过对此应了解:一方面,生成语法理论中除了"邻接条件",对移位还有其他许多同样相当概括的限制条件,这些条件是互相制约的;另一方面,即使这些限制条件本身,也还是可以通过某种"注解规则"来补充,比如对英语"宾语从句结构移位限制",后来就提出,宾语从句中的名词成分一般不能移出,但如果主句中的动词是"say(说)、remember(记得)"这一类的"通行动词(bridge verb)",那么宾语从句中的成分就可以通过主句和宾语从句的连接点(即 that 处)分段移到句首(也称作"COMP to COMP 移位")。有人还通过研究得出结论:汉语中通行动词相当多,因此宾语从句中成分移位受到的限制就比较少。这样上面说的"邻接条件"当然就可以认为仍然是可靠的。

通过上面的讨论,似乎就可以得到这样一个印象:建立限制移位的规则可能比建立允许移位的规则更有效和更严格;而且如果可以真正建立比较概括的移位限制规则,那也就不需要再研究移位规则了。正因为如此,后来生成语法理论又形成一种意见就是,前面说"转换部分"只剩下"移位规则",现在不妨干脆说"移位规则"只需要一条,即"移动 α(move α)"就足够了,意思是"任何成分 α 都可以移位,条件是结构构造需要而且不违反移位限制规则"。

7.3 "名词移位""动词移位"与 "向前移位""向后移位"

说到句法结构中成分移位的具体操作,涉及的问题很多。前面举过的例子中,移位都是"名词移位",而且都是"向前移位"。那么是不是只有名词成分才能移位,而且移位的方向都只能向前呢? 实际情况可不是这么简单。先看两组例子。比较:

(18)a_1. 他父亲死了。　　　　a_2. 他死了父亲。

　　b_1. 他眼睛瞎了。　　　　b_2. 他瞎了(只)眼睛。

　　c_1. 工厂围墙塌了。　　　　c_2. 工厂塌了一堵围墙。

(19) a₁. 一只小鸟落树上了。　　a₂. 落树上一只小鸟。

　　　a₃. 树上落了一只小鸟。

　　　b₁. 一辆汽车停院里了。　　b₂. 停院里一辆汽车。

　　　b₃. 院里停了一辆汽车。

　　　c₁. 两个卫兵站门口了。　　c₂. 站门口两个卫兵。

　　　c₃. 门口站了两个卫兵。

对于(18)的构造目前有许多争论意见。其中有一种意见跟成分移位无关，比如说(18a₁)中的"死"和(18a₂)中的"死"意思不一样，前者意思是"死亡"，后者意思是"失去"，所以是两个不同的结构。这种说法有问题，因为同类的结构相当多，比如(18b/c)中的动词显然就不是这样，因此很难把这类结构都解释为是由不同意思的动词构成的不同结构。如果排除上面的这种意见，那就只能承认(18)中有移位了。但对于移位的方向和移位的成分又可以有不同的处理办法。大致上可以归纳为三种操作：第一种操作是说，(18a₁)是原型结构，所以(18a₂)是动词前面的名词"父亲"向动词后移位构造的；第二种操作是说，(18a₂)是原型结构，所以(18a₁)是动词后面的名词"父亲"向动词前移位构造的；第三种操作也是说(18a₁)是原型结构，但是(18a₂)不是通过名词后移，而是通过动词向前移位到了动词前名词词组"他父亲"的中间位置构造的。(18)其他两例情况类似。

(19)肯定都包含成分移位，但同样也有不同处理。按照上面第一种说法，(19a₁)是原型结构，(19a₂/a₃)分别是名词"小鸟"和"树上"向动词后或向动词前移位构造的。按照上面第二种说法，(19a₂)是原型结构，(19a₁/a₃)分别是名词"小鸟"和"树上"向动词前移位构造的。而按照上面第三种说法，也是(19a₁)是原型结构，(19a₂/a₃)是通过名词"树上"和动词"落(树上)"分别或同时向前移位构造的。(19)其他两例情况类似。

把上面对(18—19)分析的意见概括起来：一是"名词向前移位"，二是"动词向前移位"，三是"名词移位(包括名词前移和名词后移)"。再进一步概括：一种意见是只承认向前移位，不管是名词向前移位还是动词向前移位；另一种意见是只承认名词移位，不管是名词向前移位还是名词向后移位。不过不管上面哪种意见对，首先可以肯定的一条就是，语法结构中的成分移位现象要比通常想象的复杂，或者说不管用什么办法来分析说明，移位的形式和类型本来就不是单一的,而是各种各样的,操作技术上无非是选择哪种分析方法而已。

先说"名词向前移位"。这当然是大多数语言中都客观存在的移位现象。比如英语和汉语的被动句、话题句,以及英语的疑问句等都是如此。而且英语也有一种类似于汉语(18—19)的结构,一般称作"非宾格动词(unaccusative verb)结构",其中的名词也是既可作主语出现在动词前,也可作宾语出现在动词后。而对于英语这类句子,好像就只能处理为名词前移,即把下列后一例句看作是前一例句中的宾语名词移到了主语的位置上构成的。比较:

(20) a_1. John melted <u>the ice</u>.（约翰融化了那块冰。）

    a_2. <u>The ice</u> melted.（那块冰融化了。）

    b_1. John broke <u>the window</u>.（约翰打碎了窗户。）

    b_2. <u>The window</u> broke.（窗户打碎了。）

    c_1. John opened <u>the door</u>.（约翰开了门。）

    c_2. <u>The door</u> opened.（门开了。）

不过仔细观察,英语(20)跟汉语(18—19)相比又有很多不同。除了汉语这类动词要远比英语多(比如(18—19)换成英语动词好像就都不能这么移位了),英语这类结构还有两个特点:一是当其中位置可移动的名词出现在动词后作宾语时,动词前一定另外要有一个表示施事的名词作主语,如($20a_1$)"约翰融化了冰"中的"约翰"(John);反过来说就是当这个名词出现在动词前作主语时,结构中就不再能出现施事主语名词,或者说原来的主语需要被替换,如($20a_2$)"冰融化了"。二是当位置可移动的名词出现在动词后作宾语而动词前另有一个表示施事的名词作主语时,如($20a_1$),这两个名词之间并不具有领属关系,比如"约翰融化了冰"中并没有"约翰的冰"的意思。但汉语显然不是这样。例如:

(21) a_1. 他父亲死了。   → a_2. 他死了父亲。

    b_1. 一只小鸟落树上了。   → b_2. (刚才)落树上了一只小鸟。

(21)在上面两点上跟英语都有明显差别:一是如(21a),汉语这类结构中位置可移动的名词出现在动词后作宾语而动词前另有主语名词时,这个主语名词一定不是施事,如"他死了父亲"的意思不是"他(死了)",而是"父亲(死了)",而且前后两个名词之间一定具有领属关系,如"他死了父亲"一定是"他(的)父亲",正因为如此,当位置可移动名词出现在动词前时,主语名词就不需要被替换,如说成"他父亲死了"时,"他"还需要保留。二是如(21b),汉语这类结构中位置可移动的名词出现在动词后作宾语时,动词前就可能没有任何主语名词了,只能出现表时间的状语成分,如"刚才"。

再说"动词向前移位"。英语和汉语似乎都可以这样分析,英语的例子如(22a),汉语的例子如(22b/c)。这样就可以说:原来的主语始终是主语,而动词发生了向前移位。例如:

(22) a₁. The ice melted. → a₂. (John) melted the ice t(V).

  b₁. 他父亲死了。 → b₂. 他死了父亲 t(V)。

  c₁. 一只小鸟落树上了。 → c₂. (刚才)落树上了一只小鸟 t(VP)。

但这种分析的问题是,如果按照"动词前移"分析,一种情况是动词移到主语的两个名词(领属名词词组)中间,如(22b),另一种情况是动词(和宾语)一起移到名词的前面,如(22c),操作似乎并不一致。而且如果把(22b/c)的例子稍微变一下,这种分析甚至就无能为力了(根本无法进行移位)。比较:

(23) a₁. 他兄弟死了两个。 ← a₂. 他的两个兄弟死了。

  b₁. 小鸟落树上一只。 ← b₂. 一只小鸟落树上了。

如此说来,好像对于汉语的上述这些例子,就不如还是都回到"名词移位"的分析上来,但就必须承认名词成分有时是"向前移位",有时还可以"向后移位"。这种分析除在"名词移位"这一点上保持了一致,还有两个好处:一是可以从语言共性的角度探讨某些汉语的语法结构现象,二是可以从有别于传统分析的角度观察汉语的某些语法结构现象。

从前一点看,比如有人就注意到,下面(24—25)是汉语的两类"致使结构(使动结构)",似乎都只有用"名词后移"处理,才能保证形容词的"原型结构"和名词向后移位后产生"使动用法"的事实一致。比较:

(24) a₁. 土地很平整。 a₂. (农民)平整了土地。(=使土地平整了)

  b₁. 队伍很纯洁。 b₂. (我们)纯洁了队伍。(=使队伍纯洁了)

c_1. 思想很活跃。　　　c_2.（大家）活跃了思想。（＝使思想活跃了）

(25)a_1. 韩国队败了。　　　a_2.（中国队）大败韩国队。（＝使韩国队败了）

　　　b_1. 眼睛哭肿了。　　　b_2.（小姑娘）哭肿了眼睛。（＝使眼睛肿了）

　　　c_1. 队伍排齐了。　　　c_2.（战士们）排齐了队伍。（＝使队伍齐了）

从后一点看，比如汉语近年开始产生一种"动宾＋宾"结构，如"登陆中国（比较'在中国登陆'）""进军好莱坞（比较'向好莱坞进军'）""约会女朋友（比较'跟女朋友约会'）"等。这种结构虽然也可用"动宾"前移到名词前来处理，即多出来的这个"宾语"是由于"动宾动词"向前移位到名词前面而形成的，但其实处理为"名词后移"（即"动宾扩大化"）或许也不无不可（至少说起来更方便）。比较：

(26)a_1.（跨国公司）在中国登陆了。　→　a_2.（跨国公司）登陆了中国。

　　　b_1.（中国电影）向好莱坞进军。　→　b_2.（中国电影）进军好莱坞。

　　　c_1.（他第一次）跟女朋友约会。　→　c_2.（他第一次）约会女朋友。

进一步说，上面举的例子可能采用不同的移位分析都可以处理。但实际上汉语中还有很多现象似乎只有用"名词移位"（包括名词后移）处理起来才比较方便。看几组例子：

(27) 主宾互易结构：

　　　a_1. 十个人吃了一锅饭。　　　a_2. 一锅饭吃了十个人。

　　　b_1. 三个人坐一条板凳。　　　b_2. 一条板凳坐三个人。

(28)"得"字句结构：

　　　a_1. 小姑娘疼得直流眼泪。　　　a_2. 疼得小姑娘直流眼泪。

　　　b_1. 小姑娘哭得眼睛都肿了。　　　b_2. 哭得小姑娘眼睛都肿了。

(29) 假性双宾语结构：

　　　a_1. 我沾了一手油。　　　a_2.（修车时）沾了我一手油。

　　　b_1. 我省了一笔钱。　　　b_2.（这下子）省了我一笔钱。

(30) 方位处所状语结构：

    a_1. <u>台上</u>挂着标语牌。 a_2. 标语牌挂<u>台上</u>了。

    b_1. <u>台上</u>演着梆子戏。 b_2. ＊梆子戏演<u>台上</u>了。

上面(27—30)的例子都是汉语中非常常见的一些句式的实例。(27)这种"主宾互易句"，无论怎么分析(即不管把其中哪一种句式看作是"原型结构")，恐怕都得承认其中包括"名词后移"，因为"互易"本身就说明至少有一个名词性成分需要向后移位。(28)这种"得"字句式中包括两个并合的动词结构，而且有一个既可在"得"前结构中出现又可在"得"后结构中出现的名词"小姑娘"。($28a$)中"小姑娘"虽然可看作是两个动词结构中任何一个结构的主语(小姑娘疼/小姑娘直流眼泪)，但要说这个名词是先作补语从句的主语($28a_2$)再移位到主句主语位置上的($28a_1$)，可能就说不通；更不用说比较(28b)，这个结构只能分析为"小姑娘哭"和"眼睛肿"，其中的"小姑娘"就只能先是主句结构的主语。可见统一起来看就不如说($28a_2$/b_2)都是通过名词后移构造的。(29)这种结构跟前面分析过的"使动结构"有相似之处，除了结构的"致使义"实际上是名词后移才产生的，更大的问题还在于如果说这种结构中的"我"原来位置就在动词后($29a_2$/b_2)，那原型结构中就没有主语了，这显然违反一般的结构构造原则。至于(30)这种例子则说明，像($30a_1$/b_1)这种表面上看起来结构形式完全相同的句式，其实其中的方位处所词表示的"处所义"并不相同，比如前者的"台上"表示"物体存在处所"(即标语牌的存在处所)，而后者的"台上"表示"事件发生场所"(即演梆子戏的场所)，这种分析的依据就在于(30a)中的处所词可以后移到动词后面(即可以出现在动词前也可以出现在动词后)，而(30b)中的处所词不可以移到动词后面(即只能出现在动词前)。这种"处所义"的差别如果不采用名词后移分析是看不出来的(前面第三讲讨论"变换分析"时也已经说明过这种情况)。

当然承认采用名词前移分析和名词后移分析对于汉语语言事实有一定的解释力，这并不等于说，语言结构中的移位现象和移位分析就只能是这样的。其实用什么分析方法只是一种策略性取舍，或者仅仅是为了说着比较通俗和方便。只要语言事实搞清楚了，采用什么样的移位分析倒是次要的。不妨再举一个例子，我们(沈阳,1997)就曾提出通过"把字句"和"重动句"的成分移位来分化下面(31)这个歧义句："把字句"确定补语动词的指向即"谁喘气"，"重动句"确定谓语动词的指向即"谁追谁"，而且还提出"把字句"中"把"后名词只能是补语动词的"主语"，而"重动句"的作用在于可确认谓语动词的施事（主体）和受事（客体）。这其中成分的移位形式本来就是"眼花缭乱"的，但发生了"移位"却是肯定的。比较：

(31) a. 这孩子追得我直喘气。　　　　　　　（谁追谁？谁喘气？）

→ b. 这孩子把我追得直喘气。　　　　　　（我喘气）

→ c. 我把这孩子追得直喘气。　　　　　　（孩子喘气）

→ d. 我追这孩子，把这孩子追得直喘气。　（我追孩子，孩子喘气）

→ e. 我追这孩子，把我追得直喘气。　　　（我追孩子，我喘气）

→ f. 这孩子追我，把我追得直喘气。　　　（孩子追我，我喘气）

7.4　从"变换分析""成分移位"到
 "提升合并"和"拷贝删除"

随着语法研究的深入，句法理论界逐步感到移位分析比较"烦琐化（不经济）"，因此开始出现取代移位分析的句法分析方法。其中最重要的包括"中心词提升并入"和"附加语拷贝删除"等句法操作技术。

所谓"中心词提升和并入分析"，是从"动词壳（VP Shell）分析"（Larson, 1988）和"小动词（light verb）分析"（Chomsky, 1995）发展起来的。基本思想是所有的动词结构都是由两层动词结构构造的：上面一层是"小动词层（vP）"，下面一层是"大动词层（VP）"。采用这种分析，首先就比较容易处理汉语中的使动句、"把字句"等结构。即可以假设这类结构的谓语动词之上都包括"小动词（vP）"层，在其中小动词"v"的位置上可出现"使、以（为）、把"这一类仅具有语法功能作用的成分。这样如果小动词位置上出现这些功能成分，则构成显性的双层动词结构；如大动词进入（并入）小动词位置，就构成使动结构或"把"字结构。后者的句法操作也就是"中心词的提升并入（raising and merge）"。下面(32)两类结构的对应形式中"(v)V"表示的就是"V-to-v"的提升并入过程。比较：

（32）A. 使动结构：

　　a_1. 这个故事<u>使</u>(v)大家<u>感动</u>(V)。

　→ a_2. 这个故事<u>感动</u>((v)V)了大家。

　　B. "把"字结构：

　　b_1. 他<u>把</u>(v)那只花瓶<u>打碎</u>(V)了。

　→ b_2. 他<u>打碎</u>((v)V)了那只花瓶。

　　"提升并入分析"与"移位分析"的最大区别有两条：一是"提升"的成分不是结构的被支配成分（如论元名词成分），而是结构的中心成分（如动词成分），所以也叫"中心词移位（head movement）"；二是成分"提升"前后的结构形式不一定是显性的结构（即不是"移位"前后那种实际存在的结构，即便是抽象结构），而很可能来自一种非显性的底层结构，所以需要在理论上假设存在这种底层结构。

　　因此如果上面说的"把字句"例子中谓语动词（如"打碎"）向小动词"把"的移位现象是"提升和并入"还比较容易理解的话，我们（沈阳、司马翎，2010）提出"补语小句理论"则试图证明，对动结式的分析也同样需要采用"提升并入分析"，即谓语动词向小动词层提升并入之前，还要有一次提升并入过程。这种分析的要点就是动结式中的"动结（煮糊/笑疼）"是由补语小句中的动词（糊/疼）向谓语动词（煮/笑）的提升和并入实现的。采用这种"补语小句"理论假设就可保持对各种动结式构造分析的最大一致性，如"米饭煮糊了"和"肚子笑疼了"的内部构造就并非来自两种底层结构，即名词"米饭、肚子"与谓语动词都没有直接的句法和语义联系，而只是小句动词"糊、疼"的主语，动结式"煮糊、笑疼"都是补语小句动词向谓语动词"提升并入"构成的。如下面(33)和(34)所示：

（33）动结式和"把字句"

　　A.（妈妈把）米饭煮糊了

　　[$_{VP}$煮[$_{SC}$米饭糊了]]

　→ [$_{IP}$米饭$_i$[$_{VP}$煮[$_{SC}$ t_i糊了]]]

　→ [$_{IP}$米饭$_i$[$_{VP}$**煮糊**$_j$了[$_{SC}$ t_i t_j]]]

　→ （[$_{IP}$妈妈$_K$[$_{vP}$把）[$_{VP}$米饭$_i$[$_{v^0}$**煮糊**$_j$了[$_{SC}$ t_i t_j]]]]]

　　B.（妈妈把）肚子笑疼了

$$[_{VP}笑[_{SC}肚子疼了]]$$
$$\rightarrow [_{IP}肚子_i[_{VP}笑[_{SC}t_i疼了]]]$$
$$\rightarrow [_{IP}肚子_i[_{VP}笑疼_j了[_{SC}t_i\ t_j]]]$$
$$\rightarrow ([_{IP}妈妈_K[_{vP}把])[_{VP}肚子_i[_{v^0}笑疼_j了[_{SC}t_i\ t_j]]]]]$$

（34）

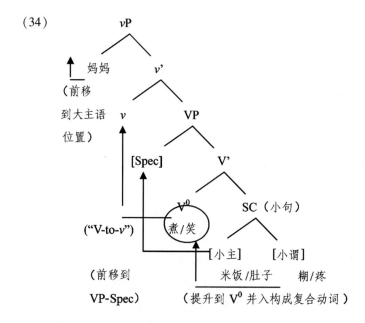

比"移位分析"简单和严格的分析方法是所谓"附加语拷贝删除分析"。
这种分析最典型的例证来自对英语和汉语"特指问句"不同构造的分析。英
语特指问句中的疑问词需要前移到句首（WH forward），但汉语特指问句的疑
问词仍留在句中（WH in-situ），对这种现象一直有不同的解释，其中就涉及要
不要采取"移位"（包括显性移位和逻辑移位）手段。而采用"拷贝删除分析"，
则可以假设英语和汉语特指问句的疑问词在底层结构中是同时出现在句子
的句首和句中两端的，这就是"拷贝生成"；但由于实际说出的句子中不允许
两次出现疑问词（即语音和语义冗余），因此就必须删除其中一个，这就是"互
补删除"。至于为什么英语必须删除原位置的疑问词，汉语必须删除句首位
置的疑问词，则因为汉语还有"句末语气词（sentence-final particle）"来标记疑
问句，所以不需要通过删除原位置的疑问词来标记疑问句，英语特指问句没
有句末标记，因此必须删除原位置的疑问词和保留句首疑问词来标记疑问

句。这种分析就可以合理解释英汉特指问句的结构差异。例如：

(35) A. 英语特指疑问句：

a$_1$. 底层：What did you buy what? → a$_2$. What did you buy (what)?

B. 汉语特指疑问句：

b$_1$. 底层：什么你买了什么？ → b$_2$. (什么)你买了什么？

"拷贝删除分析"与"移位分析"的区别也有两条：一是实际上是用"拷贝删除"取代了"移位"。道理很简单，原本需要成分移动过去的位置并不需要移入成分，因为本来那里就存在"拷贝"；原本成分移走的位置也不再需要留下"语迹"，因为只需要把该位置的成分"删除"。二是成分"删除"前后的"拷贝"形式也不是显性结构，而可能来自一种非显性底层结构，所以也就需要在理论上假设这种底层结构的存在。

我们(沈阳，2009)采用这种"拷贝删除分析"，解释了包含"处所义PP"的四种结构(即(36)中句法成分相同的"把"字结构、话题结构、连谓结构和双宾结构)的句法构造形式。其中就采用了"提升并入"和"拷贝删除"分析。这要比分别采用不同的"移位分析"来处理四种不同结构的构造形式简单和有效得多，如(37)和(38)。比较：

(36) a. 把书放在了桌子上 （"把字句"）

b. 那本书放在桌子上 （话题句）

c. 放一本书在桌子上 （连谓句）

d. 放在桌子上一本书 （双宾句）

(37) 包含定指名词的"把字句"和话题句构造及其派生过程(采用"提升并入"分析)：

底层：[放[$_{SC_i}$那本书在桌子上]]

A. "把"字结构：

→ a$_1$. (把)那本书$_i$[$_{VP}$放[$_{SC_i}$t$_i$在桌子上]]

→ a$_2$. (把)那本书$_i$[$_{VP}$**放在**[$_{SC_i}$t$_i$t桌子上]]

B. 话题结构：

→ b$_1$. 那本书$_i$[$_{VP}$放[$_{SC_i}$t$_i$在桌子上]]

→ b$_2$. 那本书$_i$[$_{VP}$**放在**[$_{SC_i}$t$_i$t桌子上]]

(38) 包含不定指名词的连谓句和双宾句的结构及其派生过程（采用"拷贝删除"分析）：

底层：放 $[_{SC_2,在}$ 桌子上（有 t）一本书 $_{在}$ 桌子上 $]$

A. 连谓结构：

→ a_1. 放 $_{(有)}[_{SC}(_{在}$ 桌子上 $)_{(有 Vt)}$ 一本书 $_{在}$ 桌子上 $]$

→ a_2. 放 $_{(有)}[_{SC(有 Vt)}$ 一本书在桌子上 $]$

B. 双宾结构：

→ b_1. 放 $_{(有)}[_{SC}$ 在桌子上 $_{(有 Vt)}$ 一本书 $(_{在}$ 桌子上 $)]$

→ b_2. 放 $_{(有)}[_{SC在}$ 桌子上 $_{(有 Vt)}$ 一本书 $]$

最后再看一个"支配式不及物复合动词带'宾语'"的例子。现代汉语的"结婚、见面、约会、帮忙"等都是典型支配式不及物动词。这些动词结构有个共同点：在基础结构中或者在核心语义上都必须有一个表"对象"的名词，如"跟女朋友结婚""跟女朋友见面""跟女朋友约会""为女朋友帮忙"。但这些结构近年来却发生了三种变化：一种变化是"动宾插名"（动词中间加名词），如"见面——见过女朋友的面"；一种变化是"动宾加名"（动词后面加名词），如"约会——约会过女朋友"，还有一种变化是既可"动宾插名"，也可"动宾加名"，如"帮忙——帮过女朋友的忙/帮忙过女朋友"。这三类可统称为支配式不及物动词带"宾语"现象，如(39)所示；尤其需要注意的是第三种情况目前也已有不少实际的例子，如(40)所示。比较：

(39) a. 结婚：跟女朋友结婚（结过三次婚）　→　*结过女朋友的婚/
　　　　　　　　　　　　　　　　　　　　　　　*结婚过女朋友

　　 b. 见面：跟女朋友见面（见过三次面）　→　见过女朋友的面/
　　　　　　　　　　　　　　　　　　　　　　　*见面过女朋友

　　 c. 约会：跟女朋友约会（约过三次会）　→　*约过女朋友的会/
　　　　　　　　　　　　　　　　　　　　　　　约会过女朋友

　　 d. 帮忙：为女朋友帮忙（帮过三次忙）　→　帮过女朋友的忙/
　　　　　　　　　　　　　　　　　　　　　　　帮忙过女朋友

(40) a. 请安：给老太太请安　→　请老太太的安/请安老太太

b. 操心：为孩子们操心 → 操孩子们的心/操心孩子们

c. 投资：向房地产投资 → 投房地产的资/投资房地产

d. 牵手：跟心动女生牵手 → 牵心动女生的手/牵手心动女生

过去常常有人把上面说的三种变化格式都归为"病句"。但这就带来两个需要解释的问题：一是这些新变化究竟是"怎么"形成的，而且这些不同变化又是"怎样"实现的，这是技术手段的分析；二是"为什么"会发生这些新变化，而且既然变化后的意义不变，"为什么"需要不同的变化，这是形成原因的分析。

对于"怎么样"的问题：上面(39—40)的例子，表面看似乎都是某种"移位"造成的。但这种解释难免"按下葫芦浮起瓢"。因为如果说是"动词分离"造成"动宾插宾"则无法解释为什么还有"动宾加宾"，如果说是"动词压缩"造成"动宾加宾"则又无法解释为什么还有"动宾插宾"，更不用说还要解释为什么有的结构中的对象名词可同时进入两个位置，毕竟不大可能一个支配式复合动词一会儿"分离"一会儿又"压缩"。

对此我们的分析是："见面"类结构中"见面"是整体从大动词(VP 中心语)位置向上移动到小动词(vP"跟")的位置后，原位置留下同形动词拷贝形式，即"[ᵥₚ₍跟₎ 见面(了)女朋友[ᵥₚ见面]]"，然后做部分删除(前一个"见面"保留动词中心语素"见"，删除非中心语素"面"；后一个"见面"保留名词中心语素"面"，删除非中心语素"见")，即形成离子化的"见___(了)___面"。这是"同形拷贝与部分删除"。因为 VP 层"见面"部分删除后该位置由离子化后的"(见)面"占据，所以在动词后加入对象名词"你/女朋友"就只能加在"面"前面，形成"见了你/女朋友(的)面"，亦即"动宾插宾"(或称宾语前置填入)。"约会"类结构中"约会"也是整体从大动词(VP 中心语)位置向上移动到小动词(vP"跟")的位置并在原位置留下同形动词的拷贝形式，即"[ᵥₚ₍跟₎ 约会(了)女朋友[ᵥₚ约会]]"，但接下来是选择删除(保留前一个"约会"，删除后一个"约会")，因此形成了单词化的"约会(了)____"。这是"同形拷贝与选择删除"。因为 VP 层拷贝成分"约会"被全部删除后原位置留下空位，所以在动词后加入对象名词"她/女朋友"就可以填入"约会"的后面，并形成"约会了她/女朋友"，亦即"动宾加宾"(或称宾语后置填入)。而"帮忙"类结构则允许同时做"动宾插宾"和"动宾加宾"这两种操作。比较：

(41) a. 见面：跟女朋友见面

$\rightarrow$ [$_{vP(跟)}$ 见面(了)女朋友[$_{VP}$ 见面]] (同形拷贝)

$\rightarrow$ [$_{vP(跟)}$ 见__(了)女朋友[$_{VP}$ __面]] (部分删除)

$\rightarrow$ ____见了女朋友(的)面 (名词后置/动宾插宾)

b. 约会：跟女朋友约会

$\rightarrow$ [$_{vP(跟)}$ 约会(了)女朋友[$_{VP}$ 约会]] (同形拷贝)

$\rightarrow$ [$_{vP(跟)}$ 约会(了)女朋友[$_{VP}$ ____]] (选择删除)

$\rightarrow$ ____约会了女朋友 (名词后置/动宾加宾)

c. 帮忙：为女朋友帮忙

$\rightarrow$ [$_{vP(为)}$ 帮忙(了)女朋友[$_{VP}$ 帮忙]] (同形拷贝)

$\rightarrow$ [$_{vP(为)}$ 帮__(了)女朋友[$_{VP}$ __忙]] (部分删除)$\rightarrow$ ____帮了女朋友忙 (动宾插宾)

$\rightarrow$ [$_{vP(为)}$ 帮忙(了)女朋友[$_{VP}$ ____]] (选择删除)$\rightarrow$ ____帮忙了女朋友 (动宾加宾)

对于"为什么"的问题，目前还不十分清楚：一是如果说这类支配式不及物动词结构必须发生对象名词位置变化，那为什么大量同类结构并不如此变化(如"结婚"类结构)；二是如果说一部分这类结构要发生对象名词后置变化，那为什么"动宾插宾"(如"见面"类结构)和"动宾加宾"(如"约会"类结构)方式又不同，而且为什么有的动词结构同时选择两种"宾语填入"方式(如"帮忙、牵手、请安"类结构)。对此还需要再做进一步的研究。

主要参考文献：

崔希亮(1995)"把"字句的若干句法语义问题，《世界汉语教学》第3期。

范 晓(1989)"施事宾语"句，《世界汉语教学》第1期。

范 晓(1991)动词的价分类，《语法研究与探索(5)》，语文出版社。

顾 阳(1994)论元结构理论介绍，《国外语言学》第1期。

顾 阳(1996)生成语法及词库中动词的一些特性，《国外语言学》第3期。

顾 阳(1998)关于存现结构的理论探讨，《共性与个性：汉语语言学中的争议》，北京语言文化大学出版社。

顾阳、沈阳(2001)汉语合成复合词的构造过程，《中国语文》第2期。

郭继懋(1990)领主属宾句，《中国语文》第1期。

黄正德、李艳惠、李亚非(2013)《汉语句法学》(张和友译),世界图书出版公司。

李临定(1984)动词的宾语和结构的宾语,《语言教学与研究》第 3 期。

李临定(1986)《现代汉语句型》,商务印书馆。

李临定(1988)《汉语比较变换语法》,中国社会科学出版社。

李临定(1990)《现代汉语动词》,中国社会科学出版社。

李亚非(2000)核心移位的本质及其条件,《当代语言学》第 1 期。

李宇明(1987)存现结构中主宾互易现象研究,《语言研究》第 2 期。

陆俭明(1980)汉语口语句法里的易位现象,《中国语文》第 1 期。

陆俭明(1990)述补结构的复杂性,《语言教学与研究》第 1 期。

陆俭明(1993)《现代汉语句法论》,商务印书馆。

陆俭明(1994)《80 年代中国语法研究》,商务印书馆。

陆俭明(2013)《现代汉语语法研究教程》(第四版),北京大学出版社。

陆俭明、马真(1985)"把"字句补议,《现代汉语虚词散论》(陆俭明、马真),北京大
学出版社。

吕叔湘(1955)"把"字用法的研究,《汉语语法论文集》,科学出版社。

吕叔湘(1987)说"胜"和"败",《中国语文》第 1 期。

吕叔湘(1979)《汉语语法分析问题》,商务印书馆。

吕叔湘(1986)汉语句法的灵活性,《中国语文》第 1 期。

马庆株(1983)现代汉语的双宾语构造,《语言学论丛》第 10 辑,商务印书馆。

聂文龙(1989)存在和存在句的分类,《中国语文》第 2 期。

邵敬敏(1982)关于"在黑板上写字"句式分化和变换的若干问题,《语言教学与研
究》第 3 期。

沈　阳(1994)《现代汉语空语类研究》,山东教育出版社。

沈　阳(1996)现代汉语句法结构中名词短语部分成分移位现象初探,《语言教学与
研究》第 1 期。

沈　阳(1997)名词短语的多重移位形式及把字句的构造过程与语义解释,《中国语
文》第 6 期。

沈　阳(1999)名词短语后向移位的句法形式和语义作用,《语法研究与探索(10)》,
商务印书馆。

沈　阳(2001)名词短语分裂移位与非直接论元句首成分,《语言研究》第 3 期。

沈　阳(2015)现代汉语"V + 到/在 NP"结构的句法构造和相关问题,《中国语文》
第 2 期。

沈阳、司马翎(2006)结果补语小句分析和小句的内部结构,《华中科技大学学报(社科版)》第 4 期。

沈阳、司马翎(2010),句法结构标记"给"和动词结构的衍生关系,《中国语文》第 3 期。

沈阳、司马翎(2011)结果补语小句分析和小句的内部构造(日文版),《日中理论语言学的新展望》第一卷《词组构造》(影山太郎编),日本 Kurosio 出版社。

沈　阳(主编 2000)《配价理论与汉语语法研究》,语文出版社。

沈阳、何元建、顾阳(2001)《生成语法理论与汉语语法研究》,黑龙江教育出版社。

石定栩(1998)话题句研究,《共性与个性:汉语语言学中的争议》,北京语言文化大学出版社。

石定栩(1999)把字句和被字句研究,《共性与个性:汉语语言学中的争议》,北京语言文化大学出版社。

石定栩(2002)《乔姆斯基的形式句法——历史进程与最新理论》,北京语言文化大学出版社。

宋国明(1997)《句法理论概要》,中国社会科学出版社。

汤廷池(1990)《国语变形语法研究》第一集《移位变形》,台湾学生书局。

吴为章(1982)单向动词及其句型,《中国语文》第 5 期。

吴为章(1993)动词的"向"札记,《中国语文》第 3 期。

徐烈炯(1988)《生成语法理论》,上海外语教育出版社。

徐烈炯(1990/1995)《语义学》,语文出版社。

徐烈炯(主编 1999)《共性与个性——汉语语言学中的争议》,北京语言文化大学出版社。

徐烈炯、刘丹青(1998)《话题的结构与功能》,上海教育出版社。

徐　杰(1999)"打碎了他四个杯子"与约束理论,《中国语文》第 3 期。

徐　杰(1999)两种保留宾语句式及相关句法理论问题,《当代语言学》第 1 期。

徐　杰(2001)《普遍语法原则与汉语语法现象》,北京大学出版社。

徐通锵(1998)自动和使动,《世界汉语教学》第 1 期。

薛凤生(1994)"把"字句与"被"字句的结构意义,《功能主义与汉语语法》,北京语言学院出版社。

杨素英(1999)从非宾格动词现象看语义与句法结构之间的关系,《当代语言学》第 1 期。

袁毓林(1996)话题化及相关的语法过程,《中国语文》第 1 期。

袁毓林(1998)《汉语动词的配价研究》,江西教育出版社。

朱德熙(1980)《现代汉语语法研究》,商务印书馆。

朱德熙(1982)《语法讲义》,商务印书馆。

朱德熙(1985)《语法答问》,商务印书馆。

朱德熙(1990a)《语法丛稿》,上海教育出版社。

朱德熙(1990b)"在黑板上写字"及相关句式,《语法丛稿》,上海教育出版社。

Chomsky, N. (邢公畹等译 1979)《句法结构》,中国社会科学出版社。

Chomsky, N. (黄长著等译 1986)《句法理论的若干问题》,中国社会科学出版社。

Chomsky, N. (周流溪等译 1993)《支配和约束论集》,中国社会科学出版社。

Chomsky, N. 1957. *Syntactic Structures*. The Hague：Mouton.

Chomsky, N. 1981. *Lectures on Government and Binding*. Dordrecht：Foris Publications.

Chomsky, N. 1995. *The Minimalist Program*. Cambridge, Mass：MIT Press.

Harris, Z. 1957. Co-occurrence and Transformational in Linguistic Structure, *Language*, 33.

Harris, Z. 1965. Transformational Theory, 41. See Z. Harris *Papers on Syntax*, Heary Hiz, ed. D. Reidel Company.

Larson, R. K. 1988. On the Double Object Construction. *Linguistics Inquiry* 3.

Sybesma, R. 1999. *The Mandarin VP* . Dordrecht：Kluwer.

第八讲

约束理论与语义所指分析

8.1 关于代词与空语类的语义指称

这一讲讨论"约束理论"和"语义所指"。从字面上看，"语义所指"就是句子中某个成分到底指什么。不过，"所指（指什么）"又有两种意思。

"语义所指"的一个意思是，句子里的词语与外部客观世界中的哪个具体的人或具体的事物相联系。比如说"王老师买了一本新书"，其中的"王老师"具体是哪个人，"一本新书"具体是哪本书，这种"所指（指什么）"问题就是与语言环境和客观世界有关的语义所指问题，而与句法结构形式和结构内的其他成分无关，因此是广义的"语义所指"问题。

"语义所指"的另一个意思是，句子里的某个成分与句子里的另一个成分是不是指同一个人或同一个事物。当然，既然是一个句子结构里一个成分 A 跟另一个成分 B 所指是否相同的问题，其中的 A 和 B 就不大可能都是相同的词语成分。一般来说，只有当 A 是"代词"（包括人称代词和反身代词）或者是"空语类"（包括空主语和空宾语）的时候，才可能涉及与词语成分 B 的所指是相同还是不相同的问题。例如：

(1)a. 小李知道小王喜欢她。　　b. 我认为小王喜欢自己。

　　c. 这姑娘小李喜欢(t)。　　d. 小李打算(P)追这姑娘。

(1a)就涉及人称代词与结构中某个词语的所指问题，即"她"到底是指结构内出现的"小李、小王"，还是两个人都不是；(1b)就涉及反身代词与结构中某个词语的所指问题，即"自己"到底是指结构内出现的"我、小王"，还是两个人都不是；(1c)就涉及"空宾语"与结构中某个词语的所指问题，即

"空语类 t"到底是指结构内出现的"这姑娘、小李",还是两个人都不是；(1d)就涉及"空主语"与结构中某个词语的所指问题，即"空语类 P"到底是指"小李"，还是指其他人。这种"所指(指什么)"也就是跟句法结构和结构内成分有关的语义所指问题，是狭义的"语义所指"问题。

语言学既可以研究广义的语义所指问题，也可以专门研究狭义的语义所指问题。这一讲讨论的"所指"主要是后者，即"代词"和"空语类"的"所指(co-reference)"问题。但这么说还比较笼统，因此还需要搞清楚"语义所指"主要是要解决什么样的问题。

第一是关于"人称代词"的所指问题。

人称代词分为三种人称。其中第一人称代词和第二人称代词(如"我、我们，你、你们")一般常用于面称，即说话时指说话的人和听话的人。而第三人称代词(如"他/她、他们/她们"，还有指物的"它")却常常需要指称说话人和听话人以外结构里使用词语表示的另一个人(或物)。不过对第三人称代词的"所指"用法还需要区别两种情况：一是"指别同指"和"指代同指"，二是"构外同指"和"构内同指"。

关于第三人称代词"指别同指"和"指代同指"的区别，可以用几个例子来说明。比较：

(2)a. 你可以走了，他留下。

b. ——那是一只犀牛。——一只什么，把它写下来。

c. 把工资给妻子的人比把它给情妇的人聪明。

d. 小王说他病了。

(2a)中的"他"，实际上相当于面称用法，可称为"环境指别"；(2b)中的"它"是问上文中说的名词"犀牛"，可称为"文字指别"；(2c)中的"它"看起来是指结构内的"工资"，实际上却并不是同一笔钱，所以严格说二者不是同指关系，有人称作"图省事代词"。这三类就都是第三人称代词的"指别"用法。而(2d)中的"他"才涉及第三人称代词跟名词的所指关系，因为"他"既可能是指结构内的"小王"，也可能指另一个人。为区别于"指别"，这一类第三人称代词与名词的所指关系又称作"指代关系"。

关于第三人称代词"构外同指"和"构内同指"的区别，也可以看几个例子。比较：

(3) a. 我认识老王。他走了。　　　b. 小李说老王认识他。

　　　c. 小李说他认识老王。　　　　d. 小李认识他。

(3a)中的"他"虽然也是指代，但是跟"他"同指的词语出现在该结构以外（即上文中），这就是"构外同指"。构外同指一般属于话语和篇章研究的范围，因此又可称作"篇章回指"。而后三例中的代词就都跟结构内的名词词语有关，才是"构内同指"。当然这三例的情况也有些区别，(3b/c)中的"他"可以指结构内的小李，也可以不指小李，尽管有结构内外的所指交叉，但"他"至少跟结构内成分有关。(3d)中的"他"只能与结构外另一个人同指，也没有所指歧义，为什么也属于"所指"问题呢？这是因为毕竟在结构内出现了一个代词和另一个名词，如果说确定"所指"实际上就是确定代词与结构内某个名词同指或不同指的问题，那当然(3d)也就可以看作是代词的"所指"问题了。

　　把上面说的概括起来，人称代词的"所指"问题，就是上述(2d)和(3b/c/d)所涉及的第三人称代词跟结构内名词是否同指的问题。

　　第二是关于"反身代词"的所指问题。

　　汉语的反身代词一般说就是"自己"。但"自己"有一种是副词的用法，表示"亲自、独自"的意思；另一种才是反身代词的用法，表示跟结构内的某个名词所指相同。比较：

(4) a. 老王喜欢自己修理汽车。　　b. 老王常常自己待在家里。

　　　c. 老王知道自己喜欢小李。　　d. 老王认为小李喜欢自己。

　　上面前两例(4a/b)中的"自己"作方式副词就表示"亲自、独自"的意思。后两例(6c/d)中的"自己"才表示"（某人）本人"的意思，这是反身代词用法，也才涉及反身代词和名词的所指关系。后两例的情况也有所不同：(4c)中的"自己"一般说肯定指主句主语"老王"，而(4d)中的"自己"就既可能指主句主语"老王"，也可能指从句主语"小李"。可见反身代词"自己"也有与结构内某个名词同指或不同指的问题。反身代词与名词的这种语义所指关系可以换个名称叫作"照应关系"。

　　不过对反身代词的照应用法还需要区别"无先行语同指"和"有先行语同指"。反身代词一般总要求"反身"，即与结构内出现的某个词语同指，这就是"有先行语同指"；但有时反身代词也可以不需要与结构内某个词语同

指,即只用于泛指,这就是"无先行语同指"。比较:

(5) a. 自己做错了事情自己负责。　b. 能够批评自己是一种美德。

　　c. 老王知道自己做错了事情。　d. 老师要求学生多批评自己。

上面(5a/b)中的"自己",实际上并不具体指某个人,而是泛指任何人,这就是"无先行语同指"。而(5c/d)中的"自己"就涉及反身代词是否与结构内某个词语同指。如(5c)中的"自己"是否指结构中出现的"老王",(5d)中的"自己"是指"老师"还是"学生",这就是"有先行语同指"。反身代词的所指问题主要是这种"有先行语同指"的情况。

把上面说的概括起来,反身代词的"所指"问题,就是上述(4c/d)和(5c/d)所涉及的反身代词跟结构内名词是否同指的问题。

第三是关于"空语类"(即空宾语和空主语)的语义所指问题。

第六讲证明"空语类"既有句法作用,也有语义作用,换句话说就是空语类也有"语义所指"的问题。比如下面(6)是前面提到过的一个英语的例子,两句话的意思很不一样,原因就在于句中的空语类"语迹 t"和"隐含 P"的语义所指不同。比较:

(6) a. John$_i$ is too stubborn (P$_k$) to talk to (t$_i$). (约翰太固执,以至于没人愿意跟他谈。)

　　b. John$_i$ is too stubborn (P$_i$) to talk to him$_j$. (约翰太固执,以至于不愿意跟他谈。)

从一方面看,上面(6a)中"John"是从"talk to"后面移到句首的,词语移位后留有的"语迹 t"一定与这个移位成分同指。可见"语迹 t"的语义所指关系跟人称代词的指代关系和反身代词的照应关系有类似之处。从另一方面看,(6b)中"to talk"前面有隐含形成的空语类"隐含 P"。"隐含 P"也有不同的语义所指,如(6b)中"隐含 P"是"John",(6a)中"隐含 P"却不是"John"。空语类与名词的这种语义所指关系可以换个名称叫作"控制关系"。

对空主语和空宾语的语义所指关系,也需要再区别两种情况:一是"构外同指"和"构内同指",二是"位置性同指"和"词汇性同指"。

关于空语类"构外同指"和"构内同指"的区别,可以看几个例子:

(7)a. 他生了个女儿,(e)很高兴。　　b. 他生了个女儿,我见过(e)。

　　c. 老王说小李不认识(e)。　　　　d. 老王说(e)不认识小李。

(7a/b)中虽然也有空语类,即"省略 e",但跟这种空语类同指的词语,即"他"或"女儿",出现在该结构以外(即上文中),这就是"构外同指"。而(7c/d)中的空主语和空宾语都跟结构内的名词词语有关,这才是"构内同指"。而且仔细考虑,空主语或空宾语在补出词语之前指什么也有多种可能:(7c)"不认识"的空宾语和(7d)"不认识"的空主语都有可能是"老王",也有可能不是"老王",但指老王的可能性大小不一样。

关于空语类"位置性同指"和"词汇性同指"的区别是说,汉语中的相同结构形式中相同空语类的所指关系,可能是明确的,也可能是不明确的。比较:

(8)a. 老王打算(　　)出国。　　　b. 老王希望(　　)出国。

　　c. 老王同意(　　)出国。　　　d. 老王鼓励(　　)出国。

上面(8)都是差不多的结构。但(8a)中空主语(隐含 P)的语义所指,即"谁出国",只能是主句主语"老王"。特定动词结构的空主语(隐含 P)的位置就决定了其必须与控制语同指,这就叫作"位置性同指"。但(8b/c/d/)中空主语就既可能指"老王",也可能不指"老王";而且三句中空主语跟"老王"同指的可能性还依次递减。在这一点上后三句跟第一句不同,还因为(8a)中空主语不能补出词语,所以是"隐含 P",但(8b/c/d)中空主语还可以补出不同的词语,所以可能是"省略 e"。因为这种不确定的空语类所指关系可以通过补出不同的词语来确认,所以就可叫作"词汇性同指"。

把上面说的概括起来,空语类的"所指"问题,就是上述(7c/d)和(8)所涉及的空主语和空宾语跟结构内名词是否同指的问题。

8.2　语义解释理论与语义所指现象

上一节讨论的人称代词、反身代词和空语类的语义所指问题,在传统的语法研究中并不被特别重视,好像没有一本教科书或语法书专门讨论过。那么为什么当代形式语法理论要把这种问题作为一个重要的研究内容呢?可以从理论背景和语言现象两方面看为什么需要研究这样的问题。

先从理论背景上看为什么要研究"语义所指"问题。

前面第六讲和第七讲都讨论过当代形式语法理论建立的"语法结构模型"。从该模型中承担语义解释任务的"逻辑形式部分"的名称就可以看出来,"语义解释"也就是把基本结构(即论元结构)各个位置要求的成分全都找出来。用"论元结构理论"的术语说就是"句法结构中每个 NP 位置都必须有一个 NP 词语,每个 NP 词语都必须有一个 NP 位置"。例如:

(9)a. 基本结构形式:SP_2:$[NP_1 \quad V^2 \quad NP_2]$

　　b. 词项填入形式:SP_2:$[$老王$_{NP_1}$写了$_{V^2}$一本书$_{NP_2}]$

　　c. 逻辑语义解释:V^2(写)结构:NP_1 = 老王(施事),NP_2 = 一本书(受事)

可是事实上具体说出来的各种句子即表层结构,在基本结构规定的 NP 位置上是否有词语有不同的情况:一种情况当然是在 NP 位置上出现有具体意义的词语(如(9b));但还有一种情况则是在基本结构规定的某些 NP 位置上没有出现具体的词语,如结构中使用"代词"或由于移位、隐含等原因存在空语类,如果仍要对这样的结构进行语义解释,当然就需要再去找跟占据这个位置的代词或空语类在意义上有联系的词语。也可以这样说,在基本结构 NP 位置上出现的代词和空语类只相当于一个变量符号,其语义值需要靠结构中另一个具体词语来确认。可见之所以要研究代词和空语类的"语义所指",就是为了满足语法结构模型对语义解释的要求。

当然,要确定原始位置上代词或空语类的语义值,还有两点要特别说明:

一是确认代词和空语类所指,从语义解释角度看,找到相同或不同的词语都可以,不需要每个代词或空语类都非得找到同指的词语。例如:

(10)a. 小王$_i$批评了自己$_i$。

　　b. 小王$_i$批评了他$_j$。

　　c. 小王$_i$批评过了(t_i/e_j)。

(10a)中反身代词"自己"跟"小王"肯定同指,(10b)中人称代词"他"跟"小王"肯定不同指,(10c)中空宾语可能跟"小王"同指(别人批评了小王),也可能跟"小王"不同指(小王批评了别人)。这样,不管是肯定同指,还是肯定不同指,或者在既可能同指也可能不同指的情况下想办法确认其中一种可能,这些都可算是确认了代词和空语类的所指。所指下标"i/j/k"实际上也只标注代词或空语类与某个词语同指或不同指。

二是确认代词和空语类的所指,实际上找到的跟代词或空语类意义相联系的词语,有的是形式上和意义上都有联系,有的就只是意义上有联系而在形式上没有联系。例如:

(11) a. 那个小偷_i被警察抓住了(t_i)。

    b. 警察_i试图(P_i)抓住那个小偷。

    c. 那个小偷_i说 自己_i没偷过东西。

    d. 那个小偷_i说 他_{i/j}没有偷过东西。

(11a)中空宾语(t)指"那个小偷","那个小偷"不但意义上跟空宾语同指,而且本来就是从宾语位置移到前面去的,也就是说"那个小偷"在意义和形式上都跟空宾语有联系。(11b)中空主语(P)跟主句主语"警察"同指,但主句中"警察"却不是从空主语位置上移走的,而是本来就在主句主语位置上,也就是说"警察"只在意义上跟空主语相同,在形式上却没有联系。(11c)中的反身代词"自己",跟主句主语"那个小偷"也是只在意义上同指,并没有形式上的联系,它们同样各有各的位置。(11d)中的人称代词"他"更只是可能在意义上跟"那个小偷"同指(还可能不同指),当然就更跟主句主语没有形式的联系。所以尽管代词(人称代词和反身代词)或空语类(空主语和空宾语)都有语义所指问题,而且都可以用所指下标"i/j/k"标注与某个词语同指或不同指,但它们语义所指的性质却不相同。

再从语言现象上看为什么要研究"语义所指"问题。

一方面,以往对于人称代词和反身代词用法的解释都不太严格。比如人称代词。传统的语法解释是代词只能跟出现在前面的某个名词同指,实际上这一条解释不但太笼统,而且也不一定对。例如:

(12) a. If he is here, John will do it. (如果他在这儿,约翰一定会这么做。)

    b. 想讨好她父亲的人争先恐后地向小芳献殷勤。

(12a)的例子翻译成汉语不一定好,但英语句子本身没有问题。这说明英语中人称代词"he"可以出现在被指代名词"John"（包括出现在另一分句中）的前面。(12b)汉语的例子就更是如此,即人称代词"她"完全可以跟出现在后面的名词"小芳"同指。

再如反身代词。传统的语法解释是反身代词只要跟先行词的人称、数一致,就可以同指;或者说反身代词要跟离得比较近的名词同指。这些解释对于英语和汉语都不够准确。例如:

(13) a. John asked Miss Wang to criticize * himself / herself.
     b. 李经理要求王小姐严格要求 * 他自己 / 她自己。

(14) a. Miss Wang never talked to us about * ourselves / herself.
     b. 王小姐从未对我们说起过 * 我们自己 / 她自己。

(13a)中反身代词前面有两个指人名词,可是并不是随便选用一个反身代词就行了,实际上这个句子里只能用"herself/她自己"与"Miss Wang/王小姐"同指,不能用"himself/他自己"与"John/李经理"同指,如果换了人称和性句子就不通了。如果说(13)是因为反身代词离"Miss Wang/王小姐"比较近,而离"John/李经理"比较远,那么(14)说明,有时在结构内有两个名词的情况下,离得近的名词,如"us/我们",不能用反身代词照应,而离得远的名词,如"Miss Wang/王小姐",反而能用反身代词照应,可见距离远近也不是反身代词所指的条件。

另一方面,人称代词、反身代词和空语类的语义所指也还有很多现象没有得到解释。比如下面是英语和汉语看上去差不多的句子,可是其中人称代词和反身代词的指代或照应情况却并不一样。比较和体会下面句子的意思:

(15) a_1. Nobody said he was right. / * Nobody said himself was right.
     a_2. 没有人说他对。/没有人说自己对。
     b_1. Everybody said he was right. / * Everybody said himself was right.
     b_2. 所有人都说他对。/所有人都说自己对。
     c_1. Somebody said he was right. / * Somebody said himself was right.
     c_2. 有些人说他对。/有些人说自己对。

（15）是英语和汉语词对词翻译。但学过英语的人都知道，英语句子中的人称代词"he"可以指代带有逻辑量词的名词，包括"everybody（所有人）/somebody（有些人）"，甚至包括"nobody（没有人）"；同时这个"he"似乎还可能指代另外的一个人。但汉语用人称代词"他"似乎只能指代结构外另一个人，不能指代量化名词，不管是"所有人、有些人"，还是"没有人"，都不能用"他"指代；如果要指代结构中的量化名词，就最好改用反身代词"自己"，而英语同样的句子如果也用反身代词就会不合格。这组例子说明，不但在英语和汉语相同的句子中，人称代词"he/他"的用法可能不一样，而且汉语反身代词"自己"还可以有英语人称代词"he"的用法，或者反过来说英语人称代词"he"还有汉语反身代词的用法。

再如过去汉语语法研究中一般不讨论空宾语问题，只说"宾语倒装"。一般认为，如果宾语要前移到句首，则主语指人和宾语指物，倒装就没有问题；如果主语和宾语都是指人的名词，宾语就不能倒装。比较下面的例子：

（16）a_1. 老王抓住了绳子。　　　　a_2. 绳子老王抓住了。

　　　a_3. 老王绳子抓住了。　　　　a_4. 绳子抓住了。

　　　a_5. ?老王抓住了。

　　　b_1. 警察抓住了小偷。　　　　b_2. 小偷警察抓住了。

　　　b_3. 警察小偷抓住了、　　　　b_4. 小偷抓住了。

　　　b_5. *警察抓住了。

　　　c_1. 老王抓住了小李。　　　　c_2. *小李老王抓住了。

　　　c_3. *老王小李抓住了。　　　　c_4. *小李抓住了。

　　　c_5. *老王抓住了。

其实上面的说法并不准确，像（16b）主宾语也都是指人名词（警察/小偷），宾语倒装受到的限制就要小得多。其实（16）中三组例句应该没什么区别，即宾语都可以倒装，或者说都有空宾语的语义所指问题。而对这类现象需要回答的问题是，根据什么才能知道倒装以后空宾语的语义所指，在（16a）中比较清楚，在（16b）中就要差一些，在（16c）中就更差些。

前面（8）曾举过空主语语义所指的例子，即不同的动词结构对从句的空主语是否跟主句主语同指会有影响。实际上这个问题还可能有更复杂的情况。比较下面的例子：

（17）a₁. 老王要求（　）提职。（＝老王提职）

　　　a₂. 老王要求（　）陪床。（＝老王/别人陪床）

　　　a₃. 老王要求（　）赔偿。（＝别人赔偿）

　　　b₁. 局长决定（　）星期六去。（＝局长去）

　　　b₂. 局长通知（　）星期六去。（≠局长去）

　　　c₁.（问问局长小李什么时候去），局长决定（　）星期六去。（≠局长去）

　　　c₂.（局长说过什么时候去了吗），局长通知（　）星期六去。（＝局长去）

　　（17a）主句是相同的动词"要求"，但（17a₁）从句动词"提职"的空主语跟主句主语"老王"同指的可能性比较大；而（17a₃）从句动词"赔偿"的空主语跟主句主语"老王"同指的可能性就比较小；（17a₂）从句动词"陪床"则介于两者之间。这说明从句谓语动词不同，也会影响到从句空主语的所指。进一步说，（17b₁）中主句动词"决定"使得从句谓语"星期六去"的空主语倾向于与主句主语"局长"同指，（17b₂）主句动词"通知"使得从句谓语"星期六去"的空主语倾向于不是"局长"，这是前面（8）说过的不同动词结构对从句空主语所指的影响。但又如（17c）所示，如果有不同的上文，则（17b）从句空主语的所指又会恰恰相反。这就说明即使主句动词和从句动词都不变，仍然有其他因素影响从句空主语的所指。

8.3　约束理论与人称代词和反身代词的语义所指分析

　　对于人称代词和反身代词的所指问题，目前大家公认解释力最强的是"约束（binding）理论"。"约束"是个逻辑学术语，本来的意思是指"逻辑量词"与"变项"的关系。借用"约束"的名称来解释代词与名词之间的所指关系，意思就是两个成分如果"约束"则一定同指，如果"非约束（自由）"则一定不同指。定义"约束"还需要涉及"域（domain）"的概念，"域"的定义是"包含了完整的中心成分和补足成分的功能复合体"，或者说就是"包含一个广义主语名词和一个补足名词的S（句子）或者NP（名词短语）"。比如"老王买了本书"或者"老王的书"，其中都包括了两个名词性成分"老王"和"书"，所以就是一个"域"。

有了上面这些基本的概念,再来看几组包含人称代词和反身代词的例子(注意体会其中下标表示的所指关系)。比较:

(18) a. [小王$_i$喜欢自己$_i$]。

　　　b. [小王$_i$喜欢他$_j$]。

　　　c. [小王$_i$喜欢那姑娘$_j$]。

(19) a. 小王$_i$知道[小李$_j$喜欢自己$_I$]。

　　　b. 小王$_i$知道[小李$_j$喜欢他$_{i/k}$]。

　　　c. 小王$_i$知道[小李$_j$喜欢那姑娘$_k$]。

(20) a. [小王$_i$喜欢自己$_i$的照片]。

　　　b. [小王$_i$喜欢他$_j$的照片]。

　　　c. [小王$_i$喜欢那姑娘$_j$的照片]。

(21) a. 小王$_i$知道[小李$_j$对自己$_j$的批评]。

　　　b. 小王$_i$知道[小李$_j$对他$_{i/k}$的批评]。

　　　c. 小王$_i$知道[小李$_j$对那姑娘$_k$的批评]。

"约束理论"对上面例句中语义所指关系的解释是这样做的:首先是把所有的指人的名词性成分分为三类:第一类叫作"照应词(anaphor)",即反身代词,如"自己/himself"等;第二类叫作"代名词(pronominal)",即第三人称代词,如"他/he/him"等;第三类叫作"指称词(referential expression)",即一般指人名词,如"小王/那姑娘/John"等。在这个基础上就可以建立"语义所指关系约束三原则",如(22):

(22) 语义所指的约束原则:

　　　A:照应词在管辖语域内受约束(即可以与域内指人名词同指);

　　　B:代名词在管辖语域内自由(即不可以与域内名词同指,但可以与域外名词同指);

　　　C:指称词永远自由(即不管与域内还是域外的指人名词都不能同指)。

用(22)的"约束原则"来解释(18—21)例中各种所指关系,就可以得出比较概括和统一的结论:所有的"照应词(反身代词)",都只能跟域内(方括号内)的指人名词同指,而不跟域外(方括号外)的指人名词同指,这就是约束 A 原则;所有的"代名词(第三人称代词)",都不能跟域内(方括号内)的指人名词同指,却可能跟域外(方括号外)的指人名词同指,这就是约束 B 原则;所有的"指称词(指人名词)",永远都不能跟结构内外(方括号内外)的任何指人词语同指,这就是约束 C 原则。

"约束原则"主要是解释代词语义所指关系的理论原则。但这个原则也不是完全没有问题,特别是在汉语研究中发现的问题就更多,怎么解决这些问题也就有不同的意见。

首先说说代词所指现象跟"约束原则"在理论定义上有关的一些讨论。

这方面的讨论主要涉及的问题是怎么合理解释人称代词与反身代词的对立与交叉。因为根据约束 A 原则,照应词(反身代词)在域内必须受约束,而根据约束 B 原则,代名词(人称代词)在域内不受约束。这样从理论上推论就应该得到一个结论:凡是能用照应词的地方就不能用代名词,凡是能用代名词的地方就不能用照应词,即二者互补分布。可是汉语的实际情况却不一定是这样。例如:

(23) a. 老王_i看到了自己_i的照片。
　　 b. 老王_i看到了他_{i/j}的照片。

按理说(23)的两个例子应该具有同样的"域",其中反身代词和人称名词就应该有不同的所指关系,可是"自己"和"他"却似乎都可以和"老王"同指。(23)这种情况就引起了很多争论,其中最主要的有两种解决意见。

第一种意见是可以不修改"约束原则",而根据汉语的特点修改"域"。这种意见也就是定义汉语反身代词"自己"和人称代词"他"的"域"不一样。比如说,反身代词域内必须有一个指人的"主语",要取"广域(S)",而人称代词域内不一定有指人的"主语",可以取"窄域(NP)"。所以(23a)的域才需要扩大到包含"老王"的整个句子(老王看到了自己的照片),(23b)的域就只是包含"他"的名词短语(他的照片)。这样(23)的情况似乎也就可以解释了,因为根据约束 A 原则,反身代词是跟域内的名词同指;而根据约束 B 原则,人称代词"他"则本来就可以跟域外成分同指。

然而即使这么处理还是有问题。因为不光(23b)中的人称代词"他"可以跟域外名词同指，其实反身代词"自己"也可以跟域外的名词同指。比如下面(24)中的"自己"就可以跟已经扩大的广域以外的"老王"同指，两种代词的所指情况又一样了。比较：

(24) a. 老王$_i$说[小李$_j$知道自己$_{i/j}$下午没空]。
　　 b. 老王$_i$说小李$_j$知道[他$_{i/j/k}$下午没空]。

　　第二种意见是不修改"管辖语域"，干脆根据汉语的特点修改"约束原则"。这种意见是说，考虑到汉语反身代词"自己"和人称代词"他"语义所指的交叉现象，不妨在三条"约束原则"之外再加上一条新的原则。英语的照应词（反身代词）、代名词（人称代词）和指称词实际上根据语义所指关系的性质可以用"[±照应词性(±约束 A 原则)]"和"[±代名词性(±约束 B 原则)]"两个参数值来分别定义，即英语照应词可以定义为"[＋照/－代]"，英语代名词可以定义为"[－照/＋代]"，英语指称词可以定义为"[－照/－代]"。但汉语要加上一条，即汉语除了也有上面说的三类成分外，还另有一个"自己"，可以定义为"[＋照/＋代]"。也就是说，汉语中的复合形式反身代词"他自己"才是典型的照应词，而单用形式反身代词"自己"则介于照应词和代名词之间，同时具有照应词和代名词的性质。这样也就能解释为什么(25)中的"自己"可以跟域外名词同指，而换成"他自己"就不能指到域外了。比较：

(25) a. 老王$_i$说[小李$_j$知道自己$_{i/j}$下午没空]。
　　 b. 老王$_i$说[小李$_j$知道他自己$_j$下午没空]。

　　其次说说人称代词所指现象在"约束理论"解释上的一些问题。

　　一般说，人称代词的所指都是符合约束 B 原则的，如(18—21)所示，人称代词与结构内其他词语，域内不同指，域外可同指（也可不同指）。但汉语人称代词跟域外名词的所指关系有没有规律呢？这就是在约束 B 原则基础上需要再深入研究的一类问题。看下面一组例子：

(26) a. [小王$_i$喜欢他$_{*i/j}$]。
　　 b. 小王$_i$喜欢[他$_{i/j}$的老师]。
　　 c. [小王$_i$的老师$_j$喜欢他$_{i/*j/k}$]。
　　 d. 小王$_i$的老师$_j$喜欢[他$_{*i/j/k}$的学生]。

看起来(26a/b)都符合约束 B 原则。但(26c)中"他"却可跟域内(方括号内)的"小王"同指;而(26d)中"小王"也在域外(方括号外),"他"和"小王"却仍不能同指。可见对于人称代词能不能跟域外名词同指,单单靠约束 B 原则说"可同指可不同指"还不够严格。不难发现,(26)中"喜欢"两边出现的成分有两种形式,即分别为"单个名词"或"带定语的名词词组"。这样再来看其中的所指差别:如果"他"和名词都是单个名词,或都是名词词组的中心语,或都是名词词组的定语,二者就不能同指;只有当"他"和名词作定语和作中心语不一样(即互为中心语和定语的关系)时才可以同指。据此就可以建立"简单句内人称代词指代规则",如(27):

(27)简单句内人称代词指代规则:
在句子(S)内,当 NP_1 统治 NP_2 时,若 NP_2 中"他"是中心语,则 NP_1 的中心语不能与之同指;若 NP_2 中"他"是修饰语,则 NP_1 的修饰语不能与之同指。

最后再说说反身代词所指现象在"约束理论"解释上的一些讨论。

前面实际上已经提到,采用"约束原则"这种形式化规则最难处理的就是汉语反身代词。因为根据约束 A 原则,照应词(反身代词)只能被约束在管辖语域内,即与域内名词同指。英语确实如此。可是汉语的反身代词,尤其是"自己",却经常可以跟域外的名词同指。例如:

(28)a. [老王$_i$说[小李$_j$知道[自己$_{i/j}$喜欢小张$_k$]]]。
比较:J said [that B$_i$ liked himself$_i$].

b. [老王$_i$说[小李$_j$知道[小张$_k$喜欢自己$_{i/j/k}$]]]。
比较:J said that B knew [that F$_i$ liked himself$_i$].

仔细体会(28)中汉语的例子,其中的"自己"不但可以跟域外的"老王"同指,而且似乎同指的可能性还要大于域内的"小李"或"小张"(只有换成"他自己"才不容易指到域外去)。对这种现象怎么解释也就引起了很多争论。对此目前主要有两种解决意见。

一方面的意见还是用形式规则来解释。比如提出"长距离约束说"和"主语倾向说"等。"长距离约束说"的意思是,汉语跟英语不同,英语反身代词只能在域内被约束,并且只跟域内名词同指,而汉语反身代词还可以被域外的距离很远的名词约束并与之同指。"主语倾向说"的意思是,汉语的反身代词"自己"首先倾向于跟根句的大主语同指,或者说越是前面的大主语越容易同指。下面(29)更可以看出好像各种结构各种位置的"自己"都有长距离约束或首先选择跟根句的大主语同指。比较:

(29) a. 老王说小李知道自己下午没空。 　　　　(宾语小句)

b. 老王告诉小李自己要来。 　　　　　　　(双宾结构)

c. 老王送给小李一本自己的书。 　　　　　(双宾结构)

d. 老王不愿意跟小李说自己。 　　　　　　(状中结构)

e. 老王因为小李批评了自己而不高兴。 　　(连谓结构)

f. 老王为自己工作。 　　　　　　　　　　(介词结构)

g. 老王不喜欢批评自己的人。 　　　　　　(定中结构)

(29)中各种结构样式都有,"自己"出现的位置也不同,但不管"自己"出现在什么结构的什么位置上面,也不管结构中有几个名词和距离远近,从语感体会,这些"自己"确实都倾向于跟根句的大主语"老王"同指。如此似乎就可以认为,汉语"自己"可跟所有节点的指人名词同指(即被约束),但其所指关系有一种从外到内的选择顺序:如果前面的指人名词有主语也有非主语,"自己"首先选择跟主语名词同指;如果前面的指人名词都是主语,"自己"首先选择跟最外边的大主语同指。有人甚至还提出,反身代词的管辖语域在各种语言中是不同的,可能在汉语中管辖语域最大,一直可以延伸到根句,因此汉语的"自己"往往要指到最外边的主语名词。类似的语言还有日语的反身代词"zibun"和朝鲜语的反身代词"caki",因为也都是倾向于跟大主语同指。而在其他语言中(如英语)则域比较小,还是限于内层的句子,因此"oneself"就只能与最内层的主语名词同指。据此就可以规定各种语言中反身代词管辖语域的"参数化特征":有的只受"域"的约束,有的还受到"主语"的约束。

不过要接受上面的说法,还必须证明汉语中所有的句子都是如此。有人就提出反驳意见说,即使在汉语中"长距离约束"和"主语倾向性"也不是绝对的,更不是本质性的。比如下面(30a—d)例子中的"自己"就很难说仍是跟大主语同指,而(30e)例子中甚至没有主语,(30f)中的"自己"还跟后面的宾语"他"同指。比较:

(30) a. 老王一直被我们当作自己的榜样。　　　（被字句）

b. 老王把小李关在了自己的房间里。　　　（把字句）

c. 我曾问过他们好几遍自己的名字。　　　（双宾句）

d. 人们给他的评价比自己意料的好。　　　（比字句）

e. 使他常引以为豪的是自己的战功。　　　（使字句）

f. 为了自己的利益谁也阻挡不了他。　　　（状中句）

另一方面的意见是考虑到在"约束原则"范围内或者对"约束原则"修修补补的办法都很难对汉语反身代词"自己"的所指关系做出解释，因此也就有很多学者开始撇开"约束原则"，试图寻找非句法的一些解释。其中解释力最强的是"论元等级效应说"。

有学者研究了很多语言的情况，发现结构的"述谓性"和名词的"论元角色"对汉语反身代词"自己"所指的影响很大。所谓"述谓性"，即一个语言片段（包括词语）有动作行为的含义。所谓论元角色，即名词在结构中体现的"施事、受事、工具、处所、对象"等的语义性质。这样就可以发现，假设充当结构中"自己"先行语（也就是跟"自己"同指的名词）的论元角色的选择顺序是"施事 > 经验者 > 对象 > 客体 > 受事"，那么在句法上其他条件相等的情况下，论元角色等级高的主语名词就具有担任"自己"先行语的优先权。前面讨论的所有例子中"自己"的"主语倾向性"其实都可以看作是这个原因。再比较下面的例子：

(31) a. 老王告诉小李自己以前的想法错了。

b. 这件事告诉小李自己以前的想法错了。

(31a) 中的"自己"跟根句主语"老王"同指，可是同样结构的 (31b) 中的"自己"却只能跟双宾的间接宾语（近宾语）"小李"同指。按理"小李"连主语都不是，可为什么又能跟"自己"同指呢？这是因为 (31a) 中"老王"和"小李"分别是动词"告诉"的"施事"和"对象"，而"施事"的论元等级高于"对象"，所以"自己"就选择跟"老王"同指；而 (31b) 中的名词"这件事（客体）"和"小李（对象）"，"对象"的论元等级又高于"客体"，所以"自己"就只能选择跟"小李"同指了。下面再看更多情况的例子。比较：

(32) a. 小李的老板的阴谋害了自己。

b.小李的老板的钱害了自己。

(33)王朔的书里有关于自己童年的描写。

(34)老王把小李关在了自己的房间里。

先看(32)。看起来(32a)中的"小李"和"老板"都是指人名词作定语，可是"自己"却指"老板"，不指"小李"，这是为什么呢？这就要看这两个名词跟"阴谋"的关系，"阴谋"是"老板"的，不是"小李"的，而"老板的阴谋"就意味着"老板制造了阴谋"，这就暗含着一个述谓性结构，"老板"也就有了"施事性"，施事论元等级最高，所以"自己"指"老板"。那为什么同样结构的(32b)中"自己"却既能指"老板"又能指"小李"呢？这是因为"小李"和"老板"以及"老板"和"钱"都是领属关系，因此无论"小李有老板"还是"老板有钱"，"小李"和"老板"的论元等级都一样，所以"自己"就可以跟两个名词都同指。

再看(33)。这句话看起来没什么问题，而且"自己"也就是指"王朔"。但其实这句话有一个前提，就是这本书必须是王朔"写"的，而不是王朔"拥有"的。因为只有在前一种意义上（王朔写书）"王朔"才具有"施事性"，这时论元的等级高，才可以被"自己"所指；而后一种意义（王朔有书）中"王朔"只有"领有性"，这时论元等级就比较低，不但"自己"不能与之同指，而且这个意义的句子也就不通了。

还有(34)。如根据"把字句"特点，"自己"应该跟"小李"同指；而根据"主语倾向"特点，"自己"应该跟"老王"同指。这种跟两个名词都可同指的情况可以这样看：这个句子包含了两个述谓结构，即"老王关小李"和"小李在屋里"，这样一来"老王"和"小李"的论元等级就几乎是相同的，所以"自己"也就既可能指"老王"，也可能指"小李"了。

还有一种分析是从"语用功能"来考虑的，即反身代词的语义所指也可能受到语用条件的一些限制。比如从下面的例子就可以总结出这样的一些规律。比较：

(35)a.小李对小芳说起过自己。

　　b.?一个人对小芳说起过自己。

c. ?? 一些人对小芳说起过自己。

　　d. ??? 一些人对我说起过自己。

　　根据"约束原则",(35)中的"小李、一个人、一些人"都在域内,按理说"自己"都可以与之同指,可实际上这些句子的合格度却越来越低。其中的道理从语用功能分析看就在于反身代词的语义所指在理解上有几条要求:一是反身代词倾向于跟主语同指,二是反身代词倾向于跟有定名词同指,三是反身代词倾向于跟说话人同指。如果符合全部三个条件,反身代词的所指性就强;如果不符合其中某个条件或者不符合所有条件,则反身代词的所指性就差,甚至句子不合格。(35a)符合的条件最多,"小李"既是主语又是有定名词,"自己"指"小李"就最自然;(35b)中"一个人"是主语但不是有定名词,"自己"与之同指就差一些;(35c)中的主语是更不确定的"一些人","自己"很难同指;而(35d)主语虽然也是"一些人",可是中间又有"我",这样"自己"就得先去找"我",可是"我"又不是主语,不符合第一个条件,因此句子的合格性就最差。

8.4　约束理论与空主语和空宾语的语义所指分析

　　前面说过,约束 A 原则和约束 B 原则是两个对立原则,因此就可以根据照应词(反身代词)和代名词(人称代词)所指关系的不同性质,用"[± 照应词性(± 约束 A 原则)]"和"[± 代名词性(± 约束 B 原则)]"两个参数值来分别定义各种指人的名词成分。而这两个参数值其实也可以用来定义不同类型的空语类,这样"约束原则"也就可以用来处理空语类的语义所指关系。看下面图表列出的实词语类和空语类的约束性质特征:

(36)实词语类和空语类的对应约束特征:

约束特征:	a. 实词语类	b. 空语类
[+ 照(A)／ − 代(B)]	=照应词	= NP-t(NP 空宾语)
[− 照(A)／ + 代(B)]	=代名词	= WH-t(WH 空宾语)
[− 照(A)／ − 代(B)]	=指称词	= pro(省略空主语)
[+ 照(A)／ + 代(B)]		= PRO(隐含空主语)

(36a)列出的是根据"约束原则"对指人名词的分类结果;相应地, (36b)就是根据"约束原则"对空语类的分类结果。因为一般来说不会有一种指人名词既符合约束 A 原则又符合约束 B 原则,亦即在语域内既受约束又不受约束(暂不考虑前述有人提出汉语的"自己"可以单独列一类的意见),所以指人的名词只有三类。但空语类中"隐含 P"则似乎可以具有"[+照(A)/+代(B)]"这种约束特点,即"隐含 P"至少从语义所指关系上看又像照应词,又像代名词。这样从(36)看,有彼此对应的三类实词语类和四类空语类。

前面说过,空语类在汉语中大致上可以分成两大类,即主语位置上的空语类(空主语)和宾语位置上的空语类(空宾语)。既然照应词(反身代词)、代名词(人称代词)和指称词的语义所指可以根据约束原则来解释,那么相对应的空语类(包括移位空宾语和隐含空主语)也就应该可以根据约束原则来确定各自的语义所指。但事实上无论是确定汉语空主语还是空宾语的语义所指关系都远远要比确定其他语言(比如英语)中空语类的语义所指关系复杂。

一个原因是像英语这样的语言中的空主语和空宾语通常只出现在"句子结构"(包括主句和从句)中,而汉语空主语和空宾语除了可以出现在句子结构中,还可能出现在"动词性并合结构"(如动补结构、"得"字结构)中。后者空语类的语义所指关系当然就比较复杂。比如下面(37)的两种动补结构都包括两个动词结构,这种结构中当然也就可能包含空主语或空宾语,但是由于实际上其中哪个位置上有空主语或空宾语都不好确定,当然就更不容易说清楚空主语或空宾语的语义所指了。比较:

(37)a. 猴子摔倒了大象。(猴子和大象:谁摔谁,谁倒了)

　　　b. 这孩子追得他直喘气。(孩子和他:谁追谁,谁喘气)

另一个原因是像英语这样的语言中的空主语一定是隐含形成的"隐含 P",空宾语一定是移位形成的"语迹 t",也就是说不会出现非隐含的空主语和非移位的空宾语。但是汉语除了可以出现"隐含 P"和"语迹 t",而且无论是主句还是从句,无论是主语位置还是宾语位置,都还可以出现由省略造成的"省略 e"。这样一来汉语空语类的语义所指关系当然就比较复杂。比如下面(38)中,同样是空主语,可以是隐含造成的,也可以是省略造成的;

同样是空宾语,可以是移位造成的,也可以是省略造成的。这样两种情况交叉在一起,当然也就更不容易说清楚空主语或空宾语的语义所指了。比较:

(38) a₁. 晚饭我吃过了 t 。(t = 晚饭)   a₂. 我吃过了 e 。(e = ?)

 b₁. 他打算 P 出发。(P = 他)   b₂. 他同意 e 出发。(e = ?)

正因如此,汉语空主语和空宾语的语义所指关系要像英语那样只用"约束原则"来解释就会碰到一些困难。其中有些问题在本讲前两节已做过初步的讨论。下面只举一个汉语空宾语(即"语迹 t")语义所指关系研究的例子,来看看这方面研究中一些问题的讨论。

空宾语在英语中其实就是指由宾语移位造成的"语迹 t"。英语中的宾语移位有两种情况:一种是"NP 移位",即原来的宾语移到句子结构的主语位置(后面是谓语结构),也就是构成"被动结构",这种空宾语是"NP 语迹";另一种是"WH 移位",即原来的宾语移到句子的句首位置(后面是句子结构),也就是构成"话题结构"和"疑问结构",这种空宾语是"WH 语迹"。例如:

(39) a. [The man was killed t]. (那个人被杀了。)(被动结构:NP 移位, t = the man)

 b₁. The man [John knows t]. (那个人约翰认识。)(话题结构:WH 移位, t = the man)

 b₂. Who did [John know t]? (哪个人约翰认识?)(疑问结构:WH 移位, t = who)

按照(36)的约束对应特征:(39a)英语中相当于照应词(反身代词)的空宾语"NP 语迹"的所指也要遵守约束 A 原则,即与域内(方括号内)成分(the man)同指;(39b)英语中相当于代名词(人称代词)的空宾语"WH 语迹"的所指也要遵守约束 B 原则,即不能与域内(方括号内)成分(John)同指,但可以与域外(方括号外)成分(the man/who)同指。

汉语除了没有疑问结构移位外(即构造疑问句不需要让疑问词移位到句首),应该说也有这两类空宾语。而且表面上看,汉语空宾语的语义所指关系跟英语也差不多,即也是"NP 语迹 t"的所指遵守约束 A 原则,"WH 语迹 t"的所指遵守约束 B 原则。例如:

(40)a.[那个人被杀死了 t]。(被动结构:NP 移位,t = 那个人)

　　b.那个人[老王认识 t]。(话题结构:WH 移位,t = 那个人,≠老王)

但实际上至少对于"WH 移位"形成的空宾语来说,汉语空宾语比英语空宾语的条件要宽松。也就是说,英语中的宾语名词如果不前移到句首就不会有空宾语;而汉语即使找不到前移的成分,仍然可能有空宾语。比较:

(41)a. That man John knows(t).(那个人约翰认识。)

　　b. * John knows(t).(约翰认识。)

　　c. John knows him.(约翰认识他。)

(42)a. 那个人张三认识(t)。

　　b. 张三认识(?)。

　　c. 张三认识他。

上面的例子就提出了这样一个问题:如果说英语(41a)和汉语(42a)中都发生了 WH 移位而存在空宾语,那么相应地,(41b/42b)中是否也有空宾语(包括为什么(41b)不成立)? 如果都有空宾语,这种空宾语属于哪一种空语类? 这种空语类的语义所指关系又怎么通过约束原则来解释? 语言学家们在这个问题上发生了一场很有意思的争论。

比如有的学者认为(41/42)这种现象还是可以采用约束 B 原则来解释。解决的办法就是把汉语(42b)也看成有一个 WH 移位后前移到句首的名词成分作话题,即动词后存在空宾语"语迹 t",但同时这个移位到句首成分的位置又是空的,即又存在"空话题"。之所以会这样,其中一个原因就是汉语是一种"话题突出"的语言,所以可以有空话题;而英语是"主语突出"的语言,所以不可以有空话题。如果这样解释,汉语的空宾语也就能跟英语的空宾语(即 WH 移位造成的"语迹 t")一致了。比较:

(43)a_1.(那个人$_i$)张三$_j$认识 t_i。　　(空话题结构)

　　= a_2.那个人$_i$张三$_j$认识 t_i。　　(名词话题结构)

　　= b. That man $_j$ John knows t_i.　　(名词话题结构)

另外这种意见还认为类似的现象同样可以出现在带宾语从句的复合结构中,下面(44)中的空宾语(t)似乎也只能是跟主句和从句的主语以外

的空话题(括号中成分)所指相同,可见同样发生过"WH移位",然后再成为"空话题"。比较:

(44)(某个人$_i$)[张三$_j$说[李四不认识 t_i]]。(空话题结构:t = 某个人)

但是又有学者认为在约束原则内不能解决这个问题。因为一方面说,即使按照上面意见处理,汉语跟英语还是不完全一样。因为假定"空话题"这个办法是普遍有效的,那为什么(41b)"＊John knows"却不能用同样的办法救活呢? 另一方面,更重要的是,如果这样处理,也就是说原来的主语前面还有一个"空话题",那么就必须得证明所有带有"空话题"的句子(不是被动句)中的"语迹 t"绝不能与主语名词所指相同,否则约束 B 原则就会出问题。可是汉语中确实存在这种空宾语与主语所指相同的情况。比如下面(45a)就说明,在一定的语境下,空宾语可以跟主语所指相同;(45b/c)还说明,特定的动词也会使得单句结构和复合句结构中的空宾语跟主语所指相同。比较:

(45)a. 人人都认识自己,张三$_i$认识 t_i,

李四$_j$也认识 t_j。   (t = 张三/李四)

b. 张三$_i$常常吹嘘 t_i。   (t = 张三)

c. 小偷$_i$以为没人看见 t_i。   (t = 小偷)

针对(45)这种情况,前一位学者则反驳说,除开(45a)语境制约的因素不说,(45b/c)中实际上"语迹 t"并不等于名词性的主语(张三/小偷),而是等于动词性的成分"(某人)做某事",即整个句子的意思是"(张三)吹嘘'自己怎么样'"(t = 某人怎么样)和"(小偷)以为没人看见'他偷东西'"(t = 某人偷东西),所以这种例子并不能否定一般的出现空宾语的结构中还存在名词性空话题;更何况大多数的例子,如(43—44),就不是这种情况,也就是说大多数空宾语还是等于空话题而不等于主语。

但后一位学者又进一步论证说,汉语中类似(45b/c)的例子很多,而且还有些例子恐怕根本就不能把空宾语解释为"某人做某事",只能理解为主语名词,也就是说有些空宾语仍然可以与主语所指相同,如(46a/b/c)。即使像(44)这样带从句的结构中存在空话题也有例外,因为同样可找到复合结构中的空宾语跟主语同指的例子,如(46d):

(46) a. 孩子ᵢ怕老师打 tᵢ。　　　　　　　（t＝孩子）

　　 b. 张三ᵢ喜欢别人奉承 tᵢ。　　　　　　（t＝张三）

　　 c. 弟弟ᵢ总是要妈妈抱 tᵢ。　　　　　　（t＝弟弟）

　　 d.［小偷ᵢ以为［没人看见 tᵢ］］。　　　（t＝小偷）

那么为什么前面(44)"张三说李四不认识 t"中"语迹 t"指根句主语"张三"或从句主语"李四"的可能性比较小呢？后一位学者又解释说：那是因为在没有上下文的情况下，这种句子中的空宾语"语迹 t"其实可以指任何人，而且每个人的概率都很小，比如说这句中的空宾语指"张三"的可能性并不会比指"奥巴马"的可能性更小；只是把"张三"与其他所有所指可能性相比，当然指"张三"的可能性就要小了。他认为，具体说来汉语中的空宾语到底指什么，特别是能否跟主语所指相同，要受到三个方面因素的影响。

一是受语用因素影响。如下面(47)中为什么空宾语指主语"张三"的可能性大呢？那是因为事实上李四可能不肯帮助任何人，但其他人与张三非亲非故，李四不帮别人，张三不会责怪，而只有李四不帮张三，张三才会责怪，所以空宾语(t)很大可能指"张三"。

(47)［张三ᵢ责怪［李四不肯帮助 tᵢ］］。　　　（t＝张三）

二是受动词词义的影响。如下面(48)中为什么空宾语会指根句主语"皇帝"呢？那是因为根据大臣朝见的对象只能是皇帝，而每个国家的大臣也只朝见本国的皇帝，一个国家的皇帝又只有一个人，所以空宾语(t)只能指"皇帝"。

(48)［皇帝ᵢ要［大臣朝见 tᵢ］］。　　　　　（t＝皇帝）

三是受名词词义的影响。如下面(49a)在没有上下文的情况下，空宾语(t)不容易指主语"我"，一般指别人；(49b)中空宾语(t)指主语"我"的可能性则稍大些；而(49c)中空宾语(t)指主语"罪犯"的可能性就相当大，因为"警察"与"小偷"在词义上就存在"逮捕者"与"被逮捕者"的关系。比较：

(49) a. 我ᵢ说你逮捕了 tⱼ。　　　　　　　（t＝别人）

　　 b. 我ᵢ要求你逮捕 tᵢ/ⱼ。　　　　　　（t＝我／别人）

c. 罪犯ᵢ主动要求警察逮捕 tᵢ。　　　（t = 罪犯）

基于上述理由,后一位学者的意见就是,汉语并没有完全相当于"WH
语迹"的空宾语,也不存在所谓的"空话题"。跟英语那种严格的"WH 语迹
t"相比,汉语的空宾语的语义所指要受到多种因素的制约,不完全遵守约束
原则,因此可以叫作"自由空宾语"。

后来又有学者进一步举出例子来支持"自由空宾语"的意见,认为汉语
的空宾语没有严格的约束限制,只有不同的语用条件。他举的例子也很有
意思:

(50) 小刘担心厂长会从重处分 t。
　　　a. 小赵ᵢ小刘担心厂长会从重处分 tⱼ。　　　（t = 小赵）
　　　b. 小刘ᵢ担心厂长会从重处分 tᵢ。　　　　（t = 小刘）
　　　c. 小刘担心厂长ᵢ会（被）从重处分 tᵢ。　　（t = 厂长）

从(50)可以发现,同一种结构形式中包含的空宾语(t),在(50a)中指
结构以外的句首成分(小赵);在(50b)中指外层结构(主句)的主语(小
刘);而在(50c)中则指内层结构(从句)的主语(厂长)。可见其中到底是
哪种空宾语确实很难确定。

当然也有不少学者继续坚持约束原则,只不过稍加修改。比如首先把
汉语的空宾语分成"NP 语迹 t"和"WH 语迹 t"两大类。其中"NP 语迹 t"空
宾语,如"那个人被杀了 t",当然要遵守约束 A 原则。而"WH 语迹 t"空宾
语可以再分成两类:一类是结构最前面有移位成分的,如"那个人张三认识
t",这种空宾语要遵守约束 B 原则;另一类是结构最前面没有出现移位成分
的,如"张三认识 t",这种空宾语就是所谓"省略 e"空宾语,才不需要遵守约
束原则。

主要参考文献:

陈　平(1987)汉语零形回指的话语分析,《中国语文》第 5 期。

程　工(1994)生成语法对汉语"自己"一词的研究,《国外语言学》第 1 期。

程　工(1999)《语言共性论》,上海外语教育出版社。

韩景泉(1997)空语类理论与汉语空位宾语,《国外语言学》第 4 期。

胡建华(1998)汉语长距离反身代词化的句法研究,《当代语言学》第 3 期。

胡建华、潘海华(2000)NP 显著性的计算与汉语反身代词"自己"的指称,《当代语言学》第 1 期。

黄　衍(1992)汉语的空范畴,《中国语文》第 5 期。

蒋严、潘海华(1998)《形式语义学引论》,中国社会科学出版社。

吕叔湘(1979)《汉语语法分析问题》,商务印书馆。

吕叔湘(1986)汉语句法的灵活性,《中国语文》第 1 期。

沈　阳(1993)现代汉语中的隐含型空语类,《语法研究与应用》,北京语言学院出版社。

沈　阳(1994a)《现代汉语空语类研究》,山东教育出版社。

沈　阳(1994b)动词的句位和句位变体结构中的空语类,《中国语文》第 2 期。

沈　阳(1994c)句法结构中隐含成分的语义所指关系,《语言研究》第 2 期。

沈　阳(1997)名词空位的控制性同指、照应性同指与词汇性同指,《语言工程》,清华大学出版社。

沈　阳(1998)复指代词与照应代词的特殊价语形式,《配价理论与汉语语法研究》,语文出版社。

沈　阳(主编 2000)《配价理论与汉语语法研究》,语文出版社。

沈阳、何元建、顾阳(2001)《生成语法理论与汉语语法研究》,黑龙江教育出版社。

石定栩(2002)《乔姆斯基的形式句法——历史进程与最新理论》,北京语言文化大学出版社。

宋国明(1997)《句法理论概要》,中国社会科学出版社。

徐　丹(1990)C-统治概念与照应关系,《国外语言学》第 3 期。

徐　杰(1999)"打碎了他四个杯子"与约束理论,《中国语文》第 3 期。

徐烈炯(1988)《生成语法理论》,上海外语教育出版社。

徐烈炯(1990/1995)《语义学》,语文出版社。

徐烈炯(1991)汉语宾语从句中的空位主语,《中国语言文学研究的现代思考》,复旦大学出版社。

徐烈炯(1992)汉语语义研究的空白地带,《中国语文》第 5 期。

徐烈炯(1994)与空语类有关的一些汉语语法现象,《中国语文》第 5 期。

徐烈炯(1999a)反身代词的所指对象,《共性与个性——汉语语言学中的争议》,北京语言文化大学出版社。

徐烈炯(1999b)从句中的空位主语,《共性与个性——汉语语言学中的争议》,北京语言文化大学出版社。

徐烈炯(主编1999c)《共性与个性——汉语语言学中的争议》,北京语言文化大学出版社。

徐烈炯、刘丹青(1998)《话题的结构与功能》,上海教育出版社。

徐烈炯、沈阳(1998)题元理论与汉语配价问题,《当代语言学》第3期。

Chomsky, N.（邢公畹等译1979)《句法结构》,中国社会科学出版社。

Chomsky, N.（黄长著等译1986)《句法理论的若干问题》,中国社会科学出版社。

Chomsky, N.（周流溪等译1993)《支配和约束论集》,中国社会科学出版社。

第九讲

指向理论与语义指向分析

9.1 句法成分的不同语义联系和"语义指向"现象

第八讲讨论的"语义所指"，专指代词(人称代词和反身代词)和空语类(空主语和空宾语)跟另外多个成分中的某一个具有"相同"关系，即确定代词或空语类"相当于"结构内出现或没出现的哪个名词。而这一讲要讨论的"语义指向(semantic orientation)"，一方面不仅限于名词性成分的语义关系，也包括其他各种实词(包括动词、形容词和副词等)的语义关系；另一方面还专指一个成分跟另外多个成分中某一个具有"相关"关系，即确定某个词语跟结构内出现或可能没出现的哪个词语"相联系"。看下面例子：

(1) a₁. 老王吃<u>饱</u>了。　　　　　(= (老王吃东西)老王饱了)

　　a₂. 老王吃<u>光</u>了。　　　　　(= (老王吃东西)东西光了)

　　a₃. 老王吃<u>慢</u>了。　　　　　(= (老王吃东西)吃得慢了)

　　b₁. 老王<u>喜滋滋地</u>炸了　　　(= (老王炸花生)老王喜滋滋
　　　　盘花生。　　　　　　　　　的/喜滋滋的老王)

　　b₂. 老王<u>脆脆地</u>炸了　　　　(= (老王炸花生)花生脆脆
　　　　盘花生。　　　　　　　　　的/脆脆的花生)

　　b₃. 老王<u>早早地</u>炸了　　　　(= (老王炸花生)炸得早早
　　　　盘花生。　　　　　　　　　的/早早地炸)

(1a)的结构形式完全一样，谓语都是动补结构，补语都是形容词，但补语跟结构中哪个名词发生联系却不一样："饱"是跟主语名词(NP₁)"老王"

联系,意思是"老王饱";"光"是跟未出现的宾语名词(NP₂)"吃的东西"联系,意思是"(吃的东西)光了";"慢"是跟谓语动词(V)"吃"联系,意思是"吃(这个动作)慢"。(1b)的结构形式也完全一样,谓语都是状中结构,状语都是状态词,但是状语跟结构中哪个成分发生联系也不同:"喜滋滋地"是跟主语名词(NP₁)"老王"联系,意思是"老王喜滋滋地";"脆脆地"是跟宾语名词(NP₂)"花生"联系,意思是"花生脆脆的";"早早地"是跟谓语动词(V)"炸"联系,意思是"早早地炸(花生)"。这些例子反映的就是结构中相同位置的成分可能跟其他不同位置的多个成分中的一个相联系的现象,这也就是"语义指向"的意思。

例(1)的现象说明,汉语中句法结构关系和语义结构关系有时并不一致,或者说同一个结构中某个成分可能跟其他多个成分具有语义联系,而语义指向分析就是确定其中实际发生的一种语义结构关系,或者说语义指向分析就是"几个选一个(N选1)"的问题。

在一个动词构成的简单句结构中,就有可能存在"N选1"的语义指向问题。比较:

(2)a. <u>这药</u>你快吃了<u>它</u>。　　b. <u>水</u>我都浇了<u>花</u>了。

　　c. <u>小李</u>刚死了<u>父亲</u>。　　d. <u>文章</u>我写了<u>开头</u>。

上面(2)表面上看起来都存在某个成分(动词)可能跟另外两个名词(画线成分)相联系的问题,但是其中又有不同的两大类情况。前两例是一种情况:(2a)中"这药"和"它"实际上指同一样东西,所以"吃药"和"吃它"就不存在语义指向问题;(2b)动词"浇"联系的名词既可以是"水",也可以是"花",而且语义关系不同,"浇水"是"动作 + 材料","浇花"是"动作 + 受事",但在这个结构里动词实际上是同时联系这两个名词,即又"浇水"又"浇花",这也就不存在语义指向问题。但后两例则是另一种情况:(2c)中出现了两个指人名词,而且似乎都可以跟"死"联系,如"小李死"或"父亲死",这就需要确定到底是"谁死";(2d)出现了两个可以跟动词"写"联系的名词,即"写文章"和"写开头",但与前面(2b)不同的是"文章"和"开头"与动词"写"的语义关系都是"动作 + 受事(结果)",而一个动词在一个结构里实际上只可能支配一个"受事(结果)"名词,这样也就需要在这两个受事名词中确定到底是"写了文章"还是"写了开头"。可见后两例中就存在语义指向问题。

跟简单结构比起来,包含多个谓词性成分的复杂结构的语义结构关系当然也就比较复杂,因此就更可能存在"N 选 1"的语义指向问题。例如:

(3)a. 他圆圆地画了个圈。   b. 猴子摔倒了大象。

  c. 他在火车上写标语。   d. 反对的是少数人。

上面(3)各个例子中都包含两个谓词性成分。而语义结构有一个特点就是以谓词为单位,每增加一个谓词就可以看作增加了一个语义结构,语义结构多,当然需要联系的成分也就多些,加上有些成分还有隐含或省略,这样成分与成分的语义联系就会更复杂。如(3a)谓词成分"圆圆地"在结构中作状语,但语义上有修饰主语"他"、宾语"圈"和动词"画"三种可能。(3b)有两个谓词"摔"和"倒",两个语义结构就需要联系三个名词,即"摔"的施事,"被摔"的客体和"倒"的主体,这就需要确定究竟"谁摔谁"(猴子摔大象/大象摔猴子)和"谁倒"(猴子倒/大象倒)。(3c)有两个谓词"在"和"写","他写标语"很清楚,而问题在于是"他在火车上写(标语不在火车上)",还是"标语写在火车上(他不在火车上)",甚至"他在火车上写,标语也写在火车上"。(3d)是判断句,但判断动词"是"前边的"反对的"又是一个包含动词"反对"的结构,"反对"跟"少数人"有语义联系是肯定的,但问题在于"少数人"是作为施事跟"反对"相联系(少数人反对),还是作为受事跟"反对"相联系(反对少数人)。这些当然就都涉及语义指向的分析。

细心看前面所有的例句可能会发现,前面例子中说的"语义指向":有些如(1—2),很容易理解哪个成分跟哪个成分相联系,整个结构的意思也很清楚,也就是没有歧义,这就是"多指单义关系";有些如(3c/d),结构中不但涉及语义指向现象,而且正因为这样的现象使得整个结构意思不清楚,也就是有歧义,这就是"多指歧义关系"。后者的例子又如:

(4)a. 老王答应我再写一篇。

  ((老王答应我)老王再写一篇? /(老王答应)我再写一篇?)

 b. 这些书他们都看过了。

  (他们都(看过了)? /这些书都(看过了)?)

 c. 这孩子追得我直喘气。

(这孩子追我? /我追这孩子? / 这孩子喘气? /我喘气?)

d. 砍坏了。

(桌子(受事)砍坏了? /斧子(工具)砍坏了?)

虽然"多指单义"看起来简单些,即凭语感就可以做出判断;但从生成和理解句子的角度来看,如计算机理解汉语或者外国人学习汉语,就同样需要给出一定的解释规则。而包含"多指歧义关系"的结构虽然总的数量不大,但这些结构连说本族语的人理解起来都比较困难,当然就更是语义指向研究的重点和难点了。

9.2 "语义指向"对汉语复杂语义结构关系的解释作用

"语义指向分析"的目的主要是为了揭示句法结构和语义结构的不一致性,即指出句法成分之间在语义上的各种不同的联系。具体说,语义指向分析的作用可以从以下几个角度来看:

一是可以解释其他方法不能分化的歧义句式。前面说语义指向中有一类是"多指歧义关系",反过来说就是歧义结构中有些是由"多指"造成的,这种歧义有时用其他方法无法分化,必须通过结构成分的不同语义指向关系来解释。这就是语义指向分析的一个作用。例如:

(5) a. 老王有一个女儿,很满足。

　　 b. 老王有一个女儿,很漂亮。

　　 c. 老王有一个女儿,很骄傲。

(6) a. 老王在抽屉里逮住了蟑螂。

　　 b. 老王在飞机上看到了大海。

　　 c. 老王在房顶上发现了敌人。

上面(5)和(6)各自的结构层次和结构关系都是一样的。而且表面上看各自前面两句,即(5a/b)(6a/b),并没有歧义:(5a)肯定是"老王很满足",不是"女儿很满足",(5b)肯定是"女儿很漂亮",不是"老王很漂亮";(6a)肯定是"蟑螂在抽屉里",不是"老王在抽屉里",(6b)肯定是"老王在飞机上"，不是"大海在飞机上"。但最后一句即(5c)(6c)中句法成分的语义指向就不清楚了：(5c)既可能是"老王骄傲"，也可能是"女儿骄傲"；(6c)既可能是"老王在房顶上（敌人不在房顶上）"，也可能是"敌人在房顶上（老王不在房顶上）"，甚至可能是"老王和敌人都在房顶上"。这样回过头来看前两句就会发现，实际上(5)(6)所有例句都有歧义，只不过最后一句歧义比较明显罢了。这就说明，不但必须通过语义指向分析分化(5c)(6c)的不同意义，也需要通过语义指向分析说明为什么(5a/b)(6a/b)感觉不到歧义，或者说为什么前两句中的语义指向比较明确。事实上无论语义指向明确或语义指向不明确的哪一种情况，都必须依靠语义指向分析才可能加以分化和解释。

二是可以解释某些句法结构的语法意义。汉语中有些结构表面上理解起来没有问题，但其中特定的意义也需要借助语义指向分析来解释。这是语义指向分析的另一个作用。例如：

(7)a. 礼物我收到了不少。/香烟我只抽万宝路。

b. 自行车我换了链条。/这本书我撕了封面。

c. 电器我只买进口的。/穿的我最在意衬衣。

d. 大城市我喜欢上海。/歌星我最迷谢霆锋。

上面(7)在理解上都不会有问题，但仔细想想又不那么简单。(7)各例动词两边都有一个可以受动词支配的名词，如(7a)"收到礼物/收到不少"，"抽香烟/抽万宝路"，(7b)"换自行车/换链条""撕书/撕封面"，(7c)"买电器/买进口的""在意穿的/在意衬衣"，(7d)"喜欢大城市/喜欢上海""迷歌星/迷谢霆锋"。而这两个名词成分实际上是一个名词词组分裂成同样是名词性成分的两半，只是分裂后哪一半在前哪一半在后却不一定：(7a)"不少礼物""万宝路香烟"是中心语在前，修饰语在后；(7b)"自行车链条""这本书封面"是修饰语在前，中心语在后；(7c)"进口的电器""穿的衬衣"中"的字词组"和中心语都既可在前也可在后；(7d)"大城市上海""歌星谢霆锋"中同位成分也是一半在前一半在后。既然这两个名词都可以受动词支配，那为什么动词两边的名词成分有的是原来名词词组的中心语，有的是原来名词词组的修饰语，这里的原因就在于，分裂出现在动词两边的名词在论元角色上都是动词的"受事（客体）"（所以都能受动词支配），而在这种情况下动词就一定指向语义所指范围小的那一半:(7a)是"数量/性质 + 整体"名词词组分裂,语义所指范围小的就是修饰语,动词指向修饰语;(7b)是"整体 + 部分"名词词组分裂,语义所指范围小的就是中心语,动词指向中心语。也可以换一个角度看,如果两个论元语义相同的名词分别出现在动词的两边,只能是语义所指范围小的那一半在动词后边,语义所指范围大的那一半跑到动词前边,这样动词就永远指向动词后边那一半成分。这同样也能解释(7c/d)的情况:因为(7c)中的"的字词组"和(7d)中的同位词组,也一定是出现在动词后边成分的语义所指范围变得小一些。正是由于动词对相同语义类名词成分的这种指向限定作用,才使得(7)这样的句子凸显了动词和某个名词成分具有更严格的支配关系。

三是可以解释某些句法结构形式的变换条件。汉语中有些结构变换形式的允准和限制条件有时也需要通过语义指向来解释。这是语义指向分析的又一个作用。例如:

(8)a$_1$.老王喝光了酒。

　→ a$_2$.老王把酒喝光了。

　→ a$_3$. *这瓶酒就把老王喝光了。

　　b$_1$.老王喝醉了酒。

　→ b$_2$. *老王把酒喝醉了。

　→ b$_3$.这点酒就把老王喝醉了。

(9)a$_1$.小姑娘唱红了。

　→ a$_2$.这首歌唱红了小姑娘。

　→ a$_3$.这首歌把小姑娘唱红了。

　　b$_1$.这首歌唱红了。

　→ b$_2$.小姑娘唱红了这首歌。

　→ b$_3$.小姑娘把这首歌唱红了。

上面(8)和(9)看上去是差不多的结构,但是结构变换的情况就不一样。(8a$_1$)和(8b$_1$)的结构形式似乎一模一样,即都是"(主语) + 动补结构带宾语"。按照一般说法,"把字句"就是让宾语移位到动词前,再加上"把"就行了。可是这组例子说明,实际上只有(8a$_1$)可以让宾语"酒"跑到"把"

后构成（8a₂），构成（8b₂）就不行；反过来（8b₁）倒反而可以让主语"老王"跑到"把"后构成（8b₃），构成（8a₃）就不行。其实这其中的道理说起来很简单，即什么样的成分可以进入"把"后构成"把字句"，取决于补语形容词跟主语或宾语的语义指向关系，只有补语与什么成分联系，什么成分才能跑到"把"后边构成"把字句"。如（8a）是"酒光"，不是"老王光"，所以才可以"把酒喝光"；（8b）是"老王醉"，不是"酒醉"，所以才可以"把老王喝醉"。那又为什么（9）两句不管怎么变化，如（9a₂/b₂）加上宾语"小姑娘"或"这首歌"，或者（9a₃/b₃）让宾语"小姑娘"或"这首歌"跑到"把"后构成"把字句"，甚至直接让（9a₁/b₁）中的主语"小姑娘"或"这首歌"跑到"把"后构成"把字句"，句子都能成立呢？其中的原因仍然是补语与什么成分相联系，什么成分就能跑到"把"后边构成"把字句"。如可以"小姑娘红"，所以就可以"把小姑娘唱红"；也可以"这首歌红"，所以也就可以"把这首歌唱红"。上面这种通过语义指向分析得到的结论，不但证明过去所谓"把字句"是通过"宾语前置"构造形成的说法不准确，而且也解决了"把字句"研究中这种令人困惑的难题。

9.3　动词和名词之间支配性语义指向关系的类型和特点

语义指向现象从句法成分的性质上说主要是两大类。其中一大类就是动词和名词的语义指向关系，也就是"支配性语义指向关系"。这其中又包括三种情况。

第一种情况是一个动词和一个复杂名词词组之间的"焦点性指向关系"。一般说"动词 + 名词"在特定搭配时的语义类型关系总是单一的，比如"动作 + 客体""动作 + 工具"。但是如果动词支配的是由两个名词组成的名词词组，其中动词和名词的语义关系就不一定也是单一的了，甚至可能出现各种复杂现象。例如：

（10）a. 找二楼老王。（ = 找老王，≠找二楼）

　　　b. 贪污了厂里一笔巨款。（ = 贪污巨款，≠贪污厂里）

(11) a. 编<u>柳条</u>筐(= 编柳条 + 编筐)　→　把柳条编了筐

　　 b. 切<u>萝卜</u>丝(= 切萝卜 + 切丝)　→　把萝卜切了丝

　　一般的语法分析可能都只笼统地说(10)(11)中动词支配的就是整个名词词组,即"找"的就是"二楼老王","贪污"的就是"厂里巨款","编"的就是"柳条筐","切"的就是"萝卜丝"。但如果把宾语名词词组拆开来分析就可以发现,(10)中的动词只是支配名词词组中的后项名词(中心语),即(10a)只是"找老王",并不是"找二楼";(10b)只是"贪污巨款",并不是"贪污厂里"。因此(10)的动词就只有一个指向焦点,这是一种"动名单焦点指向"。但(11)中的动词却既可以支配名词词组中的后项名词,又可以支配前项名词,即(11a)既可以"编筐(动词 + 结果)",也可以"编柳条(动词 + 材料)";(11b)既可以"切丝(动词 + 结果)",也可以"切萝卜(动词 + 受事)"。这样(11)中的动词就有两个指向焦点,或者说该结构就同时具有两种动名语义关系,这是一种"动名多焦点指向"。这一点从(11)名词词组中的修饰语能够前移到"把"后变换为"把字句",而仍保持结构原有的动名语义关系基本不变也可以证明。

　　进一步观察,如果动词支配的名词词组是由两个都可以受动词支配的同一语义类的名词组成的,那么动词就不但有指向的焦点,而且一定有唯一的焦点。比较:

(12) a. (<u>东西</u>没吃什么,)只吃了一个<u>面包</u>。(= 吃了面包,≠吃了一个)

　　 b. (<u>面包</u>吃得不多,)只吃了<u>一个</u>面包。(= 吃了一个,≠吃了面包)

(13) a₁. 女朋友最喜欢<u>玫瑰</u>花。　　 a₂. <u>花</u>女朋友最喜欢<u>玫瑰</u>。

　　 a₃. *<u>玫瑰</u>女朋友最喜欢<u>花</u>。

　　 b₁. 我刚换了<u>自行车</u>链条。　　 b₂. *<u>链条</u>我刚换了<u>自行车</u>。

　　 b₃. <u>自行车</u>我刚换了<u>链条</u>。

　　 c₁. 我吃了<u>妈妈买的</u>面包。　　 c₂. <u>面包</u>我吃了<u>妈妈买的</u>。

　　 c₃. <u>妈妈买的</u>我吃了<u>面包</u>。

　　上面(12)中动词"吃"后面都是相同的名词词组"一个面包",但实际上(12a)中动词"吃"支配的语义焦点成分是"面包",而(12b)中动词"吃"支配的语义焦点成分则是"一个"。这一点从两句名词词组的重读成分不同也可以区别出来,如(12a)重读"面包",(12b)重读"一个"。这说明动词在支配由两个同语义类名词组成的词组时,当动词前面(包括上文中)出现了与宾语名词词组中相同语义类的名词("东西/面包/一个"都是受事)时,动词支配的宾语中的语义焦点就只能是比动词前已出现过的同语义类名词语义范围小的成分,而不会再支配语义所指范围相同的成分(即动词前已出现的相同成分)。

(13)的例子更说明,即使不考虑句子结构以外是否出现同语义类的名词而影响到结构内动词对名词词组的焦点指向关系,就算两个同语义类名词组成的名词词组拆开出现在一个结构的不同位置上,动词也有指向焦点。($13a_1/b_1/c_1$)动词后面的宾语都是由两个相同语义类名词(包括相当于名词的"的字结构")组成的名词词组。从它们分别前移到句首的情况不难发现各句动名语义关系的区别,就是当一个名词词组中两个同语义类名词(都是客体)分开在一个结构中共现时,就只能是其中语义所指范围小的成分,如(13a)中的"玫瑰"(花中的一种)和(13b)中的"链条"(自行车的一部分)留在动词后面。至于(13c)动词后名词词组的两个组成成分都可能分别前移,那是因为"X 的"和所修饰的名词在语义所指范围上本来是相等的(即"面包 = 妈妈买的")。这样当然其中任何一个成分都可以在二者分开并共现时留在动词后面,只不过这时前移的那个成分的语义所指范围也就不可能再与留下的成分的语义所指范围相等,而一定要大于后者(比如($13c_2$)的意思就变成"在很多种面包中我吃了妈妈买的那种或那个")。这些事实进一步证明,动词在支配同语义类名词构成的名词词组时不但一定有指向焦点,而且两个相同语义类名词中只有出现在动词后面的才一定是语义所指范围小的支配焦点,出现在动词前面的则一定是语义所指范围大的非支配焦点,即两个同语义类成分还有范围和中心、领有和从属、整体和部分等关系次类。这种动名的焦点语义指向关系也存在于其他结构中,如下面同语义类名词分别出现在动词前后或都出现在动词前,动名语义指向关系也是如此。例如:

(14) a. 三个犯人跑了两个。

　　　(= 跑了两个/两个跑了,≠ 三个犯人跑了)

　　 b. 这月工资,300 元捐了灾区。

(=300 元捐了灾区/捐了灾区 300 元,≠这月工资捐了灾区)

第二种情况是多个动词和多个名词之间的"选择性指向关系"。如果结构中包含多个动词和多个名词(包括未出现的隐含名词),就还要涉及动词与名词的选择,即确定多个动词各自可能与结构中哪个已出现或未出现的名词相联系。

动名语义的选择指向关系中有一种情况是由动词的类别造成的。例如:

(15)a.我们进行$_{v1}$了企业职工考察$_{v2}$。(考察职工/*考察我们)

　　b.我们得到$_{v1}$了企业职工拥护$_{v2}$。(*拥护职工/拥护我们)

(16)a.老王告诉$_{v1}$小李如何编程序$_{v2}$。(小李编程序)

　　b.老王请教$_{v1}$小李如何编程序$_{v2}$。(老王编程序)

上面(15)是虚化动词带上名动词宾语的多动词结构,两句中各包括两个动词和两个名词,两句动词和名词的排列顺序和层次一样,都是"[名词$_+$[动词$_1$+[名词$_2$+动词$_2$]]]"。可是不难看出,(15a)中是"名词$_1$"作施事,"名词$_2$"作受事;(15b)中是"名词$_1$"作受事,"名词$_2$"作施事,即两种同形结构的动名语义选择指向恰好是相反的。这正是"进行"类动词(类似的还有"作/加以"等)和"得到"类动词(类似的还有"受到/接受/遭受"等)不同,才决定了各自结构中动词$_2$指向名词的位置不同。(16)也是结构层次相同的多动词结构,都是"[名词$_1$+[动词$_1$+名词$_2$[+动词$_2$]]]"。但为什么动词$_2$"编(程序)"在(16a)中指向宾语"小李",在(16b)中指向主语"老王"?这就是因为动词$_1$"告诉"和"请教"的不同决定了名词"老王"和"小李"在两句中作为施事和对象的角色正相反,也就是说在这种动词结构中只有语义上表对象的名词才会与动词$_2$发生选择指向关系。

动名语义选择指向关系的另一种情况是由结构的形式造成的。比较:

(17)a.孩子哭肿了眼睛。(眼睛肿/*孩子肿)

　　b.孩子砸碎了玻璃。(玻璃碎/*孩子碎)

　　c.孩子听烦了说教。(*说教烦/孩子烦)

(18) a. 这个课听得我直打瞌睡。（我听/*别人听）

b. 这句话夸得我不好意思。（*我夸/别人夸）

c. 这首歌唱得我泪流满面。（我唱/别人唱）

上面两组都是包含了两个动词的动补结构。(17)"VV动补结构"三句中动词和名词的排列顺序和结构层次完全相同；(18)"V得V动补结构"的三句中动词和名词的排列顺序和结构层次也完全相同。但各组动词和名词语义选择指向关系的情况却不一样：(17)"VV动补结构"，如果根据结构中可能存在的动名语义关系，把"名词₁＋动词₁（如'孩子哭'）"称为甲组合，把"名词₂＋动词₂（如'眼睛肿'）"称为乙组合，把"动词₁＋名词₂（如'砸玻璃'）"称为丙组合，把"名词₁＋动词₂（如'孩子烦'）"称为丁组合，可以发现，(17a)丙和丁组合不成立（*哭眼睛/*孩子肿），(17b)丁组合不成立（*孩子碎），(17c)乙组合不成立（*说教烦）。(18)的几个"V得V动补结构"，虽然"得"后补语成分都指向"我"，但谓语动词"听、夸、唱"的语义指向却不一样：(18a)是"我听（这个课）"，不是"别人听"；(18b)是"别人夸（这句话）"，不是"我夸"；(18c)既可以是"我唱（这首歌）"，也可以是"别人唱（这首歌）"。上面这些例子都说明其中的动名语义指向关系不同。

结构中动词和名词都多，其中动名语义选择指向关系分析起来有困难。结构中动词多而名词少就更难处理，因为那样就需要"凭空"（根据名词的空位置）判断动词可能与什么样的名词发生语义联系以及发生什么样的语义联系。比较前面提过的几个例子：

(19) a. 砍光了　　　　b. 砍累了

c. 砍钝了　　　　d. 砍坏了

上面(19)也都是"VV动补结构"，但结构中只出现动词而没有出现作主语或宾语的名词，动词就不可能直接选择名词，而只能暗含跟某种语义类名词联系的意思。比如(19a)补语动词是指向谓语动词的受事，如"树砍光了"；(19b)补语动词是指向谓语动词的施事，如"我砍累了"；(19c)补语动词是指向谓语动词的工具，如"刀砍钝了"；(19d)补语动词是指向谓语动词的受事或工具，如"桌子砍坏了"或"斧子砍坏了"。正因为如此，确定这种暗含的动名语义选择指向关系可能需要"补出成分"。如可以说"砍光这些树"，所以补语动词"光"选择指向谓语动词的受事"树"；可以说"我砍累了",所以补语动词"累"选择指向谓语动词的施事"我"。另外,一般来说能进入"把"后位置的名词,就是补语动词所选择指向的语义类名词:如可以说"把树砍光了",所以补语动词指向谓语动词的受事"树";可以说"把斧子砍钝了",所以补语动词指向谓语动词的工具"斧子"。

第三种情况是动词与名词之间存在的"特征性指向关系"。一般来说一个动词和一个名词联系不会有不同的语义指向,但有时名词或动词也会因不同的位置条件或组合条件而表现出不同的语义特征,这种情况可以看作是一种语义指向关系。

比如下面一组例子都是动词跟语义大类相同的名词组合,但通过名词移位形式观察,可以发现实际上动词跟其中的处所名词的语义关系就并不一致。比较:

(20)a_1.(在)<u>汽车上</u>看书　　　a_2. *书看(在)<u>汽车上</u>

　　　b_1. *(在)<u>靶子上</u>射箭　　　b_2.箭射(在)<u>靶子上</u>

　　　c_1.(在)<u>黑板上</u>写字　　　c_2.字写(在)<u>黑板上</u>

上面(20)的三组例句都有一个动词(看/射/写),另外加上两个名词,其中一个是表示客体的名词(书/箭/字),另一个是表示处所的名词(汽车上/靶子上/黑板上);三组例句的区别仅仅在于名词在动词前后的位置不同。按一般的理解,这三个成分组合时,不管名词出现在动词前或动词后,应该都能成立,且意思都是"在什么处所做什么事"。可实际上(20)中有些结构形式并不成立,比如(20a_2/b_1)就不能说。其中的原因就是三种结构各自动名语义关系的次范畴类型有区别,也就是说在这些例句中方位词组所表示的处所并非只有一种意义。事实上汉语方位词组表示"处所"有三种特征语义:有些表示"事件发生处所"(甲义,如(20a_1)),有些表示"运动终点处所"(乙义,如(20b_2)),还有些表示"事物存在处所"(丙义,如(20c_1/c_2))。这样(20)的结构形式区别说到底就是因为不同动词要求选择不同语义特征的处所名词:比如"看"这样的动词只允许表处所的词有特征甲义,而方位词组只有出现在动词前才能具有这种意义;"射"这样的动词只允许表处所的词有特征乙义,而方位词组只有出现在动词后才能具有这种意义;而"写"这样的动词要求表处所的词有特征丙义,而方位词组出现在动词前后时处所特征丙义都不改变,或者说出现在动词前后都能跟动词有相同语义联系。只不过由于处所特征丙义的方位词组可分别出现在特定类动词前后，所以在动词前时又与特征甲义交叉，在动词后时又与特征乙义交叉，这也就是为什么由"写"类动词构成的句子一定有歧义（即"甲＋丙"或"乙＋丙"两种处所语义同时存在）的原因。可见动词和名词之间的语义指向还包括必须区别动词和名词的特征语义关系，这样才可能对整个结构的动词和名词的语义关系做出更准确的解释。

最后再举一个"V 着 A"的例子来看动词和名词的语义指向现象。"V（动词）＋着（助）＋A（形容词）"结构指"坐着好""躺着不舒服""瞧着干着急""闻着臭，吃着香"这样一些词组结构。仔细观察，这种词组的结构形式和语义性质可分为三种情况。比较：

(21) a. 坐着就挺好，不必站起来。

　　 b. 走路去肯定来不及，怎么着也是跑着更快。

　　 c. 老这么躺着可不行，得经常起来活动活动。（《报刊资料合集》）

(22) a. 他自己决不去参加婚礼——看着伤心。（老舍《离婚》）

　　 b. 孙小姐心软了，低头不看，可是又觉得坐着不安。（钱锺书《围城》）

　　 c. 我也不念了，下面那词儿我看着都害臊。（王朔《千万别把我当人》）

(23) a. 雪白发光，看着便可爱。（老舍《青蓉略记》）

　　 b. 搁上一把草，撒上一层料，有菜有饭的，吃着真香。（汪曾祺《王全》）

　　 c. 可你穿着不合适，袖子也短。（王朔《顽主》）

上面这些"V 着 A"结构，(21)可看作是主谓结构，(22)可看作是状中结构，(23)可看作是连谓结构。由于它们的格式意义明显不同，所以不管算作什么，都可以肯定不是相同的结构。事实上这三类"V 着 A"结构在语义指向上有很大不同。

主谓类"V 着 A"的结构类型没有什么疑问。因为在"V 着"和 A 中间都可加上语气词，都可插入"是不是"等，都是主谓结构的特征；而且如果在"V 着"前再加上一个名词，A 还是陈述"V 着"的（即 A 指向"V 着"）。比较：

(24) a. 坐着是不是就挺好／你坐着就挺好／＊你挺好

b. 活着是不是特没劲/我活着真没劲/?我没劲

状中类和连谓类的"V 着 A"是一种结构还是两种结构有些疑问。但很明显这些结构都跟主谓类不同,比如在"V 着"前边另外出现一个名词,这个名词可以和 A 构成主谓结构(即 A 指向"V 着"前的名词),且原来 A 的意思不变。比较:

(25) a. 我听着特难过/我难过

b. 我想着就害怕/我害怕

(26) a. 这衣服(你)穿着不合适/这衣服不合适

b. 这些菜(我)尝着咸了点/这些菜咸了点

从另一方面看,上面(22)(25)状中类例子中的"着"有时还可以替换成"(了)以后"一类词语,(23)(26)连谓类例子中的"着"有时可以替换成"起来/上去"一类词语。这一点就说明这两类"V 着 A"不仅区别于主谓类,而且本身也有所不同。加上考虑这两类例子中的 A 实际上都只能与"V 着"前的某个特定名词联系(即指向某个特定名词),而不能与可能出现的另一个名词相联系,所以把二者再加以区别也不是没有理由的。比较:

(27) a. 这房子(我)住着挺满意的/我住了以后(﹡上去)挺满意的/我满意/﹡这房子满意

b. 这些话(我)听着怪难受的 / 我听了以后(﹡上去)怪难受的/我难受/﹡这些话难受

(28) a. 这房子(我)看着蛮宽敞的/这房子看上去(﹡了以后)蛮宽敞的/房子宽敞/﹡我宽敞

b. 这些话(我)听着非常刺耳/这些话听起来(﹡了以后)非常刺耳/话刺耳/﹡我刺耳

不过细究起来,上面说的这些结构差异又并不尽然。比如再看下面的例子:

(29) a. 看着挺着急的(看着着急) / 他看着(了以后/上去)挺着急的/这状况(他)看着(了以后/﹡上去)挺着急的/他着急/﹡这状

况着急

b. 听着怪别扭的（听着别扭）/我听着（了以后/＊上去）怪别扭的/这些话（我）听着（了以后/上去）怪别扭的/我别扭/这些话别扭

单看(29)的"V着A"，一方面好像都符合状中类的形式，即都可以构成"主体N＋A"的主谓结构（他着急/我别扭）；另一方面好像也都符合连谓类的形式，即都可以替换成"V上去/起来＋A"的结构（看上去挺着急的/听上去怪别扭的）。其实比较其他例子就可以发现，这两例"V着A"都有歧义，或者说可能兼两种结构。仔细观察其中又有两种不同情况。

第一种情况如(29a)。其中"A(着急)"的当然都是"他"，不会是"这状况"。但问题在于其中"V(看)"却有两种指向："他"可能是V的主体（他看），也可能是V的客体（他被看）。前一种情况就只能构成状中类"V着A"的结构形式，后一种情况就只能构成连谓类"V着A"的结构形式，这就正好对应了两种结构的区别。比较下面(30a)和(30b)：

(30)a.（他看到这家工厂状况很糟糕）——他看着挺着急的。/他看了以后（＊上去）挺着急的/他（看到这种状况）挺着急的/他着急

b.（我们发现这人成天愁眉不展）——他看着挺着急的。/他看上去（＊了以后）挺着急的/他（在我们看起来）挺着急的/他着急

第二种情况如(29b)。其中"V(听)"很清楚，即"听"的是"我"，"被听"的是"这些话"。但其中"A(别扭)"却可能指向不同：可能是V的主体（我别扭），也可能是V的客体（这些话别扭）。这样V前出现主体时倾向于形成状中类，V前出现客体时就倾向于形成连谓类。如果"V(听)"的主体和客体都出现在V前，就一定存在两种意思或兼两种结构。除非把"着"改为"（了）以后"或"上去/起来"，才差不多能区别这两种结构。比较：

(31)a. 我听着（了以后/?上去）怪别扭的/我别扭

b. 这些话听着（上去/?了以后）怪别扭的/这些话别扭

c. 这些话我听着怪别扭的/我别扭/这些话别扭

上面说的情况表明，决定"V着A"到底属于哪种结构的区别条件，并不在于"V着A"结构本身，而在于其中V和A可能跟哪个句法成分（不管

这个成分是否出现)发生显性或隐性语义联系,也就是不同结构的"V 着A"其实都表现为 V 和 A 的语义指向不同。

9.4　修饰语和中心语之间指派性语义指向关系的类型和特点

"语义指向"现象从句法成分的性质上说另一个大类就是修饰语和中心语(如状语和中心语、定语和中心语等)的语义指向关系,这可以叫作"指派性语义指向关系"。

"指派性语义指向关系"的一种现象就是修饰语可能多指向,但语义指向关系比较确定。这其中包括不同位置的修饰语有不同的语义指向关系,也包括相同位置的修饰语有不同的语义指向关系,但修饰语的指向关系是确定的。

不同位置的修饰语当然就有不同的指向,这种指向关系还是比较容易确定的。例如:

(32) a_1. 不很好　　　　　　　a_2. 很不好

b_1. 一直没生病　　　　　b_2. 没一直生病

c_1. 情况不完全一样　　　c_2. 情况完全不一样

d_1. 他们不抓住重点　　　d_2. 他们抓不住重点

另外英语有一种"it X that Y"分裂强调格式,也就是要强调"Y(句子结构)"中的"X(某个成分)",就把这个成分放到"it X that Y"中 X 的位置上。例如:

(33) China invented printing. (中国发明了印刷术。)

a. It is China that invented printing. (发明印刷术的是中国。)

b. It is printing that China invented. (中国发明的是印刷术。)

汉语中也有类似的强调修饰句式,如(33)汉语译文所用的"X 的是 Y"这种格式。另外汉语也可以通过在句子结构的不同位置插入某个修饰成分来表示。如汉语起强调修饰作用的副词"只"和"是"一般认为都是需要有某个被修饰的"焦点"的,而确定这种焦点最常见的方式就是让"只"和

"是"这类修饰成分紧挨着被修饰的焦点成分。例如：

(34) a$_1$. 只他昨晚写了一封信。　　a$_2$. 他只昨晚写了一封信。

　　a$_3$. 他昨晚只写了一封信。　　a$_4$. 他昨晚写了只一封信。

　　b$_1$. 是他明天要访问北大。　　b$_2$. 他是明天要访问北大。

　　b$_3$. 他明天是要访问北大。　　b$_4$. 他明天要访问是北大。

相同位置出现的修饰语也可能有不同的语义指向关系。如前面说过，汉语副词的句法功能比较单纯，即只能作状语或者说只能出现在状语位置上，但是副词在句子结构中的指向关系却可能很不一样。像下面(35)中的副词，有的只能指向后面的谓词性成分，有的只能指向前面的名词性成分，不过这种指向关系对于某些副词来说也还是容易确定的。例如：

(35) a. 我刚看完这篇论文。（"刚"指向谓语"看完这篇论文"）

　　b. 队伍悄悄地进了村。（"悄悄"指向谓语"进了村"）

　　c. 天色渐渐暗了下来。（"渐渐"指向谓语"暗了下来"）

　　d. 我们应该互相帮助。（"互相"指向主语"我们"）

　　e. 这些文件一律作废。（"一律"指向主语"这些文件"）

当然，修饰语指向结构中什么成分也不是随意的，或者说修饰语在指向某类中心语成分时也有一些使用上的限制条件和特殊要求。比较下面的例子：

(36) a. 总共招收五个学生。（"总共"指向"五个"）/ *总共招收学生。

　　b. 一共来了三位客人。（"一共"指向"三位"）/ *一共来了客人。

(37) a. 他究竟去吗？　　　　　b. 他究竟去哪儿了？

　　c. 他究竟去不去？　　　　d. 他究竟去广州还是去上海？

　　f. *他究竟去？

(38) a$_1$. 到底我去哪里好呢？　　a$_2$. 我到底去哪里好呢？

　　b$_1$. 到底谁去北京好呢？　　b$_2$. *谁到底去北京好呢？

如(36)"总共、一共"这样的副词只能指向数量成分，也就是说当结构中没有数量成分时就不能使用这类副词。(37)都是疑问句，但(37f)却不能说,这是因为副词"究竟"指向的成分必须包含有形的疑问形式,如(37a/b)中有疑问语气词"吗"或疑问代词"哪里",(37c/d)中是反复疑问形式"去不去"或选择疑问形式"去广州还是去上海",但(37f)不包含有形的疑问形式,因此就不能受副词"究竟"的修饰。(38)都是特指疑问句(句中包含疑问词"哪里"或"谁"),但可以发现($38a_1/b_1$)中"到底"出现在主语"我"前后都可以,可是($38a_2/b_2$)中"到底"出现在主语"谁"后面就不成立了,这说明"到底"不但必须指向一个有形的疑问成分,而且只能指向后面的成分,不能指向前面的成分。

"指派性语义指向关系"的另一种现象就是修饰语多指向,且语义指向关系不确定。这主要是指同位置成分的"多指歧义关系",亦即前面提到过的修饰语的位置相同,词语也相同,但却存在不同指向关系的情况。如下面(39a—c)都有歧义,这种歧义显然就跟这几个副词有不同的指向有关。即使对于母语为汉语的人来说,这种不同的指向关系有时也可能分不清楚。比较:

(39) a. 这些点心他们几个都吃了。

b. 老王一早上就写了三封信。

c. 他背着总经理和副总经理偷偷地把公司的巨款分别存进了两家银行。

(39a)中的"都"可以指向"这些点心"(这些点心都吃了),也可以指向"他们几个"(他们几个都吃了);(39b)中的"就"可以指向"一早上"(就一早上),也可以指向"三封信"(就三封信);而(39c)除了到底是"他背着总经理和副总经理(两个人)"还是"他背着总经理(一个人)"的意思有所不同外,当表达后一种意思时,"分别"就既可以指向"他和副总经理分别"(他们两个人分别去存钱),也可以指向"两家银行"(分别存入两家不同的银行)。

当然这种修饰语"多指歧义"的语义指向关系有时可能会被口语重读或上下文的文意消解。前面(34)中用不同位置的"只、是"来表示不同的强调修饰指向关系,实际上也需要让某个被修饰的成分重读。上面(39a/b)也可以通过重读某个成分来确定修饰语的指向焦点,如读成下面(40a/b)。例如("′X"表示某个词语 X 重读):

(40) a1. ′这些点心他们几个都吃了。　　　（＝这些点心都）

　　　a2. 这些点心′他们几个都吃了。　　　（＝他们几个都）

　　　b1. 王老师′一早上就写了三封信。　　（＝就一早上）

　　　b2. 王老师一早上就写了′三封信。　　（＝就三封信）

　　多指歧义结构中最值得注意的包括副词的指向问题、介词(结构)的指向问题和否定成分的指向问题。下面分别举些例子来看。

　　副词的指向歧义主要就是由副词"就、都"一类副词充当状语造成的歧义。这一类副词往往本身还有许多不同的意义，甚至同一结构也可能有不同意义。既然同一个副词有不同的意义，这其实也不妨看作某个副词在意义上的不同指向关系。例如：

(41) a. 阵地上就我一个人了。　　（"就"表示范围"就我一个人"）

　　　b. 我们这就上去支援你。　　（"就"表示时间"就这会儿"）

　　　c. 敌人再来我就跟他拼。　　（"就"表示条件"如果……就……"）

　　　d. 我就不信守不住阵地。　　（"就"表示语气）

　　　e. 我就来。　　　　　　　　（"就"表示时间、语气）

(42) a. 连这么简单的题都错。　　（"都"表示递进"甚至"）

　　　b. 都十二点了还不吃饭。　　（"都"表示时间"已经"）

　　　c. 产品都已通过了检验。　　（"都"表示总括"全部"）

　　　d. 汤都凉了。　　　　　　　（"都"表示"甚至、已经、全部"）

　　不过即使只考虑这类副词某一个义项，仍然还可能有指向歧义。比如"都"，一般认为"都"最重要的义项就是表示"总括"（把句子中提到的东西加起来）。但具体说来，"都"的总括作用又有不同的情况。首先是"都"既可能对前面出现的成分加以总括，也可能对后面出现的成分加以总括。这就是"都"的总括义可能具有的语义指向关系。例如：

(43) a. 我和他都看见了。（"都"总括前面的联合词组"我和他"）

　　　b. 小王都看见谁了。（"都"总括后面的疑问词语"谁[哪些人]"）

　　其次是即使对于"都"总括前面出现的成分来说，这些成分又有不同的意义类型。从这个角度看，不同的总括意义当然又可以看作是"都"的不同语义指向关系。例如：

(44) a. 全体同学都要参加。　　　（"都"总括统指性成分）

　　 b. 每位同学都要参加。　　　（"都"总括逐指性成分）

　　 c. 任何人都不准请假。　　　（"都"总括任指性成分）

再次，即使都是总括统指性（全部）成分，这些统指性的成分又可能有不同的结构形式，这就又造成了"都"的不同语义指向的可能。例如：

(45) a. 各民族公民都享有选举权。　 （总括成分是普通名词组）

　　 b. 每逢节假日领导都来慰问。　 （总括成分是时间性词语）

　　 c. 公路两旁都是成片的白杨。　 （总括成分是处所性词语）

　　 d. 要求定得过高过低都不行。　 （总括成分是谓词性词语）

　　 e. 该国一直都保持中立立场。　 （总括成分是副词性词语）

从上面的分析不难想见，由于"都"的总括意义既可以指向前面的成分又可以指向后面的成分，既可以指向名词性成分也可以指向谓词性成分，既可以指向一般的名词成分又可以指向时间、处所成分，所以当上述成分在一个结构中共现的情况下，"都"就很可能同时有多个指向，如下面(46)；或者存在指向歧义，如下面(47)。比较：

(46) a. 每逢春节各级领导都要到基层慰问群众。

　　　　 （"都"可能同时指向"每逢春节""各级领导"）

　　 b. 近些年各级公路上都不断出现收费站点。

　　　　 （"都"可能同时指向"近些年""每条公路上"）

　　 c. 连着几个晚上大家都没有睡觉。

　　　　 （"都"可能同时指向"连着几个晚上""大家"）

(47) a. 这几部获奖电影我们一直都想看。

　　　　 （"都"或指向"这几部电影"，或指向"我们"，或指向"一直"）

　　 b. 里里外外你们几个都再检查一次。

　　　　 （"都"或指向"里里外外"，或指向"你们几个"）

　　 c. 他们都看见了谁。

　　　　 （"都"或指向"他们"，或指向"谁"）

介词（结构）作状语的指向问题，主要是如"在字结构"作状语时"在（处所词）"的语义指向问题。这种情况前面(6)已经举过一组例子。再如：

(48) a. 老王在抽屉里逮住了蟑螂。

    b. 老王在飞机上看到了大海。

    c. 老王在房顶上发现了敌人。

表面上看(48)中前两句并没有歧义，只有最后一句"在（处所）"才有歧义：(48c)的意思可能是"老王在房顶上（敌人不在房顶上）"，也可能是"敌人在房顶上（老王不在房顶上）"，甚至可能是"老王和敌人都在房顶上"。但其实前两句没有歧义的原因完全是依赖百科知识来理解判断的：蟑螂才能钻进抽屉里，人进不去；大海不可能在飞机上，但乘客一定在飞机上。但从整体上看，应该说这种结构都一定会存在指向歧义，而且其中的指向关系细说起来还不止(48)这种多指歧义，比如至少可以有以下(49)的六种情况。这些指向关系要通过结构形式来严格区别显然是非常困难的。比较：

(49) a. 他在食堂里吃饭。（"他"在"食堂里"，"饭"也在"食堂里"）

    b. 他在飞机上看海。（"他"在"飞机上"，"海"不在"飞机上"）

    c. 他在砂锅里煮肉。（"他"不在"砂锅里"，"肉"在"砂锅里"）

    d. 他在树上摘果子。（"他"在或不在"树上"，"果子"在"树上"）

    e. 他在路边上看热闹。（"他"在"路边上"，"热闹"在或不在"路边上"）

    f. 他在车厢上贴标语。（"他"在或不在"车厢上"，"标语"在或不在"车厢上"）

否定成分的指向问题更复杂。比如下面(50)必须通过上下文的对比结构（同时重读本句和下文的某个成分）来确定修饰语的不同指向焦点。比较：

(50) a. 我今天不看'电影（我今天看'球赛）。（＝看的不是"电影"）

    b. 我今天不'看电影（我今天'去爬山）。（＝做的事不是"看电影"）

    c. 我'今天不看电影（我'明天看电影）。（＝看电影但不是"今天"）

    d. '我今天不看电影（'他今天看电影）。（＝看电影的不是"我"）

还有一些否定的语义指向类型值得注意。比如下面的几组例子都说明否定结构几乎都有可能存在否定的多指歧义。比较：

(51) 他不是父亲。

    a. = 他是爷爷。（否定"父亲"的外延关系"相对某人"）

    b. = 他没有孩子。（否定"父亲"的内涵特征"有孩子"）

    c. = 他只是孩子。（否定"父亲"的内涵特征"成年人"）

(52) 小王不是学生干部。

    a. = 他是食堂工人。（否定名词词组中的两项）

    b. = 他是普通学生。（否定名词词组中的"干部"）

    c. = 他是机关干部。（否定名词词组中的"学生"）

(53) 孩子没瞒着父母玩游戏机。

    a. = "孩子"又没"瞒着父母"，又没"玩游戏机"。（否定连谓结构的两项）

    b. = "孩子"没"瞒着父母"，但"玩游戏机"。（否定连谓结构的前项）

    c. = "孩子"是"瞒着父母"，但没"玩游戏机"。（否定连谓结构的后项）

（51）中否定词后面是一个名词"父亲"，其中的否定多指歧义表现为既可能否定这个词语的外延意义，也可能否定这个词语不同的语义特征意义；（52）中否定词后面是一个定中名词词组，就既可能否定全部定语和中心语，也可能分别否定其中的一项；（53）中否定词后面是一个连谓结构，同样既可能否定全部两个动词性结构，也可能分别否定其中的一个结构。有意思的是，上面三句话如果都说成肯定句则是没有歧义的，即一定同时肯定一个名词的所有语义特征，也肯定连续出现的各项成分的意义；而否定句则尽管由于动词类型或生活常识的制约，在语义理解的优势选择方面有所不同，但都可能是有歧义的。

最后再举一个"V 好 N"的例子来看修饰语和中心语的语义指向现象。最近新闻媒体常常有"开好局、起好步"这种说法。姑且不去细究"开局、起步"是复合词能不能在中间插入一个成分，就看作是类似"开车、洗衣服"这样的动宾词组，在中间插进"好"似乎都不是恰当的用法。原因在于现代汉语中的"V 好 N"结构，如"开好车、洗好衣服"，实际都可能有歧义，这些不同意思就与其中"好"的不同意义和不同指向有关。比较：

(54) a_1. 开好车（给加上点儿油）。

　　 a_2. 洗好衣服（就睡吧）。

　　 b_1. （认真工作）开好车。

　　 b_2. （我是洗衣工）洗好衣服是我的职责。

　　 c_1. （我不愿意开旧车）喜欢开好车。

　　 c_2. （这家洗衣店不收低档服装）只洗好衣服。

可以看出，(54)"V 好 N"词组至少可以表达三种意思。(54a)的切分是"V 好/N"，"好$_1$"是表完成义的后缀，语义上指向述语动词，意思是"做完某事以后"。类似例子再如"写好信（就寄走吧）""做好功课（再出去玩）"。(54b)的切分也是"V 好/N"，"好$_2$"是表示结果的补语，语义上指向动词，意思是"把某事做圆满"。类似例子再如"（我们一定为祖国）守好大门""（教师要）上好课，教好学生"。(54c)的切分是"V/好 N"，"好$_3$"是表示事物性质的定语，语义上指向宾语名词。类似例子再如"（孩子从小）就要看好书，学好样子""（学雷锋）做好事"。虽然在实际交际中可能并不是每一个具体的"V 好 N"都一定同时具有这三种意思，但写出来却不可能排除歧义。尤其其中第二种意思，即"好$_2$"充当结果补语的情况，更是在任何词语搭配和轻重读情况下都一定多解，像"开好车、洗好衣服、上好课、教好学生"的意义始终都是不确定的。当然这种结构的歧义也不是没办法分化，以"做好事、表演好节目"为例，一种办法是"成分插入"：比如隔开"V 好"与 N，说成"做好了事、表演好了节目"，就可以让"好"不再指向宾语；又比如隔开 V 与"好 N"或连接"好"与"N"，说成"做了好事、表演好的节目"，就让"好"指向宾语。另一种办法是"成分移位"：比如 N 前移，说成"把事做好、节目要表演好"，就可以让"好"指向动词；又如"好 N"前移，说成"好事做（坏事不做）、好节目（要多）表演"，也就是让"好"指向名词。还有一种办法就是"语境限制"，这在前面举例中已说明。总之综合使用这几种办法，才可能确认或排除"V 好 N"格式中"好"的语义指向，准确体现该词组本来要表达的意义。

主要参考文献：

白梅丽(1987)现代汉语中"就"和"才"的语义分析,《中国语文》第 5 期。

陈　平(1985)英汉否定结构对比研究,《现代语言学研究》,重庆出版社。

程　工(1995)评《题元原型角色与论元选择》,《国外语言学》第 3 期。

戴耀晶(2000)试论现代汉语的否定范畴,《语言教学与研究》第 3 期。

渡边丽玲(1991)副词的修饰域与语义指向,北京大学硕士学位论文。

范继淹(1982)论介词短语"在 + 处所",《语言研究》第 1 期。

方　梅(1995)汉语对比焦点的句法表现手段,《中国语文》第 4 期。

顾　阳(1994)论元结构理论介绍,《国外语言学》第 1 期。

顾　阳(1996)生成语法及词库中动词的一些特性,《国外语言学》第 3 期。

郭　锐(1995)述结式的配价结构与成分的整合,《现代汉语配价语法研究》,北京大
　　学出版社。

胡树鲜(1985)试论某些副词的多项作用点,《河北师院学报》第 1 期。

李小荣(1994)对述结式带宾语功能的考察,《汉语学习》第 5 期。

刘宁生(1984)句首介词结构"在……"的语义指向,《汉语学习》第 2 期。

陆俭明(1989)十年来现代汉语语法研究的理论与方法管见,《国外语言学》第 2 期。

陆俭明(1990a)述补结构的复杂性,《语言教学与研究》第 1 期。

陆俭明(1990b)"VA 了"述补结构语义分析,《汉语学习》第 1 期。

陆俭明(1993)《现代汉语句法论》,商务印书馆。

陆俭明(1994)《80 年代中国语法研究》,商务印书馆。

陆俭明(1997)关于语义指向分析,《中国语言学论丛》第 1 辑,北京语言文化大学出
　　版社。

陆俭明(2013)《现代汉语语法研究教程》(第四版),商务印书馆。

陆俭明、马真(1985)《现代汉语虚词散论》,北京大学出版社。

鲁晓琨(1999)多指副词"也"在多项状语中的句法位置,《面临新世纪挑战的现代汉
　　语语法研究》,山东教育出版社。

吕叔湘(1979)《汉语语法分析问题》,商务印书馆。

吕叔湘(1980)《现代汉语八百词》,商务印书馆。

吕叔湘(1985)肯定·否定·疑问,《中国语文》第 4 期。

马　真(1982)说"也",《中国语文》第 4 期。

马　真(1983)关于"都/全"所总括的对象的位置,《汉语学习》第 1 期。

钱敏汝(1990)否定载体"不"的语义—语法考察,《中国语文》第 1 期。

邵敬敏(1987)80 年代副词研究的新突破,《语文导报》第 2—3 期。

邵敬敏(1990)副词在句法结构中的语义指向初探,《汉语论丛》,华东师范大学出版社。

邵敬敏(1991)歧义分化方法探讨,《语言教学与研究》第 1 期。

沈家煊(1993)"语用否定"考察,《中国语文》第 5 期。

沈家煊(1999)"在"字句和"给"字句,《中国语文》第 2 期。

沈　阳(1994)《现代汉语空语类研究》,山东教育出版社。

沈　阳(1996)汉语句法结构中名词短语部分成分移位现象初探,《语言教学与研究》第 1 期。

沈　阳(1997)名词短语的多重移位形式及把字句的构造过程与语义解释,《中国语文》第 6 期。

沈　阳(1998)带方位处所宾语的动词及相关句式,《语言学论丛》第 20 辑,商务印书馆。

沈　阳(1999)信息处理中汉语动名语义关系分析的几个层次,《语言文字应用》第 1 期。

沈　阳(2001)名词短语分裂移位与非直接论元句首成分,《语言研究》第 3 期。

沈　阳(2015)现代汉语"V + 到/在 NP"结构的句法构造和相关问题,《中国语文》第 2 期。

沈　阳(主编 2000)《配价理论与汉语语法研究》,语文出版社。

沈阳、何元建、顾阳(2001)《生成语法理论与汉语语法研究》,黑龙江教育出版社。

石毓智(1992)《肯定与否定的对称与不对称现象》,台北学生书局。

王立弟、顾阳(1999)"宾语指向"状语修饰语,《面临新世纪挑战的现代汉语语法研究》,山东教育出版社。

徐杰、李英哲(1993)焦点和两个非线性语法范畴:"否定""疑问",《中国语文》第 2 期。

袁毓林(2000)否定式偏正结构的跨维度考察,《语法研究和探索(10)》,商务印书馆。

袁毓林(2002)多项副词共现的语序原则及其认知解释,《语言学论丛》第 26 辑,商务印书馆。

詹卫东(2002)范围副词"都"的语义指向分析,第二届肯特岗汉语语言学圆桌会议论文,新加坡国立大学。

周烈婷(1998)现代汉语状态补语的语义指向,《语文建设通讯》(香港)第 56 期。

周小兵(1991)表示限定的"只"和"就",《第 3 届国际汉语教学讨论会文选》,北京
　　语言学院出版社。

周小兵(1997)表示处所的"在"字结构,《中国语言学报》第 8 期,北京语言文化大学
　　出版社。

朱德熙(1978)"的"字结构和判断句,《中国语文》第 1—2 期。

朱德熙(1980)汉语句法中的歧义现象,《中国语文》第 2 期。

朱德熙(1982)《语法讲义》,商务印书馆。

朱德熙(1990)《语法丛稿》,上海教育出版社。

第十讲

范畴理论与语义范畴分析

10.1 句法结构形式体现的语法意义类型

作为交际工具的语言一定要表达意义。但语言中的"意义"又有多种产生途径：比如词汇具有的意义（词汇意义），语境提供的意义（语境意义），推理产生的意义（言外之意）等。而语言中还有一种非常重要的意义就是"语法意义"。语法意义通常指由语法形式产生的意义。其中由词的变化形式表示的语法意义叫"词范畴"；由结构的变化形式表示的语法意义叫"句范畴"。对语法意义进行概括形成的一些主要类型就叫"语法范畴"，也可以称为"语义范畴"。

语义范畴中的"词范畴"主要指有形态变化语言的一些语法意义类型。比如体词属性范畴"性、数、格、有定/无定"等，谓词属性范畴"时、体、态、人称"等。汉语是缺乏形态变化的语言，因此一种情况是，汉语可能不存在某种属于词范畴的意义。如汉语就没有动词与名词的"人称"变化和"性"范畴。另一种情况是，很多其他语言中词范畴的意义在汉语中并非通过词的形式变化来体现。如汉语就没有词形变化表示的名词"格"范畴，类似的施事主语、受事宾语、领属定语等意义主要靠虚词和语序等句法形式来确定；汉语谓词"时、体、态"也不是通过词形变化来体现的，而是在动词后加助词和趋向动词等表示的。跟词范畴相对，语义范畴中凡由某种句法结构形式产生的语法意义就叫作"句范畴"。其他语言（包括有形态变化的语言）当然也有通过句法结构形式产生的句范畴意义，但由于其他语言中属于词范畴的意义在汉语中往往也表现为句范畴意义，所以语义范畴对于汉语就特别重要。

本课要讨论的汉语的语义范畴,主要指句范畴,也包括在其他语言中属于词范畴而在汉语中却属于句范畴的一些语法意义。汉语中已有一些重要研究成果的语义范畴包括时间范畴、空间范畴、数量范畴、领属范畴、自主范畴、动态范畴、顺序范畴、持续范畴、趋向范畴、指示范畴、情态范畴、体貌范畴、程度范畴等。下面先举"自主范畴"和"顺序范畴"的例子来看看什么是汉语中的语义范畴以及语义范畴分析在语言研究中的作用。

"自主"是一种用来区别汉语中有意识的动作行为和无意识的动作行为的某些差别的语义范畴。例如下面相同的动词结构有的能说,有的就不能说。比较:

(1)a_1. 看/我看/看报　　　　　a_2. *塌/*房子塌/*塌房子

　　b_1. 看吧/看吗/谁看呢　　　b_2. *塌吧/*塌吗/*哪个塌呢

　　c_1. 马上看/别看/看着　　　c_2. *马上塌/*别塌/*塌着

　　d_1. 看了/我看了/看了份报　d_2. 塌了/房子塌了/塌了所房子

(1)左右两侧动词结构成立与否的差别就说明汉语动词具有一种对立的语法意义,即动词分成"自主(volitional)"和"非自主(no-volitional)"两大类。像(1)左侧的"看"以及"听、说、写"这一类动词属于自主动词,也就是说这种动作行为是施事者有意识地发出的,或者说动作者一定是施事,谓语表示一种动作行为,所以才可以用于(1)这样的一些句式(特别是祈使句式);而(1)右侧的"塌"以及"病、长、醒"这一类动词是非自主动词,也就是说这种动作不是施事者有意识地发出的,或者说动作者不是施事而是主体,谓语也不是动作行为,而更多表示一种变化或属性,因此才至少不能用于(1a—c)这样的句式。而且即使两类动词都可构成(1d),其中($1d_1$)表示动作行为,($1d_2$)就表示变化。

用"自主范畴"还可以分析某些句法结构的差别。比如汉语"使动结构"的意义并不完全一样,就是因为致使动词可以是自主动词,也可以是非自主动词。据此使动结构也应分成由自主动词构成的"积极使动结构"(主语是致使行为的发出者,即施事成分)和由非自主动词构成的"消极使动结构"(主语是引起致使作用的事物,即原因成分)两类。比较:

(2)a. 发汗/灭火/出车/紧鞋带/端正态度/暖着他(积极使动结构)

　　b. 腻人/馋人/急人/破财免灾/(潮气)能锈刀子(消极使动结构)

再如汉语中同样是自主动词构成动补结构表示的语法意义却不相同，如"搬开"表示动作，"考上"就表示变化。这种现象是因为有些动词原本是自主的，加上表示趋向义的补语成分"开"，表示时间延续义的补语成分"下去"，整个结构仍是自主的；但有些动词本来是自主的，即表示动作行为，但加上表示达到目的义的补语成分"上"，表示得到义的补语成分"到、着（zháo）"，整个结构就会变成非自主的，即表示变化了。比较：

（3）a. 拿开／打开／揭开／放开／走开／躲开（自主动补结构）

　　 b. 说下去／看下去／等下去／住下去／学下去（自主动补结构）

　　 c. 考大学／看电视／念书／找对象（自主动词结构）

　　 d. 考上大学了／看上电视了／念上书了／找上对象了（非自主动词结构）

　　 e. 接到／找到／买到／看到／听到／遇到（非自主动补结构）

　　 f. 买着／钓着／猜着／抢着／碰着／睡着（非自主动补结构）

"顺序"也是汉语中很重要的一种语义范畴。比如汉语中有一种体词谓语句，是由名词性成分充当谓语（包括可受副词修饰和可加助词"了"）而构成的句子。例如：

（4）a. 今天都星期六了。　　　　b. 现在已经春天了。

　　 c. 小丽都大姑娘了。　　　　d. 儿子也大学生了。

汉语中并不是所有的名词性成分都可以充当谓语。研究发现能够充当谓语的名词都必须具有"表示某种过程或周期的顺序意义"。如"星期六"，每周有七天，总是从星期一到星期日，"星期六"是这个顺序中的一天；每年有四季，总是从春到夏，从夏到秋，从秋到冬，再从冬到春，"春天"也是这个顺序中的一个季节；其他如"大姑娘"一定是从小姑娘逐渐长成的；"大学生"先要经历小学生和中学生阶段，后面还可以读研究生。从这样一些现象就可以总结出一条规则，即只有具有顺序意义的名词才可以直接充当谓语。

再如汉语中多个名词的组合要按一定的顺序排列。下面（5）都是指人名词的组合形式，（6）都是处所词或方位词，但只有左侧例子能说，括号中颠倒了顺序的例子就不能说。比较：

（5）a. 木工刘海（＊刘海木工）　　 b. 诗人杜甫（＊杜甫诗人）

c. 主席先生（＊先生主席）　　　d. 中校团长（＊团长中校）

（6）a. 省会太原（＊太原省会）

b. 母校北京大学（＊北京大学母校）

c. 北京海淀区中关村（＊中关村海淀区北京）

d. 东西南北（＊北南西东，＊北西南东，＊南西北东）

上面这些例子中名词的排列顺序当然也不是随意的。（5a/b）说明表示职业和专业的名词要在专有名词之前；（5c/d）说明衔位名词要在称呼名词和职位名词之前。而（6a/b）说明通用处所名词要在专有处所名词之前；（6c）说明范围大的地点名词要在范围小的地点名词之前。最有意思的是（6d），按理说“东西南北”四个方位词之间并没有“通用和专用”“范围大和范围小”的差别，但为什么只能说“东西南北、东南西北、东西、南北、东北、西北、东南、西南”等，而不能说“＊北南西东、＊北西南东、＊北东、＊北西、＊南东、＊南西、＊西西、＊北北”等呢？这其实就是因为“东＞西＞南＞北”（“＞”表示顺序优先）是汉语中四个方位词相互组合时的排列顺序。这样就可发现，凡是处在序列前面的方位词都可以和后面的方位词组合，而处在序列后面的方位词就不能和前面的方位词组合。

再如定中偏正结构中多个定语连用也要求一定的顺序。下面（7）中作定语的都是形容词或名词（中间没有“的”），但只有左侧例子的定语顺序可以说，括号中颠倒了顺序的例子就不能说。比较：

（7）a. 大黄狗（＊黄大狗）

b. 旧小木盆（＊小木旧盆）

c. 中等师范学校（＊师范中等学校）

d. 古代哲学思想（＊哲学古代思想）

e. 新版袖珍英汉词典（＊英汉袖珍新版词典）

f. 大号塑料防风雨衣（＊防风塑料大号雨衣）

有学者发现定语连用按照“时间＞空间＞颜色外观＞质料功能”的顺序安排。也有学者发现这类定语排列可能遵循一条更简单的规律，即对立项少的定语一般要排在对立项多的定语前，以（7a—c）为例：其中表示时间聚合的“新、旧”只有两项对立，表示空间形体的“大、中、小”是三项对立，表示颜色外观的"红、黄、白、黑、蓝、绿……"对立项在十项左右,表示质料功能的"木、铁、铝、铜、塑料、玻璃、水泥……"的对立项更多,所以才必须这样排列定语的顺序。

实词连用需要一定的顺序,而像语气词这样的虚词连用也有顺序要求。研究发现语气词可以分为三组:A. 表示时态的语气词,如"了、呢$_1$、来着";B. 表示疑问或祈使的语气词,如"呢$_2$、吗、吧$_1$、吧$_2$";C. 表示说话人的态度或情感的语气词,如"啊、呕、呢$_3$"等。这三组语气词在句子中出现时顺序也是固定的,即"A > B > C"。例如:

(8)a$_1$. 下雨了吗? /a$_2$. 轮到你了吧$_1$?　　　　　　　　　(A > B)

b$_1$. 不早啦(= 了 + 啊)! /b$_2$. 还小哪(= 呢$_1$ + 啊)!　　(A > C)

c$_1$. 走啵(= 吧$_2$ + 呕)! /c$_2$. 好好说呗(= 吧$_1$ + 哎)!　　(B > C)

d. 已经有了婆家了呗(= 吧$_1$ + 哎)!　　　　　　　(A > B > C)

语气词连用的顺序规则可以用"语义接近"的顺序来解释。A 类语气词表示时态,跟动词词组关系紧密,所以紧跟在动词词组之后。B 类语气词表示疑问和祈使,而疑问句和祈使句都可看作是从陈述句上转换出来的,因此表示疑问和祈使的语气词处于句子的较外层,理应处在表示时态的语气词之后。C 类语气词表示说话人的态度和情感,而态度和情感都是附加在陈述句及由它转换出来的疑问句和祈使句上的,属于更为外围的成分,所以要处在最后。

上面只是简单地举例说明了什么是语义范畴。下面就再稍微展开讨论一下汉语中最重要的几个语义范畴,即"时间范畴""空间(处所)范畴""数量范畴"和"领属范畴"。

10.2　汉语中的"时间范畴"和跟时间有关的语法分析问题

"时间"是个宽泛的语法意义,在语法形式上跟时间名词(如"现在")、时间副词(如"马上")、时态助词(如"了")、时态语气词(如"着呢")、时间量词(如"一会儿"),以及词的重叠(如"天天、说说、锻炼锻炼")等都有关系;更不用说因为现实中任何动作行为都发生在一定时间里,任何句子(特别是陈述句)都必须表达一定的时间意义,因此时间意义跟谓语动词和整个句子的关系就更加紧密。"时间范畴"主要有两大类情况:一是跟名词(作为客观存在的时间)有关的时间意义;二是跟动词(动作行为发生的时间)有关的时间意义。

先说跟名词有关的时间意义。语言中表达时间最直接的是使用时间名词(包括名词性词组),简称"时间词"。时间词可分成"时点(时刻)时间词"和"时段(时长)时间词"。前者具有定位性,表示某个具体的时间;后者具有历程性,表示某个有过程的时间。例如:

(9) a₁. 两点钟→三点钟→四点钟　　a₂. 刚才、这会儿 (时点/时刻)
　　 b₁. 两小时 < 三小时 < 四点钟　　b₂. 片刻、一会儿 (时段/时长)

区别"时点(时刻)"和"时段(时长)"时也有一些有意思的现象需要注意。例如:

(10) a₁. 讨论了三个晚上　　　　a₂. 讨论到第三个晚上
　　　b₁. 临睡前吃一片药　　　　b₂. 解放前他生活很苦
　　　c₁. 从二月到三月　　　　　c₂. 从读书到工作

(11) a. 上星期休息了两天　　　b. 下午只工作了两小时
　　　c. 去年病了五个月　　　　d. 刚才睡了一刻钟

上面(10a)中都有"三个晚上",但前一句表示的是"时段(时长)",后一句表示的是"时点(时刻)";(10b)中都是"X 前",但前一句表示"时点(时刻)",后一句表示"时段(时长)";(10c)都是"从 X 到 Y"的格式,其中出现的 X 和 Y 成分可以是时间词,也可以不是时间词,但整个名词词组都表示"时段(时长)"。(11)中主语都是时点(时刻)词,宾语都是时段(时长)词,可是事实上宾语的时间长度却一定要小于主语的时间长度。这说明,时点可大可小,大到可以指一个较长的阶段,小到一个瞬间。所以尽管(11)中的宾语是时段时间词,其长度反而要小于(或等于)主语的时点时间词,反之就说不通了。

对时间词的分类还有一种观察角度很有意思。比如同样是时间词和时间词的组合,却可能造成不同的结构关系。比较:

（12）a. 今天星期一。/现在六点钟。　　　　　（主谓结构）

　　　b. 明天中秋节。/后天星期三。　　　　　（同位结构）

　　　c. 今年春节/明天上午 10 点　　　　　　（偏正结构）

　　　d. 昨天、今天和明天/星期一、星期二　　（联合结构）

　　解释时间词连用的规则中有的现象就需要考虑对时间词（主要是时点［时刻］时间词）的另一种分类，或者说也要注意时间词排列的顺序。见（13）：

　　（13）

时间词 { 相对时间词 / 绝对时间词（循环的） { 周期不连续的 / 周期连续的 { 元素不连续的 / 元素连续的

　　（13）中"相对时间词"是说时间词的所指是变动不定的，随时间推移而推移。比如"今天"，在 1 月 1 日说就指 1 月 1 日，在 1 月 12 日说就指 1 月 12 日。相对时间词包括"过去、现在、将来，古代、当代，去年、今年、明年，前天、昨天、今天、明天、后天"等。"绝对时间词"是说时间词的所指是固定的，而且构成循环序列，比如"1 月"，今年有 1 月，过了一年又有 1 月，再过一年还有 1 月。绝对时间词又可按循环周期是否连续分为周期不连续的和周期连续的两个小类。"周期不连续"的有"初伏、中伏、末伏""一九、二九、三九、四九……""一更、二更、三更……"，因为一个周期完了并非马上进入又一个周期，而是要中间隔上一段时间再开始新的周期。"周期连续"的时间词又可以按照其中各元素是否连续再分成元素不连续的和元素连续的两个小类。"元素不连续"的时间词如"元旦、春节、端午节、中秋节、圣诞节、立春、雨水、冬至、生日"等；"元素连续"的时间词如"春天、夏天、秋天、冬天""1 月、2 月、3 月……12 月""上旬、中旬、下旬""星期一、星期二……星期天""早晨、上午、中午、下午、晚上""0 点、1 点、2 点……24 点"等。

　　有了上面的分类就可以发现，时间词连用构成主谓结构和同位结构的规则都是：如果有相对时间词和绝对时间词，则需要把相对时间词放在前面;如果都是绝对时间词,则周期连续的时间词在前;如果都是周期连续的时间词,则基本可以互为先后,但更常见的是元素连续的时间词在前。至于时间词连用构成偏正结构和联合结构的规则则比较简单。偏正结构总是时间范围大的在前,时间范围小的在后,即前一个时间中要包含后一个时间,因此两个时间词中间可以加上"的"。联合结构则要求两个时间词必须属于同一个系列,并且一定遵循时间发展的顺序,因此两个时间词中间可以加上"和(或、还是)"等。

再说跟动词有关的时间意义。跟动词相关的时间意义首先是动作时间发生的先后顺序意义。比如汉语动词性结构中如果涉及两个以上的动作行为,则结构的语序就需要根据"时间顺序原则"来安排,即时间上先发生的动作行为在前,后发生的动作行为在后。例如:

(14)a. 上街买菜/笑着说/来玩儿　　　　　　　　(连动结构)

　　b. 请他来/命令部队转移　　　　　　　　　(递系结构)

　　c. 看懂/打断/走进来/拉上去　　　　　　　(动补结构)

　　d. 满意地点点头/警惕地看着他　　　　　　(状中结构)

　　e. 游泳增大了肺活量/抽烟有害身体　　　　(主谓结构)

　　f. 研究决定/调查研究/贯彻执行　　　　　　(联合结构)

注意到汉语动词结构中动作发生的时间顺序,也可以解释看起来差不多结构的句法和语义差异。下面(15a)中两句意思不同,跟动作行为发生的时间先后直接相关:前一句是小猴子先"跳"才"在马背上",后一句则是小猴子先"在马背上"才"跳"。(15b)中两句话能说和不能说的情况正好相反,原因也就在于动作发生时间和事物存在时间具有不同的先后关系:"字"是在"写"之后才到黑板上的,但却是在"擦"之前就在黑板上了。比较:

(15)a$_1$. 小猴子跳在马背上。

　　a$_2$. 小猴子在马背上跳。

　　b$_1$. 在黑板上写字/ *在黑板上擦字

　　b$_2$. *把黑板上的字写了/把黑板上的字擦了

跟动词时间相关的另一个意义是谓语动词的"时体",也就是关于动作开始、进行、完成等时间体貌意义。就较明显的情况看,现代汉语里表示"时体"的典型标记是"了、着、过",分别标示完成体、进行体和经验体。"起来"和"下去"有时也是时体标记,标示开始体和持续体。此外"来着"和在特定条件下使用的"的",都可以标示已然体。例如:

(16) a.（已经）谈了/（正在）谈着/（曾经）谈过（完成、进行、经验）

b.（开始）谈起来/（继续）谈下去　　　　（开始、持续）

c. 你刚刚说什么来着/他什么时候进的城（已然）

跟动词相关的时间意义更重要的是动词本身表现出来的时间特征。本书第四讲"语义特征分析"中就提到,下面(17)中三句话动词后面都是加上表示时段（时长）的时间量词"三天",但意义却不一样。原因就是动词本身的时间意义的特征不同。例如:

(17) a. 死了三天了。（"死"了之后已经过了三天:[＋完成]/[－持续]）

b. 等了三天了。（"等"这个动作持续了三天:[＋持续]/[－完成]）

c. 看了三天了。（或者"看"之后过了三天:[＋完成]；或者"看"的动作持续了三天:[＋持续]）

也有学者提出可以根据动作在时间轴上表现出的"起点、续段、终点"的时间过程性质给动词进行时间特征分类。比如说"病了",表示开始,有起点,也有续段;"到了",表示结束,只有终点;"吃了",既可表示开始,又可表示结束,有起点、续段和终点。下面以动词后面加"了"的例子来看动词在时间特性上的差异。比较:

(18) 动词的时间特性（"V＋了"中 I 表示"有起点",F 表示"有终点"）:

动词类别	时间特性	图示	V＋了	动词例词	动词性质
Va	无限	→	－	是、等于、以为、作为	状态
Vb	前限	·→	＋(I)	认识、知道、熟悉、当心	↓
Vc	双限	·→·	＋(I,F)	坐、住、爱、病、醉、依靠	变化
Vd	后限	→·	＋(F)	离开、灭亡、消除、实现	↓
Ve	点（瞬间）	·	＋	来、忘、看见、收到、开始	动作

根据表(18),从动词的时间过程特征就可以把全部的动词分成"无起

点无终点动词""有起点无终点动词""有起点有终点动词""无起点有终点动词"和"点动词"五大类。Va类"无限动词"是"是、等于、以为"这类动词，后面一般不能加"了"，如"我是(＊了)大学生"。其他类动词都可加"了"，但时间特征不同。Vb类"前限动词"是"认识、知道"这样的动词，如"认识了错误"，这类动词就属于时间上只有起点没有终点的动词。Vc类"双限动词"是"病、等、吃"这样的动词，如"病了、醉了"，这些动词都属于时间上有起点、有续段，也有终点的动词。Vd类"后限动词"是"产生、灭亡"这样的动词，如"反动政权灭亡了了"，这些动词就属于没有起点，只有终点的动词。Ve类"点(瞬间)动词"是"忘、看见"这样的动词，如"我忘了"，这类动词的起点同时也就是终点。此外从这种分类可以看出由于动词的时间过程特征不同，因此从前往后分别是表状态意义的动词、表变化意义的动词和表动作意义的动词，这跟动词时间过程特征的连续性成正比，也表现为一种连续特征。

建立这种动词的时间过程特征分类，当然也可以用来解释例(17)的区别："死了三天了"就跟"死"这个动词属于"Ve类点(瞬间)动词"有关；"等了三天了"就跟"等"这个动词属于"Vc类有起点有终点的双限动词"有关；而"看了三天了"有两种意义，是因为"看"这个动词既属于"Ve类点动词"又属于"Vc类双限动词"。

另外汉语中有些动词结构要表示现实发生的状况，就要加上"了、着、过、正在、呢"等表时间的成分，否则就只能表示非现实的状况(如祈使、意愿、计划、习惯、规律等)，如下面(19)；而有些结构不必加上表时间的成分就可以表示现实状况，如下面(20)；还有些结构不管加不加表时间的成分，都可以表示现实状况，如下面(21)。比较：

(19) a₁. 他抽着烟呢。　　　　a₂. 他抽烟。　　　　　(表习惯)

　　　b₁. 他看电视呢。　　　　b₂. 他看电视。　　　　(表意愿)

　　　c₁. 我去过上海。　　　　c₂. 我去上海。　　　　(表意愿)

　　　d₁. 猫在吃老鼠。　　　　d₂. 猫吃老鼠。　　　　(表规律)

(20) a. 他姓王。　　　　　　　b. 小刘是大学生。

　　　c. 我认识他。　　　　　　d. 他喜欢猫。

(21) a₁. 他看见一个人。　　　　a₂. 他看见了一个人。

b₁. 代表团昨天到达北京。　　b₂. 代表团昨天到达了北京。

解释这样的现象也要考虑动词的时间过程特征。根据表(18)，动词又可以分为两个大类：一大类是静态动词(Va 无限动词/Vb 前限动词)，这类动词要么不能带上"了"，要么带"了"只能表示动作、状态的开始；另一大类是动态动词(Vc 双限动词/Vd 后限动词/Ve 点动词)，这类动词带上"了"可以表示动作的结束。可以发现：(19)是动态动词，所以必须加上一些时间成分才能表示现实状况，否则只能表示非现实的状况；(20)是静态动词，所以无论加不加时间成分都可以表示现实状况；而(21)之所以加不加时间成分都既能表示现实状况又能表示非现实状况，是因为这类动态动词只能表示现实状况。

10.3　汉语中的"处所范畴"和跟处所有关的语法分析问题

"空间(处所)"也是汉语一种重要的语法意义。空间(处所)范畴在语法形式上跟方位处所名词(如"(桌子)上")和表示起点、终点、定点的介词(如"从、到、在")等句法成分有密切的关系；同时因为现实中任何动作行为都发生在一定的空间处所里，因此任何句子(特别是陈述句)都必须或可以表达包括事件发生的地点、人和事物存在的地点、运动的起点和终点等在内的各种处所意义，因此空间处所意义跟谓语动词和整个句子的关系就更加紧密。"空间(处所)"范畴从主要类别上说可以分成两种情况：一是跟名词(作为处所本身的空间)有关的空间处所意义；二是跟动词(跟动作相关的空间)有关的空间处所意义。

先说跟名词有关的空间(处所)意义。表达空间处所意义当然就需要表示空间处所意义的名词，可称为"处所词"。顾名思义"处所词"就是表示处所的词语，但是汉语中有些处所词不一定专门表示处所，而有些处所词却是专门表示处所的。比较：

(22) a. 来中国/去公园/进坑道/出国境/上楼梯/下基层/回家乡

b. 逛商店/挤汽车/跑江湖/吃馆子/翻箱子/洗盆塘/看大门

c. 走进教室(＊走教室)／逃出牢房(＊逃牢房)／跳上窗台(＊跳窗台)／拉下水(＊拉水)／拿回宿舍(＊拿宿舍)

(23) 躺床上(＊躺床)／蹲路边(＊蹲路)／翻沟里(＊翻沟)／掉地上(＊掉地)／戴头上(＊戴头)／咽肚子里(＊咽肚子)／放桌子上(＊放桌子)／扔筐里(＊扔筐)

上面两组例句中，(22a)是趋向动词带处所名词宾语；(22b)是动作动词带处所名词宾语；(22c)是动作动词加趋向动词构成动补(动趋)词组后带处所名词宾语(谓语动词不能直接带处所名词宾语)。这些例句中表示处所的宾语在语义上本来都不专门表处所，只是在这些例句里(即特定动词后)才具有了处所意义，所以是广义处所词。而(23)则不同：一是从动词的支配关系看，不能带一般处所名词宾语；二是从宾语看，一般不能缺少方位词，即必须构成方位词组才能当宾语；三是这些充当宾语的方位词组在语义上是只能表处所的名词性成分，因此充当这类处所宾语的方位词组才是狭义处所词。

处所词本身到底表示什么处所很值得玩味。表面看处所词的所指很简单，比如"屋子里"就是指"屋子的里面"，"床下"就是指"床的下面"。但有时候理解起来又很不确定。比如"火车上"，既可以理解为"车厢里"，也可以理解为"车顶上"；再如"城墙上(插着红旗)"是指城墙的顶部，"城墙上(贴着标语)"是指城墙的墙面，"城墙上(悬挂着气球)"就是指城墙的上空。又比如在同一个足球场比赛，可以说"球场里(怎么样)"，也可以说"球场上(怎么样)"。可见汉语中处所词所表示的空间处所可以从"形状"和"方向"两个角度来看。

"形状"是指某个物体所占据的空间的形状显示出来的空间特点。这种空间主要是通过方位词组(NP + F)中的方位词 F 作为"确认值"来确定名词 NP 所具有的空间性质，简单说就是通过 F 来确认 NP。

从一个角度看，物体占据空间范围的形状如同几何图形一样也有"点、线、面、体"的区别。虽然汉语方位词在确认物体形状上的分工并不严格，但物体的这一类空间范围形状仍然还是要借助不同的方位词 F(和相关的动词)的性质来确定。例如：

(24) a₁. 城墙上插着一面红旗。 a₂. 院子里有一棵大槐树。（点形状）

b₁. 端线边树立着广告牌。 b₂. 小河岸边种满了杨柳。（线形状）

c₁. 地板上铺着羊毛地毯。 c₂. 黑板上写着一行大字。（面形状）

d₁. 箱子里边装的是衣服。 d₂. 房间里头摆满了家具。（体形状）

从另一角度看，汉语"内、里、中"等方位词主要表示物体在某个空间范围的里面，称为"内形状"；"上、下"等方位词主要表示物体在某个空间范围的表面，称为"上形状"；而"前、后、左、右、东、西、南、北、外"等方位词主要表示物体在某个空间范围的外面，称为"外形状"。这当然也要借助不同的方位词 F（和相关的动词）的性质来确定。例如：

(25) a₁. 箱子里边装的是衣服。 a₂. 瓶子中装的是杀虫剂。（内形状）

b₁. 桌子上放了不少杂物。 b₂. 床底下塞满了旧杂志。（上形状）

c₁. 屋子旁边有一棵枣树。 c₂. 大楼前边有一个花坛。（外形状）

"方向"是指某个物体所面对的方向显示出来的空间特点。这种空间主要是通过方位词组（NP + F）中的名词 NP 作为参考点来确定方位词 F 所表示的空间性质，简单说就是通过 NP 来确认 F。汉语方位词组中通常都需要出现一个表示具体物体或环境的名词，这就是确定方向的参考点；如果没有出现名词而直接说方位词，这时就是以说话人或听话人本身或说话的环境作为确定方向的参考点。比如下面(26)就是给出了具体参考点确认方向的例子；(27)都是以说话人或听话人或说话时的具体环境为参考点确认方向的例子。比较：

(26) a₁. 房子东边有棵树。 a₂. 电影院在邮局的南边。

b₁. 往屋子里面走。 b₂. 向公路旁边散开。

c₁. 请你坐到小王的前边。 c₂. 把书放在桌子上。

(27) a₁. 东边有棵大槐树。 a₂. 大光明电影院在南边。

b₁. 往里面走。 b₂. 往两边让让。

c₁. 向前走再往左拐。 c₂. 同志们，向前冲啊！

上面例子中参考点和方向都还是比较明显的，至少不会引起误解。但是"前、后、左、右"四个方向，不光涉及有些作为参考点的物体本身没有明确方向,还涉及有时某些参考点的方向在说话人看来是不一致的。从前一点看,像"足球、白纸、圆桌、玻璃杯"等就没有比较明确的前后左右方向,至少无法区别左右方向。因此单说"足球前、杯子左边"恐怕就不知道指什么方向。从后一点看,即使某个物体可能有方向,但人们在说前后左右时表示的方向也不尽相同。比如人拿着遥控器操作电视机,说"遥控器前"通常是指顺着人身体的方向,而说"电视机前"就是指面对着人的身体的方向,二者前后相反,左右也就会相反。研究发现,有两方面的因素决定着人们对物体前后左右的认识:一方面要由人与物在典型位置上的互动模式决定。比如说人与椅子的典型位置是"人坐在椅子上",人与镜子的典型位置是"面对光滑可鉴的一面"。这样人们就逐渐把自身的前后左右方位投射到与之在典型位置上互动的物体上,从而形成物体的前后左右。其中有一种情况是"顺向互动模式",即将人自身的前后左右方位顺向投射到物体上,二者方向完全一致。像"上衣、裤子、沙发"等是互动时人要进入其内部空间来确定这些物体的前后左右方向,像"遥控器、照相机、冲锋枪"等是互动时人要依据人持有这些物体时的指示方向来确定这些物体的前后左右方向。另一种情况是"面向互动模式",即人将自身的前后左右方位面向投射到物体上,二者的方向就正好相反。像"写字台、镜子、收音机、墓碑"等就是这样来确定其前后左右方向的。另一方面有些物体的前后左右方向跟人的互动没有关系,而主要取决于物体自身的特性。其中有生命的物体或形体类似人的如"狗熊、玩具娃娃"等,通常把集中了主要感觉器官(如眼睛、鼻子、嘴巴等)的一面称为"前",相反方向称为"后";而无生命但是处于运动状态的物体如"汽车、自行车、子弹、河流"等,通常把运动前进的方向称为"前",相反方向称为"后"。

再说跟动词有关的空间(处所)意义。句子中表达处所意义主要也都跟处所词(方位词组)有关。关于包含处所词的结构,第三讲"句式变换分析"和第十讲"语义指向分析"已做了一些讨论。这里再举一个汉语中包含处所词的"位移—终点(motion-end)"结构的例子。下面(28)四种同形的"V + PP(到/在 NP)"结构存在不同的结构变化和处所义差异。比较:

(28) a_1. 请大家回到/＊在座位上(方向)

　　　 a_2. 把货物搬到/＊在仓库里(方向)

　　　 b_1. 小猴子跳到/在马背上(方向)

　　　 b_2. 她把水泼到/在院子里(方向)

　　　 c_1. 这些钱应该存到银行里(方向)

　　　 c_2. 这些钱一直存在银行里(存在)

　　　 c_3. 孩子被父母关到屋子里(方向)

　　　 c_4. 孩子被父母关在屋子里(存在)

　　　 d_1. 你不能总呆＊到/在家里(存在)

　　　 d_2. 你们可别病＊到/在路上(存在)

　　上面(28)说明，同样是"V + 处所 PP"结构，各自所选用介词"到、在"不同(有的必须选用"到"或"在"，有的则可混用"到"或"在")，表示意义也不同(有的只能分别表"方向"或"存在"，有的则兼表"方向"或"存在")。对此过去一直解释不清楚。研究发现，汉语谓语动词后"到/在 NP"实际有上下两层：下层介词层(PP)的中心词 P^0 "在"只表"存在"；而上层功能层(FP/pP)的中心词 F^0 "到"则表"方向"。"$P^0_{在}$"在不同"位移特征"的谓语动词"诱发"下实现身份转换，就形成动词与其后"到 NP/在 NP"的不同句法组合。也就是说，介词层"$P^0_{在}$"是在谓语动词诱发下向上提升和并入功能层"$F^0_{到}$"才表"方向"；只是与英语下层介词"in、on"提升合并构成复合介词"into、onto"不同，汉语介词的这种提升并入并不是显性的(不构成复合介词)，即"在"提升并入后只能或者读"到"的音或者读"在"的音，但一定都表"方向"。如果谓语动词的位移特征不足以诱发这种提升和并入，那么动词后选择上层的"到 NP"就只表"方向"，选择下层的"在 NP"就只表"存在"，只不过其中一项会由于语义对立或语音冗余而经过核查被删除，即剩下(读成)"到(NP)"的音就表"方向"，剩下(读成)"在(NP)"的音就表"存在"。这种双层 PP(FP(pP)—PP)和其中介词"到、在"的提升并入情况，如图(29)所示：

（29）

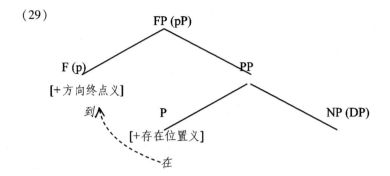

下面（30）显示更复杂的情况是：汉语有的表"方向、存在"的处所介词词组 PP 只能出现在动词前表"方向"，有的 PP 只能出现在动词后表"方向"；有的 PP 则既可出现在动词前也可出现在动词后，且表"存在"的意义不变。例如：

（30）a_1. 往/＊在屋里搬东西（方向）　　a_2. 东西搬到/＊在屋里（方向）

　　　b_1. 往/＊在地上泼脏水（方向）　　b_2. 脏水泼到/在地上（方向）

　　　c_1. 在日本东京住（存在）　　　　c_2. 住在日本东京（存在）

　　　d_1. 在黑板上写字（存在）　　　　d_2. 字写在黑板上（存在）

过去对"PP-V"和"V-PP"两种结构（包括是否都成立）的句法构造和相互联系有"移位残留"和"前状后补"两种方案。移位残留说偏重于历时语料，即假设动词前的处所 PP 都是历史上向前移位形成的，但这不能解释为什么有的动词后介词词组 PP 会赖着不走。前状后补说偏重于共时分析，即假设动词前后的处所 PP 各自独立生成，但这又不能解释为什么有的动词前后处所 PP 的意义会完全一致。而目前提出的一种假设是：表"方向、存在"的处所 PP 的原始底层位置应该同时在谓语动词两侧，即"位移—终点"结构的底层形式其实应是"PP（往/在 NP）V-PP（到/在 NP）"；由于动词前后表"方向、存在"的处所 PP 在语义和语音上冗余，因此实际句子中须经过核查删除其中的一个。这一假设的基础结构形式如（31）所示：

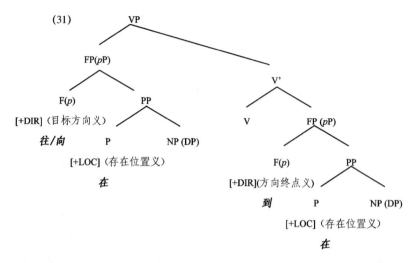

(31)

而实际说出的句子对"拷贝生成"的动词前后处所 PP 进行"互补删除"操作时，有两个层次的限制：第一层是结构限制，主要决定删除动词前"往（向）/在 NP"还是删除动词后"到/在 NP"。只有动词后提供处所 PP 的位置（即不是动宾或动补结构），才可能选择动词后处所 PP（删除动词前 PP），反之则只能选择动词前处所 PP（删除动词后 PP）。第二层是动词限制，主要决定在动词前后的处所 PP 中选择哪个介词。由于动词前后都存在表"方向"的 FP(pP)层和表"存在"的 PP 层，选择哪个介词也就都要受到动词位移特征的限制。比如位移特征较弱的动词就不可能选用 FP 层的介词（往、向、到），反之亦然。

10.4　汉语中的"数量范畴"和跟数量有关的语法分析问题

"数量"也是汉语一种重要的语义范畴。汉语中数量意义当然首先是通过"数量词"来表示的，很多语法现象也都跟"数量词"有关。比如汉语"有定和无定"就用数量词来体现，"（我买了）一本书"中名词"书"的无定指称意义就是由"一本书"这样的数量词表示的。"时间范畴"跟数量有关的意义更多，如"三天、一小时"等就是表示时间的数量的。对数量范畴的作用又可以从两个角度讨论：一是汉语中数量词语和跟数量词有关的语法现象;二是数量词语对句法结构和语义表达的制约作用。

先看数量词和跟数量词有关的语法现象。数量词的自相组合也跟时间词一样能构成不同的结构。(33a)"加合关系"的数量词必须是同一系列,且大的数量词在前,小的数量词在后,中间可以加上"加/零"。(33b)"偏正关系"的数量词也必须是同一系列,也必须是大的数量词在前,小的数量词在后,中间可以加上"的"。(33c)"主谓关系"的数量词或者序数词在前基数词在后,或者都是序数词,两个数量词可以换位,中间加上"是"。(33d)"联合关系"的数量词中的量词必须相同,中间可以加上"和"。比较:

(33)a. 42 公里 195 米/9 斤 3 两/5 岁 3 个月　　　　　(加合关系)

　　b. 20 世纪 80 年代/8 连 1 排 3 班/16 排 2 座　　　(偏正关系)

　　c. 二班一等(奖)/(衣服)5 元 1 件/一桌 8 个人　　(主谓关系)

　　d. 87 年 89 年/A 类 B 类/甲班丙班/一卷四卷　　　(联合关系)

数量词除了可以表示明显的数量意义、确指的数量意义和客观的数量意义,也存在暗含的数量意义、虚指的数量意义和主观的数量意义。

所谓"暗含的数量意义",指结构中用某个没有客观数量义的数量词表示的特殊数量意义。如下面(34)的重叠形式和(35)动词前的"一 + 量(名)"形式都表示"所有、每一"的周遍数量意义;(36)"一 + 名词(借用量词)"的形式都表示"满"这样的数量意义。例如:

(34)a. 家家户户都张灯结彩。　　　　b. 天天都会下一阵小雨。

　　c. 回回去找他都不在家。　　　　d. 次次约会他都要迟到。

(35)a. 一本(书)也没看。　　　　　b. 一次(书)也没看。

　　c. 一天(书)也没看。

(36)a. 一桌子(的)菜　　　　　　　b. 一肚子(的)话

　　c. 一屋子(的)书　　　　　　　d. 一身(的)泥水

所谓"虚指的数量意义"指结构中虽然有数量词,但是由于表达的需要,数量词表示的数量可以是故意夸张的"虚数",如(37);或者是有意模糊的"约数",如(38)。比较:

(37) a. 这篇文章我看了半天才看懂。

　　 b. 那辆车子眨眼之间就没影了。

　　 c. 离破纪录还差十万八千里呢。

　　 d. 我的一生三言两语就能说完。

(38) a. 这个故事已经传说了千百年。

　　 b. 大家三五成群地走进了会场。

　　 c. 她每一天都要换好几套衣服。

　　 d. 在全国恐怕也是数一数二的。

　　所谓"主观的数量意义"指结构中对数量进行表述时带有对数量意义的主观评价，即数量词有时可以表示"大量"有时又可以表示"小量"。比如下面(39)中同样说的是"两个苹果、十八岁、一早上/三封信"等，可是说话人对数量的主观评价意义却恰好相反。比较：

(39) a_1. 他只吃了两个苹果。（量小）

　　 a_2. 他竟吃了两个苹果。（量大）

　　 b_1. 才十八岁就结婚了。（量小）

　　 b_2. 十八岁了才结婚。（量大）

　　 c_1. 一早上就写了三封信。（量大/量小）

　　 c_2. 一早上就写了三封信。（量小/量大）

　　主观数量意义有不同的表现形式：一种情况是结构中使用不同的程度副词，如(39a)中用"只"就表示主观小量，用"就"就表示主观大量。再一种情况是结构中相同副词出现在不同的位置，如(39b)中都用"才"，但是出现在数量词之前表示主观小量，出现在数量词之后就表示主观大量。还有一种情况是通过不同数量词语的重读形式，如(39c)中副词词语和出现位置都一样，可是仍然可以表示主观大量和主观小量两种相反的意思，这时就要靠其中的数量词语"一早上"和"三封信"分别重读才能区别。

　　主观数量意义还有一种特殊的情况。比如汉语"一会儿、几天"之类的时间词都是表示极小量的时间。有趣的是有时这些时间词的肯定形式和否定形式意思差不多，如(40)；但有时候二者也有不能替换的情况，如(41)。比较：

(40)a₁. 一会儿饭就做好了。　　a₂. 不一会儿饭就做好了。

　　b₁. 过几天就会回来的。　　b₂. 过不了几天就会回来的。

　　c₁. 过些日子就会厌烦的。　　c₂. 过不些日子就会厌烦的。

(41)a. 等了一会儿(＊不一会儿)饭才做好了。

　　b. 急什么,再坐一会儿(＊不一会儿)吧。

　　一般说"一会儿"和"不一会儿"都表示时间极短,所以说话时才似乎不在乎这点差别。但由于心理视角不同,从听话人的期待来说,"一会儿"可以是相对于"零"而言的,也可以是相对于较大的量而言的。(40)就是相对于"零"的情形。如(40a)是听者立即要走,以为饭已经做好了,他期待的"离去"和"做好饭"的间隔时间为"零"。而(41a)则是相对于大量的情形,听者期待"做好饭"的时间要大于"一会儿"。从语法形式看,凡用"就"的都是相对于"零"而言的,如(40a);凡是相对于较大量都不能加"就",但可加"才",如(41a)。更具体说,"一会儿"可以相对于"零"而言,也可以相对于较大量而言,而"不一会儿"则只能相对于较大量。所以在相对于"零"的情形下,说"一会儿"和"不一会儿"都可以,意思也差不多;但在相对于较大量的情形下,就只能用"一会儿",不能用"不一会儿"。

　　再看数量词对句法结构和语义表达的制约作用。比如是否包含数量词对于某种句法结构能否成立会有制约作用。从一方面看,有些句法组合如果没有数量词就不能成立,也就是结构中必须有数量词。如(42)这些双宾结构,如果去掉其中的数量词,结构就不成立。比较:

(42)a₁. 盛碗里两条鱼。(＊盛碗里鱼)

　　a₂. 扔河里一块石头。(＊扔河里石头)

　　b₁. 来这儿两个人。(＊来这儿人)

　　b₂. 住楼上几个学生。(＊住楼上学生)

　　c₁. 捂孩子一身痱子。(＊捂孩子痱子)

　　c₂. 叮了他一个大包。(＊叮了他大包)

　　再如汉语定中偏正结构中修饰语一般情况下不可以是状态形容词(形容词的重叠形式)或"程度副词＋形容词"的形式,除非后面加上"的"。但是如果中心语名词前带有数量词,这样的定语成分就能不依靠"的"而直接作定语。例如：

(43) a. 滚烫的开水（＊滚烫开水）/滚烫一壶开水

　　　b. 恶狠狠的脸（＊恶狠狠脸）/恶狠狠一张脸

　　　c. 花里胡哨的衣服（＊花里胡哨衣服）/花里胡哨一件衣服

　　　d. 挺干净的房间（＊挺干净房间）/挺干净一个房间

　　　e. 好好儿的裙子（＊好好儿裙子）/好好儿一条裙子

　　　f. 高高儿的山（＊高高儿山）/高高儿一座山

　　从另一方面看，有些句法组合如果有数量词就不能成立，也就是结构中排斥数量词。比如"山上架着炮"是有歧义的：可以指一种静态的存在，表示"山上有炮"的意思；也可以指一种动态的行为，表示"山上正在架炮"的意思。但是如果"炮"前加上数量词，说"山上架着两门炮"，那就只有"山上有炮"的意思，没有歧义了。这就是说，表示动态行为的"处所词主语＋动词（着）＋受事宾语"的结构，其宾语成分就排斥数量词。

　　再如副词"再"有一种意义是表示"重复"。"再"所表示的重复有两种：一种是"实际的重复"，即已然动作行为的重复，如(44a)；另一种是"空缺的重复"，即表示原计划或预想要进行、发生而由于某种原因未能进行、发生的动作行为的重复，如(44b)。比较：

(44) a. 小王，你再去看看，信来了没有。（"再看看"＝实际的重复）

　　　b. 没买着电影票没关系，我们明天再看好了。（"再看"＝空缺的
　　　　　　　　　　　　　　　　　　　　　　　　　　　　重复）

　　"再"的两种重复意义，反映在句法上有一点区别：表示实际重复时，"再"之后可以有数量词，也可以没有数量词；而当表示空缺重复时，受"再"修饰的成分就排斥数量词。例如：

(45) a. 看来末班车已经过了，你明天再回去吧。

　　　　（＊看来末班车已经过了，你明天再回去一次吧。）

　　　b. ——妈，我要吃冰激凌。

　　　　——这么晚了到哪儿去买啊，明天再吃吧。

　　　　（＊这么晚了到哪儿去买啊，明天再吃两杯吧。）

　　数量词对名词短语的移位形式也会有制约作用。比如汉语有些结构

中带数量词的名词短语(数量名结构),如果要发生分裂移位(即其中一部分移位),那么向后分裂移位的成分一定不能是其中的名词而是数量词,其中的名词必须要留在原位,如(46);反过来向前分裂移位的一定不能是其中的数量词而是名词,其中的数量词必须要留在原位,如(47)。比较:

(46) a₁. 一只苍蝇飞了。　　→　a₂. 苍蝇飞了一只。(* 一只飞了苍蝇)

　　 b₁. 半筐苹果烂了。　　→　a₂. 苹果烂了半筐。(* 半筐烂了苹果)

(47) a₁. 吃了一个苹果。　　→　a₂. 苹果吃了一个。(* 一个吃了苹果)

　　 b₁. 送朋友了不少东西。→　b₂. 东西送朋友了不少。(* 不少送朋

　　　　　　　　　　　　　　　　　　　　　　友了东西)

10.5　汉语中的"领属范畴"和
跟领属有关的语法分析问题

　　"领属"好像是一个纯粹的语义问题,实际上,汉语领属关系虽然通过领属性名词词组表现,但反过来,领属性名词词组也会对汉语句法结构的构成和变化产生影响。

　　要给领属词组下一个严格定义或进行分类是有困难的。比如当说下面(48)中各种名词词组形式都是领属词组时,它们内部"领 Nx"和"属 Ny"之间具有的语义关系是很不相同的。比较(两个名词中间有没有"的"均不影响构成领属词组):

(48) a. 表称谓:他的父亲/我的学生/经理的秘书/百万富翁的女儿

　　 b. 表占有:人家的报纸/图书馆的书/弟弟的汽车/岳父的存款

　　 c. 表器官:姑娘的眼睛/狐狸的尾巴/商人的头脑/松树的叶子

　　 d. 表构件:这本书的封面/衣服的领子/自行车的链条/橘子皮

　　 e. 表材料:车身的钢板/衣服的布料/桌子的木头/窗户的玻璃

　　 f. 表属性:菜的味道/孩子的性格/会议的影响/导弹的破坏力

　　 g. 表特征:姑娘的穿着/模特的身材/衣服的颜色/青年的形象

　　 h. 表观念:百姓的心态/读者的意见/群众的牢骚/大家的顾虑

　　 i. 表成员:大学的教授/公司的高层/支部的委员/部队的官兵

j. 表变形:土豆丝/萝卜块/羊肉片/大米粥/苹果酱/红薯干

k. 表成果:王朔的小说/黎明的专辑/学生的作品/爱情的结晶

l. 表产品:四川的榨菜/青岛的啤酒/中国的卫星/东芝的电脑

m. 表状况:老王的病/个人的前途/农民的命运/股市的行情

n. 表事业:公司的计划/小李的工作/教师的追求/专家的研究

o. 表处所:小王的身后/我的面前/学校的操场上/大厅的墙上

目前一般认为确定狭义领属词组主要还是要根据"领属"的语义特征标准,其中一条是"领属关系是必然的或固有的,即[+ 必然/ + 固有]",另一条是"领和属的关系是不可转让或不可分离的,即[– 转让/ – 分离]"。换个角度说,狭义领属词组的"领属"关系应该是必然的和唯一的。这种领属词组有时在与特定动词或形容词搭配的情况下,一方面说"领"的时候又可以同时表示"属",即"属"是被蕴含的,如(49);另一方面又可能说"属"的时候也可以表明存在一个"领",即"领"是被预设的,如(50)。比较:

(49) a. 衣服(的价格)真贵。　　　　b. 树叶(的颜色)黄了。

　　　 c. 音乐(的旋律)很优美。　　　d. 奶奶(的眼睛)瞎了。

(50) a. (某人的)妻子出国访问了。　　b. (某人的)孩子考上大学了。

　　　 c. (某厂的)产品通过鉴定了。　　d. (汽车的)离合器已失灵了。

领属词组对句法结构的构成和变化的影响,或者说对句法结构的制约作用,可以从以下三个方面来看:

一是领属词组造成句法结构的性质变化。比如有些主谓谓语句的句首成分并不是动词的论元,但又不能加上"把、被、用、在"等介词充当状语(如表工具、处所、方式等)。其实这样的名词都一定可以与结构中的主语或宾语构成领属词组,即是真正主语或宾语名词的一部分。这正是汉语中这类特殊的非论元性成分或非严格主语的句首成分的特点。例如:

(51) a. 他心眼儿不坏。　　　　　　　b. 老王心脏病又犯了。

　　　 c. 这台机器一颗螺丝活动了。　　d. 动物园一只狗熊跑了。

(52) a. 他死了父亲。　　　　　b. 我简直瞎了眼。

c. <u>老王</u>掉了<u>不少头发</u>了。　d. <u>这家公司</u>(今年)坠毁了<u>两架飞机</u>。

(53) a. <u>一群鸟</u>落树上<u>两只</u>。　　b. <u>六个犯人</u>逃走了<u>一半</u>。

c. <u>上海代表</u>住二楼<u>五位</u>。　　d. <u>三架飞机</u>才降落了<u>一架</u>。

(54) a. <u>橘子</u>我刚剥了<u>皮</u>。　　　b. <u>文章</u>我才写了<u>开头</u>。

c. <u>这衣服</u>你还没钉<u>扣子</u>呢。　d. <u>金庸小说</u>我看过<u>一部分</u>。

e. <u>一年四季</u>我最喜欢<u>秋天</u>。　f. <u>这个问题</u>我们还没有得出<u>结论</u>。

　　二是领属词组造成句法结构的复杂变化。比如(55)"得字句"中名词的位置很特别:一方面是"得"前名词和"得"后名词各自占据一个独立位置,即前者是"得前 V"的主语或宾语,后者是"得后 V"的主语。如"她哭得眼睛都肿了"是"她哭",不是"﹡眼睛哭";是"眼睛肿",不是"﹡她肿"。另一方面正因为这两个不同位置的名词具有领属关系,所以又可以分别移到对方位置上,看上去就像是合成了一个完整的名词。如可分别构成"她眼睛哭得都肿了"和"哭得她眼睛都肿了"。这一类"得字句"的特点,就是由于结构中存在着具有领属关系而处在不同位置的两个名词造成的。例如:

(55) a_1. 他忙得手脚不停。

　→ a_2. 忙得他手脚不停。

　　 b_1. 他把几个孩子吓得脸都白了。

　→ b_2. 他吓得几个孩子脸都白了。

　　 c_1. 他搬家具搬得满头是汗。

　→ c_2. 搬家具搬得他满头是汗。

　　又如复句中的名词常常可以省略,其中承前或启后省略的位置只有主语或宾语,但这些省略名词的语义同指成分的位置却除了前句或后句中相应的主语、宾语以外,还可以是前句或后句中主语或宾语的定语。这个定语成分无一例外地必须与它所修饰的中心语名词构成领属关系,不是领属词组就不能承前启后省略。例如(省略成分记作"e"):

(56) a. <u>反动派的样子</u>是可怕的,<u>e</u> 实际上并没有什么了不起的力量。

　　(e = 反动派)

b. e 被冷风一吹, <u>他</u>的脑子有点儿清醒了。(e = 他)

c. 你要想知道<u>梨子</u>的滋味, 你就得亲口尝一尝e。(e = 梨子)

d. 你不去一趟e, 怎么能了解到<u>那里</u>的情况? (e = 那里)

三是领属词组造成句法结构的特殊变化。比如一般说汉语体词谓语句中能充当谓语的体词性成分仅限表时间、籍贯、职业、数量的名词短语或表转指的"的字结构", 中间可插入"是"。而由形容词或状态词作定语构成的偏正结构作谓语, 就不能加"是"。这类偏正结构作谓语的条件就是偏正结构的中心语与主语必须能构成领属关系, 也就是说谓语偏正结构的中心语实际上是主语的"属 NP"。比较:

(57) a_1. <u>她黄头发</u>(她的头发黄)

a_2. *他黄裤子

b_1. <u>她圆脸、大眼睛</u>(她脸圆、(她)眼睛大)

b_2. *她新鞋、旧书包

c_1. <u>小伙子挺高的个子</u>(小伙子的个子挺高的)

c_2. ?小伙子挺好的成绩

再如"VP 的 NP"转指结构。一般说当一个"VP 的"中除被提取的名词外不缺少其他名词, 而且被提取的名词又充当了"VP 的"所修饰的中心语时, 这一结构是不会有歧义的, 如(58)。但(59)却有歧义, 看起来是由于层次构造不同, 但更主要的原因是"VP 的"中动词的宾语与提取出来作"VP 的"所修饰的中心语的名词由原来没有领属关系强制性地形成了领属关系。在这种情况下"VP 的 NP"的结构和意义才改变了。例如:

(58) a. P 卖菜的<u>农民</u>　　　　b. P 反对这个意见的<u>人</u>

(59) a_1. P 拉住孩子的<u>手</u>　　　　a_2. e 拉住孩子的<u>手</u>

b_1. P 咬死了猎人的<u>狗</u>　　　　b_2. e 咬死了猎人的<u>狗</u>

主要参考文献:

陈　平(1988)论现代汉语时间系统的三元结构,《中国语文》第 6 期。

崔希亮(2001a)《语言理解与认知》, 北京语言文化大学出版社。

崔希亮(2001b)汉语空间方位场景与论元的凸显,《世界汉语教学》第 4 期。

戴浩一(1984)现代汉语处所状语的两种功能,《语言研究译丛》第 1 辑,南开大学出版社。

戴浩一(1988)时间顺序和汉语的语序,《国外语言学》第 1 期。

戴耀晶(1997)《现代汉语时体系统研究》,浙江教育出版社。

范方莲(1982)存在句,《中国语文》第 5 期。

范继淹(1986)论介词短语"在 + 处所",《范继淹语言学论文集》,语文出版社。

方经民(1999)论汉语空间方位参照认知过程中的基本策略,《中国语文》第 1 期。

郭　锐(1993)汉语动词的过程结构,《中国语文》第 6 期。

郭　锐(1997a)过程和非过程——汉语谓词性成分的两种外在时间类型,《中国语文》第 3 期。

郭　锐(1997b)论表述功能的类型及其相关问题,《语言学论丛》第 19 辑,商务印书馆。

胡明扬(1994)语义语法范畴,《汉语学习》第 1 期。

李临定(1988)"在"格的类型、比较及变换,《汉语比较变换语法》,中国社会科学出版社。

李宇明(1996)领属关系与双宾句分析,《语言教学与研究》第 3 期。

廖秋忠(1983)现代汉语篇章中空间和时间的参考点,《中国语文》第 4 期。

廖秋忠(1992)现代汉语并列名词性成分的顺序,《中国语文》第 3 期。

刘宁生(1983)汉语怎样表达物体的空间关系,《中国语文》第 3 期。

刘叔新(1996)谈汉语语法范畴的研究,《语法学探微》,南开大学出版社。

陆俭明(1984)由指人名词自相组合造成的偏正的结构,《中国语言学报》第 2 期。

陆俭明(1988)现代汉语中数量词的作用,《语法研究和探索(4)》,北京大学出版社。

陆俭明(1993)《八十年代中国语法研究》,商务印书馆。

吕叔湘(1965)方位词使用情况的初步考察,《汉语语法论文集》,商务印书馆。

马庆株(1988)自主动词和非自主动词,《中国语言学报》第 3 期。

马庆株(1998)《汉语语义语法范畴问题》,北京语言文化大学出版社。

马　真(1986)"比"字句内比较项 Y 的替换规律试探,《中国语文》第 2 期。

孟庆海(1986)动词 + 处所宾语,《中国语文》第 4 期。

齐沪扬(1994)"N + 在 + 处所 + V"句式语义特征分析,《汉语学习》第 6 期。

齐沪扬(1998)《现代汉语空间问题研究》,学林出版社。

聂文龙(1989)存在和存在句的分类,《中国语文》第 2 期。

邵敬敏(1990)"比"字句替换规律刍议,《中国语文》第 6 期。

邵敬敏(1993)量词的语义分析及其与名词的双向选择,《中国语文》第 3 期。

沈家煊(1998)《不对称和标记论》,江西教育出版社。

沈家煊(1999)认知心理和语法研究,《语法研究入门》(吕叔湘等著),商务印书馆。

沈　阳(1995a)数量词在名词短语移位结构中的作用与特点,《世界汉语教学》第 1 期。

沈　阳(1995b)领属范畴及领属性名词短语的句法作用,《北京大学学报》第 5 期。

沈　阳(1998)带方位处所宾语的动词及相关句式,《语言学论丛》第 20 辑,商务印书馆。

沈　阳(2015)现代汉语"V + 到/在 NP"结构的句法构造及相关问题,《中国语文》第 2 期。

文贞惠(1998)表属性范畴的"N1 +（的）+ N2"结构的语义分析,《世界汉语教学》第 1 期。

邢福义、李向农、储泽祥(1999)时间方所,《语法研究入门》(吕叔湘等著),商务印书馆。

俞咏梅(1999)论"在 + 处所"的语义功能和语序制约原则,《中国语文》第 1 期。

袁毓林(1992)现代汉语名词的配价研究,《中国社会科学》第 1 期。

袁毓林(1999)定语顺序的认知理解及其理论蕴含,《中国社会科学》第 2 期。

张伯江(1994)领属结构的语义构成,《语言教学与研究》第 2 期。

张德鑫(1999)《数里乾坤》,北京大学出版社。

张　敏(1998)《认知语言学与汉语名词词组》,中国社会科学出版社。

赵元任(1968)*A Grammar of Spoken Chinese*,中译本《汉语口语语法》(吕叔湘译),商务印书馆 1979 年;《中国话的文法》(丁邦新译),香港中文大学出版社 1980 年。

朱德熙(1982)《语法讲义》,商务印书馆。

第十一讲

认知理论与语言认知分析

11.1 从"差一点儿"和"大星期天"说起

这一讲讨论"认知理论"和"语言的认知分析"。"认知"这个概念说深奥确实不太好懂,就连专家也有不同的说法。但这个概念说浅显也还是容易理解的,因为从比较宽泛意义上来解释,"语言的认知分析"主要就是从人的心理感知角度来分析语言现象。说得直白一点儿就是,说话人说一句话的时候是什么样的"心思"使得他这样说而不那样说,听话人听到一句话的时候是什么样的"心思"使得他这样理解而不那样理解。先来看两个比较简单的例子。

一个例子是汉语"差一点儿(怎么样/没怎么样)"的格式。"差一点儿(怎么样)"或"差一点儿(没怎么样)"是一种常用句式,但表达的意思却并不都一样。比如"差一点儿摔倒了"和"差一点儿没摔倒"意思相同,都是说没摔倒。但"差一点儿考上了"和"差一点儿没考上"意思就不相同,前者是说没考上,后者是说考上了。概括起来说,"差一点儿摔倒了"和"差一点儿没摔倒",在形式上一个是肯定的,一个是否定的,但意思都是否定的。"差一点儿考上了"和"差一点儿没考上",在形式上也是一个肯定一个否定,但是意思就不一样:肯定形式表示否定意思,否定形式表示肯定意思。现实语料中这样的例子还有很多,例如:

(1)a.差一点儿打破了(没打破)　　=差一点儿没打破(没打破)

　　b.差一点儿离婚了(没离婚)　　=差一点儿没离婚(没离婚)

　　c.差一点儿打败了(没打败)　　=差一点儿没打败(没打败)

　　　　d. 差一点儿淹死了（没淹死）　＝差一点儿没淹死（没淹死）

　（2）a. 差一点儿及格了（没及格）　≠差一点儿没及格（及格了）
　　　　b. 差一点儿中奖了（没中奖）　≠差一点儿没中奖（中奖了）
　　　　c. 差一点儿赶上了（没赶上）　≠差一点儿没赶上（赶上了）
　　　　d. 差一点儿买着了（没买着）　≠差一点儿没买着（买着了）

　　那为什么人们在说"差一点儿怎么样/没怎么样"的句子时会表达出不同的意思呢？这就可能涉及人的某种心理认知了。可以发现：像（1）中的"摔倒、打破、离婚、打败、淹死"等，就一般情形看都是说话人不期望发生的事情；而像（2）中"考上、及格、中奖、赶上、买着"等，就一般情形看都是说话人期望发生的事情。可见"差一点儿怎么样"和"差一点儿没怎么样"两个格式到底表达什么意思，主要看说话人对所说事情的态度：凡是不期望发生的事情，两种格式意思就一样；凡是期望发生的事情，两种格式意思就不同。

　　再一个例子是汉语"大＋时间名词（怎么样/别怎么样）"格式。汉语口语中的"大过年的……""大星期天的……"这种格式也很常用。有人曾认为这种格式主要在于强调所修饰时间的重要性或特殊性，因此在这个时间做的事情也比较重要或特殊。那么到底这种格式表达什么意思，人们又在什么情况下才这么说呢？

　　先看哪些时间名词能进入这个格式。可以发现，时间名词大致可分为四类。第一类是表示节日的时间名词，其中属于中国传统节日和公休节日的，以及相当于"元旦、春节"的"过年、过节"等，一般都可进入这个格式；而非中国传统节日或不休假的节日就不能这么说或很少这么说，如（3）所示。第二类是表示年、月、日、星期的时间名词，其中表顺序的如"今年、下个月、前天"等都不能进入这个格式，表基数的如"月、日、星期"，有些可以说，有些就不行，如（4）所示。第三类是表示季节、气候的时间名词，也是有的可以说，有的不行，如（5）所示。第四类是表示一天中时点或时段的时间名词，时点词都不能进入这个格式，时段词则有的可以说，有的不行，如（6）所示。比较：

　（3）a. 大过年的/大过节的/大节日的/大中秋（节）的/大国庆（节）的
　　　　b. ＊大复活节的/＊大感恩节的/＊大七一的/＊大妇女节的/＊大

儿童节的

(4) a. 大正月的／大初一的（限正月）／大十五的（限正月和八月）／大星期天的

b. ＊大三月的／＊大初七的／＊大十三的／＊大星期三的

(5) a. 大夏天的／大冬天的／大冷天的／大热天的／大阴天的／大太阳天的

b. ＊大春天的／＊大秋天的／＊大暖和天的／＊大凉快天的

(6) a. 大清早（早上、早晨）的／大中午（晌午）的／大晚上的／大半夜的

b. ＊大上午的／＊大下午的／＊大傍晚（黄昏）的

上面"大＋时间名词"可成立的格式，有些好像可以说是"重要的日子"，但全面看显然就不是这样了。比如"大清早的"，或许因为"一日之计在于晨"，所以"清早"比较重要，但为什么"大中午的、大晚上的、大半夜的"也能说呢？又比如"大夏天的、大冬天的"可以说，而为什么"一年之计在于春"的"春天"却反而不能说呢？如果说重要的日子如"过年、国庆节"可以进入这个格式，那为什么同类的"建军节、七一"等又不能说呢？

从另一个角度来考察又可以发现，"大＋时间名词"不能单说，后面总要跟另一句话。而后续句一般有两种类型：一种是反说，即否定做某事，包括直接否定或反问否定，如(7)所示；另一种是顺说，即肯定做某事，包括直接肯定或反问肯定，如(8)所示。比较：

(7) a₁. 大过年的，别老忙工作了！

a₂. 大晚上的，别往外跑了！

b₁. 大清早的，你就出门了？

b₂. 大星期天的，你还加班？

(8) a₁. 大冷天的，就在家待着吧！

a₂. 大中午的，找地方迷糊一会儿吧！

b₁. 大半夜的，你还不睡觉？

b₂. 大星期天的，还不带孩子去公园玩玩？

值得注意的是,这些句子的意思,即否定或肯定做的事情,往往是不能反过来说的。比如上例中同样是"星期天",如果说成"大星期天的,你怎么还不去加班呢?""大星期天的,别带孩子去公园玩了!"就会让人感到莫名其妙。这就说明,"大＋时间名词"能否成立事实上与后续句所表达的在这个时间里应该或不应该做什么事情也有关系。

上面说的现象就反映了一个十分简单的道理。从"大＋时间名词"格式本身看,其中的时间名词并不表示重要特殊的日子,而往往是不工作及不适合工作(或反过来说应该休息或适合于休息)的时间,如"过年、冬至、星期天、冷天、中午、半夜"都是如此,如果不是这样的时间就不能进入这个格式。而从后续句来看,也不是做什么重要特殊的事情。归纳起来:凡肯定的事情,往往都与不工作或休息有关,既包括"睡觉、歇着、不出门"这类事情,也包括"干家务、去公园、逛商店、走亲戚"这类广义的属于休息的事情;反过来,凡否定的事情,往往都与工作或不休息有关,既包括"工作、上班、干活儿"等事情,也包括"出门、往外跑、瞎折腾、不睡觉"等广义的属于该休息而不休息的事情,如果不是这样的内容就不能构成后续句。可见这个格式的用法就反映了一种社会心理,即大致上可以认为是跟中国人对劳作和休息的认识相联系的。中国传统农业劳作中所谓"日出而作,日落而息""春种秋收而冬闲伏蛰",恰恰都对应了上述"大＋时间名词"格式及后续句能否成立的情况。或许人们在属于个人的休息时间前加上一个"大"字,只是为了表明这些时间比较宝贵,应该充分享用罢了,由此在这个时间里的"该怎么样"和"别怎么样"的对立也就不难解释了。

从上面的分析中就可以得到这么一个印象:事实上有很多语言现象是很难从句法结构或语义关系等形式的或规则的角度来分析和解释的,这时就不但需要甚至只能通过深入挖掘语言现象背后的心理活动特点和社会认知基础,才可能得到比较合理准确的解释,也才可能得到比较概括抽象的规律。应该说语言认知分析的作用也就在这里。

11.2　认知理论的基本假设和主要目标

当代语言科学解释语言现象大体有两条路子:一种是形式语言学理论,主要是建立一套形式化的规则系统,试图从语言结构内部寻找对语言现象的解释;还有一种就是认知语言学理论,主要是提出一套心理分析手段,试图从语言外部寻找对语言现象的解释。如果说形式语言学理论把语言学比作物理学,认为语言构造的规律就跟物质的构造规律一样无须从物质外部去寻找解释,那么认知语言学理论认为语言学跟生物学更相似,因为生物的构造部件和构造方式无一不是生物在进化过程中为适应生存而形成的,无一不跟一定的功能相对应。正因为两种路子的基本理论是对立的,所以认知语言学理论的一些基本假设主要也就体现在与形式语言学理论的区别上面。这可以概括为以下几个方面。

第一,跟形式语言学不同,认知语言学认为人的语言能力跟人的一般认知能力紧密相关。例如婴儿是通过呼吸、进食、排泄体验到"里"和"外"的概念对立,通过不断地抓起玩具而又放下的动作体验到"控制"和"被控制"的概念对立。再如人们夸奖美女"有一个漂亮的脸蛋",也会说"单位里有很多新面孔",这是因为人们一般都是靠观察脸部相貌而不是靠观察别的部位或通常不会只根据穿着打扮等来评价或识别一个人的。又如可以说"我的父亲",也可以说"我父亲",但可以说"我的书桌",却不能说"*我书桌",原因就在于"我"和"父亲"的领属关系"不可转让",反映在语言结构上这两个词语的联系也就比较紧密。

第二,跟形式语言学不同,认知语言学认为句法并不是自足的,大量语言现象不能只做结构分析,实际上跟词汇、语义、语用等都密不可分。比如"你有钱吗?"这句话,从句法结构角度分析似乎没什么可研究之处,意思似乎也很简单。但实际上这句话在不同语境下的意思却可以很不相同。比如可以表示"(因为我缺钱)要向你借钱"的意思,也可以表示"(关心你经济状况)想借给你钱"的意思,甚至可能有"(抢劫犯逼你)拿出钱来"的意思。这些意思就不但跟语气、句调、重读等语言现象有关,也跟"语境""言外之意"和"言语行为"等多种因素有关了。

第三,跟形式语言学不同,认知语言学认为语言分析不仅仅是客观真值条件,而更多涉及主观因素。这就类似人们对"美"的评价:有人认为美是客观存在的,否则何来公认的"中国四大美女";但也有人认为美是主观认定的,要不怎么会"情人眼里出西施"。认知语言学认为语言表达本身就有大量的主观因素起作用,对语言现象的解释也应该是客观和主观相结合。例如"我送一件毛衣给小李"和"我送给小李一件毛衣"两句话,如果认为只是结构变换而语义保持不变，就是一种典型的客观语义分析；在认知语言学看来这两句话的差别并不在客观现实而在主观认识上，也就是说人们头脑中形成的是两种不同的"意象"：前者凸显"毛衣"从"我"到"小李"的转移过程，后者凸显毛衣转移的结果即"小李"拥有了"毛衣"。也可以说主观分析的结果完全可能使一个句子"横看成岭侧成峰"。

第四，跟形式语言学不同，认知语言学认为语言中的各种单位和人所建立的大多数范畴一样，都是非离散性的，边界是不明确的。形式语言学往往认为语言中任何成分，如词的类、成分的类、关系的类等，都是非此即彼的，是名词就不可能是动词，是主语就不可能是宾语，是主谓关系就不可能是动宾关系。但认知语言学认为，一个范畴内部成员并没有绝对的共同特征，只有某些地方相似，就好像一个家族的成员，这种观点可称作"家族相似性"。例如"鸟"这一范畴是"有翼、有喙、有羽毛、会飞"这些特征的相交，同时具备所有特征的，如麻雀，就是最典型的鸟，而并不同时具备这四个特征的，如鸵鸟不会飞，企鹅既不会飞也没有羽毛，则是不怎么典型的鸟。因此比如对动词中的及物动词就不应一刀切下去，而要看动词在多大程度上具备"及物性"特征，如动作有参与者，人为且有意，动作而非状态，瞬间而非持续，现实而非虚拟等，具备这些特征越多的动词，就越接近典型的及物动词。按这种观点，汉语的动词（结构）"撞（大楼）"作为及物动词的典型性，就要强于"盖（大楼）"，更要强于"住（大楼）"，尽管这三个动词都是及物动词，三个结构都是动宾结构。

最后，跟形式语言学不同，认知语言学还在承认人类认知共通性的同时，注意不同民族的认知特点对语言表达的影响。例如英语说"She has married the wrong man（直译'她嫁给了那个错人'），而汉语说"她嫁错了人"。虽然认知语言学不像美国人类语言学家 Whorf 和 Sapir 提出的"语言相关论假说"那样把语言的差别完全归因于不同文化的价值系统，但至少还是认为可以从认知方面做出一些解释。比如，说汉语的人在观念上更多着眼于主语做错的行为，即是"女人错（嫁错）"；而说英语的人观念上着眼于主语想嫁的人跟实际所嫁的人之间的差距，即是"男人错（错人）"。这也就是英汉不同语法结构所体现出来的民族特点。

在认知语言学上述理论假设的基础上，认知语言学的研究目标概括起来说就是两条：一个是"认知性"，另一个就是"概括性"，换句话说就是认知语言学认为只有坚持认知的概括性才是坚持科学性。下面举几个简单的例子来看这种"认知性"和"概括性"的意思。

比如"有界"和"无界"就是认知理论的一个重要分析原则。这两个概念的对立是人类最基本的认知体验。人最初从自己的身体体验到什么是有界事物:人可以呼气和吸气,可以进食和排泄,这些功能就表明了人的身体是一个"容器",容器就有界内和界外之别。进一步说,无界事物内部都是"同质"的,有界事物内部都是"异质"的。如水是无界事物,不管怎么分割,分出的任何一部分都仍然是水;相反桌子就是由不同部分组成的有界事物,桌子分割的结果可能不再是一张桌子:这些也是人的经验的一部分。

认知上"有界"和"无界"的对立也会在语言结构中有所反映,比如在名词、动词和形容词三大实词类特点上就都有类似的表现。就名词来说,事物有界和无界的对立在语法中的反映就是可数名词和不可数名词的对立,及量词(classifier)有个体量词和非个体量词的对立。有界事物是个体,只有个体才是可数的,因此凡是加上数量词修饰的名词组都是有界名词组,例如"两条鱼、四桶水、好些人"等;光杆名词不指称个体事物,因而就是无界的,例如"(抽)烟、(乘)车、(喝)水"等。就动词来说,有界的动作在时间轴上有起始点和终止点,例如"(把鱼)盛碗里"代表的动作,开始盛是动作的起点,鱼到碗里是动作的终点;而相反,"盛(鱼)"代表的动作没有内在的终止点,因而是无界的。就形容词来说,汉语形容词代表的性状在程度上是无界的,如"白"是对各种程度的白的概括,代表一种不确定的量幅,而状态词"雪白"代表的性状在程度上是有界的,因为"雪白"只是"白"这个量幅上的某一段或某一点。

根据上面说的"有界"和"无界"的对立,就能统一解释下面(9)中跟数量词有关的语法现象,即为什么有的结构需要数量词才能成立,有的结构不需要数量词也能成立。比较:

(9)a_1. *盛碗里鱼 a_2. 盛碗里两条鱼

 b_1. *飞进来苍蝇 b_2. 飞进来一只苍蝇

 c_1. *捂了孩子痱子 c_2. 捂了孩子一身痱子

 d_1. *雪白衣服 d_2. 雪白一件衣服

 e_1. *干干净净衣服 e_2. 干干净净一件衣服

f₁. ＊白一件衣服　　　　　　f₂. 白衣服

g₁. ＊干净一件衣服　　　　　g₂. 干净衣服

可以说上面(9)中左列各例不成立都是有界成分和无界成分的不匹配造成的,比如有界动作"盛碗里"与无界事物"鱼"不匹配,有界性状"雪白"与无界事物"衣服"不匹配,无界性状"白"与有界事物"一件衣服"不匹配;而右列各例都是动作和事物、性状与事物有界和无界互相匹配的情形。这样认知理论就对不同词类的并行现象做出了一种概括的解释:事物在空间上有有界和无界的对立,动作行为在时间上有有界和无界的对立,性质状态在程度或量上有有界和无界的对立,也就是说,本来应该只表现在空间领域的"有界"和"无界"的概念,也可以通过人的认知应用到时间领域和性状领域。

再比如依据心理学"完形(gestalt)理论"建立的"顺序、包容、相邻、数量"等也是认知理论的重要分析原则。"完形"的意思是整体大于部分之和。认知理论认为,语言中一个句式就可以看作是一个心理上的完形,只有把握句式的整体意义,才能解释许多靠句法分析不能解释的语法现象,也就是说与其说句式的整体意义取决于组成部分的意义,不如说组成部分的意义取决于句式的整体意义。以汉语的"在字句"和"给字句"为例,比较:

(10)a₁. 我在院子里种了几棵花。　　b₁. 我给张老师写了一封信。

　　a₂. 在院子里我种了几棵花。　　b₂. ＊给张老师我写了一封信。

　　a₃. 我种了几棵花在院子里。　　b₃. 我写了一封信给张老师。

　　a₄. 我种在院子里几棵花。　　　b₄. 我写给张老师一封信。

上面(10)是一般说的"在字句"和"给字句"两种不同的句式,它们有大量平行变化,也有不平行的情况,如(10b₂)。过去的语法分析就是给句中的动词分类,例如将动词分为"给予"类和"非给予"类、"附着"类和"非附着"类等。但是这种做法就失去了概括性,解释力也很弱。认知理论认为这些句式的整体意义可以分别描述如下:

(11)a₁. 在某处所做某动作

　　b₁. 对某受惠目标做某转移动作

　　a₂. 在某处所发生某事件

b_2. * 对某受惠目标发生某转移事件

a_3. 某物在动作作用下达到某处(动作和达到是分离过程)

b_3. 惠予物通过转移达到某终点(转移和达到是分离过程)

a_4. 某物在动作作用下达到某处(动作和达到是统一过程)

b_4. 惠予物通过转移达到某终点(转移和达到是统一过程)

这样就可以用认知上的"顺序原则"和"包容原则"解释这两种句式的共同点和不同点:其中当"给 X"位于动词前(b_1 式和 b_2 式)就表示预定的目标,位于动词后(b_3 式和 b_4 式)就表示达到的终点。按"顺序原则",目标在行动前先行设定,所以应位于动词之前;终点在动作后才能达到,所以应位于动词之后。对"在 X"相对于动词的位置可以做类似说明,差别只是动词前的"在 X"表示事件发生的处所。那为什么 b_1 式能说,b_2 式一般不说呢(除非"张老师"重读)?区别在于前者"给张老师"只包容"写了一封信",后者"给张老师"则包容"我写了一封信"。根据"包容原则",后者代表一个事件(包含所有参与者),而前者只代表一个动作,一般只能为一个预定目标做一个动作,不能为一个预定目标发生一个事件。与此对应的 a_1 式和 a_2 式都可以说,则是因为这两个"在字句"的整体意义分别是"在某个处所做某个动作"和"在某个处所发生某个事件",都是说得通的。

还可以进一步用"相邻原则"来解释"在字句"和"给字句"的另一种平行关系,即为什么有的动词后不能加"了",要加只能加在"在/给"后。如($12a_1/b_1$)和($12a_2/b_2$)的整体意义都是表示在动作的作用下事物达到某个终点,差别在于认知上($12a_1/b_1$)中动作和达到是两个分离的过程,($12a_2/b_2$)中动作和达到是一个统一的过程。而依据"相邻原则":动词跟"在/给"分开就代表两个分离的过程,连在一起就代表一个统一的过程。比较:

(12)a_1. 我种了几棵花儿在院子里。 a_2. * 我种了在院子里几棵花儿。

　　a_3. 我种在了院子里几棵花儿。

　　b_1. 我写了好几封信给张老师。 b_2. * 我写了给张老师好几封信。

　　b_3. 我写给了张老师好几封信。

上述句式间的平行性还可以从以下例子的对立中看出来,(13a)中"写"和"给"分开,所以"信"可以"转交",因为"写—给"是一个分离的过程;(13b)中"写"和"给"结合,所以"信"不能"转交",因为"写给"是一个统一的过程。这也就是为什么"了"只能加在"种在/写给"后头，因为"种在"和"写给"都已形成一个结合紧密的复合动词。比较：

(13) a. 他写一封信给我，让我转交给你。

  b. *他写给我一封信，让我转交给你。

"在字句"和"给字句"还有其他异同平行关系，可进一步用"数量原则"来解释。(14a)中"卖"是典型给予动词，有固有的给予义，从信息传递看给予义是个"默认值(default value)"，"给"实际上是多余的，所以可以不出现；而"写"并没有给予义的默认值，所以句中就必须出现"给"。对(14b)"在字句"也可做出类似解释，也就是看"附着义"是不是动词词义的默认值，如果是动词"放"的默认值，"在"就可以不出现；反之因为不是"写"的默认值，"在"就必须出现。这就是"数量原则"的要求：有多少意思就用多少形式。比较：

(14) a_1. 我写给张老师好几封信。 a_2. 我卖(给)张老师一所房子。

  b_1. 我写在黑板上几个字。 b_2. 我放(在)桌子上一盆花。

11.3 语言中的"隐喻"和"转喻"分析

"隐喻(metaphor)"是一种普遍的认知现象和语言表达现象。如下面一组涉及"辩论"的词语和句子中却都使用了跟"战争"有关的概念，可见人们实际上就是把辩论中的所作所为也看作"战争"。这种把一个领域的概念投射到另一个领域，或者说是从一个认知域(来源域)向另一个认知域(目标域)投射的认知方式就是"隐喻"。例如：

(15) a. 论战/争论/论敌/抨击/打笔仗/理论战线/唇枪舌剑/同室操戈/大加挞伐/人身攻击/批评的武器

  b. 他们在辩论中失败了/指挥汉奸文人围攻左翼作家/这几句话击中了要害/对他的论点提出挑战/以子之矛攻子之盾/我撤回对你的批评/抓住他的问题放大炮/中苏大辩论没有休战/批评的火药味愈来愈浓

通过具体概念来理解抽象概念是最一般的认知方式。因此语言中的隐喻最常见的是用一个较具体的概念隐喻另一个较抽象的概念。比如可以用"人或物体的移动"来隐喻抽象的"时间"概念,像说"激动人心的时刻到来了""美好的日子已经离我们远去了"等。再如用"上下高度变化"隐喻抽象的"数量"概念,像说"物价上去了""道琼斯指数跌到了谷底"等。还如用"某种驱动力量"隐喻抽象的"使因"概念,像说"这一席话使我坐立不安""政局不稳使股市动荡"等。另外还有用"某种盛物容器"隐喻抽象的"范畴"概念,像说"这个范畴所包含的成员"等。再比如"用语言交流信息和情感"这句话中就包含了三个相关的隐喻:"信息或情感是一种东西","交流就是一种传递过程","交流信息和情感就相当于一个物件的传递",这可以统称为"传导隐喻"。下面这些都是使用这种隐喻的例子:

(16)a.这篇文章包含许多新观点。　　b.这句话的含义很深。

　　　c.字里行间充满了感情。　　　　d.我托他转给你这个信息。

很多语言现象都可以通过隐喻来分析和说明。比如对"习惯用语(习语)"的理解和分析就常常要借助隐喻:人们在理解表示极度愤怒的英语习语"flip your lid"(掀掉壶盖),"blow the stack"(烟囱爆炸),"hit the ceiling"(直弹到天花板),以及汉语的"怒发冲冠"时,其实就是依据"愤怒是封闭在容器中的加热液体或气体"这一隐喻和相关意象。再如"复合词"也可以分析为是通过隐喻形式构造的:一种是"零部件式"的构造,即整体就是由部件组配而成,因此复合词的意义等于语素义的叠加,比如"大衣"就等于"大 + 衣";还有一种是"脚手架式"的构造,构成词素好像是个脚手架,楼房构成后脚手架就撤去了,比如"轮椅"的整体意义就要大于语素义的叠加,即并不等于"轮 + 椅"。又如"多义词"从一个义项到另一个义项的引申都可能通过隐喻。人们不但说"健康的身体",也说"健康的皮肤""健康的运动"。"健康"的核心义项是身体好,身体健康的结果是有好皮肤,身体健康的成因是有某种好的运动,后者就是用事物的结果和成因来隐喻事物。

语法结构也包含大量隐喻现象。像下面(17a)这个汉语句子的语序结构,主要符合"时间顺序像似原则",也就是先发生的动作表现为语序在前,后发生的动作表现为语序在后。而像(17b)这个英语句子语序并没有变化,但又符合"位置模拟像似原则",也就是动词作为"中介物"(类似于黏合剂和介绍人)的位置介于两个被联系的物体之间。比较:

（17）a₁. 小猴子在马背上跳。

　　　a₂. 小猴子跳在马背上。

　　　b₁. The little monkey jumped on the horseback. （小猴子在马背上跳。）

　　　b₂. The little monkey jumped onto the horseback. （小猴子跳在马背上。）

　　语言认知分析中跟"隐喻"密切相关的还有"转喻（metonymy）"的概念。二者都是概念形成的手段，不同之处在于：隐喻重点在两个认知模型的"相似性"，而转喻重点在两个认知范畴的"相关性"。同时利用隐喻和转喻两种认知手段的情形也很多。比如人们常用"脸色通红、火气上升"来转喻"发怒"，但这样的转喻又跟"愤怒是火、身体是感情的容器"的隐喻交织在一起，如说"怒火中烧、强压怒火"等。但总起来说隐喻主要是一种理解手段，转喻主要是一种指代手段。下面就是一些典型的通过"转喻"来指代某个概念或事物的例子：

（18）a. 壶开了。（"壶"指代壶中水）

　　　b. 我买了一台索尼。（"索尼"指代索尼牌电视）

　　　c. 白宫没有表态。（"白宫"指代美国政府）

　　　d. 我喜欢读鲁迅。（"鲁迅"指代鲁迅的书）

　　　e. 一日不见，如隔三秋。（"秋"指代一年）

　　　f. 他又在敲键盘了。（"敲键盘"指代在计算机上工作或游戏）

　　采用"转喻分析"也可以处理前面第五讲和第六讲讨论过的汉语"的字结构（X的）"的转指问题。前面说过，"转指"就是用"X的"指称一个人或事物。从句法分析角度说，如果其中"X = VP"，"X的"的转指条件就是 X 中要有可提取的主宾语空位。例如：

（19）a. 开车的（ = 人，提取 X 主语空位）

　　　b. 老张开的（ = 车，提取 X 宾语空位）

　　　c. *他开车的（ = 技术，X 无空位）

　　　d. *他开车的（ = 场地，X 无空位）

　　后来有人发现，这种根据"主宾语提取空位"建立的"X的"转指规则并不严格，比如在有语境（上下文）的情况下，刚才（19c/d）不能转指的"X的"就又可以转指了。例如：

（20）a. ——你在技校都学会了哪些技术？——开车的，修车的，多着呢。

　　　（"开车的"转指"技术"）

　　　b. 公园里有好几块场地，孩子们开车的有篱笆围墙围着。

　　　（"孩子们开车的"转指"场地"）

　　其实不但像"主宾语提取"这样的规则不一定管用，仅依靠语境也不能真正解释清楚"X的"转指的规律，因为有些有语境的"X的（X不限于VP）"转指中心语仍受到限制。例如可以用手指着一只书包说"这是小王的"，但一般不会在家长会上指着小王的爸爸向人介绍说"＊这是小王的"。可见"X的"转指的情形很复杂。认知理论提出要解释"X的"转指规律，先要建立一种"转喻的认知模型"，可以表述为（21）：

　　（21）a. 在某个语境中，为了某种目的，需要指称目标概念B；

　　　　b. 用概念A指代B，A和B须同在一个"认知框架"内；

　　　　c. 在同一认知框架内A和B密切相关，由于A的激活，B会被附带激活；

　　　　d. A要附带激活B，A在认知上的"显著度"必须高于B；

　　　　e. 转喻是A和B在某一认知框架内相关联的模型，即A到B的函数关系。

　　（21）的意思可以用一个最明显的例子说："壶开了"是用"壶（概念A）"转喻（转指）"水（概念B）"，"壶"和"水"同在"容器—内容"这个认知框架内，两者密切相关，概念"壶"的激活会附带激活概念"水"。"壶"在认知上比"水"显著："壶"是看得见的，而"水"在里面看不见，水开时看到的不是水在沸腾，而是壶嘴直冒气、壶盖砰砰跳。这就是转喻的一般规律，其中最重要的就是"认知框架"和"显著度"所起的作用。

　　先看"认知框架"对分析"X的"转指的作用。认知框架是人根据经验建立的概念间相对固定的关联模式，如"容器—内容""整体—部分""施事—动作—受事"等。有了这样一些认知框架，就可以初步解释"X的"的转指。例如（左侧为认知框架，右侧为转指实例）：

　　（22）a. 领有者—领有物（学生和书包，小孩和玩具）小王的（书包）

　　　　b. 物体—性状（桌子和大小，女孩和胖瘦）苗条的（姑娘）

c. 当事—行为/经历（宝宝哭,他失败了）老哭的（孩子）

d. 施事—动作—受事/结果（老张开车,小宝写字）开车的（人）,
小宝写的（字）

e. 施事—动作—与事—受事（玲玲送老师一束花）玲玲送老师的
（花）

f. 施事—动作—终点—受事（老张把书放在箱子里）老张放书的
（箱子）

作为主观的心理构造物,认知框架总是要比客观实际简单些。例如实
际发生的是"他深夜在公路上飞快地开车",但是人作为认知主体把这一情
景归入"施事—动作—受事"的认知框架,施事"人"和受事"车"在认知框
架内,而时间"深夜"、地点"公路"、方式"飞快地"一般不在这个框架内。
这样的认知方式跟完形感知是一致的。如下图:

（23）

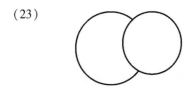

人们心理上总是把图（23）看作一个圆部分叠加在另一个圆上,尽管实
际被叠加的可能是其他形状。这是因为圆是个"好"形状,是个"完形"。这
也就可以解释为什么听到或看到"开车的",根据认知框架可推知转指成分
是施事"人",而不是时间、地点或方式。也就是说"人开车"是一个完形,而
"深夜开车、公路上开车、飞快地开车"等不是完形,"时间、原因、方式、目
的"等环境成分一般不处在这种认知框架内,也就不能成为转指对象。

采用"认知框架"分析"X 的"转指有时比句法分析有利。比如有的"X
的"修饰的名词不是句法联系成分,但却是认知框架成分,因而可成为"X 的"
转指的对象;相反,句法联系成分不一定是相关认知框架的成分,因此不一定
能转指。如下面（24a）中"伤口"并不是"咬"的宾语,但却处在"施事—动
作—结果"的认知框架内,所以就可以转指。（24b）说某人在行总是跟在行的
某个方面相联系,而说某人精明则不一定跟某个方面相联系,所以"他最在行
的"可以转指"这些事","他最精明的"就不能转指"这些事"。比较:

(24)a. 毒蛇咬的(伤口)

　　b₁. 这些事他最在行/他最在行的(事)

　　b₂. 这些事他最精明/*他最精明的(事)

采用"认知框架"也便于在分析"X 的"转指时跟动词词义联系起来。对"切、捆、犁"这样一些动词而言,"工具"是认知框架中的成员;对"放、堆、装"这样一些动词而言,"处所"才是认知框架中的成员。这样也就可以解释下面(25)"X 的"转指的区别。比较:

(25)a₁. 我捆书的(绳子)　　　　a₂. *我借书的(绳子)

　　b₁. 咱们堆化肥的(屋子)　　b₂. *他们卖化肥的(屋子)

某个概念成分也可被两个认知框架共有,两个认知框架可构成一个复合认知框架。如下面(26a)中"老人"和"头发"属于"整体—部分"认知框架,"头发"和"稀少"属于"物体—性状"认知框架,"头发"是联系两个子框架的共有成分,"老人"处于这个复合认知框架中,所以可以被"X 的"转指。(26c)包括一个"数量—分配"认知框架(两人一间)和一个"事物—数量"认知框架(一间客房),数量"一间"是联系两个子框架的共有成分,所以处于复合框架中"客房"能成为"X 的"转指的对象。其他各例的情况也是这样。比较:

(26)a. 头发稀少的(老人)　　　b. 儿子考上大学的(家长)

　　c. 两个人合住一间的(客房)　　d. 九十块钱一桌的(酒席)

再看"显著度"对于分析"X 的"转指的作用。A 转喻 B,A 和 B 除了必须在同一认知框架内,A 还必须比 B 显著。用显著的东西来转喻不显著的东西是一般的规律。通常情形下,整体比部分显著(因为大比小显著),容器比内容显著(因为可见的比不可见的显著),有生命的比无生命的显著(因为能动的比不能动的显著),距离近的比距离远的显著等。事物的显著度还跟人的主观因素有关,当人把注意力有意识地集中到某事物上时,一般不显著的事物也就成了显著事物。心理学上著名的"图形/背景"倒换试验就是明证。见下图:

(27)

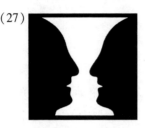

如果注意力集中于(27)中白的部分，看到的图形是花瓶，黑的部分是背景，图形比背景显著；如果注意力集中于黑的部分，图形和背景就发生倒换，看到的图形是两个相对的头像，白的部分成了背景。有了"显著度"的概念，就可以进一步解释汉语某些"X 的"转指的规律。

一是看"整体和部分的相对显著度"。一般情形下整体比部分显著，说"拿着锤子"其实是只拿着锤子的把儿，"铅笔折了"只是笔尖折了。但在特殊的情形下部分也可能比整体显著，说"找个帮手"时，"帮手"可以指帮忙的人，说"又在敲键盘"时，"敲键盘"可指工作或游戏，这同样遵循了显著的指代不显著的这样的规律。动作和事物是一种比较抽象的整体和部分的关系。一个动作概念总是包含相关的事物概念，想到一个动作总是会同时想到跟动作有关的事物；相反，可以想到一个事物而不想到动作。例如"驾驶"不能离开"人"和"车"独立存在，而"人、车"则可以脱离"驾驶"这个动作而独立存在。因此用"开车的"转指开车人，用"他开的"转指车，都符合整体转指部分的规律；反之，只出现名词则无法转指动作。这也就是为什么下面"X 的"转指情况不同。比较：

(28) a$_1$. 词典的（封皮）　　　a$_2$. *词典的（出版）

　　 b$_1$. 爸爸的（书桌）　　　b$_2$. *爸爸的（赞扬）

　　 c$_1$. 建造的（桥梁）　　　c$_2$. *桥梁的（建造）

在特殊情形下，部分也可能反而比整体显著，这种情形就要求部分和整体在概念上有支配与被支配的关系。例如(29)和(30)：

(29) a$_1$. 他赞成的（意见）　　　a$_2$. *他提出的（意见）

　　 b$_1$. 他反对的（立场）　　　b$_2$. *他采取的（立场）

　　 c$_1$. 他否定的（结论）　　　c$_2$. *他得出的（结论）

(30)a₁. 小王的(书包)　　　　a₂. ＊小王的(爸爸)

　　b₁. 塑料的(拖鞋)　　　　b₂. ＊塑料的(弹性)

　　c₁. 兔子的(窝儿)　　　　c₂. ＊兔子的(尾巴)

(29)左列"他赞成的(意见)"等转指成立,右列"＊他提出的(意见)"等受限制。"赞成"和"提出"都是动词,都在概念上代表整体,"意见"是整体的一部分。但在"某人提出意见"的认知框架中,"提出"实际是默认值,即使省去"提出"一词,光说"他的意见"也一般理解为"他提出的意见"。从这个意义上说,"他"和"意见"是支配概念,"提出"成了被支配概念,支配者要比被支配者显著。换一种说法,"他"和"意见"这两个事物概念能引发"提出",但不能引发"赞成",因为跟"赞成"并列的还有"反对、补充"等。

　　二是看"容器和内容的相对显著度"。一般情形下容器总是比内容显著。用容器转喻内容有时几乎意识不到是在运用转喻。比如"喝了三瓶"喝的是瓶里的酒,"这本书再改一改"是要修改书的内容。下例中右侧各例转指受限制就是因为违背了容器转喻内容的一般规律。比较:

(31)a₁. 经理的(外套)　　　　a₂. ＊经理的(身份)

　　b₁. 半年的(利息)　　　　b₂. ＊半年的(时间)

　　c₁. 灰姑娘的(裙子)　　　　c₂. ＊灰姑娘的(故事)

(32)a₁. 托运的(行李)　　　　a₂. ＊托运的(手续)

　　b₁. 买房的(个人)　　　　b₂. ＊买房的(问题)

　　c₁. 访美的(人员)　　　　c₂. ＊访美的(报告)

　　当然在特殊的情形下内容反而会比容器显著,就像回收废酒瓶的也许会说"要啤酒的不要料酒的",这时内容就可转喻容器。又如交谈双方已经知道是在谈论某种容器,关心的是容器的内容,容器在认知框架中的显著度就相对降低,而内容相对变得显著。例如:

(33)a. 说起电影,老王爱看打仗的,不爱看言情的。

　　b. 吆喝很多,这是卖糖葫芦的,还有卖果子的。

　　c. (在书店里买书)我要养花的,不要养鸟的。

　　三是看"恒久性状和临时性状的相对显著度"。关于"形容词＋的"转指的规律,过去一般说(34a/b)左列"白"等形容词是区别性的,所以"X的"可转指;而右列"雪白"等状态词是描写性的,所以"X的"就不能转指。有学者还指出,"状态形容词+的"必须前加"这/那"才能转指,如(34c/d)。这是因为"白纸"指纸中白色的一类,有别于其他类,而状态词缺乏指别性,加上"这/那"后就增加了指别性,这样才可以转指。比较:

(34) a_1. 白的(衬衫)　　　　a_2. *雪白的(衬衫)

　　　b_1. 干净的(衣服)　　　　b_2. *干干净净的(衣服)

　　　c. 那/这黄灿灿的(油菜花)　d. 你别买那水叽叽的(东西)。

用区别性和描写性的对立或者指称和指别的对立都没有说到这种"X的"转指规律的根子上。其实这里的主要原因在于:要用一类事物的性状来转喻该类事物,这种性状必须是恒久的而不是临时的。如果某一类纸具有白色这种恒久性状,自然就可用这种性状来转指这类纸;如果某一类纸的颜色随阳光温度经常变化,就很难用临时呈现的颜色转指这类纸。性状必须具有恒久性才具有区别性,而描写可以用临时性状。性状的恒久性和显著度又有自然的联系:一类事物的恒久性状才能在人脑中形成这类事物的显著印象。(34a/b)就是因为形容词(如"白")表示的性状有恒久性,状态词(如"雪白")表示的性状只具有临时性,才造成转指的差异。状态词前有"这/那"就可以构成转指"X的",是因为指示词有增加显著度的功能:把某样不太显著的东西指给别人看,就能使它成为注意的焦点。

四是看"名词的'可及性'显著度"。不同种类的名词也有固有的显著度差别。人在认知过程中建立的跟名词所指的心理联系的难易度是不相等的,这可称为名词的"可及性等级"。比如一个事物正因为比较显著才成为专名,专有名词的显著度就高于普通名词。人们常用专名来泛指普通概念,如用"红娘"转指媒人,用"伯乐"转指善于发现人才的人,再如可以说"要在东南沿海再造几个香港",这都是因为"红娘、伯乐、香港"在同类人或事中更显著。显著的概念可以用来"转指",却很难"被转指"。这就可以解释为什么(35)中右列的转指受到限制了。比较:

(35) a_1. 中国的(河流)　　　a_2. *中国的(长江)

　　　b_1. 琉璃瓦的(建筑)　　b_2. *琉璃瓦的(天安门)

　　　c_1. 北京的(老百姓)　　c_2. *老百姓的(北京)

五是看"语境对显著度的'调控性'"。语境(上下文)的一个作用是把一般不在认知框架内的概念临时纳入认知框架内,从而使它可能成为"X的"结构转指的对象。比如前面(20a)即下面(36a),虽然"技术"一般不在"人开车"认知框架内,但如果当前话题就是"技术",也就把"技术"临时纳入认知框架里。又如(36)中其他例子,"工具"一般不在"看(书)"的认知框架内,"地方"一般不在"吃(东西)"的认知框架内,在"打(人)"的认知框架内没有打人的报酬"钱",但当"眼镜、食堂、买凶打人"成为话题时情形就不一样了。比较:

(36)a. ——你在技校都学会了哪些技术?

     ——开车的,修车的,多着呢。

   b. 把眼镜给我装包里,看书的在桌上,看黑板的在抽屉里。

   c. 大食堂是工作人员用餐的,小食堂是首长用餐的。

   d. 王大栓:打女学生的钱,我不要!

     小二德子:换换,这块是打男学生的,行了吧?(《茶馆》)

11.4 语言中的"意象"和"图式"分析

认知语言分析中还有一对重要的概念是"意象"和"图式"。

"意象(image)"指对一个事物或情形由于识别和理解方式的差别——凸显的部分不同,采取的视角不同,抽象化的程度不同等等——而形成的不同的心理印象。前面说过"我送一件毛衣给小李"和"我送给小李一件毛衣"两句话不同,就是指各自有不同的"意象"。

"意象"要涉及"物象(figure)"和"背衬(ground)"的概念。意象中凸显的部分叫作"物象",不凸显的部分叫作"背衬"。这对概念来自前面提到的完形心理学著名的"花瓶和人头"的视觉实验(图27),那种现象叫作"物象—背衬倒换"。物象和背衬虽然可以倒换,但一般每一次只能看成一个物象,即看成花瓶就不能看成人头,看成人头就不能看成花瓶,这种现象叫做"物象—背衬分离"。实际上日常视觉经验中大多是"物象—背衬分离"的情形。如下面(37)左图一般选择书为"物象",桌子为"背衬";右图一般选择上空的气球为"物象",地面的房子为"背衬"。比较:

（37）

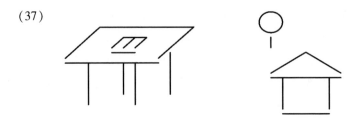

语言中的意象会有视角的差异。比如"大伟坐在莉莉的左边"这句话有歧义，就看左右的判定是从说话人的角度看还是从大伟的角度看。又如见到的场景同样是山峰和江面，可以说"山峰俯视着江面"，也可以说"江面仰望着山峰"。对视角还可以做广义的理解，包括说话人的立场和期待方向不同，如这一讲开头说的"差一点儿"格式，说"我差一点儿没跟她结婚"这句话就有歧义：如果我想跟她结婚，这句话的意思是实际跟她结婚了；如果我不想跟她结婚，这句话的意思就是实际没跟她结婚。再如下面（38）中虽然都是等了"一会儿"，用"就"是说话人期待的时间比"一会儿"长，用"才"是说话人期待的时间比"一会儿"短。比较：

（38）a. 等了一会儿水就开了。　　　b. 等了一会儿水才开了。

语言中的意象还有扫描方式的差别。在感知一个较复杂的事件时由于"扫描"方式的不同也会形成不同的意象。扫描方式包括"综合扫描"和"顺序扫描"：综合扫描是对一个事件的各个组成部分分别扫描后，最后综合起来形成一个整体概念；顺序扫描则要注意依次扫描时不同阶段的信息差异，随着扫描的进展，每个阶段得到的信息依次递增。如下面的例子：

（39）a. She **entered** the room.（她走进房间。）

　　　b. **into** the room（进入房间）

　　　c. **in** the room（在房间里）

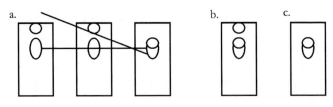

（39a）里动词"enter"（进入）是顺序扫描，时间轴上每个阶段进展情况

不一样,其中圆圈代表"她"逐渐进入代表"房间"的方块。(39b)里介词"into"是综合扫描,不展现过程而只表示扫描结果,即是各个不同阶段的综合。(39c)里介词"in"也是综合扫描,只是扫描反复进行,每次得到的结果都相同。认知理论认为用不同的扫描方式就可以说明词类的分别,比如(39)这里就区分了动词和介词。

"图式(schemas)"其实也是"意象"的一种,是指人在与外界日常交往中形成的一种简单和基本的认知结构。很多语言现象都可以用"图式"来分析。比如下面(40)不对称的原因就可用"物象—背衬"图式解释,即在"A在B旁边/之上/之中"的图式中,A是物象,B是背衬。物象凸显在背衬之上,因此更显著。左边句子符合这一规律:蚊子因为会动而比不会动的钉子显著,岛因为集中而比分散的湖面显著,书既集中又能移动因而比桌子显著。右边句子违反了这一规律,因此听上去就别扭。比较:

(40)a₁. 蚊子在那颗钉子旁边。   a₂.? 钉子在那只蚊子旁边。

b₁. 小岛在湖的中央。   b₂.? 湖在小岛的周围。

c₁. 书在桌子的上面。   c₂.? 桌子在书的下面。

图式也有动态的。前面说处所方位图式"在……之上"是静态的,如果语言要表达"气球在房子上方飞过",相关的图式就是动态的"在……之上经过"。可图示如下:

(41)

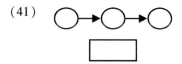

(41)这个图式由三个关联成分组成:一个运动中的"物象",用圆圈代表,在图中就是气球;一个作为参照体的"背衬",用矩形代表,在图中就是房子;一条物象相对背衬而运动的"路径",用带箭头的水平线代表。图中还标示了物象在路径上经过的三个阶段。由于导弹飞行的路径称作射体的轨道,所以也可以将这种图式中的物象称作"射体",将背衬称作"陆标"。"射体—陆标"这对概念可看作是"物象—背衬"的具体体现。有学者就用这个图式的基本形式和变异形式对英语介词"over"一词的多个义项做出统一的说明。例如:

(42) a. The plane flew over. (飞机从上飞过。)

    b. Sam drove over the bridge. (山姆从桥上开车过去。)

    c. The city clouded over. (城市上空乌云密布。)

    d. The fence fell over. (篱笆倒了下来。)

    e. Hang the picture over the chimney. (把相片挂在烟筒上方。)

（42a）中陆标没有明确说出来，一般是以说话人所处的位置作为陆标。（42b）中射体跟陆标相接触（车接触桥面）。（42c）中射体和陆标大小形状相似也靠得近，射体覆盖陆标。（42d）射体和陆标合而为一：篱笆的顶部是射体，沿一条路径倒下，篱笆底部又是参照体。（42e）中运动路径不是水平的，而是从下到上，最终到达陆标的上方。

语言图示分析还包括"台球图式"和"舞台图式"。台球图式分析是凸显主语的一种办法。汉语中很多成分如"施事、受事、工具、感事"等名词都可以当句子的主语。认知理论认为这些不同语义类型的名词也就是认知的"原型角色"。角色与角色之间不是离散的，而是呈现为一个"连续统"。语言结构中选择哪一个角色充任句子的主语，就像打台球：一个个球代表一个个实体，一个球带有能量后，与另一个球相接触时就将能量传递出去并被接受；复杂一点儿的情形是第二个球又去撞击第三个球，由此形成一个"动作链"。下面(43)的句子就都包含了一个动作链，当动作链涉及"施事（小李）、工具（石头）、受事（窗户）"三个角色时，什么角色当主语其实是从链首实体到链尾实体依次做选择：通常当然选择最凸显的施事作主语，受事作宾语。跟前面的处所方位图式有变体一样，动作链图式也有各种变体，因此当施事不凸显时，就选择工具作主语；当工具也不凸显时，就由受事作主语。比较：

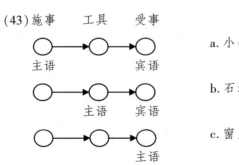

(43) 施事   工具   受事

    主语   宾语   a. 小李用石块砸碎了窗户。

        主语   宾语   b. 石块砸碎了窗户。

             主语   c. 窗户砸碎了。

"舞台图式分析"是凸显主语的进一步的方法。假设图式是一个舞台,那么除了要有"施事、受事、工具"这些在舞台上表演的原型角色外,还要有"时间、处所"等"场景角色"。场景角色的凸显度一般要比原型角色低。但同样是处所,有时是原型角色,有时是场景。例如:

(44) a. 小李在巴黎学美术。　　　　　　b. 小李住在巴黎。

(45) a. Mary swam in the Channel. (玛丽在英吉利海峡中游泳。)

　　b. Mary swam across the Channel. (玛丽游过了英吉利海峡。)

　　c. Mary swam the Channel. (玛丽游英吉利海峡。)

　　上面(44)中的处所词"巴黎"在(44a)中是场景,在(44b)中就是原型角色。(45)中"the Channel"(英吉利海峡)在(45a)中是场景,在(45b)中是较凸显的场景,接近于受事,在(45c)中已成为受事。可见凸显度是相对的程度问题。在台球图式中,施事和受事相对而言,施事是"物象/射体",受事是"背衬/陆标";在舞台图式中,角色和场景相对而言,角色是"物象/射体",场景是"背衬/陆标"。当场景角色(如处所)特别凸显时也可以成为主语,如汉语的"台上坐着主席团"就是这种情况。

　　"模框(frames)"是一种较具体的认知模型或经验图式,一般涉及一个场景。这可通过"偷"和"抢"句式的实例来说明。英语里的"steal(偷)"和"rob(抢)"是一对近义词,而且造句时都可以跟三个名词成分"偷抢者、遭偷抢的人、被偷抢的东西"相联系。但在"steal 句式"里,被偷的东西是近宾语,遭偷的人是用介词引出的远宾语;"rob 句式"则相反,遭抢的人是近宾语,被抢的东西是远宾语。而汉语"偷"和"抢"句式中遭偷和遭抢的人都既可以是近宾语也可以是远宾语,被偷和被抢的东西也都既可以是近宾语也可以是远宾语。比较:

(46) a_1. Tom stole 50 dollars from Mary.

　　a_2. * Tom stole Mary of 50 dollars.

　　b_1. Tom robbed Mary of 50 dollars.

　　b_2. * Tom robbed 50 dollars from Mary.

(47) a_1. 张三偷了李四 50 块钱。

a₂. 张三从李四那儿偷了 50 块钱。

b₁. 张三抢了李四 50 块钱。

b₂. 张三从李四那儿抢了 50 块钱。

不过再考察更多事实会发现英汉"steal/偷"和"rob/抢"句式又都有某种相同的差别,也就是"steal/偷"后面不能只出现"遭损失的人",而"rob/抢"刚好相反。比较:

(48) a₁. * 张三偷了李四。 a₂. * 张三把李四偷了。

a₃. 张三偷了 50 块钱。

b₁. 张三抢了李四。 b₂. 张三把李四抢了。

b₃. ? 张三抢了 50 块钱。

(49) a. * They stole the boy. (* 他们偷了那个男孩。)

b. They robbed the boy. (他们抢了那个男孩。)

对上述英语和汉语句式的差异及英语汉语本身的差异,如果采用前面讨论过的配价分析,比如说"偷、抢"都是三价动词,都能跟三个语义角色,即一个施事(偷抢人)、一个受事(偷抢物)、一个夺事(遭偷抢的人)相联系,显然是无法解释的。而按照认知理论的观点,在一个事件模框中动词的词义不仅包括能跟几个语义角色和什么种类的语义角色相联系,而且包括相关语义角色的凸显情况。从认知上讲,偷抢事件中,遭偷抢的人所受的损害越大也就越凸显,被偷抢的物越多越贵重也就越凸显。"偷"和"抢"虽然都跟施事、受事、夺事相联系,但语义角色的凸显情形有差别:一般情形下,对"偷"而言,偷窃者和失窃物是凸显角色,遭偷者相对是非凸显角色;而对"抢"而言,抢劫者和遭抢者是凸显角色,抢劫物相对是非凸显角色。这种区别见下表(用加粗字表示其中凸显角色):

(50) a. 偷: [**偷窃者(施事)** 遭偷者(夺事) **失窃物(受事)**]

b. 抢: [**抢劫者(施事)** **遭抢者(夺事)** 抢劫物(受事)]

这种区别其实正是人们生活经验的一部分。虽都是受害者,遭抢者所受的损害要比遭偷者来得大(法律上也是抢劫罪比偷窃罪严重)。一个人被偷了钱包,人们首先问他丢了多少钱;一个人遭抢劫,人们首先关心他有没有受伤害。用语义角色凸显情形的差异就能很好地解释"偷"和"抢"的句式差异。(46)英语的情形可以这样解释:凸显角色跟动词的关系密切,所以当近宾语;非凸显角色跟动词的关系较疏远,所以当远宾语。这在认知上的理据是,近的东西比远的东西显著,两样东西挨得越近关系越密切。而(48—49)汉语和英语的情形可以这样解释:非凸显角色可以隐去,即没有句法表现形式;凸显角色一定不可以隐去,即要有句法表现形式。这在认知上的理据是:看得见的东西比看不见的显著。至于上面全部四组句子的情形(包括(46)),则可以根据上面两条规则建立一个更抽象的单项蕴含式来解释:"一种语言的句子中如果凸显角色可以作远宾语,那么非凸显角色也可以作远宾语,反之则不然;一种语言的句子中如果凸显角色可以隐去,那么非凸显角色也可以隐去,反之则不然。"把英汉"steal(偷)"和"rob(抢)"的例子合起来看,其中的对立就都反映了这样一种规律。

主要参考文献:

崔希亮(2001)《语言理解与认知》,北京语言文化大学出版社。

崔希亮(2002)认知语言学:研究范围和研究方法,《语言教学与研究》第 5 期。

戴浩一(1987)以认知为基础的汉语功能语法,《功能主义与汉语语法》,北京语言学院出版社。

屈承熹(1998)汉语功能语法刍议,《面临新世纪挑战的现代汉语语法研究》,山东教育出版社。

沈家煊(1987)"差不多"和"差点儿",《中国语文》第 6 期。

沈家煊(1993a)句法的象似性问题,《外语教学与研究》第 1 期。

沈家煊(1993b)语用否定考察,《中国语文》第 5 期。

沈家煊(1994a)"好不"不对称用法的语义和语用解释,《中国语文》第 4 期。

沈家煊(1994b)正负颠倒和语用等级,《语法研究和探索(7)》,商务印书馆。

沈家煊(1995)"有界"和"无界",《中国语文》第 5 期。

沈家煊(1998)《不对称和标记论》,江西教育出版社。

沈家煊(1999)认知心理和语法研究,《语法研究入门》(吕叔湘等著),商务印书馆。

沈家煊(2002)汉语认知语法研究,第 1 届中国语言学暑期高级讲习班讲稿,北京大学。

沈　阳(1996)关于"大＋时间词(的)"，《中国语文》第3期。

石毓智(2000)《语法的认知语义基础》，江西教育出版社。

袁毓林(1998)《语言的认知研究和计算分析》，北京大学出版社。

张伯江、方梅(1996)《汉语功能语法研究》，江西教育出版社。

张　敏(1998)《认知语言学与汉语名词短语》，中国社会科学出版社。

张　敏(2000)第二次认知革命与认知语法，《面临新世纪挑战的现代汉语语法研究》，山东教育出版社。

赵艳芳(2001)《认知语言学概论》，上海外语教育出版社。

朱德熙(1982)《语法讲义》，商务印书馆。

朱德熙(1990)《语法丛稿》，上海教育出版社。

第十二讲

语用理论与语言运用分析

12.1 语言的用法和语用法的语法化

这一讲讨论"语用理论"和"语言运用分析",也先要讲讲什么是"语用"和"语用分析"。"语用学(Pragmatics)"的概念来源于莫里斯(Morris)在 1938 年创立的"符号学","符号"当然也包括语言符号。他把对语言符号的研究一分为三:一个是研究语言符号与语言符号之间关系的"语形学(句法学)";一个是研究语言符号与语言符号所代表的事物之间关系的"语义学";还有一个是研究语言符号与语言符号使用者(解释者)之间关系的"语用学"。不过至今对语用学的定义和范围还没有一个统一的说法:有人说语用学是专门研究区别于"语言能力"的"语言使用"问题;有人说语用学是专门研究如何在语境中消除语句"歧义"的问题;还有人说语用学是专门研究语句的"言外之意"(即语用学 = 语义学—真值语义)。如果把上面所有问题都算作语用学,那就是"语句的用法问题",这是一种广义的语用学。如果专门研究语言的用法跟语法结构的关系,也就是所谓"语用法的'语法化(grammaticalization)'"问题,则是一种狭义的语用学。这一讲讨论的"语用学"和"语用分析"既包括"语句的用法研究",也包括"语用法的语法化研究"。

什么是"语句的用法问题"?虽然目前大家的看法不尽相同,但研究语句的用法总是离不开三个要素:一是语句的使用者,即说话人和听话人;二是使用语句的环境,包括说话的场合、对话双方或上下文等;三是语句在具体语境中产生的意义。所以大致上说凡是侧重从这三个角度研究语言中的语句意义的，就是语言(语句)的用法问题。目前这方面的研究主要集中在三个问题上：一是指示词语的含义问题。如语句中的"我、他、明天、这儿"这样的指示性词语具体指什么人、什么时间、什么地点等靠语境才能确定的指称意义，就是一种语句的用法问题。二是会话中特定含义的推导问题。比如布什总统在联合国发言："如果伊拉克要和平，那么就必须全面销毁大规模杀伤性武器"，这句话就包含有一个预设义"伊拉克政府搞了大规模杀伤性武器"。这些暗含的意思怎么从会话中推导出来，也是语言的用法问题。三是言语行为和语力问题。例如说"我还会回来的"这句话，在不同场合可能分别具有陈述、许诺、警告等不同的言语行为或"语力"。这种言语行为或语力与句子形式有什么关系，也是语言的用法问题。

什么是"语用法的语法化问题"？这实际就是关于语言的用法与语法结构的关系的问题。一般认为语法结构分析是语法学(句法学)研究的问题。但从语用学的角度看，一部分坚持语言结构功能分析的语法学家坚持认为，语法结构不能脱离语言的功能和用法而独立存在，语法规则要受到语用原则的制约，语用原则对语法结构也有极强的解释力。这种研究可从两个方面看：一是从语法结构的"共时平面"看，大量的语法结构现象可以或必须用语用原则做出解释。比如上一讲讨论的"差一点儿"句式的形式和意义不对称现象，单从语法结构上就没法分析，这就是受到"心理期待差异"的语用原则的制约。用语用原则来解释某些语法结构的差异现象，这是"语用法的语法化"的一个意思。二是从语法结构的"历时平面"看，许多语法结构现象其实是语句用法最终定型的结果，也就是说一些特定用法在约定俗成之后"凝固"成了结构规则。比如"在……下"本来表示一种空间方位关系，一般都指"窗下、树下"等情况，可是后来像"在这种形势下、在党的领导下、在同志们的帮助下"等由于某种语用条件也进入这种结构框架，这种从具体空间关系到抽象空间关系的扩展演变单从语法结构上很难分析，但可以或必须用"心理意象投射"的语用原则来解释。用语用原则来解释某些语法结构的演变现象，这是"语用法的语法化"的又一个意思。

12.2 "认知域系连"和指称现象的语用分析

语用学关注的指称问题包括人称、时间、处所等各个方面。这里只举几个跟人称代词和指人名词的指称问题相关的例子。

先看"我是你的话……"中人称代词的语用分析。一般认为人称代词"我"和"我自己"的指称对象应该是同一个人,因此下面(1a)两句话的意思应该没多大差别。但是(1b)两句话的意思却很不一样。(1b₁)适应的语境是:我做了很对不起你的事,但你是个宽宏大量的人,不像我会记别人的仇;而(1b₂)适应的语境是:你做了对不起人的事,但你是个不知廉耻的人,不像我懂得自爱。比较:

(1)a₁. 这件事不怪你,怪我。　　a₂. 这件事不怪你,怪我自己。

　　b₁. 我是你的话,我会恨我。b₂. 我是你的话,我会恨我自己。

对代词和反身代词的用法,第八讲讨论的"约束理论"似乎只能解释(1a),不能解释(1b)。但采用语用分析的"心灵空间(mental spaces)"的理论就可以比较好地解释人称代词的这类复杂指称现象。"心灵空间"也可以译作"认知域"。(1b)两个句子涉及两个"认知域"的联系和映射。具体点儿说,人认识的世界可以有虚实之分,一个现实域,一个虚拟域。在现实域中,我是我,你是你,但是虚拟域就不一定如此。"我是你的话"其功能就是建立一个虚拟域,在这个虚拟域中,我成了你。世界有虚实之分,个人则有身心之别。"身"指个人的身体,包括社会地位和行为经历;"心"指个人的情感和意识、判断和意愿。因此"我"有"我身"和"我心"之别,"你"也有"你身"和"你心"之别。据此(1b)的意义就可这样解释:"我是你的话"建立了一个虚拟域,同时建立现实域中的"我心"与虚拟域中的"你身"之间的联系,结果在虚拟域中形成了一个由"我心"和"你身"配对的"你"。也就是说在这个虚拟域中,"我心(我的爱和恨)"支配着"你身(你的具体行为)"。图示如下:

(2)

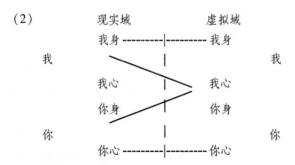

　　根据图（2），（1b₁）中虚拟域的"你（身）"受气量狭窄的"我心"支配，因此会恨"我"；（1b₂）中虚拟域的"你"受懂得自爱的"我心"支配，因此会恨"（我）你自己"。需要注意的是，这里反身代词与先行词之间的同指或约束关系是通过两个认知域间的联系或映射表达的，句子的语义表达是凭借认知结构（包括认知域之间的映射）而不是逻辑表达式建立的。事实上人们的思维、行为和语言在很大程度上都受"身心二分"这个隐喻的支配，语言中这样的例子不胜枚举，如"身不由己、不由自主、情不自禁、超越自我、心不在焉、失去自我、跳出自我圈子"都是如此。"身"和"心"作为两个分离而又对应的认知域，两者之间的投射也遵循一般的隐喻规律。身比心具体，心比身抽象，因此一般都是"以身喻心"。说"这条腿都不是我自己的了"，是说腿不受"我的意志"的支配，"我自己"是转喻"我心"。

　　再举一个"长辫子姑娘"类指人名词指称性质的语用分析的例子。下面的例子也存在指人成分的指称问题，即怎么判断其中"姑娘"和"妹妹"之间的同指关系。例如：

　　（3）照片中那个长辫子的姑娘是我那个剪短发的妹妹。

　　按照上面说的"认知域"理论，语词和所指之间的联系受"系连原则（principle of access）"的支配。就是说，用来指称一个认知域内某一实体的语词（称作"引发语[trigger]"）可以用来指称另一个认知域内的一个对应实体（称作"目标语[target]"），只要在认知上这两个域之间存在某种联系（相似或相关），因而前者可以引发或系连到后者。用图示表示：

　　（4）

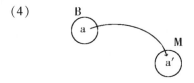

　　图（4）中有一个认知域 B（基础域），还有一个相关或相似的认知域 M（系连域），B 域中有一个实体 a 对应于 M 域中一个实体 a′，弧线表示系连。这种系连现象实在是思维和语言中十分平常的现象。这样再来看（3），要理解这句话表达的两个名词词组的等同关系，必须建立两个相关的认知域，一个是"相片域"，一个是"现实域"。相片域中的姑娘是长辫子的，现实域中的姑娘是剪短发的，但是相片中的姑娘和现实中的姑娘两者间存在许多

的对应,因此就可以把两者视为同一。下面是一个类似的例子:

(5)在法国,克林顿总统不会因为性丑闻而遇到麻烦。

这句话按通常理解只是关于法国的政治、媒体、大众心理等现实情况的一种说明,即法国的总统如果私生活不检点会怎么样。但这句话也并不排除另一种理解,例如美国的克林顿本人如果在法国,私生活不检点不会有麻烦。按照前一种理解,这里涉及的两个认知域是"法国"和"美国",两者都属于"国家"这个抽象的认知域。美国域的"克林顿"和"克林顿—莱温斯基绯闻"等实体都在法国域有对应的实体,前者的部分属性投射到后者身上("克林顿"是他担任的职务"国家元首"的投射),因此说的是法国的元首如果有类似克林顿和莱温斯基的关系不会遇到什么麻烦。但如果是按上面说的另一种理解,那就不仅是职务的投射,而是克林顿本人也投射到了法国域。

由此可见,过去所说的指人的代词或名词指称不明的大多数情况,其实就是这样一种"认知域系连"问题。人们对指称的判断主要根据相互系连的认知域,而不是或不只是凭借独立的和抽象的数学或逻辑推导系统。

12.3 "会话原则"和会话含义的语用分析

"会话含义"是语用分析的重要内容。会话含义可以分成"会话的蕴含义"和"会话的预设义"两种主要情况,而且都涉及语用上的"会话合作原则"。

先讨论语句"蕴含义"的分析。

"会话的蕴含义(conversational implicature)"通常情况下是指说话人在说出一句话的时候包含其中某个词语的"上位义"或"整体义"。比如说"老郭有三个孩子",其中就包含一个意思是"老郭有孩子";说"他踢了小张的腿",其中就包含一个意思是"他踢了小张(踢了某人)":后者就都是蕴含义。

不过具体说来,"蕴含义"又可以分成"衍推义"和"隐含义"。衍推义的定义是:"当且仅当在所有情况下 A 为真 B 也为真时,A 在语义上衍推B。"这就是说,如果 A 为真,B 一定也为真;如果 B 为假,A 一定也为假;但如果 B 为真，A 不一定为真。按照这个定义，下面的 B 都是 A 的衍推义，即"A 衍推 B"。比较：

(6) a₁. 我要一匹白马。   b₁. 我要一匹马。

     a₂. 小王跟小张结婚了。   b₂. 小王结婚了。

上面说的"衍推义"是一种典型的逻辑推导义，它是句子固有的和稳定不变的意义。而所谓"隐含义"则不是通过纯逻辑推理推导出来的，因为它不是语句固有的和稳定不变的意义。隐含义的定义是："如果 A 为真，B 一般也为真，但是在特殊的语境里可以为假；如果 B 为假，A 严格地讲可以不失为真，只是说话人在明知 B 为假的情形下还说 A 就违反了语言交流的'合作原则'。"仍以"老郭有三个孩子"为例，如果"老郭有三个孩子"为真，一般来说"老郭只有三个孩子"也为真。但如果遇到这样的语言环境：政府规定至少有三个孩子的家庭才可以领取生活补贴，而老郭家有四个孩子，这种情形下如果说"老郭有三个孩子"，隐含义"老郭只有三个孩子"就不再为真。反过来，如果老郭家不止三个孩子，即"老郭只有三个孩子"为假，那么"老郭有三个孩子"仍不失为真，只是说话人违反了"会话合作原则"中的"适量准则"。隐含义的特点可以从两个方面看：一是"可消除性"，即在特定的语境里可以被推翻；二是"可追加性"，即可以明确地补出来。这两方面都跟衍推义不同。比较：

(7) a. 老郭有三个孩子，其实还不止三个。（消除隐含义并不产生语义矛盾）
    b. *老郭有三个孩子，其实没有孩子。（消除衍推义产生语义矛盾）

(8) a. 老郭有三个孩子，只有三个。（追加隐含义并不产生语义重复）
    b. ? 老郭有三个孩子，有孩子。（追加衍推义产生语义重复）

这说明了"衍推义"和"隐含义"的区别。再看下面的对话：

(9) 甲：老郭有三个儿子？
    乙：a. 是的，他有四个儿子呢。/b. 不，他有四个儿子。

(9) 中乙的回答都是"老郭有四个儿子"。但（乙 a）用肯定形式"是的"，而（乙 b）用否定形式"不"。这就是因为甲的问话可以有两种理解：一是问老郭是不是"至少"有三个儿子，（乙 a）就是针对这一意思回答的；二是问老郭是不是"只有"三个儿子,(乙 b)就是针对这一意思回答的。因此似乎可以说"老郭有三个儿子"中的"三个"有两种理解:一个意思是"至少三个",可叫作"三个"的"下限义",下限义实际上就是一种衍推义;还有一个意思是"只有三个",可叫作"三个"的"上限义",上限义才是一种"隐含义"。那么能不能说"三(个)"是一个有歧义的词呢?当然不行。因为语言中大多数表示数量或程度的词语都会有一个下限义和一个上限义,显然不能把它们都算作歧义词。例如表示天气冷热程度的"暖和"和表示一件事情是可以做、应该做还是必须做的"应该",都可以有两种意义。比较:

(10)甲:今天天气暖和吗?

　　乙:a.是暖和,还有点热呢。(肯定的是"至少暖和,不冷"的意思)

　　　　b.不是暖和,还有点热。(否定的是"只是暖和,不热"的意思)

(11)甲:我应该参加吗?

　　乙:a.对,你还必须参加。(肯定的是"至少应该"的意思)

　　　　b.不,你是必须参加。(否定的是"只是应该,不是必须"的意思)

　　从上面的例子可以发现,语言中实际上有两种否定:一种是符合一般规则的否定,或叫"一般否定",即否定数量词语或程度词语的下限义,如"不暖和"表示"较冷",否定的就是"暖和"的下限义或衍推义"至少暖和";还有一种就是体现例外规则的否定,或叫"特殊否定",即否定数量或程度词语的上限义,如"不暖和"表示"炎热",否定的是"暖和"的上限义或隐含义"只是暖和"。在下面(12)这些成对的否定句中,前面一句都是一般否定(否定衍推义),后面一句都是特殊否定(否定隐含义)。比较:

(12)a_1.这些话你会上不应该说。

　　　a_2.这些话你不是应该说而是必须说。

　　　b_1.她长得不漂亮。

　　　b_2.她长得不是漂亮而是绝顶漂亮。

　　　c_1.他不喜欢打麻将。

　　　c_2.他不是喜欢打麻将——都走火入魔了。

　　　d_1.我不同意他出国。

　　　d_2.我不是同意而是竭力主张他出国。

e_1. 甲：(对我的能力)你是半信半疑？

e_2. 乙：我不半信半疑——我是完全怀疑。(相声《歌与舞》)

解释这种特殊的否定现象也需要涉及哲学家格莱斯(Grice)提出的"会话合作原则"。这条语用原则总的意思是，语言交流的参与者根据交流的意图和交流的环境采取互相合作的态度。合作的方式是多样的，具体说要遵循四条准则：一是"真实准则"：要说真话，不说假话和无根据的话。二是"适量准则"：提供的信息要适量，不多也不少。三是"相关准则"：要说跟话题有关的话，不说无关的话。四是"方式准则"：说话要清楚明了，简洁而有条理。一般情形下，不仅说话人总是遵循合作原则，听话人也总是相信说话人不会违背合作原则，而且说话人也知道听话人相信自己总是遵循合作原则的。虽然有些话表面上看好像是说话人违背了合作原则，实际上正是说话人在"利用"这个原则，从而传递某种言外之意。举例说：

(13) 甲：这家公司要找个打字员。

乙：小李是大学毕业生。

(13)中乙说的话似乎跟甲说的话不相关，但是按照会话合作原则中的"相关准则"，乙应该是不会说不相关的话的，甲相信这一点，乙也知道甲相信这一点，所以乙说这样的话一定是在传递某种言外之意，比如说"小李当打字员是大材小用"。可见通常情况下人们说话总是要符合会话合作原则的。

现在回过头来看(9—12)的情况。这种现象也需要考虑会话合作原则中的"适量准则"。人们在会话中总是根据适量准则来传递和推导一种跟量有关的意义。"适量准则"的主要意思就是说话人提供的信息要"足量"。"足量"就要涉及对"量级"的认识。语言中不少同一范畴的成员都可以按数量大小或程度大小排列起来，即形成一个"级差"。如(14)所示：

(14) ⟨n,⋯⋯4,3,2,1⟩

　　a.⟨总是,经常,有时⟩　　　　　b.⟨炎热,暖和,较冷⟩

　　c.⟨全都,许多,有些⟩　　　　　d.⟨肯定,很可能,也许⟩

　　e.⟨必须,应该,可以⟩　　　　　f.⟨主张,同意,考虑⟩

(14)意思是，如果所说的话涉及一个由大到小排列的量级⟨X_1, X_2,

$X_3,\cdots\cdots X_n\rangle$，那么说出 X_2 时，就隐含着 $\sim X_1$，说出 X_3 时隐含着 $\sim X_2$ 和 $\sim X_1$；依次类推，说出 X_n 时隐含着 $\sim X_{n-1}$，$\sim X_{n-2}$，$\cdots\cdots \sim X_1$。说得通俗一点儿就是，根据适量原则中的"足量"要求，一般说出量级行的某一项时，就可推出该项左边的各个较大或较强的项不成立的意思。例如说出"应该"就表示"不是必须"，说出"暖和"就表示"非炎热"，说出"同意"就表示"不是主张"，说出"三个"就表示"至少三个"等等，这种意义就是下限义或衍推义。反之，如果不是表示这样的下限义，那么提供的信息就不足量，或者说比较特殊。这样也就可以说，(9—12)所有例子中的"一般否定"，都是否定语句中某个带有量级的词语的下限义或衍推义；而"特殊否定"（又叫"语用否定"），就是否定这种带有量级的词语的上限义或隐含义。到此就可以明白，对数量词语和程度词语来说，下限义是固有的衍推义，而上限义则是靠适量准则推导出来的隐含义，这样就不必将语言中的数量词语和程度词语都说成是歧义词。换句话说就是，语言中的否定有两种：否定句子的衍推义是一般否定，否定句子的隐含义是特殊否定。这种不对称是由语句用法的规律，具体说就是合作原则中的适量准则决定的。

　　违反适量准则的特殊否定在形式上有一定的限制。例如英语这种否定不能通过"dis-/im-/-less"这样的否定性词缀来体现，而是必须用否定助词"not"。进一步观察会发现，英语中否定前缀在某些成对词语的构词上具有不对称性，比较：

（15）a_1. possible（可能）:　　not possible　　impossible

　　　a_2. necessary（需要）:　　not necessary　　* innecessary

　　　b_1. some（有些）:　　not some　　none

　　　b_2. all（全部）:　　not all　　* nall

　　　c_1. sometimes（有时）:　　not sometimes　　never

　　　c_2. always（总是）:　　not always　　* nalways

　　　d_1. or（或）:　　not or　　nor

　　　d_2. and（和）:　　not and　　* nand

　　(15)反映的情况是，有些成对的词语中，有的词可以加上否定性前缀，有的词就不行。比如说跟"not some"对应有"none"一词，而"not all"却没有对应的"* nall"一词。那为什么会有这种情况呢？其实这也就是"语用量级"在构词上的体现,具体说就是有一条"羡余准则"起作用。即如果一个概念在会话中可以按适量准则和上述语用量级推导出来,如"not all(不是全部)"的意思可以从"some(有些)"中推导出来,那么这个概念就不需要用一个独立的词(如"nall")来表达;反之,"not some(不是一些)"的意思不能从相对应词"all(全部)"推导出来,所以才需要一个独立的词(如"none")来表达。上面这些例子都进一步证明了会话中的"适量准则"和"词语的语用量级"的分析都是有道理的。

再讨论语句"预设义"的分析。

"会话的预设义(conversational presupposition)"跟蕴含义的不同之处在于,蕴含义包含在句子的断言范围之内,是句子的基本信息;而"预设义"不在句子的断言范围之内,通常情况下是指语句所包含的某个背景信息。比较:

(16) a_1. 他哥哥在北京上大学。 a_2. 他哥哥在上学。

b_1. 他哥哥在北京上大学。 b_2. 他有哥哥。

(16a_1/b_1)都是相同的断言,(16a_2)的意思在断言之内,所以是一种"蕴含义";(16b_2)的意思不在断言之内,只是一种背景信息,因此是一种"预设义"。预设义跟蕴含义的区别还可以这样来判断,即蕴含义在句子被否定后就不存在或改变了,而预设义在句子被否定之后一般仍保留不变。下面是几种常见的预设义(B 是 A 的预设义,或 A 预设 B):

(17) a_1. 张三的妻子病了/没有病。 a_2. 张三有妻子。

b_1. 张三后悔/不后悔搞语言学。 b_2. 张三搞了语言学。

c_1. 张三已停止/没有停止服药。 c_2. 张三服过药。

d_1. 要出卖你的是/不是张三。 d_2. 有人要出卖你。

定义"预设义"也不那么简单。比如说既然预设义具有在句子被否定后仍然保留的性质,似乎可以用如下的衍推关系来定义预设义,见(18):

$$(18) \qquad A \text{ 衍推 } B$$
$$A \text{ 预设 } B =$$
$$\sim A \text{ 衍推 } B$$

根据二值逻辑,预设义 B 永远为真。但是实际上也有预设义 B 为假的情形。按有的学者的观点,当 B 为假时,A 可以是第三值"不真不假",从而仍然可以将预设义纳入语义学中。然而问题在于预设义又跟隐含义一样具有在特定语境里可以被推翻的特性(也就是"可消除性")。如前所述,蕴含义中的衍推义是一种固定不变的语义关系:如果 A 衍推 B,那么在凡是 A 为真的场合 B 也必定为真。然而当 A 预设 B 时,A 为真 B 却不一定永远为真,在一定情况下 B 可能为假(即被消除)。这里又包括几种情况:一是当人们的常识跟预设矛盾时,预设义不复存在,下面(19a)这句话中 A 就不再预设 B"张三后来离婚了",因为谁都知道死者不能有离婚的举动。二是一定的上下文也能使预设义消除,前面(17d)的否定式出现在下面(19b)的上下文中就不再预设 B。三是交谈双方的共同知识也能使预设义消除,如果双方都知道张三搞文学,那下面(19c)这句话 A 就不再预设 B"张三搞语言学"。比较:

(19)a. 离婚之前张三死了。

b. 你总以为有人要出卖你,但其实谁也不想要出卖你。

c. 张三才不后悔搞语言学呢(他搞的是文学)。

既然预设义也具有"可消除性",那么是否可以说预设义跟蕴含义中的隐含义一样呢? 又不完全是。首先预设义跟衍推义一样是不可追加的,追加后会有语义重复的感觉,如(20);其次预设义虽然在特殊的语境里可能消除,但还得承认在一般情形下简单肯定句的预设义是不能像隐含义那样明言消除的,如下面(21)的句子在语义上都前后矛盾。比较:

(20)a.? 张三的妻子病了,张三已经结婚了。

b.? 张三后悔搞语言学,他搞的是语言学。

(21)a. *张三的妻子病了,但张三没有结婚。

b. *张三后悔搞语言学,但张三没搞语言学。

c. *张三已停止服药,但张三没有服过药。

d. *要出卖你的是张三,但没有人要出卖你。

因为句子的预设义一般不在否定的范围之内,在特殊的情形下才可以被否定,所以预设义的否定跟隐含义的否定一样是一种"特殊否定"。下面就是一些否定预设义的例子：

(22) a. 鲍小姐谈不上心和灵魂。她不是变心，因为她没有心。(钱锺书
《围城》)

　　b. ……想了好久，决定写"牛天赐传"。为什么? 不能说，说破就不灵
了。内容? 还是不能说，没想出来呢。(老舍《老舍幽默文集》)

　　c. [坐火车离开]上哪儿去呢? 不，还不是上哪儿去的问题，而是
哪里有火车呢?

这样看来，预设义介于衍推义和隐含义之间，其不可追加性和在一般
情形下的不可消除性类似于衍推义，其在特殊情形下的可消除性和可以被
特殊否定又类似于隐含义。预设义的这种两面性在有的学者给出的这个关
于"预设"的定义中表现得极为明显，见(23)：

(23)　　　　　　　　A 衍推 B
　　　　A 预设 B =
　　　　　　　　~ A 在会话中隐含 B

过去在讨论句子的语用意义时，要么说它属于句子固有的意义(衍推
义)，要么说它属于句子非固有的意义(如隐含义)。现在似乎可以说，某个
意义是不是句子固有的语用意义其实是个程度问题。在完全固有的句子的
语用意义和完全非固有的句子的语用意义之间有广阔的中间地带，"预设
义"就处在这个中间地带。

12.4　"言语行为理论"和言语行为义的语用分析

语句的语用分析还有一个重要方面是"言语行为(language action)"和
"语力(language force)"分析。那么什么是"言语行为"和"语力"呢? 先看
一组例子：

(24) a. 张三打算马上动身。

　　b. 张三说服李四马上动身。

　　c. 张三答应李四马上动身。

虽然从逻辑上讲，(24)三句中"谁动身"都可以有两种解释，但理解上

(24a)里要"动身"的肯定是"张三",(24b)里要"动身"的则是"李四"而不是"张三",(24c)中要"动身"的又较大可能是"张三"而不是"李四"。对此形式语言学提出一种解释是"近距离原则",即主要动词后的从句动词隐而不显的主语(即"空主语")要跟前面距离最近的名词所指称的对象相同。这样对于(24a/b)似乎说得通,但是(24c)就有了问题,因为其中要"动身"的仍然最大可能是离得远的"张三"而不是距离最近的"李四"。这种情况用语用学家 Searle 提出的"言语行为理论"来分析可能就会解释得比较清楚。根据这种理论,可以认为(24a—c)每句话都是说话人在一定的场合做出的"言语行为",这种言语行为的作用或者言外之意就是一种"语力"。像(24b)中"说服"这个动词表达的言语行为或语力是"指令"。指令行为的先决条件之一是指令者相信对方能够执行指令的动作,因此在句子结构上能够执行指令的人就被理解为"动身"的主语,而接受指令的人又被理解为"说服"的宾语,于是就形成(24b)这样的兼语句。而"答应"这个动词表达的言语行为或语力是"许诺",这类行为的先决条件是许诺者认为自己能够执行许诺的动作,因此(24c)中"动身"的主语是许诺者即大主语"张三"。对(24a)的"打算"同样可做类似解释。这种把语句看作是"言语行为"以及不同的言语行为有不同的语力作用的解释,就是"言语行为分析"。

　　语言中不少现象可以从"言语行为"的角度来分析。其中有一种现象是"抄近路得到的隐含义"。比如下面(25)就是用语句的隐含义表示"建议"的例子:

　　(25)a. Why didn't you read in bed? (为什么你不躺在床上看书?)
　　　　 (提问/[间接]建议)
　　　　b. Why not read in bed? (为什么不躺在床上看书?)(建议)

　　(25a)和(25b)的意思差不多,但从言语行为看又不太一样。(25a)的直接语力是"提问",间接语力是"建议"。(25b)虽然也是问句的形式,却只有"建议"的语力。注意(25b)的语法形式是固定的,例如不能在"why not"当中再插入其他的成分。当然也可以把(25a)这个问句的间接语力"建议"看作是这个句子的隐含义,这是根据一定的语用原则,如"礼貌原则"或"委婉原则"推导出来的。向别人建议做什么往往有不自谦之嫌,人们在提建议之前常常先说"恕我冒昧"就是这个原因。因此出于礼貌或委婉的考虑,在建议别人做某事之前最好先问一问对方不这么做的原因,例如要建议别人躺着看书,最好先问问他没有躺着看书的原因。于是问句(25a)就经常有了"建议"这一间接语力。这样的隐含义普遍使用和反复使用的结果就逐渐固定下来,听话人在听到(25a)这样的话后一下子就直接得出"建议"的理解,这就是所谓"抄近路得出的隐含义(short-circuited conversational implicature)"。这种隐含义进一步固定下来就会对原来的语句形式产生反作用,于是有了(25b)这样的紧缩问句形式专门用来表达"建议"。这个过程可以图示如下:

(26)

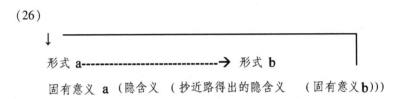

再举一个运用"言语行为理论"分析复句语义关系的例子。过去对复句的语义关系分析,一般就是分成"并列关系、因果关系、转折关系、假设关系"等等。但实际上有很多复句很难用某种统一的语义关系来解释。比较:

(27) a. 张刚回来了,因为他还爱小丽。

　　 b. 张刚还爱小丽,因为他回来了。

　　 c. 晚上还开会吗,因为礼堂有电影。

上面(27)中的三个复句的关联词语都是"……因为……",而且一般都看作是因果关系复句。可是实际上(27a)和(27b)出现在"因为"后面的原因恰好掉了个儿,(27c)的原因和结果之间甚至看不出有什么关系。而且也很难说成是:有的复句中"因为"后面是原因,有的复句中"因为"后面不是原因,有的带有"因为"的复句也可以不表示因果联系。这样的一些情况,尤其是类似(27c)的情况,就给复句的语义关系分析带来很多问题和困惑。

而根据当代语用学的观点,任何语句的语用性质都可以分作"行、知、言"这三种类型,也可以说任何语句都处于三种不同的"认知(概念)域"中。这样如果把人们说的每一句话的意思都分别从这三个"域"中的某一种情

况来理解,那么不同"域"的语句就可能得到不同的理解。最能说明语言中这种情况的是情态动词,以情态动词"能"为例。比较:

(28)a. 小王能说法语吗?

　　b. 我还能骗你吗?

　　c. 敏,笔记能借我一阅!

(28a)中的"能"表示"能力",这是跟人的行为动作直接联系的一种意思,这就是属于"行域"的一种表述;(28b)中的"能"不表示"能力",而是表示"可能",这是指根据说话人所知来推断一种可能性,这就是属于"知域"的一种表述;(28c)中的"能",既不表示"能力"也不表示"可能",而是表示"请求"的一种言语行为(句中"能"不能重读,而且可以用"请"替代),这就是属于"言域"的一种表述。当然话语作为"行域"的表述是最基本的,也就是通常理解的意思,而作为"知域"和"言域"的表述是通过隐喻投射或引申出来的,因此后者的意思就比较特殊,一下子不容易理解。

语言中有一批动词实际上专门用来作"言(言语行为)域"的表述。比如"我宣布散会",当说出"宣布"的同时就是做了"宣布"这个行为。类似的还包括"命名、请求、命令、许诺"等。当然语言中还有一些动词也可以分别有三种"域"的意思。下面(29a)中的"保证"是"担保做到"的意思,属于行域表述;(29b)中的"保证"是"可以肯定"的意思,即根据"我"所知推断出"他三周内完成任务"这个命题为真,属于知域表述;而(29c)则是说出这句话就是做了"保证"这个言语行为,当然属于言域的表述。比较:

(29)a. 他向我保证三周内完成任务。

　　b. 我保证他三周内完成任务。

　　c. 甲:你必须三周内完成任务。

　　乙:好,我保证。

采用"行、知、言"三域分析不但有助于解释复句的语义关系,而且还可以对所有复句的各种复杂语义关系做出更加概括的解释。比如回过头来看刚才提到的(27)各例。其中(27a)是说明事理上的关系,也就是一般说的说明因果关系,属于行域的复句。(27b)好像是颠倒了前一句的因果关系,其实这里并不是说"张刚回来了"是"他还爱小丽"的原因,而是说话人知道

"张刚回来了",因此得出了"他还爱小丽"的结论,这是根据事实做出的一种主观推断,显然属于知域的复句。而(27c)既不是说明事理关系,也不是做出推断,实际的意思是,"我问你晚上还开会吗,是因为礼堂有电影",也就是说"礼堂有电影"是我"问你(晚上还开会吗)"这一言语行为的原因,这就是属于言域的复句了。

上面说三个域的复句语义关系并不一样,其实不同域复句在形式上也有差别。例如行域复句在两个分句间可以插入"是",其他两种复句就不行,如(30)所示。英语也有类似情况,行域复句的分句之间可以用逗号隔开,其他两种复句就不行,如(31)所示。这说明行域复句的主句是全句共享的前提,上下句本身就相互联系;而知域和言域复句的主句只是说话人说出另一个表示"主观推断"和"言语行为"分句的前提,所以才需要独立。比较:

(30) a. 张刚回来了是因为他还爱小丽。

　　 b. *张刚还爱小丽是因为他回来了。

　　 c. *晚上还开会吗是因为礼堂有电影。

(31) a. John came back because he still loves Mary.

　　 b. *John still loves Mary because he came back.

　　 c. *Should we have meeting tonight because there will be a movie in the hall.

"行、知、言"三域分析同样也适用于除因果复句外的其他复句类型。如下面(32)都是假设复句,(33)都是转折复句,(34)都是条件复句,但其中有些语义关系(特别是 c 句)往往不好解释。其实放到"行、知、言"三域进行分析就都好理解了。其中(a)句都是表示一般客观事理的行域复句;(b)句都是表示说话人主观推断的知域复句;(c)句都是表示说话人的言语行为的言域复句。比较:

(32)假设复句:

　　 a. 如果明天下雨,(那么)比赛就取消。

　　 b. 如果比赛取消,(那么)昨天就下了雨。

　　 c. 如果明天下雨,(那么)太阳就从西边出来了。

(33)转折复句：

　　a.虽然他只有中专文凭,但他没有小看自己。

　　b.虽然他没有小看自己,但他只有中专文凭。

　　c.虽然你只有中专文凭,但你为什么没小看自己。

(34)条件复句：

　　a./b.只要我讲个故事,你就会感兴趣。(行域或知域复句)

　　c.只要你感兴趣,我就讲个故事。(言域复句)

　　这些复句中最值得注意的是言域复句。为什么看上去毫无关系的两个句子也可构成假设、转折、条件关系的复句?就因为这些语句表示的不是客观事理或主观推断,而都是言语行为。比如(32c)的实际意义是"(如果明天下雨),那么我就要'说'(太阳就从西边出来了)",逻辑关系为"状态P是我'声称'Q的一种条件";(33c)的实际意义是"(虽然你只有中专文凭),但是我还是要'问'(你为什么没小看自己)",逻辑关系为"虽然存在状况P,但是我还是要'提问'Q";(34c)的实际意义是"(只要你感兴趣)我就'提议'(讲个故事)",逻辑关系为"只要X是一个适宜的提议,我就'提议'X"。可见这些复句表示的言语行为或者"语力"就是"言说、提问、提议"。

　　实际上话语中有很多复句都可以从言域角度来理解,也就是都表示言语行为。例如下面复句的意思都是"如果/既然P,那么我就要'说(请求、断言、建议、提醒)'Q"。比较：

(35)a.如果你不在意,你家电话号码是多少?(表示"请求")

　　b.如果我没认错,你就是著名记者陆勤芳同志吧?(表示"断言")

　　c.如果你喜欢旧家具,那边就有一个旧货市场。(表示"建议")

　　d.答案就在第三版上,既然你想了半天也想不起来。(表示"提醒")

　　还有些言域复句的意义要稍微转个弯来理解,但实际上仍然是一种言语行为,否则整个句子的意义就说不通了。例如：

(36)a.虽然戏剧总是从序幕开始,但是序幕还不是高潮。

　　b.如果这是个问题的话,这是最根本的问题。

　　c.毛泽东不仅是个伟人,而且是个人。

(36a)如果按照客观事理分析并不存在某种转折关系,但是按照言域来分析就可以把这句话理解为"虽然你说(戏剧是从序幕开始的),但是我要'说'(序幕毕竟还不是高潮)",这样其中的转折关系就清楚了。而这句话隐含的意义就是"虽然我们的事业已经开始了新的一页,但是我们不能因此而骄傲",因此就是一种表示"提醒"的言语行为。(36b/c)也是违反一般逻辑推理关系的。就像只能说"如果是匹白马,那么是匹马",而不能说"*如果是匹马,那么是匹白马";只能说"这不但是匹马,而且是匹千里马",而不能说"*这不但是匹千里马,而且是匹马"。但为什么(36b/c)中前后项正好相反却仍然可以成立呢? 原因就在于这里表示的不是一种客观事理或命题推理,这种说法只有放在言域中才是允许的。如(36b)的意思是"(如果)你说(这是个问题),那么我还要'指出'(这是个根本问题)";(36c)的意思是"(如果)你说(毛泽东是个伟人),那么我还要'指出'(他不但是一个伟人,而且首先也是一个人)"。这些复句就可以认为是表示"断言"或"提醒"的言语行为。

如果要进一步解释上述言域复句的特点,或者说要说明为什么会形成言域复句,也就要涉及语用上的会话原则。比如前面(34c)就涉及会话中的"适宜准则"。该句"如果"后面说的其实并不是逻辑上的充分条件或必要条件,也不涉及真假关系,只是给出了一个做出某种"提议"的条件。为什么"你感兴趣"会成为"我讲个故事"的由"只要"引出的条件,就是因为"提议"的条件是要求提议的行为对对方有利,假如对对方没利,就不适宜。而"你感兴趣"就是"我'提议'做某件事"的一种适宜条件。又如上面(36b)还涉及会话中的"适量准则"。一般会话双方都要提供足量的信息,但由于听话人认为"这是个问题"给出的信息不足量,所以才需要补充说明"如果说这是个问题的话,那么我还要'强调'这不但肯定是一个问题,而且还是一个根本的问题"。

12.5 "语法化理论"和语用法的语法化分析

对许多语法结构差异来说,语用解释原则同时也就是一种语法结构规则,或者说许多语法结构规则实际上也就是语句用法最终定型的结果,即一些特定用法意义在约定俗成后就"凝固"成了语法结构规则。这一节再讨论几个比较典型的"语用法语法化"的例子。

先看包含"极性词(polarity words)"的语句意义及语法化现象。

汉语中有一类词语本身不具有周遍的意义,但构成一定的句式后就具有周遍义。这些词语包括"一……不……""一……一……""再……也……""最……也……""连……也/都……"等。例如:

(37) a. 他一字不识。(所有的字都不认识)

b. 有一件交代一件。(所有的事都交代)

c. 再大困难也能克服。(一切困难都能克服)

d. 最便宜的也买不起。(所有的都买不起)

e. 连他的敌人也佩服他。(人人都佩服他)

f. 连 C 也不懂转换语法。(谁都不懂转换语法)

这些词语构成的句式有的是肯定句,有的是否定句。但如果把肯定句变为否定句或把否定句变为肯定句(称为"正负颠倒"),结果就会出现三种"异常"的情形。比较:

(38) 不合句法(用 * 标示)

a. 他一字不识。/ * 他一字识。

b. 他一天不休息。/ * 他一天休息。

c. 有一件交代一件。/ * 有一件不交代一件。

d. 一天有一天的事情。/ * 一天没有一天的事情。

(39) 不合(原来的)语义(用#标示)

a. 再大的困难他也能克服。

#再大的困难他也不能克服。(无周遍义)

b. 最便宜的我也买不起。

#最便宜的我也买得起。(无周遍义)

c. 再贵的衣服穿在她身上也不好看。

#再贵的衣服穿在她身上也好看。(无周遍义)

(40) 不合语用法(用? 标示)

a. 连他的敌人也佩服他。

　　?连他的敌人也不佩服他。

　b.连看电影也不感兴趣。

　　?连看电影也感兴趣。

　c.就算你请我坐汽车去,我也不去。

　　?就算你请我坐汽车去,我也去。

　　(38)是句法异常现象,"一字识、一天休息、有一件不交代一件"等是黏着形式而不是自由形式,单独不成句子。即使单说,有的只有对举时才能说,而且也就失去了周遍的意思,如"一字识,一字不识""一天工作,一天休息";有的只有充当分句,才保持周遍的意思,如"我要是有一件不交代一件,可以从重处罚我"。(39)是语义异常现象。加"#"号的句子只是失去了周遍的意思,也就是不合原来的语义,但是仍然合句法,可以单独成句。例如"最便宜的我也买得起"只是说我买得起最便宜的,不是我买得起所有的东西。(40)是语用异常现象。加"?"号的句子违背了人们通常所能接受的预设,但这些句子仍然合语法,语义上仍可有周遍的意思。最明显的例子是把"看电影是最有趣的事"这一预设变为"看电影是最没趣的事",说"连看电影也感兴趣"就是对什么都感兴趣的意思。这些由"正负颠倒"而引起的三个平面的异常变化可以用语用学中"量级模型"的理论做出统一的解释。以"重量"为例,这种"量级模型"可以图示如下:

$$(41)\quad\begin{cases}\text{m(最轻)}\\ x_2\\ x_1\\ \text{M(最重)}\end{cases}$$

　　图(41)中 M 和 m 分别是量级上最重和最轻的两端,其中 X_1 也比 X_2 重。这个"量级模型"可以做这样的推导:"在 X_1 比 X_2 重的情形下,如果某人能举起 X_1,那么他也能举起 X_2。"注意这里不是纯逻辑的推导,因为客观上完全有可能由于形状、大小、先举后举等原因,X_2 比 X_1 轻反而比 X_1 难举起。从认知语言学角度讲,这种量级推导代表人的一种认识上的"模型",是一种思维定式或常规。按这个量级模型,(37)各例的周遍义就可以推导出来。注意那些词语实际都处于量级上的 m 极或 M 极。也就是说,对一个极大量 M 的肯定意味着对全量的肯定,而对一个极小量的否定意味着对全量的否定。具体说,说张三能举起最重的东西就意味着张三能举起一切重物,说张三举不起最轻的东西就意味着张三举不起任何重物。句子由肯定变为否定,或由否定变为肯定,量级的方向也要相应地颠倒过来,使极大量 M 和极小量 m 在量级上交换位置。例如"最便宜的也买不起"变为肯定句后必须把"最便宜的"变为"最贵的",说成"最贵的也买得起"才能保持原来的周遍义。如果不把量级的方向颠倒过来,就会得出不合句法、不合(原来的)语义、不合语用法这三种异常结果。

再看"好/好不 A(A = 形容词)"的结构意义及语法化过程。

吕叔湘曾指出,"安分、争气、上算"这一类形容词本身不能用"好"来加强,可是用"不"否定之后就可以用"好"来加强了。这些词语在语义上的特点就很值得研究。比较:

(42) a. *好安分/好不安分   b. *好争气/好不争气

　　　c. *好讲理/好不讲理   d. *好公平/好不公平

　　　e. *好知足/好不知足   f. *好上算/好不上算

这里先要说明的一点是,说"安分、讲理"等词语本身不能用"好"来加强,这是指一般用法而言,但它们可以用于"说反话"。事实上当这些词语用"好"来加强时必须按反语来理解,如"好安分"意思就是"不安分","好讲理"就是"不讲理"。先不考虑反话,首先可做出的解释是,"好/好不 A"里涉及的 A(形容词)在语义上大多表示在特定社会和文化中的道德规范或行为准则,故可称为"道义词"。如"安分、争气、讲理、公平、人道、知足、识相、道德、知趣、晓理、识时务、识抬举、通人情、守妇道、懂交情、得人心"等。进入这种格式的形容词虽然还有一些不属于道义词,但表示人们在社会活动中对行为结果的某种期待,如"值得、上算、经济、习惯"等。这些词语跟道义词一起构成一类特定的带有社会性的褒义词。这类褒义词与所有的贬义词形成对立:凡是贬义词都可以用"好"来加强,而且一般不能按反语理解。贬义词用"不"否定之后用"好"来加强,结果是"好"和"不"结合成一个加强副词"好不",意思就等于"好"。比较:

(43) a. 好不蛮横 = 好蛮横   b. 好不糊涂 = 好糊涂

　　　c. 好不狼狈 = 好狼狈   d. 好不惭愧 = 好惭愧

　　　e. 好不蹊跷 = 好蹊跷   f. 好不邋遢 = 好邋遢

上面(43)中这类特定的褒义词(道义词)不仅与贬义词对立,而且也有别于其他性质的褒义词。例如表示愉快心情的词语"高兴、自在、痛快"等;表示繁盛景象的词语"热闹、繁华、兴旺"等;表示才智和身体上优良素质的词语"聪明、伶俐、漂亮"等。比较:

(44) a. 好不兴旺 = 好兴旺　　b. 好不高兴 = 好高兴

　　　 c. 好不自在 = 好自在　　d. 好不聪明 = 好聪明

　　　 e. 好不伶俐 = 好伶俐

(44)的"好不"可以看作已结合为一个加强副词。但这些词语中有一些表现是游移不定的,在近代汉语中,"好不聪明"多表否定意义,"好不自在"也有"好不—自在"(肯定)和"好—不自在"(否定)两种意思。现代汉语里"好不高兴"和"好不痛快"似乎也都有肯定和否定两种意思。这是因为带有社会性的褒义词没有明确界定的范围,尤其是表示人们对行为结果的某种期待的词语与其他褒义词的界线难以划清。不过总的来说,在受"好"修饰和加"不"受"好"修饰时,社会性褒义词独自构成一类,跟贬义词和一般褒义词形成对立。概括起来看,凡是贬义形容词,受"好"或"好不"修饰都表示肯定;而特定褒义词(道义词)相反,一般不说"好 A",而说"好不 A"都表示否定。

上面说的这种褒贬词语的用法跟语用学提出的"礼貌原则"有密切关系。道义词对"礼貌原则"特别敏感是很自然的,因为"礼貌"本质上是一种社会规范。所谓"礼貌原则"就是用言语进行评价时,一般对坏的东西要说得委婉些,对好的东西要说得充分些。一般来说,对缺点的批评是一种有损对方面子的行为,不宜直接使用贬义词语,多代之以"不 + 相应的褒义词"。例如不能直接说人家"蛮横、放肆",如果说"不讲理、不安分"则要委婉一些。相反,对优点的肯定宜直接使用褒义词,不宜用"不 + 相应的贬义词"。例如对方如果通情达理或者安分守己,就不宜说他"不蛮横、不放肆"。这种不对称现象可以图示如下:

(45)

如图(45)箭头所示,否定褒义的"讲理、安分"隐含着贬义的"蛮横、放肆",而否定贬义的"蛮横、放肆"隐含的却是介于褒贬之间的中性意义。由于礼貌原则的作用,在实际的语言使用中,"不讲理、不安分"的使用频率必定大大高于"不蛮横、不放肆"的使用频率。其结果是前者成为一种类似于英语那样的"前缀否定","不"和褒义词的结合很紧密;后者则保持为"句法否定","不"和贬义词的结合较为松散。这两种结构前面再加上程度副词"好"修饰,自然就会导致"好 + 不讲理"和"好不 + 蛮横"的结构差别。在历史上看,"好不 + 蛮横"也确实是从"好 + 不 + 蛮横"的反语用法演变而来的。由此自然就会导致"好不讲理"和"好不蛮横"在结构和语义上的对立。比较:

(46) a. 不—讲理,不—安分("不"相当于否定性前缀)好—不讲理(否定义)

b. 不　蛮横,不　放肆("不"是句法上的否定词)好不—蛮横(肯定义)

但进一步看,"礼貌原则"还不能解释"好蛮横"跟" * 好讲理"的对立,即为什么"好讲理"一定要做反语理解才能成立。同样需要进一步解释的是,为什么"好—不蛮横"一定是反语,"好—不讲理"则不是反语。应看到作为一种修辞手段,反语常见的是用正面词语来表示反面的意思,很少用反面词语来表示正面的意思。我们常用"你真聪明"来表示"你真笨",用"你真讲理"来表示"你蛮不讲理",但很少用"你真笨"来表示"你真聪明",用"你真蛮横"来表示"你真讲理"。这种不对称可表示为:"你真聪明 = 你真笨;你真笨 ≠ 你真聪明"。一般的修辞书把反语定义为"正话反说或反话正说",没有指出反语的这种不对称;有的虽然指出了这种不对称,却没有对此做出解释。而从语用学角度来解释这一现象,就需要采用反语的"引述理论",即这种反语是按字面意义"引述"一个词语并对其表明一种(讽刺的)态度。"引述"是相对"陈述"而言,两者的区别可以看(47),其中的"他五点钟到"这句话,在(47a)里是说话者自己的陈述,在(47b)里是说话者引述小李的话。比较:

(47) a. 我已通知小李来开会,他五点钟到。他说是四点到,但他总是迟到一小时。

　　b. 我已通知小李来开会，他五点钟到。他总是迟到一小时，所以他要六点才到。

　　另外，有的引述是"回声引述"，乙的应答好像是甲所说的话的回声，如（48a）；引述的内容也可以是对方的话中没有明说出来的意思，如（48b）；名言警句也经常成为引述的对象，如（48c/d）。总之"引述"的用意不在传递某种命题内容，而是表示已听到或听懂对方的话，并同时表明一种讽刺和不以为然的态度。比较：

　　(48) a. 甲：我从来不蛮不讲理。乙：你不蛮不讲理，那还有谁是蛮不讲理的！

　　　　b. 甲：这不是我的错。乙：那这是我的错啦，你什么意思？

　　　　c. 尊老爱幼！现在的年轻人才不管这一套呢。

　　　　d. 要我爱祖国，可是谁爱我呀？

　　这样说来"好蛮横"和"＊好讲理"的对立就表现在："好蛮横"的"好"是一个陈述性加强副词，"蛮横"是陈述和加强的对象；"＊好讲理"的"好"是一个引述性加强副词，"讲理"是引述和加强的对象。副词"好"用于反语时有引述的作用可在"好（一）个……"的句型中看得更清楚。比较：

　　(49) a. 好个"友邦人士！"（鲁迅《"友邦惊诧"论》）

　　　　b. 你没有反映出生活的本质和主流，你写的只是现象和支流罢了！……好一个本质和主流！（王蒙《睁开眼睛面向生活》）

　　所以反语的不对称用法就可以这样来解释：当人们用言语进行评价，特别是评价人的社会行为时，经常要引用按文化定义的行为规范或道德标准，也经常要提到对行为结果的正常期待。因此当有人明显违背行为规范和道德标准，或当正常期望落空时，人们就常用讽刺的口吻引述这些规范、标准和期待，例如说"你好讲理呀！""这样做好值得呀！"于是褒义词中的"道义词"和表示正常期待的词语就经常成为引述的对象。相反，对不道德、不规范和令人失望的行为的批评总是针对某些具体的人或事，因此贬义词语一般不会是引述的对象。再进一步说，"＊好讲理"这类词语中的"好"是一个引述性的加强副词，它所引述和加强的对象限于一类特殊的表示道义和对行为结果正常期待的褒义词。这类褒义词在语义上的特点是：如果说某人不具备这类褒义词所表示的性质,实际就是对此人的批评,例如说某人不讲理或不安分是在批评他;而如果是说他不高兴或不机灵,那就没有批评的意思,或批评意思不重,虽然"高兴"和"机灵"也是褒义词。目前还不知道除了汉语外的其他语言中从语义上定义的"道义词"是否也能在用法上找到相应的特点,但有一点很清楚,"道义"总是和"应该"相关,例如法语"devoir"一词既表示"应该",又表示"道义上该做的事",即"义务、责任"。道义词前面总是可以加"应该",如"应该安分、应该讲理、应该识时务、应该守妇道"等等。而其他性质的褒义词则不然,例如一般不说"应该机灵",而说"应该机灵一点儿";不说"应该热闹",而说"应该再热闹一些";也不说"应该高兴",而说"这种场合应该高兴才对"。这是因为道义标准总是相对稳定的,不会变来变去,而其他性质的褒义词在不同的语境中可以有不同的理解。例如"热闹"算是繁盛景象,但有人却喜欢清静;某些人感到"高兴"的事也可能会使另一些人扫兴。也正因为道义词的褒义具有稳定性,所以才经常成为引述的对象。从这种分析就可以看出,双音副词"好不"的形成实际上就是一个语法化的过程,也就是一种语用法约定俗成之后变为语法一部分的过程。可以设想这样的使用场合:

(50)甲:你怎么这么蛮横!

乙:我根本不蛮横。

甲:你好"不蛮横"呀!

可以看出,(50)中"好(不蛮横)"最初的用法就是个引述性副词,也就是说"好"和"不"的联系开始时是比较松散的。但在上述用法变得频繁后,"好不"就逐渐结合在一起,这个"好不"就不再是引述性的,而变成了陈述性的,这样才使语句的字面意义重新与实际要表达的意义相一致。在这种演变过程中,很可能先发生在用"不"否定贬义词语上,待"好不"形成后再扩展到(除道义词以外的)其他词语上,如"好不—热闹""好不—高兴"。设想这一顺序的理由是,因违反语用法的"好"一般用于正面词语,而"不蛮横"显然比"不高兴、不热闹"更接近于道义上的正面词语。

主要参考文献:

程雨民(1983)格赖斯的"会话含义"与有关的讨论,《国外语言学》第1期。

段开成(1988)舍尔的言语行为理论,《外语教学与研究》第4期。

范开泰(1985)语用分析说略,《中国语文》第6期。

何兆熊(1989)《语用学概要》,上海外语教育出版社。

何自然(1988)《语用学概论》,湖南教育出版社。

胡壮麟(1980)语用学,《国外语言学》第3期。

廖秋忠(1992)《廖秋忠文集》,北京语言学院出版社。

马庆株(1988)自主动词和非自主动词,《中国语言学报》第3期。

沈家煊(1990)语用学和语义学的分界,《外语教学与研究》第2期。

沈家煊(1994a)"好不"不对称用法的语义和语用解释,《中国语文》第4期。

沈家煊(1994b)"语法化"研究纵观,《外语教学与研究》第4期。

沈家煊(1995)正负颠倒和语用等级,《语法研究和探索(7)》,商务印书馆。

沈家煊(1998)《不对称和标记论》,江西教育出版社。

沈家煊(1999)语用和语法研究,《语法研究入门》(吕叔湘等著),商务印书馆。

索振羽(2000)《语用学教程》,北京大学出版社。

徐盛恒(1993)会话含意理论的新发展,《现代外语》第2期。

杨成凯(1994)语用学理论基础研究,《语用研究论集》,北京语言学院出版社。

张伯江、方梅(1996)《汉语功能语法研究》,江西教育出版社。

第十三讲

类型理论与语言类型分析

13.1 语言的"个性"与"共性"

这一讲主要讨论语言类型理论和语言类型分析。"语言类型"和"类型研究"其实主要就是找出某一种语言跟另一种语言的不同点和共同点。这样说来语言类型研究实际有两种倾向：或者是偏重研究语言的"个性"，即重视语言的"不同点"多一些；或者是偏重研究语言的"共性"，即重视语言的"共同点"多一些。

先说说偏重个性的语言类型研究。应该承认某一种语言之所以成为一种语言，除了民族和历史的原因以外，当然还因为这种语言一定有一些自己的特点，否则就没有必要作为一种独立的语言而存在了。因此语言的个性或特殊性是客观存在的，也是需要研究的。

比如，已知世界上现存的语言大概有三千多种，已经消亡或可能新出现的语言则更是不计其数。而绝大多数语言对于一个不是本民族或本国家的人来说，恐怕没有经过较长时间的接触或学习肯定是听不懂也不会说的，这当然主要是因为这些语言在语音、词汇、句法、语义等方面有所不同。调查发现世界上的语言有些方面的差异可能十分显著，其中有些特点甚至令人难以置信。比如有的语言没有鼻辅音；有的语言可以使用吸气音；有的语言中竟然没有一个表示时间的词或词缀；有的语言有上百个词语表示各种各样的树，却没有一个总称这些树的词语；巴西北部有一种只有 350 人左右使用的语言叫"Hixkaryana"，其句子的基本结构是"宾语—动词—主语"的形式，比如"我吃饭"在这种语言中要说成"饭吃我"，这几乎是世界上唯一有这种语序的语言。这些就都是非常特殊的语言现象。

从语言的个性角度研究语言,可以把人类语言分成大大小小的类型。其中一种主要的分类结果就是分成"屈折语"和"孤立语",或分成"综合性语言"和"分析性语言"。大体来说,通过词的形态变化来体现各种语法意义的印欧语系各语言就是屈折语和综合性语言,而汉语是一种没有形态变化的孤立语和分析性语言。比如一般认为汉语语法有这样几个主要特点:一是汉语不是通过谓词的词形变化来表示"时、体、态"的语法意义,而是有一套非常丰富的助词(如"了、着、过"等)和语气词(如"了、的、呢"等)系统。二是汉语没有通过名词的词形变化表示的"性、数、格"的语法意义,而是特别突出语序和虚词的作用。三是汉语各种实词词类(如名词、动词、形容词)都没有词尾标记,因此词类和句法成分之间不存在像印欧语那样的一一对应关系。四是汉语句子构造不像印欧语系语言那样都是主谓形式,而是非常灵活的,各种词组都可以实现为句子。这些本书第一讲已介绍过了。

还有人试图进一步从更广泛和更抽象的角度总结汉语语法的特点。比如有人认为汉语不但缺乏形态变化,甚至也没有像印欧语那样的句法结构规则,而完全是靠词语成分的意义来组织和安排词组结构和句子结构的,这就是所谓的"意合语法"和"语义语法"。"意合语法"的意思是说汉语有些句子的结构关系在结构形式上是看不出来的,只能通过意义组合来理解。比如"鸡不吃了""连校长都不认识"这种歧义句,需要凭借词语可能充当的论元角色来确定。又如"下雨了,不去公园"这个复句可表达各种语义关系,可理解为"因为下雨了,所以不去公园"(因果),"如果下雨了,就不去公园"(假设),"只要下雨了,就不去公园"(条件),也必须借助语境或凭借对两个分句关系的理解来确定。从这个角度看,"意合"确实是汉语在语法上的一个显著特点。"语义语法"通常的理解也是说汉语句法结构的性质是由成分之间的语义关系决定的。比如按这种观点,汉语句子结构不是"主谓句、动宾句"等类型,也不是"施事主语句、受事主语句"等类型,而只需概括为"自动句"和"使动句"两种基本的句式。比如汉语可以说"中国队大胜韩国队(= 中国队大胜,≠韩国队大胜)",也可以说"中国队大败韩国队(= 韩国队大败,≠中国队大败)",两句话中动词和名词的语义关系恰好相反,前一种就是"自动句",后一种就是"使动句"。这样进一步分析汉语所有句子结构,似乎都可以套入这两种基本句式,如"把字句"就属于"使动句"。显然这样分析汉语句子也是为了揭示汉语特别突出语义关系的构句特点。

当然在重视语言(特别是汉语)个性特点的研究中,也有人走得过头了。比如有人试图把汉语和西方语言的区别上升到民族心理层面,说西方语言"重形",是"科学精神的语言",而汉语"重神",是"人文精神的语言",以至于由于语言不同,思维方式和认识世界的眼光都有所区别。这差不多就是早年西方学者提出的"语言相关论"的观点。至于还有人提出要建设"有中国特色的语言学",就好像说世界上还存在"中国特色的数学""中国特色的物理学"一样,把本来没有国界区别的语言科学硬性割裂开来,当然没多少道理。甚至于还有人把是否研究汉语的个性特点跟政治上"要不要坚持民族气节""是不是屈从于西方霸权主义"联系起来,就显然更是莫名其妙的言论了。

再说说偏重共性的语言类型研究。语言类型研究其实更主要的是关于语言共性或语言普遍性的研究,也可以说语言类型研究一般就是指语言共性和普遍性的研究。

不同的语言固然一定有不同的个性和特殊性,但既然都是语言,当然也一定会有共性和普遍性,这是不言而喻的。就好像中国长江里的鱼和美国密西西比河里的鱼相比,两者肯定在体型特性、生活习性等方面会有某些不同点,但既然都叫作"鱼",那毫无疑问就是因为都有"鱼"的共同点。一条鱼和一块石头之间倒是不会有什么共同点,但自然也就无从说各自有什么特点了。语言中个性和共性的现象也应如是观。早些年就曾经有西方学者总结出人类语言的十几条共同点:任何语言都一定有表示人或事物的名词、表示动作行为的动词、表示性质状态的形容词和表示称代的代词等词类;任何语言的句子结构都有一定的层次规则和语序规律;任何语言都有表示"时、体、态"等语法意义的方法;等等。还有学者根据语言学研究的结果列举了人类语言的一些普遍现象:所有语言的词汇量都可增加;所有语言中音义结合的方式都是任意的;所有语言都有大致相同的词类;所有语言的语法规则都有递归性;等等。后来还有的语言学理论又把任何语言都有名词、动词、代词这一类共性现象叫作"内容的普遍性",任何语言都有一定的结构规则这一类共性现象叫作"形式的普遍性"。再后来还有学者概括出一些具体的语言普遍规律:绝大多数语言的基本语序不是"S-V-O(主谓宾)"

形式，就是"S-O-V（主宾动）"形式；所有语言中的介词结构不是介词在前、名词在后的"P-N（使用前置词）"形式，就是名词在前、介词在后的"N-P（使用后置词）"形式；等等。可见对于某一种语言现象，如果只从一种语言或者这种语言跟另一种语言相互比较的视角看，或许可以算作是这种语言的个性特点；但如果放到所有语言的更大背景下来看，就可能只不过是语言的共性或普遍性特征几种可能的表现之一而已。前面说的一些汉语的特点其实也应这样看。因为事实上很多一直被认为是汉语特点的东西，换个角度看就很可能不一定只有汉语是这样，无非只是汉语的一种"显赫性"而已。所以有的学者指出"就汉语本身立论来看汉语，永远不要指望发现汉语的特点""放弃对语言共性的探索，就很难真正搞清汉语的特点"，这个道理应该是不难想明白的。

　　当然研究语言的共性和普遍性也不能走向极端。有人就曾经指出多年来汉语语法研究实际上走的就是一条样样东西都模仿照搬的路子：英语有八大词类，汉语也搞出八大词类；英语有谓词形态变化，就说汉语也有形态变化，只不过是"了、着、过"这样的"广义形态"；英语有名词构词词尾，就说汉语也有"子、儿、头"这样的名词词尾；等等。显然如果这样来看待汉语与其他语言的共性和普遍性，也是不足取的。吕叔湘曾针对有人提出汉语也有形态变化的主张说"就算汉语有形态变化，那也肯定是既不全面也不地道的东西"，就是对这种做法的批评。还有学者对此打了个比方：假设因为发现其他所有地方的兔子都是白色的，因此得出一条结论说"凡兔子都是白色的"。如果一旦发现某个地方有灰色的兔子，却还硬要坚持原来的结论，要么说成"这种兔子不是兔子，而是另一种小动物"，要么说成"这种兔子表面上看是灰色的，而在更深层次上还是白色的"。语言研究中如果只是得出这样一些无法"证伪"的普遍性结论，恐怕也是很难让人信服的。可见就像语言个性研究不能走过头一样，语言共性研究也不能"彻头彻尾"。换句话说就是不能认为只有把语言的所有方面都说成一模一样才是共性研究，事实上只有在充分注意到语言个性特点的基础上总结出来的语言共性和普遍性原则，才可能是真正有价值的。

13.2 "弱式的语言共性观"和"强式的语言共性观"

上面说的是关于承认不承认和怎么看待语言中的共性和普遍性的问题。而即使承认语言有共性和普遍性,具体到怎么研究语言的共性和普遍性时,又有所不同。有学者就认为语言的共性和普遍性研究可以概括为两种不同的语言类型学研究取向。

一种可以看作是"弱式的共性观",或者从研究方法上看是一种"比较的、归纳的、功能的"语言共性研究取向。所谓"比较",就是重视通过跨语言的比较研究来观察语言可能的共性特征;所谓"归纳",就是注重通过具体语言事实的归纳来找出语言可能的共性特征;所谓"功能",就是更强调通过语言的功能用法来解释语言可能的共性特征。这主要就是功能语言学或认知语言学在语言共性研究中的做法,因此也可以称作"功能认知倾向的语言类型学"。这种理论一方面认为语言共性是存在的,对探索语言的共性有很高的理论兴趣,也做出不少跨语言的论断。例如像本书前面几讲曾讨论的"隐喻、像似"等原则就是认知语言学提出的在各种语言现象中普遍起作用的一种心理机制。但另一方面,这种理论又认为语言的共性原则是以某种趋势而不是某种规则形式出现的,因此所有的语言普遍规律都是柔性而不是强制性的。比如有的认知语法学者探讨了"隐喻"在语言结构和表意方面的普遍作用,但又认为不同语言可以选择实现这些规律的程度。又比如有的认知语法学者一方面提出各种语言的语法现象可以归结于两个基本原则,即"临摹性"和"抽象性",另一方面又认为不同的语言可以在这两个极端之间做出截然不同的选择,而最终形成所谓临摹性的语言(如汉语)或抽象性的语言(如英语)。这样一来似乎语言所谓的共性,至少临摹性和抽象性这两条中的一条,在某种语言中就又不存在了。所以可以认为功能或认知的语言类型学在研究人类语言某些普遍规律的同时,往往又更加重视发现不同语言在适用这些普遍规律中的个性选择倾向。因此似乎可以把这种研究倾向说成是"从共性原则中发现个性倾向的语言类型研究"。

另一种可以看作是"强式的共性观",或者从研究方法上看是一种"穷尽的、演绎的、形式的"语言共性研究取向。所谓"穷尽",就是重视通过对一种或几种语言的详尽考察来提取语言可能的共性特征;所谓"演绎",就是注重通过对语言规则的推演来找出语言可能的共性特征；所谓"形式"，就是更强调通过语言的结构形式规则来解释语言可能的共性特征。这主要就是生成语法理论（原则与参数理论）在语言共性研究中的做法，因此也可以称作"形式倾向的语言类型学"。这种理论坚持认为所有语言都一定受到某些普遍原则制约，而且语言间的差异只能在这些普遍原则允许的范围内存在；换句话说就是人类语言中一定存在一些本质性的、核心性的和强制性的原则，而各种语言中的不同点不但不能违反这种普遍的核心原则，而且也一定是语言中非本质性的和边缘性的东西。在理论背景上，生成语法理论假定有一些普遍语法原则作为一种初始状态存在于人的生物遗传基因中，这些普遍原则应该对于所有语言都同样起作用，即一方面帮助儿童获得语言，另一方面又规定个别语言采取变通形式的可能范围。在语言事实分析中，生成语法也以提取语言中的普遍语法原则为主要目标。例如像本书前面讨论过的各种语言结构都必须遵守的"X′结构公式"，任何语言都存在的"成分移位限制"，任何语言结构都基本相同的"论元结构"，等等，就都是生成语法理论提出来的语言普遍原则。生成语法理论当然也不是认为语言的所有方面都一模一样，也不是说语言的全部组成部分就只是一些句法上或语义上的"原则"或"规则"，但不仅坚持认为各种语言的不同方面只是"普遍原则"限制下的一些"参数"，而且至少对于生成语法研究来说，有时是有意忽略或暂时放弃对不同语言个性特点的研究，而更重视如何建立语言的核心普遍原则。因此似乎就可以把这种研究倾向说成是"从个性参数中提取共性原则的语言类型研究"。

以上对于语言共性研究的两种不同取向虽然看起来在很多方面是对立的，特别是在方法论和研究目标上都很不相同，但其实二者并没有对错或好坏之分。这两种研究取向不仅都在常规科学研究所允许的方法和范围之内，而且事实上也都可以在不同语言的相同或不同现象中发现一些具有普遍性的语言规律。下面举个汉语和英语"定语从句化"的例子。比较：

(1) a. Tom sent a message to Mary with a pigeon.

b. 张生用鸽子给莺莺送了个信儿。

a₁. The man who sent a message to Mary with a pigeon

b₁. 用鸽子给莺莺送了个信儿的人

a₂. The message which Tom sent to Mary with a pigeon

b₂. 张生用鸽子给莺莺送的信儿

a₃. The girl to whom Tom sent a message with a pigeon

b₃. 张生用鸽子给她送了个信儿的姑娘

a₄. The pigeon with which Tom sent a message to Mary

b₄. 张生用它给莺莺送了个信儿的鸽子

上面分别是英语和汉语从(1a/b)的句子中提取出主语"Tom/张生"，提取出直接宾语"a message/(一)个信儿"、提取出间接宾语"Mary/莺莺"和提取出旁语"a pigeon/鸽子"构成的定语从句的例子，也就是说其中每一种句法成分都可以被提取出来作受定语修饰的中心语。只是英语提取这四种句法成分的定语从句化看不出有什么形式上的限制，而汉语在提取间接宾语"姑娘(莺莺)"和旁语"鸽子"时一定要用一个人称代词"(她/它)"来复指被提物的成分，否则就会不合语法。例如：

(2)b₃. ＊张生用鸽子给送了个信儿的姑娘

b₄. ＊张生用给莺莺送了个信儿的鸽子

但是如果因为发现了汉语提取间接宾语和旁语的定语从句化受到一定的限制，就说这是汉语的一种特点，其实并不尽然。因为从世界语言的整体看就会进一步发现，定语从句化一共有四种情况：有的语言跟英语一样，不管提取什么成分都不受限制；有的语言，如泰米尔语，只有提取旁语才受限制；有的语言，如波斯语，跟汉语一样，提取间接宾语和旁语都要受到限制；还有的语言，如马尔加什语，提取直接宾语、间接宾语和旁语都要受到限制。当然各种语言受限制的形式不一定相同，比如不一定都是加复指代词。但世界上语言的定语从句化却不外乎这四种类型，这就可以建立一个句法成分的等级："主语＞直接宾语＞间接宾语＞旁语"。这个等级表示一个普遍规则，如果等级的某一项在提取时不受限制，则该项左侧的各项提取时都不受限制；换句话说绝不会有一种语言，提取间接宾语不受限制，而提取直接宾语或主语反而受限制。这样看来，各种语言的个性特点只不过是这种统一现象的具体体现，汉语并不例外。上面这种现象和规律，对于生成语法理论来说，就是"空语类原则"和"孤岛条件"等研究所得到的结论；对于认知理论来说，就是"像似"和"顺序"等研究所得到的结论。

其实本书前面几讲讨论的大多数问题都可看作是在不同理论背景下所做的带有类型学意义的研究。只不过其中有的是偏重于形式的语言类型研究,如"配价分析""空语类分析""移位分析""所指分析"等讨论的问题;也有的是偏重于功能认知的语言类型研究,如"认知分析""语用分析"等讨论的问题;还有的是不同理论的相关研究成果都涉及,如"特征分析""范畴分析"等讨论的问题。下面分别从侧重认知的语言类型研究和侧重形式的语言类型研究角度再举些例子。有些问题虽然是放在其中某一部分来谈,但这并不意味着只有某一种理论才研究这种语言现象。所以在讨论一种分析结果时也会涉及另外的不同意见。

13.3　功能与用法：认知理论背景下的语言类型研究

功能认知的语言学理论对语言的共性和普遍性研究是非常重视的,在语言类型研究方面也有许多重要的研究成果。下面就举几个跟汉语有关的例子来说明。

先说一个与主宾语不对称现象相关的"嫁娶难题"。

语法研究中很多人都注意过主语和宾语在"提取（extraction）"和"指称（reference）"上存在某种不对称的现象。例如:

(3) a. Who do you think [John will meet t]? （你认为约翰要见谁?）

　　b. Who do you think [that John will meet t]? （你认为约翰要见谁?）

(4) a. Who do you think [t will win]? （你认为谁会赢?）

　　b. * Who do you think [that t will win]? （你认为谁会赢?）

(3—4)英语句子中句首的疑问词"who"可看作是从宾语从句的主语或宾语位置上提取或移位出来的,"t"表示提取之前这个成分的位置。可以发现:(3)移位的是从句的宾语,从句前是否出现标句词词"that"不影响从句宾语移位;而(4)移位的是从句的主语,没有"that"时移位不成问题,一旦有"that"这种移位就受到阻止。生成语法理论用"空语类原则(Empty Category Principle)"来解释这种不对称,大意是,因为从句宾语是受实词(动词)管辖的(即动词管辖宾语),所以不管有没有"that"这样的标句词"障碍",都可以自由移出;从句主语则没有动词这样的实词管辖(而是受到"INFL[屈折成分]"管辖),所以没有"that"时还可能分段移出(经过空位标句词作为跳板),而在有"that"占据标句词位置时移出就要受到限制。这就是英语的主宾语在向句首移位时表现出来的不对称现象。

上面是说主宾语在移位形式上不对称,另外主宾语在"指称(语义所指)"上也有不对称。比如下面(5a)宾语从句中的空主语可以与主句的主语"张三"同指,而(5b)宾语从句中的空宾语就不能跟主句的主语"张三"同指,只能指句外的另一个人。这也就说明汉语的主宾语在空位时的所指也具有一种不对称的性质。比较:

(5)a. 张三$_i$希望[e$_i$可以看见李四]。

　　　("e"是未出现的从句主语,称空主语)

　　b. *张三$_i$希望[李四可以看见 e$_i$]。

　　　("e"是未出现的从句宾语,称空宾语)

生成语法理论认为像(3—5)这样的主宾语不对称现象都是由句法结构形式决定的,即空主语和空宾语性质不同:空主语有代词的性质,空宾语则相当于指称语,所以移位的情形和语义所指的情形都不一样。但是后来很多人发现,纯粹从句法形式上或者语法内部来解释这种主宾语的不对称现象会遇到一些困难,这也就引起了关于到底该怎么解释主宾语不对称现象的争论。其中比较有意思的是关于下面例子的讨论,不妨称之为"嫁娶难题"。

问题首先也是生成语法家提出来的,黄正德(Huang,1984)认为以下汉语的例子也体现了主宾语提取时存在的不对称。比较:

(6)a. 李小姐$_i$还找不到一个[e$_i$可以嫁 e$_j$]的男人$_j$。

　　b. *李小姐$_i$还找不到一个[e$_j$可以娶 e$_i$]的男人$_j$。

根据生成语法的约束理论,(6a)是提取定语从句中的宾语"男人"作中心语,这跟(5a)差不多,也是从句空主语受主句主语"李小姐"约束(同指)的结果,所以句子能成立;而(6b)是提取定语从句中的主语"男人"作中心语,这就跟(5b)的情形类似,是从句中的空宾语受主语"李小姐"约束(同指)的结果,所以句子就不成立了。但是很快就有人(Xu,1986)提出了相反的例证:只要把(6)中"可以嫁、可以娶"换成(7)中的"肯嫁、肯娶",上面所谓的主宾语不对称的情形就正好掉了个个儿:提取定语从句中的主语不受限制(空宾语可以跟"李小姐"同指),提取定语从句中的宾语反而要受限制(空主语不能跟"李小姐"同指)。这样一来形式语法的理论就受到了挑战。比较:

(7)a. *李小姐$_i$还找不到一个[e_i肯嫁e_j]的男人$_j$。

　　b. 李小姐$_i$还找不到一个[e_j肯娶e_i]的男人$_j$。

认知理论认为,各种语言中确实存在主宾语不对称现象,只是语言中主宾语的不对称现象归根结底都只是语义上和语用上不对称的表现。也就是说主宾语的不对称本质上在于语义上"施事"和"受事"的不对称。沈家煊(1998)就专门从语言类型分析角度讨论了这个问题。为便于说明问题,不妨先看一组比较简单的例子:

(8)a. 李小姐$_i$还找不到一个[e_i喜欢e_j]的男人$_j$。

　　b. 李小姐$_i$还找不到一个[e_j肯帮助e_i]的男人$_j$。

(8a)从句中空主语受主语"李小姐"约束,两者同指;(8b)从句中空主语不受主语"李小姐"约束,两者不同指。这决定于其中的动词"喜欢"和"帮助"的语义。"帮助"是典型的动作动词,主语是施事,宾语是受事;而"喜欢"则属于心理动词,主语不是施事而是"感事(experiencer)"。心理动词具有双向性,"A喜欢B"一方面是A将自己的注意力施加于B,从这个角度A是施事,另一方面B使得A感到欢悦,从这个角度A是B的受事,即心理动词的主语兼有施事和受事两种性质。这样看"喜欢"的主语施事性较弱,而"帮助"的主语施事性很强。这样就可以解释:空主语是否受大主语约束取决于空主语施事性的强弱,(8b)空主语施事性强,所以不受主语约束;(8a)空主语施事性弱,所以受主语约束。

现在回过头来讨论"嫁娶"问题。前面(6)的主宾语不对称归根到底也是施事和受事不对称。因为动词"嫁"有被动性,"娶"有主动性,比如可以说"宝玉娶了宝钗",但得说"宝钗嫁给了宝玉","嫁"的对象前要有介词"给";再比如说"宝钗被宝玉娶了"没问题,说"宝钗被薛姨妈嫁了"就不自然:这些都证明"娶"的主语施事性强,"嫁"的主语施事性弱。这就是(6)主宾语的指称不对称的原因。那为什么(7)用"肯"替换"可以"后就会出现主宾语不对称的颠倒呢?这是因为"肯"和"可以"虽都是情态动词,但也不对称:"肯"有"主观上乐意"的意思,而"可以"则有"客观上不得不"的意思。如"肯"后可以跟自主动词,不能跟非自主动词,能说"肯干、肯学",不能说"＊肯忘、＊肯看见";而"可以"后可以跟非自主动词,如说"可以忘、可以看见"。而且"帮助的人"可以指帮助别人的人,也可以指被帮助的人,但"肯帮助的人"多半指肯帮助别人的人,"可以帮助的人"多半指可以被帮助的人。可见"肯"有主动义,"可以"有被动义,二者主宾语也就会不对称。由此可见"肯、可以"改变了原谓语动词的正负值,(6a)的"可以嫁"原来是负向的,改为(7a)"肯嫁"后就变为正向的;(6b)的"可以娶"原来是正向的,改为(6b)"肯娶"后就变为负向的。这也就是为什么(6)和(7)两组相同结构中主宾语不对称的结果发生颠倒的原因。

解释了上面(6)和(7)的主宾语不对称现象的原因,其实也可以进一步把这种结论作为一种反映语言认知和功能带有类型学意义的普遍规律加以推广。有学者(Xu,1994)就进一步用"施事、受事、来源、目标"这一类论元角色的"等级差异"来解释从句中空主语和反身代词等在先行语确认上存在的主宾语不对称现象。例如:

(9)a. 老王$_i$告诉小李[自己$_i$以前的想法错了]。

　　b. 这件事告诉小李$_i$[自己$_i$以前的想法错了]。

(10)a. Bill bought for Susan $_i$ a large flashy car [P_i] to drive.

　　（比尔为苏珊$_i$买了一辆很招摇的大车[P_i]开。）

　　b. John $_i$ received from Susan a book [P_i] to read.

　　（约翰$_i$从苏珊处拿到一本书[P_i]读。）

(9a)"自己"跟根句主语"老王"同指,可是同样结构的(9b)"自己"却只能跟双宾中的间接宾语"小李"同指。按理后一句"小李"连主语都不是,可为什么又能跟"自己"同指呢?这就是因为(9a)中"老王"和"小李"分别是动词"告诉"的施事和对象,而施事的论元等级高于对象,所以"自己"选择跟"老王"同指;而(9b)出现的名词"这件事(客体)"和"小李(对象)"

中,对象的论元等级又高于客体,所以"自己"就只能选择跟"小李"同指。(10)两句动词"to drive(开)"和"to read(读)"的主语都没有说出来,也就是都有空主语,但意思很清楚,前一句"开车"的是"Susan(苏珊)",后一句"读书"的是"John(约翰)"。这其中的原因仍然是:在目的从句中空主语在论元等级表中首选的是目标,而不是施事或来源。如(10a)中"比尔为苏珊买车","苏珊"就是目标;(10b)中"约翰从苏珊处拿","约翰"就是目标。这就进一步证明了语义上的论元等级对主宾语的不对称现象具有普遍的解释作用,这跟"嫁娶难题"所反映出来的主宾语不对称的规律也是一致的。

再说说"句式投射"和汉语双宾结构的类型归属问题。

汉语的双宾结构(三价动词结构)到底是一种什么样的结构,一直说法不一。有人归纳出十几个小类。但也有人认为只有"给予义"的三元动词结构(如"送、卖、给"等)才是典型的双宾结构,而其他小类都不能算真正的双宾结构。后者的理由就是,从结构类型上看,在其他语言如英语中也只有"给予义"这一种真正的双宾结构,而且汉语和英语的这种双宾结构中的动词类型和结构形式也都差不多。例如:

(11)a_1. 老师送了我一件礼物。 a_2. 老师送了一件礼物给我。

　　b_1. John gave me a book. b_2. John gave a book to me.

说(11)是双宾结构,这一点基本上没有什么不同意见。但是汉语中其他双宾结构小类在结构类型归属上到底该怎么处理,就一直有不同的意见了。而其中引起最大争议的是下面(12)这种结构:

(12)a. 买了他一所房子。   b. 偷了我一张邮票。

　　c. 娶了他家一个闺女。   d. 收了公司两百块钱。

(12)从表面上看跟(11)"送了我一件礼物"差不多,即也是在动词后面分别出现一个与事(对象)名词和一个客体名词;而跟(11)的最大区别不过在于整个结构的意义不是"给予",而是"取得"("买、偷、娶、收"都是取得义动词),所以有人叫它"取得义"双宾结构。对于怎么确定(12)这类双宾结构的结构类型归属,目前就有两种对立的看法。

其中一种意见偏重于从句法操作上来看待这种结构的类型,因此认为(12)还是应该归入"单宾"结构。理由主要有三点:一是(12)的两个宾语实际上都具有领属关系,而且中间都可以加上"的",比如说"偷了我的一张邮票"。而典型的双宾结构中的两个宾语没有领属联系,如不能说"*送了我的一件礼物"(能说也是意义改变了)。二是(12)不具有典型双宾结构的结构变化形式,比如(11)可变换成与事宾语(间接宾语)后置结构"送了一件礼物给我",变换成"把"字结构"把礼物送给了我"等,而(12)就不具备这些结构变化形式,比如不能说"*买了一所房子从他""*把房子买了我"等。三是其他语言中大多没有这种双宾结构,比如英语要说(12)这样的句子必须用介词"from"引出来源名词,而不能让这个名词直接当宾语。应该说这种意见也是从语言结构类型上来考虑的,只不过采用的办法是从结构形式上把(12)从双宾结构中排除出去。这样不仅使得包括英语和汉语在内的双宾结构本身形式比较严格,而且整个双宾结构系统也会保持比较整齐的面貌。

不过毕竟(12)在很多方面还是跟一般单宾结构有所不同,而且"样子"看起来也确实很像双宾结构。所以偏重从语言的功能类型来考虑这种结构的类型,也就还是愿意把这种结构归入双宾结构。那怎么把这种结构归入双宾结构,或者怎么解释(12)会"长得像"双宾结构呢?功能语法学者提出的意见就是,(12)并不是一种独立的双宾结构,或者说其中的动词本来并不是双宾动词(三元动词),这种结构不过是受到(11)这种典型双宾句式的"句式投射"作用,或者说有些二元动词进入了双宾句式的框架而形成的。比如下面(13)左侧就是典型的"给予义"双宾结构,右侧就可看作是二元动词"进入"左侧句式框架而形成的结构。也就是说,从词汇平面看,左侧结构中的动词本来就是双宾(三元)动词,在句法层面也是正常地实现为双宾结构;而右侧结构中的动词本来是单宾(二元)动词,只是到了句法层面才由于受到左侧句式的影响而表现为双宾结构。比较:

(13)a_1. 他扔我一个球。　　　　a_2. 他吃我一个梨。

　　　b_1. 他斟我一盅酒。　　　　b_2. 他抽我一支烟。

　　　c_1. 他搛我一块火腿。　　　c_2. 他占我一个房间。

　　　d_1. 他介绍我一个朋友。　　d_2. 他浪费我一个信封。

那为什么"取得义"动词可以套入"给予义"双宾句式框架呢?这主要跟"取得义"动词一样也需要在语义上联系三个论元成分有关。"给予义"

动词在语义上需要联系施事(动作发出者)、与事(给予对象)和客体(给予物)三个成分,而"取得义"动词在语义上也需要联系施事(动作发出者)、与事(来源对象)和客体(取得物)三个成分。虽然前者的与事和客体是相互分离的,后者的与事和客体是相互领属的,但由于两类动词都一定联系三个论元名词,当然"取得义"动词就很容易套入"给予义"动词的句式框架了。进一步说"取得义"动词和"给予义"动词的词义也存在内在的一致性。因为"给予"的反面就是别人"取得",而"取得"的反面就是别人"给予",所以"A 给予 B 某物"在深层语义关系上就等于"B 取得 A(的)某物"。这样如果说"给予义"双宾结构的间接宾语(指人名词)是语义上的"受益者",那么主语就是"受损者";反过来"取得义"双宾结构的间接宾语(指人名词)是语义上的"受损者",主语就是"受益者":两种结构的 A 和 B 中一定总有一个是"受益者",有一个是"受损者"。这些就是"取得义"动词能够进入双宾句式框架的原因。比较:

(14)a_1. 他卖我一辆旧车。　　　a_2. 我买他一辆旧车。

　　b_1. 他借(借出)我一本书。　　b_2. 我借(借入)他一本书。

再进一步看,其实典型的"给予义"双宾结构,也不一定都是主语(施事)是"受损者",间接宾语(与事)是"受益者",这就要看"给予"的是什么;反过来说"取得义"双宾结构也不一定都是主语(施事)是"受益者",间接宾语(夺事)是"受损者",这也要看"取得"的是什么。更不用说有时两种双宾结构中动词或句式表示的意义到底是"给予"还是"取得"的界限也不大清楚。比较下面的例子:

(15)a. 我一怒之下给他一耳光。　　b. 我随手就扔了他一砖头。

　　c. 后面司机按了他一喇叭。　　d. 学生贴了他一张大字报。

(16)a. 我表扬了一班五个人。　　b. 我纠正了他一个毛病。

　　c. 我处分了他一个学生。　　d. 我打碎了他四个杯子。

说到底,这些结构最大的一致性就是包含施事、与事、客体三个差不多相同的论元名词,因此就可以把(12)和所有类似例子都统一处理为双宾句式框架内的不同实例。应该说这种意见同样是从语言结构类型上来考虑的,只不过采用的办法是从句式功能上把(12)这种结构包括进双宾结构中来。这样不仅使得包括英语和汉语在内的双宾结构具有一致的句式框架,而且整个双宾结构系统同样也会保持比较整齐的面貌。

13.4 原则与参数:形式理论背景下的语言类型研究

语言的共性和普遍性研究更是形式语言学理论的主要任务和目标,可以说所有形式语言学研究都是关于语言共性类型的研究。下面就再举几个汉语研究的例子来证明。

比如关于汉语有没有"动词的名物化"或"动词的名词化"现象的讨论。

下面(17)中两个相同动词"出版"和"逃跑",不光是语言学家,甚至一般人都会感觉到好像不太一样:前一句中作谓语的时候是典型的动词,而后一句中作主语(即作定中偏正结构的中心语)的时候就不像动词,甚至有点像名词了。比较:

(17) a₁. 这本书<u>出版</u>了。

  a₂. 这本书的<u>出版</u>(成了轰动全国的一件大事)。

  b₁. 敌人<u>逃跑</u>了。

  b₂. 敌人的<u>逃跑</u>(说明我军已取得决定性胜利)。

对于(17)中"出版、逃跑"到底是动词还是名词,语言学界有很多不同看法,大致可以归纳为三种处理意见。其中一头的意见说,汉语的动词只要作了主语或宾语,就变成了纯粹的名词。理由是至少在英语中动词作了主语就都要变成名词,所以汉语动词作主宾语也应看作是这种情况。这是最典型的"动词的名词化"的观点。而另一头的意见说,汉语的动词即使作了主语或宾语也还是动词。理由是汉语的动词本来就可以作主宾语,况且动词作了主宾语样子也没有发生什么变化。这是最典型的否定汉语中存在"动词名词化"的观点。介于这两头的中间则还有一些意见认为,(17)中"出版、逃跑"是什么词类不能简单下结论。这种位置上的动词,尤其是作了主宾语而且是定中偏正结构(N 的 V)的中心语,似乎应看作是既保留了动词的一部分性质(如"出版、逃跑"作主语时毕竟跟名词作主语不完全一样），同时又增加了名词的一些性质（如"出版、逃跑"作主语时毕竟跟作谓语时不完全一样）。所以作主宾语时的动词就可以叫作"动词的名物化"，或者不妨叫作"名动词"或"动名词"。近年来形式语言学重新讨论这个问题，最主要的原因同样是为了要使一些普遍的句法语义的理论原则能够适用于各种语言，其中当然也包括汉语。

本书前面讨论过，要建立严密推导的句法结构系统，就必须先建立"动词基本结构形式"，而这个基本结构形式的推导起点就是动词作为句子结构的核心成分"指派"基本结构中的主语和宾语。根据形式理论的定义，这个核心成分都必须具有[＋V]和[－N]特性，而作为"被指派"成分的主语和宾语相反地就必须具有[＋N]或[－V]的特性。换句话说就是，只有名词性成分（[＋N]成分）和非动词性成分（[－V]成分）才能作主宾语。要使得这样的句法操作原则具有普遍性，显然就必须证明所有语言中的主宾语都是[＋N]或[－V]的成分，汉语当然也应符合这种条件。

那怎么证明这一点呢？可以先看英语中哪些成分可以作主宾语。英语名词性成分肯定是[＋N]成分，当然可作主宾语。此外英语小句（从句）都有标句词"that"引导，一般称作"CP结构"，也可以看作是[＋N]或至少是[－V]成分，所以也可作主宾语；另外英语中不定式动词不再具有屈折能力，同样是[－V]成分，所以也可作主宾语。而一般的句子"IP结构"则是[＋V]的，所以不能作主宾语。比较：

(18) a₁. That John married Sue pleased his father. (约翰娶了苏使他爸爸很高兴。)

　　　a₂. *John married Sue pleased his father.

　　　b₁. To smoke is not a good habit. (抽烟不是个好习惯。)

　　　b₂. *People smoke is not a good habit.

至于英语中的动词、形容词（即[＋V]成分），如果要作主宾语，就必须改造成[＋N]成分。如下面(19a)把动词变成了相应的名词形式（V-tion形式），(19b)把动词变成了动名词（V-ing形式），(19c)在形容词前面加上定冠词（the A形式）。这些改造就使得[＋V]成分成了[＋N]/[－V]成分。这也就符合充当主宾语成分的句法条件了。比较：

(19) a₁. The destruction of the city was carried out by the Nazi.

a$_2$. * Destroy the city was carried out by the Nazi.

b$_1$. Brown's deftly painting his daughter is a delight to watch.

b$_2$. * Brown deftly paints his daughter is a delight to watch.

c$_1$. The red is pencil.

c$_2$. * Red is pencil.

现在再看汉语。汉语名词性成分也都肯定是[+N]成分,当然可以作主宾语。汉语小句(从句)也可以作主宾语,这种从句看起来没有类似"that"的标句成分,但还是 CP 结构,不是 IP 结构,因为通常都可以加一个复指性的成分,这就证明作了主宾语的小句具有[+N]性或至少具有[-V]性。相反这样的复指成分就不能出现在 IP 类即[+V]的句子结构后面。例如:

(20)a$_1$. [小王来]最合适。

a$_2$. [小王来][这]最合适。

a$_3$. 小王来。

a$_4$. * 小王来这。

b$_1$. [他不犯错误]是不可能的。

b$_2$. [他不犯错误][那]是不可能的。

b$_3$. 他不犯错误。

b$_4$. * 他不犯错误那。

至于汉语中的动词、形容词(即[+V]成分),如要作主宾语,事实上也必须要加以改造,即改造成[+N]或[-V]成分。只不过改造的方式跟英语不同,其中最重要的形式就是充当定中结构的中心语,即构成"N 的 V"形式。事实上这种"N 的 V"形式在句法性质上就相当于 NP,或者按照朱德熙的说法是整个"N 的 V"就变成体词性的了。可见这种改造就使得[+V]成分成了[-V]或[+N]成分,这也就符合充当主宾语成分的句法条件了。前面(17)就正是这种情况。如果说把[+V]成分改造成[-V]或[+N]成分就是"动词的名物化",那么在这个意义上当然就可以说汉语中确实是存在"动词的名物化"现象的,反过来说也就是汉语中真正的[+V]成分肯定是不能作主宾语的。

当然说汉语作主宾语的成分一定得是[-V]或[+N]成分,或者说"动词的名物化"，还不能说动词就变成了纯粹名词，即还不是完全的"动词的名词化"。因为汉语中的动词毕竟还不同于英语动词那样可以有相应的名词形式，所以最多只是相当于英语把动词改造成"动名词"的那种形式。这也就是说：作了主宾语的动词，一方面还没有完全失去动词的性质，比如还可以受副词修饰，可以带时态成分，可以带宾语等；另一方面也取得了一些名词的性质，比如可以受名词、代词修饰等。例如：

(21) a. [他的不来]是有道理的。

　　　b. [他们的翻译和研究新医学]并不比中国学者早。

上面对汉语"动词名物化"的分析，至少可以得到这样的结论：无论哪种语言，充当谓语的成分和充当主宾语的成分之间，在性质上都一定会有一些区别，这些区别有一致性，比如作主宾语的成分都必须具有[＋N]或[－V]特性，这就是一种适用于各种语言的"普遍原则"；而某一种语言在这种原则下又有具体表现上的差别，比如英语的动词作主宾语时，可以完全名词化，也可以只是名物化，而汉语的动词作主宾语时，则只需要名物化，而不能完全名词化（或者说只是整个"动词名词化现象"的一个子集），这就是普遍原则下的"个别参数"，也就是研究这个问题的类型学意义。

再比如关于汉语"位移—终点"结构类型学归属的讨论。

前面第十讲曾讨论过现代汉语"V＋PP(到/在 NP)"结构，即(22)这种结构，并提出"双层介词词组(PP)"和介词词组的"拷贝和删除"方案。再举例如下：

(22) a$_1$. 请大家回到/＊在座位上(方向)

　　　a$_2$. 把货物搬到/＊在仓库里(方向)

　　　b$_1$. 小猴子跳到/在马背上(方向)

　　　b$_2$. 她把水泼到/在院子里(方向)

　　　c$_1$. 这些钱应该存到银行里(方向)

　　　c$_2$. 这些钱一直存在银行里(存在)

　　　c$_3$. 孩子被父母关到屋子里(方向)

　　　c$_4$. 孩子被父母关在屋子里(存在)

　　　d$_1$. 你不能总呆＊到/在家里(存在)

　　　d$_2$. 你们可别病＊到/在路上(存在)

现在要讨论的是语言中这类"位移—终点(motion-end)"结构的类型归属问题。对此国内外文献有过很多讨论和争论。托米(Talmy,1985/2000)运用"位移框架分类法(motion-framing typology)",分成了"附加语构架语(satellite-framed,简称 S 型)"和"动词构架语(verb-framed,简称 V 型)"两个大类。S 型语言以英语为代表,句法形式大致上是"V + PP",即位移的方式和方向通过动词加介词形式来表达,如动词"float"表达位移方式,介词"into"表达位移方向。V 型语言以西班牙语、法语、日语等为代表,句法形式大致上是"V + NP",即位移方式和方向都由词根动词直接表达,如"瓶子漂到某处"由类似英语"enter"这样的动词加上名词形式直接表达。不过斯洛宾(Slobin,2004)进一步认为还存在一种"等义构架语言(equipollently-framed,简称 E 型)",以泰语、韩语为代表,句法形式大致上是"V + VP",即位移方式和方向由"方式动词 + 方向动词"表达。

汉语"位移—终点结构"的类型归属则一直有争论。不同意见主要集中在如何处理汉语动趋式(V + 趋向动词)的性质上。Slobin(2004)将汉语归为 E 型语言,理由就是汉语常使用动趋式表达位移事件,而动趋式中表示路径的趋向动词与谓语动词地位相等(即相当于连动复合动词)。沈家煊(2003)也认为,由于汉语作补语的动词和形容词不是一个严格的封闭类,补语大多能单独充当谓语动词,汉语核心语和附加语的区分也并不那么明显,因此汉语并没有地道的附加语,也就不是一种很典型的 S 型语言。

不过在我们看来,把汉语"动趋式"拉进"位移—终点结构"的类型中恐怕根本就是"攀错了亲戚"。原因其实很简单:现代汉语趋向动词很多,而绝大部分趋向动词后面的成分肯定不是处所词,如"敞开心扉、挑起事端";即使勉强搭配处所词语也不是方位词组,更不能表"方向终点"或"存在位置",如"搬出屋子、卸下卡车、走上讲台";更不用说动趋式根本无法与"到/在 NP"在动词后共现,如不能说" *放上到屋子里、 *住进在招待所里"。可见即使承认能带趋向补语的动词也具有位移特征,但动趋式整体上跟"位移—终点结构"还是沾不上边儿。也就是说现代汉语中真正用来表示动作位移的"方向终点(DIR)"和"存在位置(LOC)"的结构,或者说真正属于"位移—终点"的句法形式,其实只是"V + 到/在 NP"结构,不应该包括动趋式,后者最多只涉及"位移(路径)"而并不表示"终点(方向/存在)"。

　　这样如果仅看汉语"V + 到/在 NP"结构的句法类型,那就要简单得多了。Talmy(1985/2000)最初提出现代汉语已由古代的 V 型语言演变成 S 型语言,说的应该就只是"V + 到/在 NP"结构,因为这种结构也是通过动词后的小品词表达位移的方向,在词汇、语义甚至句法上都与英语完全对应。其实进一步看,汉语谓语动词后有时可出现"到 NP/在 NP"(这时很像 S 型"V + PP"),但有时动词后的"到、在"又可脱落(这时又很像 V 型"V + NP")。所以也不妨假设汉语"V + 到/在 NP"结构与 S 型语言和 V 型语言都具有内在一致性,即可分析为同一种句法类型的不同变体。贝罗贝(2012)建议把汉语"V + 到/在 NP"中的"到、在"看作在历史上发生过"动词(V)—介词(P)—脱落(Ø)"的演变过程,也就是说汉语谓语动词后的"到、在"其实就是"V = P = Ø"过程中的一站。即使目前还没有足够证据肯定或者预测各种语言共时的"位移—终点结构"的不同表现也反映了谓语动词后标记"终点(end)"的成分要经过"动词(V)—介词(P)—脱落(Ø)"的过程,但理论上证明"V = P = Ø"这一点并不难:因为无论哪种语言,不但介词都来源于动词(或属于[+V]成分),而且不难想见动词后标记"终点"的成分(如汉语"到、在")先经过由原始动词虚化为介词(其中又包括由复合介词虚化为单个介词)再最终隐含脱落(即词义被主动词吸收,词形与主动词合并),都是十分可能的结果。

主要参考文献:

陈　平(1987)描写与解释,《外语教学与研究》第 1 期。

陈保亚(1999)《20 世纪中国语言学方法论》,山东教育出版社。

程　工(1995)评《题元原型角色与论元选择》,《国外语言学》第 3 期。

程　工(1999)《语言共性论》,上海外语教育出版社。

顾　阳(1994)论元结构理论介绍,《国外语言学》第 1 期。

顾　阳(1996)生成语法及词库中动词的一些特性,《国外语言学》第 3 期。

顾　阳(1999)双宾语结构,《共性与个性:汉语语言学中的争议》,北京语言文化大学出版社。

胡裕树、范晓(1994)动词、形容词的"名物化"和"名词化",《中国语文》第 2 期。

黄　衍(1992)汉语的空范畴,《中国语文》第 5 期。

马庆株(1983)现代汉语的双宾语构造,《语言学论丛》第 10 辑,商务印书馆。

马庆株(1988)自主动词和非自主动词,《中国语言学报》第 3 期。

李宇明(1996)领属关系和双宾句分析,《语言教学与研究》第 3 期。

刘丹青(1999)汉语歧义结构和语言类型,《中国语言学的新拓展》,香港城市大学出版社。

李临定(1990)《现代汉语动词》,中国社会科学出版社。

陆俭明(1989)十年来现代汉语语法研究的理论与方法管见,《国外语言学》第 2 期。

陆俭明(1993)《现代汉语句法论》,商务印书馆。

陆俭明(1994)《80 年代中国语法研究》,商务印书馆。

陆俭明(1997)关于语义指向分析,《中国语言学论丛》第 1 辑,北京语言文化大学出版社。

陆俭明(2002)再谈"吃他一个苹果"一类结构的性质,《中国语文》第 4 期。

吕叔湘(1979)《汉语语法分析问题》,商务印书馆。

吕叔湘(1986)汉语句法的灵活性,《中国语文》第 1 期。

邵敬敏(1990)《汉语语法学史稿》,上海教育出版社。

邵敬敏、方经民(1991)《中国理论语言学史》,华东师范大学出版社。

沈家煊(1998)《不对称和标记论》,江西教育出版社。

沈家煊(2000a)句式和配价,《中国语文》第 4 期。

沈家煊(2000b)说"偷"和"抢",《语言教学与研究》第 1 期。

沈　阳(1995)领属范畴及领属性名词短语的句法作用,《北京大学学报(哲社版)》第 5 期。

沈　阳(2015)现代汉语"V + 到/在 NP"结构的句法构造和相关问题,《中国语文》第 2 期。

沈阳、何元建、顾阳(2001)《生成语法理论与汉语语法研究》,黑龙江教育出版社。

石定栩(1998)话题句研究,《共性与个性》,北京语言文化大学出版社。

石定栩(2002)《乔姆斯基的形式句法——历史进程与最新理论》,北京语言文化大学出版社。

徐烈炯(1988)《生成语法理论》,上海外语教育出版社。

徐烈炯(1990/1995)《语义学》,语文出版社。

徐烈炯(1991)汉语宾语从句中的空位主语,《中国语言文学研究的现代思考》,复旦大学出版社。

徐烈炯(1992)汉语语义研究的空白地带,《中国语文》第 5 期。

徐烈炯(1994)与空语类有关的一些汉语语法现象,《中国语文》第 5 期。

徐烈炯(主编 1999)《共性与个性——汉语语言学中的争议》,北京语言文化大学出版社。

徐烈炯、沈阳(1998)题元理论与汉语配价问题,《当代语言学》第 3 期。

徐　杰(1999)"打碎了他四个杯子"与约束原则,《中国语文》第 3 期。

徐　杰(2001)《普遍语法原则与汉语语法现象》,北京大学出版社。

徐通锵(1996)语义句法刍议,《语言教学与研究》第 3 期。

徐通锵(1997)《语言论——语义型语言的结构原理和研究方法》,东北师范大学出版社。

张伯江(1998)现代汉语的双及物结构式,《面临新世纪挑战的现代汉语语法研究》,山东教育出版社。

张伯江、方梅(1996)《汉语功能语法研究》,江西教育出版社。

张　黎(2001)《汉语意合语法学纲要》,日本中国书店。

张　敏(1998)《认知语言学与汉语名词短语》,中国社会科学出版社。

张　宁(1998)汉语双宾语句结构分析,《面临新世纪挑战的现代汉语语法研究》,山东教育出版社。

赵元任(1968)*A Grammar of Spoken Chinese*,中译本《汉语口语语法》(吕叔湘译),商务印书馆 1979 年;《中国话的文法》(丁邦新译),香港中文大学出版社1980 年。

朱德熙(1962)论句法结构,《中国语文》8—9 月号。

朱德熙(1979)与动词"给"相关的句法问题,《方言》第 2 期。

朱德熙(1982)《语法讲义》,商务印书馆。

朱德熙(1985)《语法答问》,商务印书馆。

Comrie, B. (1981)《语言共性和语言类型》(沈家煊译),华夏出版社 1989 年。

Greenberg, J. H. (1966) Some Universals of Grammar with Particular to the Order of Meaningful Elements(陆丙甫、陆致极译),《国外语言学》1983 年第 2 期。

Huang, C. T. James (1984) On the Distribution and Reference of Empty Pronouns. *Linguistic Inquiry* 15.

Slobin, D. I, (2004) The Many Ways to Search for a Frog: Linguistic Typology and the Expression of Motion Events. In Strömqvist, S., Verhoeven, L. (Eds.), *Relating Events in Narrative: Typological and Contextual Perspectives*. Lawrence Erlbaum Associates, Mahwah, NJ. 219-257.

Peyraube, Alain (1994) On the History of Chinese Locative Prepositions, *JCL*, vol. 2.

Peyraube, Alain (2006) Motion Events in Chinese: A Diachronic Study of Directional Complements. In M. Hickmann and S. Robert, eds. 121-138.

Talmy, L. (1985) Lexicalization Patterns: Semantic Structure in Lexical Forms. In T. Shopen(ed.), *Language Typology and Syntactic Description III: Grammatical Categories and the Lexicon*, Cambridge University Press, Cambridge, 57-149.

Talmy, L. (2000) *Towards a Cognitive Semantics*. Vol. 1 & 2. Cambridge, Massachusetts: The MIT Press.

Xu, Liejiong (1985) Towards a Lexical Thematic Theory of Control, *The Linguistic Review* 5.

Xu, Liejiong (1986) Free Empty Categories, *Linguistic Inquiry* 17.

Xu, Liejiong (1994) The Antecedent of *ziji*. *Journal of Chinese Linguistics* 22.

第十四讲

韵律理论与结构韵律分析

14.1 语言中的韵律现象和韵律的语法作用

"韵律理论"和"韵律分析",顾名思义就是通过韵律条件来研究相关语言现象。"韵律"不但表现为语句中长短、停顿、轻重、节奏等语音形式,而且这些韵律现象也可作用于词语搭配和句子构造等语法形式。找出韵律对词语和句子结构形式的制约条件,从韵律角度对某些词语和句子的结构形式和构造机制做出解释,这就是"韵律理论"和"韵律分析"。

"韵律"也可以叫作"超音质特征",因此是一个很宽泛的语言学概念。可以说除了字词的发音之外,所有语句的语音表达,或者说在语流中由音长、音高、音强等超音质音素造成的抑扬顿挫、轻重缓急的语音变化现象,都可称为"韵律"。广义的韵律现象包括"语流音变""韵律节奏"和"诗体格律"三大类。"语流音变"是与字词读音关系最直接的韵律现象,表现为变音、变调、儿化等;"韵律节奏"是在语句表达上作用最明显的韵律现象,表现为停延、轻重、升降等;"诗体格律"则是与文学样式联系最紧密的韵律现象,表现为乐感、韵味、格律等。不过前面提到,"韵律理论"或"韵律分析"更重视的是韵律在语法(包括词法和句法)上的作用,这就是狭义的韵律现象。本节就先讨论与此相关的三个问题:第一,韵律有没有语法作用和有什么样的语法作用;第二,韵律对语法的"体现"作用;第三,韵律对语法的"制约"作用。

先说第一个问题:韵律有没有语法作用和有什么样的语法作用。

韵律有没有语法作用呢? 既然韵律是具有某种共同表现形式和体现

某种共同意义的语言现象,当然一定都有语法上的作用。如韵律节奏中的"停延"可以区别不同的词语结构和语法结构,"轻重"可以表现结构类型和结构信息,"升降"可以表达句子的语气类型等。"语流音变"和"诗体格律"也并非没有语法作用。如有学者就注意到有些连读变调对区别词义和词类、区别词和词组、区别不同的句法结构,都有作用。吕叔湘早年研究丹阳方言时就发现,单字进入词是否变调,主要看词的结构成分之间的语法和语义关系。最近也有研究发现,上海话、重庆话的复合词和偏正、联合词组只能用后字变调的连调模式,主谓、动宾、动补等词组就要用后字不变调的连调模式。苏州话的材料还说明,如果一个组合形式能兼有上述两种变调方式(轻重模式),那么这个组合形式就既可以是词,也可以是词组。

那么韵律有什么样的语法作用呢?概括地说韵律在语法上的作用,一个是"体现"作用,一个是"制约"作用。有的韵律形式只具有体现语法意义的作用,换句话说就是语法让韵律怎么做,韵律就要服从语法的要求。如"儿化"用来区别词义和词类:"天"和"天儿(气候)","画"和"画儿";"句调升降"用来区别不同的语气:低调(降调)主要表示陈述、祈使、感叹的语气,高调(升调)主要表示疑问的语气或区别不同复句关系。这些都是韵律形式服从语法意义的要求或者说体现某种语法意义的作用。但也有的韵律形式还具有制约语法结构的作用,换句话说就是这一类韵律形式也可强迫语法结构做出改变以适应韵律的要求。比如很少有人想到"诗体格律"对语法结构还会有什么影响和制约。其实诗体格律和诗体语句对现代汉语词语结构和句子结构的制约作用很明显。比如人们一直无法解释为什么现代汉语"把他打""把你夸"这样的句子有时似乎是病句,有时却又可以说(至少可以唱)。其实原因就在于,从唐代开始产生的"把字句"都是出现在诗歌中,受诗词字数和格律限制,其中动词是可以单用的,以后这种句式逐渐扩大使用的范围,谓语动词才变得复杂起来。"把字句"一首一尾两种形式后来都被继承到现代汉语中,于是才出现了看似合法与非法的"把字句"并存的局面。至于汉语词语为什么会由以单音节词为主变为以双音节词为主,汉语词语中两两相对的节拍格式是怎么形成的,也都很可能与诗体格律和诗体语句的特点有关系。

再说第二个问题,韵律对语法有什么样的"体现"作用。韵律对语法的作用之一是对语法的"体现"作用。这种作用概括起来说包括:"切分"作用、"定性"作用和"凸显"作用。

什么是韵律在语法上的"切分"作用呢？语流（即说出来的话）都表现为线性排列，但语句的内部，包括词语结构、句子结构，甚至语义结构，都有结构和层次。那么说话人和听话人怎么分清线性语流背后的结构层次和结构关系，或者怎么把这些大大小小的成分或单位切分开来，从而表达和理解语句的意义呢？除了词语意义和语境，主要是靠韵律。有研究发现，尽管如停顿、轻声等韵律条件并不是与句法结构每一层都对应，但至少在重要的语法结构层次和语义结构关系上，停顿和轻声等韵律形式还是有明显切分作用的。例如汉语在"的、地、得"后面，在介词结构和时间、地点状语后面，在主谓之间和动宾之间，就往往需要有轻读性的停顿或间歇性的停顿。在可能有歧义的结构中，有时也要依赖停顿。如"我们五个一组""一个小学的老师"和"浙江和江苏的部分地区"，这几个词组都有两个意思，口语中就需通过不同位置的停顿才能切分。歧义分析还涉及"重音"。如"消灭敌人的主力部队"有两个意思，也是两种结构：除了动宾结构要在"消灭"后停顿，定中结构要在"敌人的"后面停顿，前者还要求重读宾语，后者还要求重读定语。再如"穿好衣服"有两个意思，也是两种结构：在"穿好"后停顿，"好"轻读，是"穿上衣服"的意思，"穿好"是一个动补结构；在"穿"后停顿，"好"重读，是"穿好的衣服"的意思，"好衣服"是一个定中结构。

什么是韵律在语法上的"定性"作用呢？汉语同一个词语"大意"，可能是形容词（粗心），也可能是名词（梗概）；同一个语段"炒鸡蛋"，可以是名词（菜肴的名称），也可以是动词词组（炒一道菜）；同一个词组"出租汽车"，可以是动宾词组，也可以是定中词组；同一个句子"阿Q去美国"，可以表示陈述和感叹，也可以表示疑问。那么说话人和听话人靠什么分清长度相同、形式相同的语段是什么单位或关系，或者说怎么表达和理解这些语段的意义呢？除了靠词语意义和语境，同样离不开韵律。汉语很多地区（如获嘉、连云港、福州等）方言证明，词和词组的区别可能通过不同的轻重变调形式来表现。如上海话"刹车、管家、炒青菜、兜圈子、派用场（词义为有用处）、讲闲话（词义为责怪）"，前重后轻式的是词，前轻后重式的就是词组。区别结构关系类型的主要韵律手段也是"轻重"，特别是"重"。比如根据词组的结构重音规律，定中偏正结构的重读成分一般在定语上，动宾结构的重读成分一般在宾语上，比较"租汽车"和"出租车"，就可以明显感觉到这一点。此外汉语"句子"的定义中就包括句末的句调和前后停顿,这是汉语词组实现为句子的主要标志。

什么是韵律在语法上的"凸显"作用呢?前面说的"切分"和"定性"所需要的韵律条件是"固定"的,即该变调的地方就要变调,该轻声的地方就要轻声,该重读的地方就要重读,该停顿的地方就要停顿。这是韵律体现语法意义和语法结构的常规形式。但也有一些语法意义或语法结构却是故意打破常规造成的,这也得靠韵律手段。如"你今天怎么来呢",重读"怎么"是问"怎么样来",重读"来"是问"为什么来"。再如"这本书是我借的",重音通常应在谓语部分"是我借的"或动词"借"上,而定指成分"这本书"和人称代词"我"都应该轻读。如果重读"这本书",就会感觉话没说完,后面至少应该再加一个句子"那本书(是我买的)",以形成对比和强调;同样,如果故意重读"我",除了不再表示一般的陈述,还有澄清事实、否定别人意见的意思,意思是"不是别人(借的)"。

最后说第三个问题,韵律对语法有什么样的"制约"作用。应该说这是韵律对语法更重要的作用。这种作用主要包括:"破坏"作用、"征服"作用和"改造"作用。

什么是韵律对语法的"破坏"作用呢?这是指由于韵律的作用打乱词语和句子结构的原有形式。如"一衣带水"原本意思是"一条像衣带那么宽的河(水)",可是依照韵律却必须读成"一衣/带水",以致现在很多人不知道这里的"衣"和"带"有什么关系,"带"又到底是什么意思。其他成语"力不/从心、万无/一失、木已/成舟、过犹/不及、喜形/于色、死有/余辜、狐假/虎威"等,新词语"贫下/中农、人禽/流感、黄浦/江畔、共青/团员"等,也是这种情况。再如现代汉语支配式复合词"散步、起早"往往可以拆开来说成"散了会儿步、起了个早",但像"游泳、小便"这样的非支配式复合词,居然也可说成"游了几次泳、小了个便",这种特殊的句法构造,也只能解释为韵律条件使然。

什么是韵律对语法的"征服"作用呢?这是指由于韵律的作用使一些非法的词语结构或句子结构变成合法结构,或者使一些合法的词语结构或句子结构变成非法结构。比如"三十而立"中的"而"本来只是个连词,但现在人们却可以说"而立之年","而立"竟成了一个独立的单位,甚至收入了词典。"而立"在语法上不合格,在语义上也说不通,但为什么又可以成为一个词呢？这就是韵律条件使然。再如"种植花草"可以说，"种花草"也合法，却不能说"＊种植花"。显然不是因为该格式不合语法，因为同样都是动宾结构，其中有动词"种"或"种植"，也有名词性宾语"花"或"花草"；同时也不是因为该格式不合语义，因为"种植花草"可以，"种花"也可以，"种植鲜花、种植棉花"都可以，不管是什么花都可以种植，可就是偏偏不能"种植花"。可见这个格式虽在语法和语义上都并无"非法"可言，却仍然不得不算是一个"病句"。其实这就是因为汉语语句在韵律上不允许有[2（音节）＋1（音节）]型的动宾格式。

什么是韵律对语法的"改造"作用呢？这是指由于韵律的作用使句子结构中的某些成分发生位置上或性质上的变化，甚至产生出新的格式。比如上古汉语中疑问代词作宾语一般都出现在动词的前面，亦即采用[何 V]的形式；到汉朝后才开始出现疑问代词后置的[V 何]形式。这种演变无疑是随着句子核心重音的后移和双音节疑问代词的出现而发生的。再如在上古汉语中，介词词组（PP）在动词前或动词后都可以，如"易之以羊"和"以羊易之"两个格式就同见于《孟子》；但到了汉代以后，介词词组出现在动词后日见其少。这也是因为随着句子核心重音后移，致使作为句子附加成分的介词词组不得不向前移。又如自汉代始，汉语一些由两个动词结构构成的连谓结构[[V₁ NP][V₂ NP]]中的前一个动词 V₁ 开始逐渐虚化为介词。大家都知道汉语介词一般都来源于动词，可是为什么汉语的动词变成介词总是具有三个特点：一是从时代看，大规模演变主要发生在汉代以后，而不是以前；二是从位置看，一般都是介词由动词而来，即由[V NP]变成[P NP]，而不是相反；三是从方向看，都是从连谓结构[[V₁ NP][V₂ NP]]中前一个动词 V₁ 而来，而不是后一个？对这些问题最自然合理的解释就是，汉代以后句子的核心重音向后移动，这也就把连谓结构[[VP₁][VP₂]]中的VP₁固定在了主要动词结构VP₂前面的非焦点位置上，所以前一个动词结构V₁才较易于虚化为介词。上面提到的汉语句子结构形式的三种变化：一种是"疑问词前置结构[WH V]"变化为"疑问词后置结构[V WH]"，再一种是"介词词组后置结构[VP PP]"变化为"介词词组前置结构[PP VP]"，还有一种是"连谓结构中前动宾结构[V NP]（VP）"变化为"动宾结构中前介宾结构[P NP]（VP）"，说到底都是由韵律促发的语法格式的演变现象。

14.2 词语的韵律现象和韵律词法的相关研究

韵律理论或韵律语法又包括韵律构词和韵律句法两个方面。这一节先讨论跟构词有关的韵律学原理,或者说是对影响和制约词语结构的韵律现象的研究。

首先要介绍韵律构词的"相对轻重原则"和"音步单核定律"。

以往语音学和语法学所谈的"重音"或"轻重",大多只不过是单纯寻找语言片段中什么是"轻"的成分,什么是"重"的成分。然而究竟什么叫"轻"? 什么叫"重"? 如何定义"轻"与"重"? 这些问题却始终没有定论,至少在声学上很难确定达到多少振幅的音才算是"重",降到多少振幅的音才算是"轻"。在 Liberman(1975/1977)以后,人们才开始对韵律中的"轻重"有了新的认识。其中主要有"相对轻重原则""音步二分原则"和"音步单核定律"。

什么是韵律上的"相对轻重原则"呢? 语言中的"轻"与"重",并不是声学上的"振幅"概念,也不是相互独立的两种现象。"轻"和"重"只是相对而言、相互依存的,或者说语音中没有"轻"也就没有"重",没有"重"也就无所谓"轻","轻"依靠"重"来表现,反过来"重"也必须通过"轻"来实现。这就是韵律的"相对轻重原则(relative prominence principle)"。据此得到的基本推论是:韵律上不可能有单独的"轻"或单独的"重"。因此下面(1)表示的"轻"和重"形式都"不合法"(不合韵律轻重之法)。同样的道理,如果成双的两个成分都"轻"或结对的两个成分都"重",这种情况也不可能存在,所以(2)同样是不合法的轻重形式:

$$(1) *Z \quad *Y \qquad (2) *Z \qquad *Y$$

$$\quad \;\; | \qquad | \qquad\qquad \wedge \qquad\qquad \wedge$$

$$\quad \;\; 轻 \quad 重 \qquad\quad 轻 \;\; 轻 \qquad 重 \;\; 重$$

根据相对轻重原则,在成对出现的两个成分中,说其中一个"轻",只是比另一个"较重"的"轻";反过来,说其中一个"重",也只是比另一个"较轻"的"重"。这样说来唯一合法的轻重形式是下面(3)所表示的:要么"轻+重",要么"重+轻"。即不管前轻后重,还是前重后轻,只要一个为轻,另

一个就得重,只要一个为重,另一个就得轻。比较:

(3)　　　Z　　　　　Y

　　　　∧　　　　　∧

　　　轻　重　　　重　轻

　　那什么是韵律的"音步二分原则"和"音步单核定律"呢?如果说"轻重"是韵律中最基本的形式,同时如果说"轻重"必须相互依赖和同时存在,那么很自然地就可以推导出又一个结论:韵律的最基本形式就是"轻重"成分的组合体。在韵律学理论中,一般把这样的组合体看作韵律中"最小的独立单位",即"音步(foot)"。很显然一个音步就必须至少包含一轻一重两个成分。这就是"音步二分原则(foot binarity)"。如(4):

　　(4)音步二分原则:一个音步必须至少由两个成分 A 和 B 组成;当且仅当,A 和 B 中一为"轻"一为"重"。

　　　　　　　foot　　　　　foot

　　　　　　　∧　　　　　　∧

　　　　　　A　B　　　　　B　A

　　由上面的相对轻重原则和音步二分原则,又可以得到一个推论,即一个音步中必须至少、同时也至多要有一个"重音"。说至少,是因为在音步的两个成分中如果没有一个"重"也就不会有另外的"轻";说至多,是因为在一个音步中不可能存在包含两个重音的情况。如果一个语音片段中非有两个重音不可,那么根据相对轻重原则和音步二分原则,这两个重音会自然而然组成两个音步,各自有各自的轻音来扶持。根据这一推论,如果把一个音步中"重"的成分当作这个音步的核心的话,那么就可以建立"音步单核定律"。如(5):

　　(5)音步单核定律:一个音步必须至少由两个成分 A 和 B 组成;A 和 B 中,至少并且至多有一个是"重音";且这个重音必须是这个音步的"核心"。

　　　　　　　foot　　　　　　foot

　　　　　　　∧　　　　　　　∧

　　　　　　A　B　　　　　　B　A

其次还要讨论音节长短、词语虚实与音步有什么样的关系。

音节的长短与音步有没有关系呢？根据"音步二分原则"，一个音步必须至少由两个成分组成，而汉语音步的组成成分是"音节"。这样就要问一个问题：汉语的音节最小是一个音素，最大有四个音素，那么音节长短与音节在韵律上的"轻"或"重"有没有关系呢？如果坚持"相对轻重"，那么音节长短与音步组成成分的轻重就不应该有对应关系。因为从理论上说，一个孤零零的短音节，跟一个孤零零的长音节一样，如果不跟其他音节相比较，不管是长是短，都无法"相形见轻"或"相形见重"。比如人们并不感觉"天"(tiān)与"塌"(tā)有轻与重的不同，尽管前者的音节长，后者的音节短。

如果汉语的音步由音节组成，那么根据"相对轻重"和"音步二分"等韵律原则，汉语的音步就至少应该是双音节的。再进一步说，如果汉语音步必须是双音节的，那么在汉语中的双音节形式，不管其构成的是词还是词组，必然成为最基本的韵律单位，这就是"韵律词"。"双音节"对汉语韵律的影响非同小可。比如"﹡大养猪"不能说，非得说成"大养其猪"，这个"其"在语法和语义上多余，主要作用就在于让"大养"和"其猪"各构成一个双音节的音步。当然音步也可以包含不止两个音节，既然音步是"轻重组合"，那么如果音步内部是两个音节，则左重（前重）或右重（后重）理论上均无不可，但如一个音步由三个音节组合而成，这就可能出现左右（前后）不均等的情况，这时音步中重音的归属便不能随意颠倒，而要受到"单双分支"的限制，这就是"单双分支重音规则"。这个规则的意思是，在一个音步结构中如果音步二分后的一边继续可分，即这一侧是"双分支"，而这个音步就一定"单轻双重"，双分支那边比较重。该规则可以定义为(6)：

(6)单双分支重音规则：一个音步如果包含三个音节 x、y、z，该音步的重音落在包含两个音节(xy 或 yz)的分支中。

```
        A              A
        ∧              ∧
       B C            B C
         ∧            ∧
       x y z         x y z
```

那么词语的虚实与音步有没有关系呢? 前面说汉语的一个音步中必须包括"轻"和"重"两个部分。但语言(不仅汉语)中有一些词语似乎"天生就弱",无论出现在什么位置上(有的位置是固定的)都永远不能带上重音。这种"弱"并不是由韵律规则决定的,而是由它们自身的语法及语义性质决定的。这些"弱者"就是与"实词"相对的"虚词"。正因为虚词在韵律上一般不携带重音,有的甚至还表现为"轻声词",因此在韵律上就可叫作"隐形成分",意思就是说它们虽有语音形式,却并不能负载重音。比如"我刚看完了这本书"中的"了",就永远也不能带上重音。大致说来,汉语在韵律上的隐形成分主要包括以下几大类:

一是助词。包括动态助词"了、着、过",结构助词"的、地、得",以及语气词"吗、呢、吧"等。这些词在现代汉语中都是"轻声词",绝对不能带上重音。例如:

(7) a. 他的孩子正吃着饭呢。　　　b. 今天他吃了两碗面条。

　　 c. 我们今天吃得太饱了。

二是助动词。汉语中这一类的助动词有"能、肯、要、会、得(děi)、可以、应该"等。这些词一般也不接受重音。虽然这些词有时也可以重读,比如在对比句中:"谁说他不可以去,他′可以!"。但这是一种特殊的强调重音。例如:

(8) a. 他一顿饭就能吃三斤涮羊肉。b. 他病了,我明天得去看看他。

　　 c. 骆驼可以好几星期不吃东西。d. 只要肯下功夫就一定能学会。

三是否定词。现代汉语中的否定词主要就是"不"和"没(有)"。这些词一般也不重读。上面说助动词一般不重读,如果否定词和助动词都不重读,那么当它们相连时发生合音现象,像"不要"合音成"别","不用"合音成"甭",就是"不出所料"的事情。

四是指代词。主要包括"他、你、这个、那些"等。代词一般说也不接受重音,除非在对比性的语句中可以有强调重音。例如下面(9b)中的"她"就一定重读,但这时句子的意思就是对比强调"不是你(或其他人)"。比较:

(9) a. 我很喜欢她。　　　　　b. 我很喜欢她(不是你)。

五是介词。汉语中的介词主要就是"在、从、对、把"这一类的词。介词的作用主要是引出时间、地点、对象、方式、工具等名词,构成介词词组充当状语,个别的也可以构成介词词组出现在动词后面作补语。不管哪种情况,介词一般都不重读。例如:

(10) a. 我在家休息。　　　b. 我从中国来。　　　c. 我跟他借钱。

　　d₁. 他把书放在了桌子上。　　d₂. *他把书放了在桌子上。

介词不重读的性质,在(10d)中介词的黏附性上看得更清楚。比如"放在"不能被"了"拆开,这说明"在"已经黏附在"放"上,而黏附成分一般都轻读。有些介词好像可以重读,如(10a)中"我在家休息"中的"在"不能重读,而如果说成"我在家",其中的"在"就可以重读,但这种情况下这个"在"就不再是介词,而是动词。

六是定指成分。定指成分跟指称代词的共同点是都表示语句子中的已知信息,而已知的旧信息都不是重读的目标。比如下面(11)中不定指成分"一场电影"要重读,因为是新信息;而"那个老师",因为是旧信息,所以就不重读。比较:

(11) a. 我昨天看了**一场电影**。　　　b. 我并不认识那个老师。

七是语法空位。比如下面(12)中乙喜欢的东西(宾语)在句子中没有出现,是一个空的代词。语法空位倒是"货真价实"的隐形成分。比较:

(12) 甲:我特别喜欢这本书。

　　乙:我也喜欢_____。

由于语言中存在上面这样一些必须轻读的词语成分,所以在韵律系统规则的操作中就必须区分"隐形成分"和由大部分实词充当的"可见成分"。可见成分必须按照韵律的"相对轻重原则""音步二分原则"和"音步单核定律"构成音步。但隐形成分永远"轻",所以其本身就不可能构成独立的音步;也由于隐形成分永远不负载重音,所以也不能充当一个音步的核心。这样来看,隐形成分必须依赖另一个"重"的可见成分构成音步。不管这些隐形成分"寄生"后构成的是词组还是句子,比如"吃的、去吗、要去、不看、把他"等,对于隐形成分来说,必须这样构成音步才能存活。在这个意义上就可以说,前面关于韵律轻重和构成音步的原则,也同样适用于虚词这一类隐形成分。

14.3 句子的韵律现象和韵律句法的相关研究

前面说语言中有一些在韵律上始终"轻"的隐形成分只有依附于韵律上"重"的可见成分才能构成音步。隐形成分"寄生"的成分必然是词组和句子中的成分,因此这么说的时候,实际上就已经离开了词语韵律的层面,进入词组和句子韵律的层面了。这一小节就讨论跟句法有关的韵律学原理,以及对影响和制约词组和句子结构的韵律现象的研究。

首先要了解的是词组和句子的"核心重音"现象。前面说词组有一种"结构重音",这种重音是自然而然带上的,出现位置也有规律,可以预测。如主谓中的谓语通常要读重音,偏正中的状语和定语通常要读重音,动宾中的宾语通常要读重音等,所以结构重音在韵律学上又叫作"节律重音"或"常规重音"。结构重音主要从词组成分角度定义重音,而不是就一个句子整体上看重音。后者要用到另一个概念:"核心重音(Nuclear Stress)"。

什么是"核心重音"呢?一个句子在不同的语言环境下和为了表达特殊的意义可以有不同的重音位置。看下面同样是"我喜欢语言学"这句话,其中重音的位置就不同。比较:

(13)a_1. 甲:谁喜欢语言学?　　　　a_2. 乙:**我**喜欢语言学。

　　　b_1. 甲:你喜欢什么(专业)?　　b_2. 乙:我喜欢**语言学**。

　　　c_1. 甲:你喜欢不喜欢语言学?　c_2. 乙:我**喜欢**语言学。

　　　d_1. 甲:你怎么来考研究生了?　d_2. 乙:我喜欢**语言学**。

(13)中前三句乙的回答,都是针对不同的"局部成分"(如特指问句中的"谁、什么(专业)",反复问句中的"V 不 V"),因而重读句子中的某个成分,这是"强调重音"。(13d)才是"核心重音"。也就是说,一方面把"强调句子中个别成分"这种情况排除以后,这时句子本身的重音形式就是核心重音;另一方面当不针对特定疑问词或疑问形式的问句而做出回答,这时句子本身的重音形式就是核心重音。很显然,这样的重音都在句子的最后,所以也有人把"核心重音"称为"自然(默认)重音(Default Stress)",意思就是,这种重音是句子在最一般情况下表现出来的、出现在句子末尾位置的重音形式。

核心重音的突出特点就是"后重"。当然"后重"有一种意思是指处于句子最后的成分较长或较复杂。Behaghel（1909）称为"强信息居后法则（Das Gesetz der wachsenden Glieder）"；夸克（Quirk, 1972）归纳为"尾重原则（Principle of end-weight）"。意思都是说，在词组和句子里较长或较复杂的成分一般都会"靠后"。这里说的"重"，还没有明确是指韵律上的"重音"或"重读"，Liberman（1975/1977）进一步将"后重"在韵律语法上的表现概括为"核心重音规则（Principle of Nuclear Stress）"。这个规则可表示为（14）：

> （14）核心重音规则：在语串……[X Y]$_P$中，如果 P 是一个词组或句子，则 Y 重于 X。

（14）是对"后重原则"在韵律上表现的一种形式化表述："[X Y]"是任何一个语段中的最后一个词组，而这个词组中后一个成分 Y 要"重"于前一个成分 X。这条规则不但概括了以往各种"后重原则"（成分重或语音重），而且明确说明句子中核心重音实现的具体范围，即最后一个词组结构。可以说韵律学的其他原理都是建立在这条基本规则基础上的。

核心重音是人类语言的语句的普遍规律。如下面（15）英语的几组例子都说明，如果句子后部有两个成分，那么有时即使"不惜破坏"一般的句法规则，也都要让其中比较"重（比较长或比较复杂）"的成分后置，否则句子就不能说或不太好。比较：

> （15）a$_1$. I love her **deeply**.
>
>   a$_2$. * I love deeply her.
>
>   b$_1$. Please pick up **the book I bought yesterday**.
>
>   b$_2$. * Please pick the book I bought yesterday up.
>
>   c$_1$. They give a natural chemical **to patients who have suffered heart attacks**.
>
>   c$_2$. ? They give patients who have suffered heart attacks a natural chemical.

上面是英语例子，其实汉语也不例外。先秦汉语中介词词组"以 NP"既可以出现在动词之前也可以出现在动词之后，马建忠在《马氏文通》中就以"附之以韩魏之家"等句为例,说明了介词词组"［以 NP］"（转词）出现在宾语（止词）之后的条件:一是宾语是代词,二是介词词组比较长。换言之,在"［VP PP］"和"［PP VP］"这两种选择中,起决定作用的是其中两个 NP 的长度:如果介词词组中 NP 短,动宾结构中的 NP 长（名词或名词词组）,介词词组就放在动词之前;如果介词词组中 NP 长,动宾结构中的 NP 短（代词）,介词词组就放在动词之后。这种分析恰恰符合"核心重音规则",即较长较重的成分要放到最后。

句子中核心重音的突出特点是"后重",即出现在句子末尾。这一点从语言类型上看也不奇怪,因为汉语是 SVO 型语言,而"O（宾）"意义上是全句的新信息（即全句的焦点）,位置在全句的末尾,所以理所当然是核心重音的位置。那么汉语句子的"末尾",是指句子中最后一个词,还是指句子中最后一个语法成分? 这看起来简单,实则也需要再讨论。

英语也是 SVO 型语言,所以英语也跟汉语一样,核心重音的位置在句子的末尾。前面提到的核心重音规则基本上是适用于英语的,因为英语的"重音指派"操作可以是在任何一个结构中从右往左依次建立起一对儿一对儿的"句法—韵律成分组",其中每一组中两个成分都是左轻右重,整体上又是最后的一对儿最重。例如:

(16) He sold the book to Mary.（他把那本书卖给玛丽了。）

第一步:He sold the book ［to Mary］.

第二步:He sold ［the book ［to Mary］］.

第三步:He ［sold［ the book ［to Mary］］］.

第四步:［He ［sold ［the book ［to Mary］］］］.

汉语在结构类型上也是 SVO 语言,核心重音位置也在句子末尾,但是这个"末尾"的概念似乎与英语有很大差异。因为汉语中缺少明确的形式规则来确定哪些成分可以充当"末尾"。首先是汉语的句子末尾有一套"语气词",这种东西英语就没有。(17)中不但"书了、雨呢、北京吗"根本不算一个单位,真正句末的"了、呢、吗"更没资格接受重音。比较:

(17) a. 我看完这本书了。　　　　b. 外面正下着雨呢。

　　　 c. 你打算去北京吗?

那么能不能把汉语句末的语气词排除出去不算,那剩下来的成分不就是"末尾"了吗? 其实问题并不是这么简单。因为除了语气词,汉语句子末尾还可能有其他同样不能接受重音的成分;反过来说,有的句尾成分能接受重音,可是这样的句子又不能说了。比较:

(18)a. 你吃呀你。　　　　　　　b. 我想写封信给他。

　　c. *他看了两部电影三天。

而且更大的问题还在于,如果把句尾的轻读成分都排除,实际上就已离开了"句尾重音"的严格定义了。由此可见,汉语句子的"末尾"跟英语并不一样,至少不能像英语这种典型的句尾重音型语言那样,用以最后一个成分为起点建立起来的词组为基础来进行"重音指派"。换句话说,英语是以句尾任何一个成分为中心建立起来的词组(phrase)为其重音范域(domain)的,而汉语并非如此。那么,英语和汉语的核心重音既然都是在"句子末尾",两种语言的这种"重音居末"到底又有什么不同之处呢? 从下面的例子或许可以看得很清楚。比较:

(19)a_1. 他放(在)桌子上一本书。

　　a_2. He put a book on the table.

　　b_1. ?他放(在)一张新桌子上三本语言学的书。

　　b_2. He put three linguistic books on a new table.

　　c_1. ??他放(在)三张桌子上三本语言学的书。

　　c_2. He put three linguistic books on three tables.

(19)中汉语的句子,第一句当然没问题,第二句就要打问号,第三句读起来就非常拗口以至于不能接受了。可是与之对应的英语句子却都很自然。究其原因,(19a)的"桌子上"可以是定指,如果是定指成分,就需要轻读,"一本书"则需要重读,一轻一重,所以句子没有问题;(19b)中"三本语言学的书"要重读,而"一张新桌子"也很难轻读,如两个都重,句子就不容易接受;(19c)两个成分也都需要重读,所以就不像中国话了。经过这样的英汉比较就可以发现:汉语的动词后面不允许有两个重读成分,而英语没有这样的限制。这就说明人们通常感觉到的汉语"重音居后"或者"最后的最强",实际上是以动词为中心建立起来的,甚至就是由动词决定的。这样一来,如果说汉语不能以句尾的任何一个成分为中心来建立其重音范域的话,那么就只能以动词为中心来建立核心重音的范域。汉语"重音居后"的说法并不错,不过这种"居后"实质上是由主要动词建立的重音范域的居后。以动词为中心建立重音范域,不仅有汉族人"动词中心"的语言心理依据,而且有大量"动词中心"的句法特征依据。更重要的是,古代汉语发展到今天的样子,也正是"动词中心"的结果。

那么汉语是怎样通过动词来实现核心重音的指派的呢? 当然也要遵守"核心重音规则"的公式:"在语串……[X Y]$_P$中,如果 P 是一个词组或句子,则 Y 重于 X"。设 X 和 Y 为任意两个韵律成分,如果 X 和 Y 构成句子的最后一个韵律单位/范域,那么全句的主要重音必须指派到 Y 这个成分上。也就是说,凡 SVO 型语言中句子的核心重音,都要落在句子最末尾的韵律范域内,这一点英语和汉语都一样。但是这条规则并没有说明如何确定 X 和 Y。根据研究,尽管韵律结构不必等同于句法结构,却又必须借助句法结构来实现。这样来看,英语的核心重音指派和汉语的核心重音指派的最大差别就在于上述一般公式中"P(XP)"这个词组或句子结构的"X"不同,所以"Y"也就不同。下面分别是英语和汉语的"核心重音指派规则"图示:

(20)英语核心重音的指派规则:

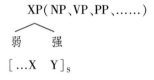

$$XP(NP、VP、PP、……)$$

(21)汉语核心重音的指派规则:

$$XP(VP)$$

(20—21)表示的英语和汉语的核心重音指派规则有两个区别:一个区别就是 XP 的性质。英语的 XP 是任何一个处于句子末尾的词组结构(名词词组 NP,动词词组 VP,介词词组 PP)。还有一个区别是 X 和 Y 的性质。英语的 X 和 Y 表示词组中任何两个成分,根据"Y 重于 X",所以 Y 是英语句子中核心重音所在。而汉语的"XP"则只能是动词词组 VP,不可以是其他词组;而且 X 必须是动词(V),同时 Y 必须是动词所支配的论元性名词(NP)。这个 X(V)和 Y(NP)就组成了句子中最后一个韵律范域,由 X(V)从左到右把核心重音指派给该范域最后一个成分 Y(NP)。这样才能同样得出结论:Y 是汉语句子中核心重音所在。

根据上面说的这种区别,汉语确定句子核心重音的成分,也就是"末尾"成分,要做三件事:一是找到句子中最后一个动词结构 VP(XP),二是找到最后一个动词结构中的主要动词 V(X),三是找到这个动词结构中受动词支配的名词成分 NP(Y)。例如:

(22)a. 阿 Q 想买毛衣。　　　b. 阿 Q 买毛衣了。　　　c. 阿 Q 走了。

(22a)最后的动词结构中的主要动词是"买",所以"买"是 X;动词"买"支配的论元名词"毛衣"就是 Y;而整个动词词组"买毛衣"是句子的最后一个韵律单位 XP([X Y])。根据规则,句子的核心重音就落在最后一个韵律单位的最后一个成分"毛衣"上。这当然是指最一般的情况。如果句子末尾有语气词,如(22b),尽管"了"出现在句子最末尾,但因为不符合 Y 的定义(不是动词支配的论元名词),所以 Y 还是"毛衣"。如果动词是不及物动词,如(22c),那么公式中"[X Y]"的 Y 便成了一个空位,而"了"也同样不能充当 Y,因此核心重音就只能落在 X"走"的上面了。

那么用上述"汉语核心重音指派规则"怎么解释前面(18)各个句子的差异呢?道理很简单。因为在句子最后一个动词结构中,如果有受动词(V)支配的论元名词(NP),那么这个 NP 当然就不仅可以、而且必须接受重音。但汉语执行"核心重音指派规则",还要有一个"默认(default)"要求,即句子最后一个动词结构中受动词支配的论元名词如果超过一个,那么必须有一个、也只能有一个接受重音,即成为 Y。我们知道,汉语动词后面能出现两个受动词支配的论元名词的唯一一种结构就是双宾结构,(19)就是双宾结构。在这种情况下,当然就必须、也只能有一个宾语,而且通常情况下也应是最后的一个宾语,成为接受核心重音的成分 Y。重读成分少了不行,重读成分多了也不行,而且重读成分是前一个宾语也不行。这也就是为什么(19)几个句子可接受程度有差别,特别是(19a)要好于(19b/c)在韵律上的原因,或者说这也正是韵律规则影响和制约句法结构的一种结果。

14.4 汉语韵律规则的变通和韵律冲突的调整

前面讨论了韵律系统的各种规则,包括"相对轻重原则""音步二分原则""音步单核定律",也包括"核心重音指派规则"。这些韵律规则和韵律要求,最后都要在词组和句子中得到实现。我们知道,词组和句子主要是靠句法规则生成的,这样对于词组和句子的韵律结构来说,就不止有韵律层面诸多规则的参与,而且还有韵律规则与句法规则之间的相互作用。这么多规则在一起运作,肯定会带来矛盾和冲突。这就需要进一步研究两个问题:一是韵律规则怎么适当变通,二是韵律冲突怎么加以调整。

首先说说韵律规则的变通参数。

如果一个词组或句子可以满足韵律上和语法上的所有要求,那么当然就"皆大欢喜",这个词组或句子无疑是"名正言顺"的合格产品。然而诸多方面的规则和要求在一个词组或句子中实现的时候,有接触就会有摩擦,甚至会出现这个规则与那个规则"水火不相容"的情况。这种矛盾对立现象可叫作"韵律冲突(Prosodic Conflict)"。在韵律冲突的情况下,比如甲规则和乙规则冲突,那么就可能有两种结果:一种结果是"同归于尽",即不管违反哪一条规则,这样的结构形式最终都要被淘汰出局;另一种结果是"相安无事",即通过对甲规则和乙规则适当加以修改变通或严格定义,从而划定作用范围,这样看上去违反某个规则的结构形式也就可以存活下来。

比如对动词结构(VP)的重音指派就是个典型的例子。根据前面的"核心重音规则"(14),汉语中必然得到如下的 VP 重音结构,见图(23):

(23)　　　　　VP
　　　　　　　／＼
　　　　V[轻]　　NP[重]

(23)表示,当 VP 中的 V 把核心重音指派给 NP 的时候,这个 NP 必然重于 V。但是韵律结构不仅由"核心重音规则"决定,其他韵律规则也要参与。比如前面"单轻双重规则"就规定:一个韵律单位二分后的两个部分,如果其中一个部分又有分支,那么有分支的部分就必然重于没有分支的部分。这样如果在 VP 的两个成分中有双支项,就会出现两种情况:比如 V 是单支项(X),NP 是一个双支项(YZ),这样"核心重音规则"和"单轻双重规则"正相吻合,结果必然是"风调雨顺",说出来的句子也不会有问题。但假如 V 是一个双支项(XY),而 NP 却是一个单支项(Z),这样"核心重音规则"和"单轻双重规则"就彼此抵牾,相互矛盾了:"核心重音规则"要求 NP 必须重,而"单轻双重规则"则要求 NP 必须轻;反过来"核心重音规则"要求 V 必须轻,而"单轻双重规则"则要求 V 必须重。一般说在两个或以上的韵律规则发生矛盾时,通常情况下都不可能形成合格的结构,而要被淘汰,这就是"韵律冲突"的结果。比如汉语中有不少"[[X Y]Z]"的结构形式就遭遇这样的"下场"。其中最典型的是" * 把他打"这一类"把字句"格式和" * 被他杀"这一类"被字句"格式。这种词组或句子其实在句法上和语义上都没有什么毛病,之所以在口语中不能说,或者说出来别扭,就是由于动词在最后挂单而造成韵律冲突的结果。前面说过" * 种植树"这种在句法和语义上都合格的句子却不能说,其实也就是这个原因。古代汉语中" * 何罪有"不能说,而必须加上一个没有任何作用的"之",说成"何罪之有"才合格,是同样的情况。

但是前面也说过,在两个或两个以上的韵律规则发生矛盾时,也可以对相关的规则加以适当的修改变通。比如汉语中有不少同样也是"[[X Y]Z]"的结构形式,按照"韵律冲突原则"本应被淘汰,可是这样的词组或句子说出来却非常顺口,一点也不感到别扭。例如:

(24)

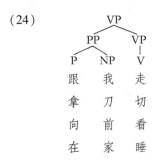

PP		VP
P	NP	V
跟	我	走
拿	刀	切
向	前	看
在	家	睡

如果既要淘汰"把他打、被他杀"这一类有韵律冲突的"[[X Y] Z]"结构形式,又要救活"跟我走、拿刀切"这一类同样是"[[X Y] Z]"的结构形式,唯一的办法就是修改变通原有规则。因为无论是"核心重音规则"还是"单轻双重规则",都没有明确规定"[[X Y]Z]"中的 X、Y、Z 相互是什么样的句法关系。不难发现,虽然"把他打、被他杀"和"跟我走、拿刀切"都是介

词词组作状语的状中结构,但口语中不能说的"把他打、被他杀"中的"他"是动词"打、杀"的论元名词,但是口语中能说的"跟我走、拿刀切"中的"我、刀"却不是动词"走、切"的论元名词,"向前看、在家睡"也是同样的情况。可见两种结构在句法上不一样。简单地说,前一种结构是由句法结构的基本成分(即动词和论元成分)自身构成的"基础结构"的变化形式;而后一种结构则是由句法结构的附加成分(修饰成分)嫁接构成的"附加结构"的变化形式。这两种结构的区分十分重要,因为在韵律与句法的相互作用中,"基础结构"和"附加结构"有截然不同的表现。从德语中就可以看出这一点,例如:

(25) a. Peter hat ein Buch gelesen. (彼得读了一本书。)

b. Peter hat an einem kleinen Tisch gearbeitet. (彼得在一张小桌子上工作。)

德语是 SOV 型语言,因此对德语的动宾结构来说,核心重音必然落在动词前的宾语上。比如(25a)"读了一本书",重音就在宾语名词"ein Buch"(一本书)上。然而如果不是动词所支配的宾语成分,即使也出现在动词前,如(25b)"在一张小桌子上"就是修饰语,那么核心重音就对它置之不理,重音仍然在动词"gearbeitet(工作)"上。这就说明,句子核心重音的指派,对论元成分和修饰成分采取截然不同的办法。如果把这种情况加进"汉语核心重音指派规则",那就可以说,核心重音只对基础结构中的基本成分有硬性规定,对附加结构中后来嫁接的修饰成分不予理睬。也正是由于这个原因,"汉语核心重音指派规则"只对下面(26)的各种"[[X Y] Z]"结构起淘汰作用,对(27)的各种"[[X Y]Z]"结构却不加干涉。比较:

(26)

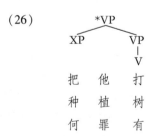

(27)

跟　我　来
电　影　院
慢　慢　走

　　既然核心重音只管束基础结构,那么嫁接到附加结构中的修饰成分有没有重音表现呢?这有两种情况。一种情况是如果仅仅是附加成分,那么当然就"遵从"基础结构的核心重音,比如"他不想跟我走"中的"走"还是最重的,修饰语"跟我"并不需要重读;另一种情况是如果是特殊焦点成分,也可以有焦点重音形式,比如"他在家里工作"中的修饰语"家里",在强调和对比的情况下也可以有重音。这说明基础结构的核心重音形式与附加成分的焦点重音形式是不同层面上的韵律现象。核心重音规则只对基本结构的句法成分起作用。

　　汉语中还有韵律规则发生冲突的其他情况。有时在看起来违反某些韵律规则但是口语中又能说的句子背后,一定有某些更具体的规则在起作用。比如下面的例子:

(28)a. 给他**书**。　　　　b. 给他**一本书**。

　　c. 给张三**一本书**。　　d. 给我女朋友**一本书**。

　　(28)是前面说过的双宾结构。那这几个句子为什么能说呢?需要注意:即使把"动词 + 宾₁"看作是一个复杂动词,其内部看起来也是双分支,但却并不违反"单轻双重规则"。因为无论是代词"他",还是定指成分"张三"或"我女朋友",都是韵律上不能接受重音的隐形成分。因此这种"动宾 + 宾"也就不再具有双分支结构的性质,并且可以给后面的宾语指派重音。不难推论,只有当"动宾 + 宾"这个复杂动词中的"宾"不是韵律上的隐形成分,即是一般名词时(特别是数量名结构),才会违反"单轻双重规则"而构成韵律冲突。这其实也才是前面(18b/c)的句子说出来不顺当的真正原因。事实上汉语双宾结构的近宾语一般要求必须是人称代词或定指名词,也就是这个道理。

　　最后说说韵律冲突的调整策略。

如果韵律规则之间发生冲突，前面说了两种结果：要么把违反韵律规则的词组或句子结构淘汰掉，要么对韵律规则补充变通来解释。不过这些都是在韵律规则的层面上来解决韵律规则的冲突。其实对付韵律冲突还有更简单的办法，那就是在结构上避开韵律规则的"制裁"，或者形象地说是让"第三者插足"，这同样也能把本来可能违反韵律规则的词组或句子结构"救活"。大致说汉语中的"韵律调整"主要有以下几种办法：

第一，成分复制。"成分复制"就是把词组或句子中的某个成分再说一次，这就可以改变韵律格式。例如：

(29) a₁. *打电话三次　　→　　a₂. 打电话打(了)三次

　　　b₁. *把地擦　　　　→　　b₂. 把地擦擦

(29a₁)"*打电话三次"不能说，是因为动词后不允许有两个可以接受重音的名词性成分。改成(29a₂)"打电话打(了)三次"就没有问题了。这种在句法上复制动词"一句话分成两句说"的做法，其实就是为了解决前面说过的"一动两名"的韵律冲突问题，所以才不得不改为"两动两名"。甚至可以说，现代汉语中这种"拷贝动词"结构，就是为满足韵律调整的需要才发展起来的。(29b₁)"*把地擦"也有韵律冲突，改成(29b₂)"把地擦擦"就可以说了。动词重叠也是成分复制，这可以消除动词结构"前双后单"的韵律冲突。语法研究中一直无法解释现代汉语中这种重叠动词的"把字句"是怎么产生的，现在似乎可以说，其实这也是韵律调整的结果，至少是一个主要的原因。

第二，成分删除。"成分删除"就是把词组或句子中造成韵律冲突的成分删除，形成新的韵律格式。例如：

(30) a₁. *种植树　　　→　　a₂. 种树／植树

　　　b₁. *阅读书／报　→　　b₂. 读书／阅报

　　　c₁. *选择课／校　→　　c₂. 选课／择校

(30)左侧例句都是有韵律冲突的格式。采用删除的方法就可以使这些结构成为合规则的韵律格式。比如右侧的例子，"轻重二分"后的两个部分都是单音节词，那么自然就不会违反"单轻双重规则"，而且也遵守"核心重音指派规则"了。

第三,成分附加。"成分附加"与"成分复制"有相同的作用,只不过"复制"是增加与原结构相同的一个成分,"附加"是增加另一个成分。例如:

(31) a₁. *把眼瞪   →   a₂. 把眼一瞪

b₁. *被领导批   →   b₂. 被领导批评(了)

c₁. *选择课/校   →   c₂. 选择课程/选择学校

d₁. *种植树/花   →   d₂. 种植树木/种植花草

很显然,(31)右侧的例子由于增加了词语成分,就改变了原来不合格的韵律形式,抵消了韵律冲突。以上"删除"和"附加"的现象,或许都可以说明为什么现代汉语中的双音节词越来越多,而且词组中的成分也必须两两组合。除了一般说的双音节词可以分化单音的同音词和单音的多义词之外,韵律调整也肯定是一个重要的原因。

第四,成分移位。"成分移位"不但是句法上最常用的形式,也是韵律调整最有效的手段。例如:

(32) a₁. *他打了电话三次。   →   a₂. 电话他打了三次。

b₁. *他学了中文三年。   →   b₂. 中文他学了三年。

成分移位其实就是"整体复制"加"整体删除"。(32)右侧的例子可以看作是"电话(复制)他打了＿＿＿(删除)三次"。当然也可以简单地说是动词后有韵律冲突的两个名词中的一个"电话"前移到句子前面:"[电话[他打了＿＿＿(语迹)三次]]"。在句法学上,这种移位叫作宾语"主题化"。主题化除了有突出主题的作用,也有舒缓韵律冲突的作用。

第五,成分并入。"成分并入"是指把两个本来分开的成分合并为一个成分,这样也可以改变韵律的形式或核心重音的指派。例如:

(33) a₁. *我把书放了在桌子上。 → a₂. 我把书放在了桌子上。

b₁. *我把衣服挂了到墙上。 → b₂. 我把衣服挂到了墙上。

c₁. *汽车开了到北京。 → c₂. 汽车开到了北京。

按照通常的句法结构分析,(33)中的"在桌子上、到墙上、到北京"都应该是一个介词词组[P NP],整体上在动词后作补语,因此在介词 P 和宾语 NP 之间应该不能插入其他的成分。可是(33)却表明现代汉语的情况恰恰相反：如果要在动词后面加上时态助词"了"，不能加在动词后，所以（33）左侧例句都不成立；但却可以加在介词后，即介词和宾语之间，所以右侧例句都成立。这样的结果实际就是把"V＋P"看作一个动词（即"在、到"是动词的后缀）。然而句法上并没有理由一定要把"放在、挂到、开到"看作是一个词语形式，实际上这些也并不是典型的词。那么之所以会出现这种"怪"现象，唯一合理的解释就是它是韵律调整的结果：介词P如果不向前贴附，跟动词V合成一个词，那么介词词组[P NP]中的NP将得不到重音，就会造成韵律冲突；而介词并入动词后，自然就可以改变结构的韵律形式，宾语NP自然也就可以被动词指派重音。

　　上面的情况说明，对词组和句子结构进行某种调整，就有可能使得违反韵律规则的词组和句子变成合乎韵律规则的结构，这显然应看作是语言系统内部自我调整的一种方式。当然经过调整的词组和句子，不但在形式上有所变化，意义上肯定也不会完全等同于原来的结构。这就如同有时在语法上是用"主动宾句"还是用"把字句"或"被字句"，意义虽然也不完全一样，但毕竟还是有密切关系的。韵律形式的调整也是这样：语言中的某个词组或句子，与其因韵律冲突而被"判死刑"，不如换个能说的形式"活下去"。这时牺牲一些意义，不但在所难免，而且也在所不惜了。

主要参考文献：

董秀芳（1998）述补带宾句式中的韵律制约，《语言研究》第1期。

董秀芳（2004）《汉语的词库与词法》，北京大学出版社。

冯胜利（1997）《汉语的韵律、词法和句法》，北京大学出版社。

冯胜利（1998）论汉语的自然音步，《中国语文》第1期。

冯胜利（2000）《汉语韵律句法学》，上海教育出版社。

冯胜利（2001a）论汉语"词"的多维性，《当代语言学》第3期。

冯胜利（2001b）从韵律看汉语"词、语"分流之大界，《中国语文》第1期。

冯胜利（2002）韵律构词与韵律句法之间的交互作用，《中国语文》第6期。

顾阳、沈阳（2001）汉语合成复合词的构造过程，《中国语文》第2期。

黄正德、李艳惠、李亚非（2012）《汉语句法学》（张和友译），国际图书出版公司。

林　焘（1962）现代汉语轻音和句法结构的关系，《中国语文》第7期。

刘丹青（1993）汉语形态的节律制约，《南京师大学报》第1期。

陆丙甫(1989)结构、节奏、松紧、轻重在汉语中的相互作用,《汉语学习》第 3 期。

吕叔湘(1963)现代汉语单双音节初探,《中国语文》第 1 期。

潘文国(2004)《汉语的构词法研究》,华东师范大学出版社。

石毓智(1995)论汉语的大音节结构,《中国语文》第 3 期。

王洪君(1994)从字和字组看词和短语,《中国语文》第 2 期。

王洪君(2001)音节单双、音域展敛与语法结构类型和成分次序,《当代语言学》第 4 期。

吴敏洁、朱宏达(2001)《汉语节律学》,语文出版社。

叶　军(2001)《汉语语句韵律的语法功能》,华东师范大学出版社。

Huang, C.-T. James (1984) Phrase Structure, Lexical Integrity, and Chinese Compounds. *Journal of Chinese linguistics Teacher's Association* 19.

Zhang, Hongming (1992) Topics in Chinese Phrasal Phonology. Ph. D Dissertation.

第十五讲

最新理论与相关结构分析

15.1 "制图理论"和汉语句法结构的层级

本书前面介绍的"空语类""成分移位"和"约束原则"等都是形式语言学理论(即生成语法理论)的重要内容。生成语法理论在近些年也有许多新的发展,目前最引人注目的是"制图理论(Cartographic Approach)",而且在汉语研究中已经取得不少重要成果。

这一理论是形式语言学理论近期提出的详尽描述自然语言句子和短语的功能结构图的系列理论的统称。早期生成语法理论下的句子结构,一直被分解为"标句词短语(Complementizer Phrase, CP)"、"屈折短语(Inflectional Phrase, IP)"和"动词短语(Verb Phrase, VP)"三个层级,公式是:$_{CP}$[……$_{IP}$[……$_{VP}$[……]]]。其中与论元结构有关的成分(大致就是句子的主语、宾语等句法成分)投射在 VP 层,与时体形态等关联的成分(大致就是英语"-s/-ed/be-ing/will"等屈折形式和汉语"了、着、过、正在"等时态助词成分)投射在略高的 IP 层,而标识话语和句子有定/无定的相关成分(如英语"that"一类标记句子的成分,以及汉语"的、了、吗、呢"这样的语气成分)则实现在更高的 CP 层。这样,不同的句法成分在不同的层级进入推导,进行合并和核查,最终生成句子的理想结构。

但后来发现,这一句法结构层级中的 CP 层显得过于"单薄"。比如这一结构投射就无法生成下面(1),也就是说,CP 层无法覆盖大量有特定语法意义成分的句法地位,至少没有留出这些成分的位置。例如下面句子的画线部分:

(1) He had seen something truly evil prisoners being ritually raped, tortured and mutilated. <u>He prayed *that atrocities like those, never again*</u> <u>*would he witness.*</u>

　　为此句法学家 Rizzi(1997)等开始考虑对句子的"左缘(left periphery)"，也就是包含大量句法信息的 VP 左侧结构层进行离析，并提出了"CP 分解(CP spit)假设"，即 CP 到 IP 层分布着"句类(Force)、话题(Topic)、焦点(Focous)、限定性(Finiteness)"等不同的功能核心，它们都占据句子的左缘位置，而且还可以递归实现，即可以多次出现(标记为"＊")。比如 CP 层公式为:CP: ForceP > TopP ＊ > FocP > (TopP ＊) > FinP。据此再来分析(1)中的画线部分:"that"标记小句的陈述句类，实现为 Force 核心;"atrocities like those"是动词"witness"的宾语并被话题化，故而提升到 Top 的指示语位置;否定性副词短语"never again"因为焦点化前置，并触发"would"助词倒置(auxiliary inversion)到焦点核心 Foc 的位置上。这样对(1)中斜体部分就可分析为(2)的形式，不但可以生成符合语感的语序和结构，而且相应的各个部分也都得到应有的"话题、焦点"的语义:

(2)

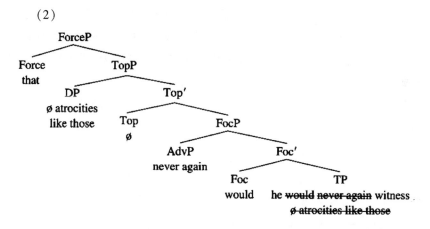

　　"CP 分解"解决了多种成分移入左缘后的"位置分配"问题，从而给予诸如"语气、话题、焦点"等语义和语用成分在句法上的地位。这一方面使得生成语法学理论坚持的"句法自治"精神得以维护，另一方面也使得形式句法理论不至于对语义和语用等现象显得无能为力。由于"CP 分解假设"具有强大的解释力，因此后来句法学家干脆对 IP(屈折层)、VP(动词层)、

DP(Determiner Phrase,限定短语层)也都进行了分解,其中就包括著名的"动词壳(VP Shell)理论"和"轻动词(light verb)理论"。这一系列的工作都体现出对精确描绘语言结构图的共同关注,因此被统称为"制图理论"。下面(3)就是一个相对完整的句法结构"分解"图(受篇幅限制,未按"树形图"表示):

(3) a. Split IP:AgrSP > TP > NegP > AgrIOP > AgrDOP > AspP

屈折短语分解:主语一致短语 > 时制短语 > 否定短语 > 间接宾语一致短语 > 直接宾语一致短语 > 体短语

b. Split VP:vP > VP

动词短语分解:(功能)轻动词短语 > (词汇)动词短语

c. Split DP:DP > (NumP) > (ClP) > NP

限定短语分解:限定短语 > 数词短语 > 量词短语 > 名词短语

汉语中的"话题"和"焦点",乃至"次话题",分布都较为普遍,而制图理论对此就有较好的解释力。先看一个简单的例子(4):对比基础结构(4b),那么(4a)中的"鸡"和"白菜"都不在其基础论元位置上。这在以往只有单层 CP 的结构中是不太好分析的,因为单核心的 CP 只有一个指示语位置,无法同时容纳下"鸡"和"白菜"两个成分。根据制图理论就可以认为"鸡"和"白菜"分别经历了话题化和焦点化,各自提升到如(4c)所示的"话题核心 Top"和"焦点核心 Foc"的位置上,这就得到了合乎语感和语序的结构。同理,如果"白菜"是话题,"鸡"为焦点,即(5a),依照类似机制也很容易生成(5c)。比较:

(4) a. 鸡(啊),白菜不吃了(谷子还吃)(←b. 鸡不吃白菜了)

c. $_{TopP}$[鸡 Top $_{FocP}$[白菜 Foc……$_{vP}$[t 不吃 t]]]

(5) a. 白菜(啊),鸡不吃了(鸭还吃)(←b. 鸡不吃白菜了)

c. $_{TopP}$[白菜 Top $_{FocP}$[鸡 Foc……$_{vP}$[t 不吃 t]]]

以上是从 CP 分解的角度考察话题和焦点,Belletti(2004)发现话题和焦点不仅可以出现在 CP 层,也可以出现在 IP 以下和 VP 以上的区域,即表现为:IP > TopP * > FocP > (TopP *) > VP。受此启发,Paul(2005)、Del

Gobbo & Badan(2007)等对汉语 CP 和 IP 层的分解做了详尽的探讨,还有学者在前人研究的基础上,排出了更精细的序列,如(6):

(6)a. CP > 相关性话题 > 常规话题 > 介词短语话题 > 认定焦点 > "连"字焦点 > IP

b. IP > 内常规话题/相关性话题 > 认定焦点 > "连"字焦点 > VP

以往对话题的研究不太好解释下面(7a)和(7b)之间以及(8a)和(8b)之间表现出的对立。而运用制图理论,则可以对汉语话题内的子类做出更细致的分解。比如除了一般的常规话题,还存在一种"相关性话题(dangling topic)",它并不跟句子中的空缺成分或者复制代词相关。通过(8)和(9)的共现测试发现,相关性话题("花")在语序上较高,要先于常规话题"玫瑰花"和介词短语话题"从这家花店",而常规性话题("张三")倾向先于介词短语话题("在这家花店")。这似乎符合(6a)的预测。比较:

(7)a. 花,玫瑰花$_i$,我最喜欢 t_i。

b. *玫瑰花$_i$,花,我最喜欢 t_i。

(8)a. 花,从这家花店$_i$,你一定能 t_i 买到最美的玫瑰花。

b. *从这家花店$_i$,花,你一定能 t_i 买到最美的玫瑰花。

(9)a. 张三$_i$啊,在这家花店$_j$,我 t_j 碰见过 t_i 很多次。

b. *在这家花店$_j$,张三$_i$啊,我 t_j 碰见过 t_i 很多次。

CP 层除了有话题层,还存在不同的焦点层。徐烈炯(2002)、蔡维天(2004)等都指出汉语出现在"是"之后的成分为"认定焦点"。下面(10)和(11)表明认定焦点比话题序列中较低的介词短语话题还要低,但要高于"连"字焦点,这也符合(6a)的预测。比较:

(10)a. 在桌子上,是什么东西$_i$,玛丽最想放 $t_i t$?

b. *是什么东西$_i$,在桌子上,玛丽最想放 $t_i t$?

(11)a. 是谁$_i$,连休息日,老师都能在学校看到 t_i?

b. *连休息日,是谁$_i$,老师都能在学校看到 t_i?

(10)和(11)中无论是话题还是焦点都居于句子的逻辑主语前,这显示出它们应该是高于 IP 的成分。但语句中也有低于逻辑主语的话题,如下面(12b)在句中留有复指成分时与高于 IP 的话题(12a)表现不一,这也就有理由相信它们确实居于不同的句法位置上。这一类低于 IP 的话题可以称为"内常规话题"。例如:

(12) a_1. 玫瑰花$_i$,她很喜欢它$_i$。

    a_2. *她玫瑰花$_i$很喜欢它$_i$。

    b_1. 张三$_i$,她很讨厌这个傻子$_i$。

    b_2. *她张三$_i$很讨厌这个傻子$_i$。

下面(13)表明内常规话题"这本书"要高于认定焦点"谁",(14)则显示相关话题"英语"也高于认定焦点"多少分",但(15)说明对于 IP 内的焦点而言,认定焦点要先于"连"字焦点。比较:

(13) a. 李四这本书$_i$是谁$_i$不会给 $t_i t_j$?

    b. *李四是谁$_i$这本书$_j$不会给 $t_i t_j$?

(14) a. 期末考试,李四英语是多少分都没拿到?

    b. *期末考试,李四是多少分英语都没拿到?

(15) a. 张三是哪本书$_j$连玛丽都不愿意给 t_j?

    b. *张三连玛丽是哪本书$_j$都不愿意给 t_j?

除了能细致地离析话题和焦点的层级,制图理论还可以解释汉语语气词的语序位置分布。朱德熙(1982)将语气词分成三组,第一组表示时态,包括"了$_1$、呢$_1$、来着";第二组表示疑问或祈使,包括"呢$_2$、吗、吧$_1$、吧$_2$";第三组表示说话人的态度或情感,包括"啊、呕、欸、嚜、呢$_3$、罢了"。朱德熙认为这三类词共现时遵守严格的次序:第一组在最前边,第二组次之,第三组在最后。例如:

(16) a. 下雨了吗? |你把它吃了吧$_2$! (1+2)

    b. 不早啦(= 了 + 啊)! |还小呢$_1$嚜! (1+3)

    c. 走啵(= 吧$_2$ + 呕)! |好好说呗(= 吧$_1$ + 欸)! (2+3)

d. 已经有了婆家了呗(= 吧$_1$ + 欤)！（1 + 2 + 3）

如果用制图理论来重新观照(16)，就可以认为朱德熙提出的三类语气词居于不同的制图层级上。这样就可以认为有从低到高三层"语气核心(Mood)"，其层级序列为：IP < Mood$_1$ < Mood$_2$ < Mood$_3$。层次最低的语气词Mood$_1$靠近IP，在语义上也表达与时态相近的逻辑义，层次最高的语气词Mood$_3$则表示主观性较强的态度和情感，在线性语序上往往居于全句的最末，以整个句子为其辖域。如(17)所示：

(17) a. Mood$_1$：了、呢$_1$、来着

b. Mood$_2$：吗、呢$_2$、吧$_1$、吧$_2$

c. Mood$_3$：啊、呕、欤、嘞、呢$_3$、罢了

这样，如果实际语句违反了(17)的语气词序列，句子的合法性将会很差，甚至完全不能说，如(18)所示。这说明汉语的语气词分布符合制图层级的预测。比较：

(18) a. *下雨吗了？∣*你把它吃吧$_2$了！（Mood$_1$ > Mood$_2$）

b. *不早啊了！∣*还小嘞呢$_1$！（Mood$_1$ > Mood$_3$）

c. *走呕吧$_2$！∣*好好说欤吧$_1$！（Mood$_2$ > Mood$_3$）

上面讨论的多是只出现在 CP、IP 等某一层级的序列现象，语言中也有一些成分可以分别居于不同的层级并得到不同的解读，这也是制图理论比较容易处理的。蔡维天(2007)发现疑问状语"怎么"在情态助词前后的语义有别：出现在"可以"之前只能问原因不能问方法，如(19)；出现在"可以"之后则只能问方法不能问原因，如(20)。比较(#表示与原句语义不合)：

(19) 阿 Q 怎么可以离开？

a. #阿 Q 可以凭借什么方式离开？

b. 是什么因素造成阿 Q 可以离开？

(20) 阿 Q 可以怎么离开？

a. 阿 Q 可以凭借什么方式离开？

b. #是什么因素造成阿 Q 可以离开？

"怎么"在量化副词前后的解读也呈现类似差异,如(21)和(22)所示。另外,如(23)所示,当其在否定词"没"之前时也是问原因而不是问方法,但如果出现在"没"之后则无论是原因还是方法都不能问了。这就有理由相信,至少存在着两个异质的"怎么":问原因的"怎么"句法位置很高,出现在情态助词、量化副词的辖域之外,是句子层次的状语(sentential adverbial);而问工具、方法、途径的"怎么"在这些测试词的辖域之内,属于动词短语层次的状语(VP-adverbial)。它们的序列可简单表示为:怎么$_{起因}$ > IP > 怎么$_{方法}$ > VP。比较:

(21)阿 Q 怎么很少洗车?

    a. #阿 Q 很少凭借什么方式洗车?

    b. 是什么因素造成阿 Q 很少洗车?

(22)阿 Q 很少怎么洗车?

    a. 阿 Q 很少凭借什么方式洗车?

    b. #是什么因素造成阿 Q 很少洗车?

(23)阿 Q 怎么没洗车呢?

    a. *阿 Q 没凭借什么方式洗车呢?

    b. 是什么因素造成阿 Q 没洗车呢?

比起疑问词,汉语"模态词(modal)"的用法更为复杂。蔡维天(2010)以"要"等词为例,指出语法化程度的高低使得它们有能愿助动词(dynamic modals)、义务助动词(deontic modals)、知识助动词(epistemic modals)等不同的用法。如下面(24a)中的"要"直接带宾语,是主要动词;(24b)中的"要"后面接 VP 表示主语的意愿,为能愿助动词;(24c/d)中的"要"则接 VP 而分别表示主语的义务与某种需求的必然性,可归为义务助动词;(24e)中的"要"则是表示"即将"的未来助动词。比较:

(24)a. 阿 Q 要这本书。   （表意愿的动词）

    b. 阿 Q 要买这本书。   （表意愿的助动词）

    c. 犯人每晚九点要上床睡觉。 （表义务的助动词）

    d. 人每天要喝水。   （表需求的助动词）

e. 天要下雨了。　　　　　　　　　（表即将的助动词）

　　研究证明,"模态性"在汉语的句法结构中呈现出制图层级,词类由实而虚,分布也由低而高,即"要"从词汇范畴演化为功能范畴,从个体的属性(意愿、能力)经过中介阶段(义务需求、习性倾向)而升华为事件的属性(未然性)。证据之一在于"要"与模态副词"一定"的共现解读。当"一定"表必然性时(即"一定^E"),其后的"要"既可以有未然性解(即"要^E"),也能得到义务性解(即"要^D"),如(25a/b)所示;而当"一定"表达义务性(即"一定^D")时,后面的"要"只能有义务性解,而没有未然解,如(25c/d)所示。比较:

　　(25) a. 火车一定^E(是)要^{E}开了,才会一直鸣汽笛。(要^E≈快要)

　　　　　b. 火车一定^E(是)要^{D}开了,才会一直鸣汽笛。(要^D≈必须)

　　　　　c. 火车一定^{D}要^{E}开了,我们得依照时间表发车。(要^E≈快要)

　　　　　d. 火车一定^{D}要^{D}开了,我们得依照时间表发车。(要^D≈必须)

　　下面(26)的例子还显示,知识模态词相对于义务、能愿模态词在线性顺序上有绝对优势,从形式句法的角度看即意味着知识模态词的结构位置一定比义务、能愿模态词要高。而在(26)的对称性谓语测试中,只有知识模态词(26b)对调论元不改变蕴含关系,而义务和能愿模态词(26c/d)均会改变原有语义,这意味着知识模态词的辖域高于对称性谓语的一对论元,即可以认为它的位置高于IP。比较:

　　(26) a. 阿Q跟小D很像→小D跟阿Q很像(对称关系)

　　　　　b. 阿Q可能跟小D很像→小D可能跟阿Q很像(知识模态词)

　　　　　c. 阿Q必须跟小D很像→小D必须跟阿Q很像(义务模态词)

　　　　　d. 阿Q想跟小D很像→小D想跟阿Q很像(能愿模态词)

　　另一方面,义务模态词和能愿模态词与内、外主语共现时,三者在合法性和解读上也呈现出明显差异。和"有"连用的外主语一般为殊指,如(27a);内主语则为非殊指,如(27b);而能愿模态词虽然前面能接外主语,如(28a),却不能和内主语连用,如(28b)。比较:

　　(27) a. 这次有两个人必须要来。(外主语>义务模态词:殊指)

　　　　　b. 这次必须要有两个人来。(义务模态词>内主语:非殊指)

(28) a. 这次有两个人敢/肯来。（外主语 > 能愿模态词：殊指）

　　b. *这次敢/肯有两个人来。（*能愿模态词 > 内主语：非殊指）

上述共现测试表明，在句法结构上，义务模态词比内主语高（即比 vP 高），而能愿模态词则在 VP 的边缘地带，据此可以将三种模态词的层级简单刻画为：CP > 知识模态词 > IP > 义务模态词 > vP > 能愿模态词 > VP。蔡维天（2010）还指出：知识模态词所处的 CP 层还盘踞着诸多言者优先（speaker-oriented）的成分，如评注性副词、言谈照应词（logophor）等，这与"言者主语"对现实世界的认知有密切的关联；义务模态词所在的 IP 层以句法主语为中心，模态基准来自其所处事件的环境条件（如伦理、法律、习性、物性等）；能愿模态词所在的词汇层为主语的主体意识所节制，因此也必须处于内主语之下。这样一种"愈高愈虚"的句法分布正好和"主观化"的认知历程相印证，也可为语法化理论提供一个新的切入角度。

概括地说，制图理论基于自然语言各短语层级内存在着丰富的功能范畴的基本假设，着眼于这些功能范畴间排序的规律，从而绘制出各功能范畴相互组合排列而成的制图层级，并谋求对不同语言在功能层级上的共性加以解释。通过以上的例子可以看到，制图理论对汉语的不少事实还是比较有说服力的。当然现在理论界也有一些对制图理论的质疑，比如说这种理论的研究认定句法结构中存在大量的功能范畴和句法位置，这可能有违最简方案的经济原则，所以寻求操作性较强的标准来限制功能范畴也是很有必要的。

15.2　"构式语法理论"和汉语特殊句式的性质

"构式语法理论（Construction Grammar）"是 1990 年代以后逐步形成的一种新的语法分析理论。这种理论发端于"框架语义学"，第一本系统论述构式理论专著是 Goldberg（1995）的 *Constructions：A Construction Grammar Approach to Argument Structure* 构式语法理论可以看作是认知语言学理论的最新进展之一。该理论目前在汉语语法研究，特别是语言（母语和二语）的习得研究中，得到广泛应用。

那么什么是"构式"呢？用 Goldberg(1995)的原话说就是："任何语言格式，只要其形式或功能的某些方面不能从其组成部分或其他已经存在的结构中得到完全预测，就应该被看作是一个'构式'。"构式语法理论的基本原则归纳起来有五点：一是构式是形式和意义的合体，是语言中的基本单位；二是构式本身能表示独立的意义；三是构式不能完全从组成成分或先前已有的其他结构中推知，即具有"不可预测性(unpredictability)"；四是构式具有生成性，但不具有转换性；五是某种构式是某个语言所专属的，但可以进行跨语言比较。

构式研究者曾用一个试验证明该理论具有"概括性"。这个试验就是选取 4 个动词"throw、get、slice、take"，让这 4 个动词组成 16 种可能的句子，然后把所有句子打乱，让受试者自己对句子进行分类，其结果是对这些句子按构式分类多于按动词分类。这一试验结果证明"构式可能是句子整体意义的更佳预测因子"(Goldberg，2006)，人的语言习得也似乎更倾向于构式的整体习得，而非一个词一个词或一个语素一个语素地习得。

上面说的"构式理论"的分析方法和分析结果，对于汉语一些特殊句式的分析尤其有效。先看一个简单的例子。如下面(29)，按传统语法是分析成"主—谓—宾"(或按结构语法分成"[主谓[/动宾]]")，按配价语法或论元理论是分析成"施事—动作—受事"。比较：

(29) 张三　　　吃了　　　一碗饭
　　　主语　　　谓语　　　宾语
　　　施事　　　动作　　　受事

下面(30)看上去是个差不多的句子，但无论按"主—谓—宾"还是按"施—动—受"分析都无法进行，必须得说成"主语(施事)"和"宾语(受事)"可以"相互倒装"(所以有人称作"主宾易位句")。主宾易位的分析不但本身显得牵强附会，而且两个句子(尤其是其中的(30b))的意思对于母语为非汉语的人来说更是很难理解。比较：

(30) a_1. 十个人能吃一锅饭。　　　a_2. 一锅饭能吃十个人。

　　　b_1. 十个人吃不了一锅饭。　　　b_2. 一锅饭吃不了十个人。

而从构式语法理论的角度看，(30)的所有句子就是同一种构式：一是内部语义关系相同，都是"容纳量—容纳方式—被容纳量"；二是表示的语法意义相同，都是"X 量容纳 Y 量"（这一点从否定式(30b)看得更清楚）；三是词类序列也都相同，都是"数量名短语₁—动词语—数量名短语₂"。这个句式中动词语前后一定都是数量名短语——在前表示容纳量，在后表示被容纳量；动词都表示容纳方式，肯定式是"动词"或"能/可以 + 动词"，否定式是"动词 + 不了"。也就是说(30)同属于现代汉语"数量关系构式"。而(30)这种"数量关系构式句"与前面(29)那种"动作事件构式句"是迥然不同的，两种结构式的差异主要有两点：一是"数量关系构式"句首的成分一定是个"数量名"短语，即一定含有数量词；"动作事件构式"句首的成分不一定非含有数量成分不可。二是只有"数量关系构式"的句子，如(30)，句首和句尾两个成分才可以换位，且内部语义关系不变；而属于"动作事件构式"的句子，如(29)，句首和句尾两个成分不能换位，换位后就不成话了。

再看一个例子。下面(31a)两个句子的谓语都是"高"。"高"是形容词或叫状态动词，本来只能带一个论元，如(31a₁)；可在(31a₂)里，"高"却联系了三个论元名词"张三、李四、一个头"。类似的例子如(31b)，其中的谓语动词"喝"，本来只能带两个论元，如(31b₁)；可在(31b₂)中也多出一个论元名词"小李"。有学者解释说，这是"高"由一元动词变为三元动词，"喝"由二元动词变为三元动词，即都是动词的"增元"或"变价"现象。问题在于为什么这些形容词和动词能"增元、变价"，并没有说清楚。比较：

(31)a₁. 张三高。　　　　　　a₂. 张三高李四一个头。

　　b₁. 张华喝了一杯咖啡。　　b₂. 张华喝了小李一杯咖啡。

而按照构式语法理论的解释，(31a)(31b)两组左右两侧的句子其实并不是同一种句式，右侧的句子就是一种特殊的"构式"。因此这种构式就不能再按照通常的"主—谓—宾"或"施—动—受"来分析，而是具有了某种特定的构式意义，如(31a₂)是一种"性状比较句"，(31b₂)是一种"取得受益句"。换句话说就是，语言中实词词语间的语义结构关系具有多重性，即某些动词和形容词的"身份"，比如(31)中的"高"和"喝"的性质，都可能随着进入不同"构式"而发生改变。因此虽然(31)左右两侧的句式包含有相同的动词和一部分名词，但在构式分析中，"主—谓—(宾)"或"施—动—(受)"关系已经变得不那么重要了，而"比较项 A + 性状义动词 + 比较项 B +

比较结果"才是(31a$_2$)构式更凸显的语义结构关系,"受益者 + 取得义动词 + 受损者 + 取得物"才是(31b$_2$)构式更凸显的语义结构关系。

构式语法理论关于句式中词语间的关系具有多重性的观点,也符合心理学和认知科学关于"整体大于部分之和"的"完形(gestalt)原理"。因此构式分析实际上与基于短时记忆的"语块(Chunk)分析"也有相通之处。语块分析的核心内容是,大脑运用语言进行编码和解码,能容纳的离散块的最大限度是 7 块左右(即 ±7),关注的范围是 4 块左右(即 ±4);这样,一个经过组块(chunking)而成的语句表面看是由若干个语素或者若干个词组合而成,但实际的组成单位是语块。语块是"人类信息处理能力的实际运用单位"。比如汉语的"存在句"就是如此:

(32)a. 院子里挂着一盏灯笼。　　b. 院子里停着一辆汽车。

　　c. 院子里长着两棵枣树。　　d. 院子里住着一位老人。

(33)　　　　A　　　　　　　　B　　　　　　　　C

　　a.　　桌子上　　　　　　放着　　　　　一束玫瑰花。

　　b. 爸爸昨天从王府井　　　　　　　　一束妈妈刚从院子里

　　买来的红木桌子上　　放着　　摘下的玫瑰花。

　　　（存在处所）　　（存在方式）　　（存在物）

上面(32)和(33)都是现代汉语里的存在句,这些句子不论动词后的名词看起来分别是动词的受事、主体、施事,也不论其中的各个部分是长是短,都得分析为 A、B、C 三部分,即"存在处所、存在方式、存在物"。这三个部分就是构成"存在构式"的三个语块;也就是说正是在这样的语块组合中,动词不再凸显其"动作行为"义,而凸显了"存在方式"义,指人、指物的名词也不再凸显其原来的"施事、受事"等论元角色,而共同凸显"存在物(人)"的构式角色;同时整个结构也就都凸显了"存在"的构式意义。

既然"构式"主要是针对因词语间具有多重性语义关系而重新组合形成的特殊句式,那么这些"特殊句式"又是怎么产生的呢?认知语言学家 Langacker(1987)提出的"基于使用的理论(usage-based theory)"和功能语法学家 Hopper(1987)提出的"浮现语法(Emergent Grammar)"都有一个思想,即"不是语法先于用法,而是用法先于语法"。Goldberg(1995)也认为"与基本句子类型对应的构式把与人类经验有关的基本事件类型编码为这些构式的中心意义"。由此可见，"构式"很可能都是由语言的种种变异现象，即在交际过程中由于各种因素而出现大量不典型、非常态、使用受到情境限制的句子，再经过频繁使用而泛化，最后固化下来而形成的。目前汉语学界对"构式"的形成过程有以下两种假设：

一种假设是"由内到外"运作假设，即从"说话人"的角度来看如何创造"构式"。这可以"V来V去"构式为例。比较：

(34) a. 喝来喝去还是龙井茶对我的口味。

　　　b. 挑来挑去还是那条红裙子最好看。

　　　c. 住来住去还是觉得住乡下最舒服。

　　　d. 听来听去我还是最喜欢《梁祝》。

　　　e. 穿来穿去还是那件衣服穿着舒服。

　　　f. 吃来吃去还是黄瓜馅儿的饺子好吃。

　　　g. 选来选去没有一个姑娘合老太太心意的。

(34) 中的"吃来吃去"等结构严格说都不合语法，因为本来只有位移类动词才能带"来、去"这样的趋向补语，如"走来走去、搬来搬去"等。因此可以假设"吃来吃去"这类用法经过了这样一个形成过程： i . 客观事件或事物之间客观存在的关系→ ii . 通过感觉器官感知并形成直感形象或直觉→ iii . 在认知域内抽象形成意象图式→ iv . 由意象图式形成具体的概念框架→ v . 概念框架投射到最能表示该概念框架的具体表达构式→ vi . 这种新的构式多次反复运用、进一步抽象概括，最终形成稳定的语义框架和新的语法构式。因此可以认定，"吃来吃去……"这类句子首先是由"走来走去"这种原有的语法构式通过隐喻并仿造发生变异而逐步演化出来的一种"修辞构式"。这种特殊用法因为泛化而被人们大量使用和推广，最后在频繁使用中逐渐固化，才成为"V来V去+VP"这样一种新的语法构式。这一新构式的意义也不再表示"位移运动"，而凸显构式义："在行为动作所能涉及的诸种事物中，反复掂量，或主观认为'要数某事物较为/最为合意'，或主观认为'哪个都不合意'。"

另一种假设是"由外到内"运作假设，即从"听话人"的角度来看如何创造"构式"。这可以新型"被动句"构式为例。比较：

(35) a. 被逮捕　被杀害　被推翻　被批评

　　　b. 被捐款　被自杀　被幸福　被小康

　　可以假设：当外在的语句如"他被杀害了"或"他被捐款了"进入听话人认知域，就要接受核查。核查结果无非是两种情况：一种情况是这个句子符合认知域中所存储的各种规则，如"他被杀害了"符合"被＋及物动词"的规则，因此通过并接受。另一种情况是这个句子不完全符合认知域中所存储的各种规则，如"他被捐款了"是"被＋不及物动词"，于是就开始由数据驱动的搜索和处理，形成各种初步的意象图式，并做出不同理解，包括：(a)某人并不想捐款但被人劝说或强迫捐了款；(b)某人并未捐款而由他人冒名捐了款；(c)某人并未捐款而被他人传说捐了款；(d)某人并未捐款而在统计中算作了捐款；(e)某人虽捐款了但并不想让别人知道，却被别人说出了实情。以上理解的各种概念结构，其相应的各个意象图式间的关系，可设想为由多种模块化模式进行操作，而在加工形成过程中还会受到各种上下文语境和社会性语境的影响，形成更高级的抽象表征系统，即有可能成为新构式的雏形"被捐款"。最后再通过泛化并接纳新的词汇进入该新构式（如"被自杀、被就业、被小康、被幸福"等），从而最终形成了稳定的、不同于"被杀害、被批评"的、带有"被认定、被强迫、被遭受"构式义的"被 X"这一新的语法构式。

　　"构式"是一种新的句法研究思路。但至少还需要明确两点：一是这种分析方法只是对别的方法的一种"辅助"；二是这种分析方法也需要别的方法来加以"辅助"。

　　从前者看，"构式分析"并不能完全取代"主—谓—宾"或"施—动—受"等传统句法分析法，而只是对这些句法分析法的必要补充。也就是说，只有那些不便于用一般句法分析手段分析的特殊句式，用"构式分析"才比较有效。如前面说过，这种分析思路在对外汉语教学中对某些特殊句式的分析效果要优于传统分析思路。此外在计算机信息处理中如果把"构式分析"作为补偿规则，对于理解特殊句式的句法构造和语义性质也有重要作用。

　　从后者看，"构式分析"和其他所有理论一样不能"包打天下"，其所起作用和适用范围也不能"无限放大"：不但其理论和实践都有某些局限和缺陷,而且分析结果也有相当大的"不确定性"。比如前面(32)提到"存在构式"的一些例子,跟下面(36)的句子长得一模一样,可二者的语义关系和句式意义却并不相同。这时显然就需要增加其他辅助分析手段,如不同的动词类别或不同的变换条件,把(36)分化出来(详见本书第三讲"变换理论和结构变换分析"中的相关讨论)。也就是说,即使要把(32)说成"存在构式",也需要再具体说明(32)和(36)哪儿不一样和为什么不一样。比较:

(36) a. 院子里养着一只狼狗。　　　b. 院子里飞着一只苍蝇。

c. 院子里藏着一个小偷。　　　d. 院子里飘着一股香气。

15.3 "信息结构理论"和汉语语句表达的特点

"信息结构理论(Information Structures Theory)"既是一个"古老"理论,也是近年重新受到重视的"新鲜"理论,原因是运用这一理论可以解释很多用其他方法不能处理的结构分析问题。所以讨论这一理论不是"老调重弹",而是"翻唱新曲"。

人们进行言谈交际时,总是一句一句说的。从句法结构角度说,句子是最大单位,往下是词组和词;从言语表达角度说,句子是基本单位,往上是句群和篇章。作为信息传递基本单位的"主位—述位"结构,必然要依附于句子。吕叔湘曾说"句子以上均为动态单位,短语、词、语素为静态单位"。应该说"句子"既可被视为静态单位,也能成为动态单位,因此可以将静态单位的句子称为"语言的句子",将动态单位的句子称作"言语的句子"。"语言的句子"有意义但不传递信息,只有"言语的句子"才在言谈交际中传递一定的信息。

句子的意义跟句子所传递的信息是完全不同的两个概念。比如"你有钱吗?"这一问句,作为"语言的句子",意义是很明确的——说话人询问听话人是否有钱。但作为"言语的句子",传递的信息将随语境的不同而不同:或许是"说话人要向听话人借钱";或许是"说话人试探着问听话人需要不需要向自己借钱";或许是"说话人用反问的方式劝阻听话人别买某东西或别从事需要花很多钱的事情";或许是"有人想打劫"(譬如晚上或在僻静处有人上来突然向你这样发问);或许是……再如"现在都八点了!"作为

"语言的句子",意义很清楚——"说话时已经八点了"。但作为"言语的句子",在不同的言谈交际环境中传递的信息,也会各不相同,而且从理论上来说,说不清楚也说不完到底具体会传递什么样的信息:可以是催人快起床,可以是催人快上班,可以是催促食堂快开饭,可以是催促会议快开始,可以是催促电影快放映,可以是催促人快动身赶火车,可以是催促商店快开门,可以是埋怨人怎么不准时到会,也可以是惊呼要迟到了……由此看来,"语言的句子"所表示的意义是确定的;"言语的句子"传递的信息则是不确定和可变化的,将随语境的不同而有所不同。本书前面讨论过的"隐含义""言外之意"或"语用意义"等,其实都不是作为"语言的句子"所具有的意义,而属于作为"言语的句子"所传递的信息。

"言语的句子"也有结构,这就是"句子的信息结构"。对这种结构的构造形式,现在基本采取二分法,即认为句子信息结构由两部分组成,只是说法不一:有分"主位—述位"的,有分"话题—评述"的,有分"话题—焦点"的,有分"已知信息(旧信息)—未知信息(新信息)"的。不过包括韩礼德(Halliday,1985)、张伯江和方梅(1996)在内的多数学者都主张采用"主位—述位"来刻画句子信息结构,其他几种分类也作为参考。其中"主位"又分几种:一种是"话题主位",指明说话的话题,如(37);一种是"人际主位",表明说话人的语气和态度,如(38);一种是"篇章主位",主要起连接作用,如(39)。比较:

(37)a. 我们女人呐就是傻。

　　b. 那场大火啊,幸亏消防队来得快!

(38)a. 最好啊,谁也别欠谁的情。

　　b. 我觉得吧,你特有才气!

　　c. 不如啊,开个会商量商量。

(39)a. 其实呀,他并不傻。

　　b. 一上这小楼啊,特舒心!

要让句子信息结构语法成为语法研究的一个新视角,还必须了解句子信息结构的一些基本特点。目前认识到,汉语的"句子信息结构"主要遵循以下一些基本构造准则：

准则一：完整的句子信息结构一定要包含已知信息与未知信息，并且具有"话题—述位"的作用。比如(40a)中"张三"、(40b)中"你看的书"是话题，属于已知信息；(40a)中"去上海了"、(40b)中"也借给我看看"是述位，是陈述话题的，属于未知信息。比较：

(40) a. 张三/去上海了。

　　 b. 你看的那本书/也借给我看看。

准则二：未知信息成分应位于已知信息成分之后，成为信息结构的常规焦点（即自然焦点）；未知信息成分如果位于已知信息成分之前，必须有标记。其中有的采用对比重音（即非自然重音）标记，如(41)；有的采用词语手段（即焦点算子）标记，如(42)；还有的采用易位形式标记，如(43)。比较：

(41) a. ′萧云昨天在王府井花两千元买了件大衣。
　　 b. 萧云′昨天在王府井花两千元买了件大衣。
　　 c. 萧云昨天在′<u>王府井</u>花两千元买了件大衣。

(42) a. 是′萧云昨天在王府井花两千元买了件大衣。
　　 b. 萧云是′昨天在王府井花两千元买了件大衣。
　　 c. 萧云昨天是在′<u>王府井</u>花两千元买了件大衣。

(43) a. <u>怎么啦</u>，你？｜<u>早走啦</u>，他们都！｜<u>他们下棋呢</u>，在。
　　 b. <u>他回来了</u>，我听说。｜<u>再试一次</u>，我想。｜<u>春节不回家了</u>，我准备。

准则三：核心动词后如果出现多个信息单元，信息未知程度大的单元居于信息未知程度小的单元之后。(44a)中"三年"对听话人来说未知信息量大于"小红"，所以(44a₁)容易接受。(44b)中"三年"和"外国学生"都属于未知信息，但对听话人来说"外国学生"的未知信息量要大于"三年"，因此(44b₁)容易接受。比较：

(44) a_1. 我教了小红三年。　　　　a_2. *我教了三年小红。

b₁. 我教了三年外国学生。　　b₂. *我教了外国学生三年。

准则四：核心动词前如果出现多个信息单元，除了话题外，其余信息已知程度大的居于信息已知程度小的之前。(45)中"汪萍"是指人名词，"昨天"的对比项只有"今天"，"超市"的对比项很多，就已知信息量大小来说，这三者显然是"汪萍＞昨天＞超市"。比较：

(45)a₁. 汪萍昨天在超市买了一件上装。

　　　a₂. *汪萍在超市昨天买了一件上装。

　　　b₁. 昨天汪萍在超市买了一件上装。

　　　b₂. ?昨天在超市汪萍买了一件上装。

　　　c₁. 在超市汪萍昨天买了一件上装。

　　　c₂. ?在超市昨天汪萍买了一件上装。

准则五：句子信息结构中，除已知信息外，如果另有作为前景信息的背景信息，那么背景信息居于前景信息之前，或者说须按"时间顺序"的早晚排列信息。例如：

(46)a₁. 你们吃了晚饭看电影。("吃了晚饭"是背景信息)

　　　a₂. 你们看了电影吃晚饭。("看了电影"是背景信息)

　　　b₁. 他昨天骑车去体育馆了。("骑车"是背景信息)

　　　b₂. 他昨天去体育馆骑车了。("去体育馆"是背景信息)

准则六：作为问句答话的句子信息结构，其信息焦点与问话的疑问点在句子信息结构中的位置必须一致。这既包括特指问句的疑问词，也包括选择问句和反复问句形式。例如：

(47)a. 问：谁告诉你的？答：姐姐告诉我的。

　　b. 问：你想吃什么？答：我想吃饺子。

　　c. 问：她什么时候走的？答：他昨天走的。

　　d. 问：你昨天在哪里碰到他的？答：我昨天在学校图书馆碰到他的。

　　e. 问：是小敏还是小红考上了北京大学？答：是小红考上了北京大学。

　　f. 问：你准备明天去上海还是后天去上海？答：我准备后天去上海。

　　g. 问：你去不去上海？答：我去。

准则七：句子信息结构里作为前景信息的背景信息的成分（即在另一个成分之前的成分），如果是动宾结构，宾语成分的长度要受到限制（即不能太长）。例如：

(48) a₁. 我去看电影。（"电影"前可以加长修饰语）

　　 a₂. 我看电影去。（"电影"前不能加长修饰语）

　　 b₁. 我想上街买点年货。（"年货"可以换成长名词成分）

　　 b₂. 你买点年货带回去。（"年货"不能换成长名词成分）

准则八：作为陈述句的句子信息结构，说话者所传递的新信息（即前景信息），其信息量应该大于听话者对该信息所拥有的信息量。下面(49)中对"很冷、很伤心"的感知程度，说者显然小于听者"你"，因此后者作为陈述句就很难成立。例如：

(49) a₁. 我很冷。　　　a₂. 他很冷。　　　a₃. ＊你很冷。

　　 b₁. 我很伤心。　　b₂. 她很伤心。　　b₃. ＊你很伤心。

了解了关于句子信息结构的特点和准则，其实不难发现，很多过去一直说不清楚原因的句法结构现象，就可以从句子信息结构视角来加以解释。下面只举几个例子来看。先看一个"X 是 X(了)"作让步转折复句中居前分句的例子。比较：

(50) a. 甲：那衣服漂亮，买吧。乙：漂亮是漂亮，就是太贵了。

　　 b. 甲：小芳这孩子真聪明。乙：聪明是聪明，就是太贪玩儿了。

　　 c. 甲：那文章看了吗？乙：看是看了，但我没有看懂。

　　 d. 甲：昨天去庙会玩儿了吧？乙：去是去了，可是一看人太多，我就回来了。

大家都承认"X 是 X(了)"表示"让步"。可是为什么这个小句能表示"让步"的意思，过去一直解释不清楚。句子信息结构理论提供了理据——在"X 是 X(了)"小句里，前面的"X"实际是一个话题，表示旧信息。按句子信息结构的要求，既然"X"（如"漂亮"）做了话题，后面陈述中应提供新信息，可是"是 X"所提供的并不是新信息，只是重复了话题所说的内容。从信息传递的角度说，这等于是"在原地踏步"，而"在原地踏步"就意味着"让步"。

再看与易位句有关的一个现象。下面(51)包含"都"的句子是有歧义的。按《现代汉语八百词》(吕叔湘,1980)对"都"的分析,(51a)可以理解为"他们全走了",句子的重音在"都"上,这个"都"一般看作表示总括全体的范围副词;(51b)可以理解为"他们已经走了",句子重音在"走"上,这个"都"有人分析为表示已然的时间副词;(51c)可以理解为"甚至连他们也走了",句子重音在"他们"上,这个"都"有人看作量化算子。比较:

(51)他们都走了。

    a. 他们′都₁走了。(≙他们全走了)

    b. 他们都₂′走了。(≙他们已经走了)

    c. ′他们都₃走了。(≙甚至连他们也走了)

值得注意的是,相当于"已经"的时间副词"都"(51b)可以发生易位,其他两句的"都"不能易位。比较:

(52)a′. *他们走了,′都₁。

    b′. 他们′走了,都₂。

    c′. *′他们走了,都₃。

这种现象的原因用句子信息结构理论就很容易解释了。(51a)中的"都[全]"是焦点算子,需要重读;(51b)中的"都[已经]"并非焦点算子,需要轻读。而根据句子信息结构的特点,句中的焦点成分是不能易位的,非焦点成分才有可能易位;而且易位句中的后置成分必须轻读,这也同样不允许(51a)的"都"易位。(51c)中的"都"虽然也轻读,但全句的聚焦点在"他们"上,"走了"并不是焦点成分,而易位句要求后置成分之前的部分必须都是焦点成分,所以这一句中的"都"虽然轻读,也不能发生易位。

下面再看一个对"把字句"的偏误现象的解释。马真(2008)曾举了一个偏误句的例子,即下面的(53a)。她认为,孤立地看,这个语段中每个句子都没有毛病;但联系上下文语境来看,这段文字里的"把字句"就用得不恰当。该段文字冒号以后的部分,是要具体描绘洪水过后的荒凉景象的,因此应顺着上文的意思用表示遭受的"被字句"。由于用了好几个"把字句",前后文气很不连贯、很不协调。因此这个句子宜改为(53b)。比较:

(53)a. *洪水是退了,但是眼前是一片不好的景象:洪水把村舍的房屋冲倒了一大半，把猪、鸡、羊都淹死了，空气里充满了难闻的臭味儿；洪水也把成堆的木材几乎都冲光了……

b. 洪水是退了，但是眼前是一片不好的景象：村舍的房屋被洪水冲倒了一大半，猪、鸡、羊都被淹死了，空气里充满了难闻的臭味儿；成堆的木材也几乎都被洪水冲光了……

不过，为什么(53a)用了"把字句"就使前后文气很不连贯、很不协调，而应该改用"被字句"呢？这是因为，从句子信息结构的视角看，该段文字的上文是说"眼前是一片不好的景象"，下文是具体描述洪水过后"不好的景象"的，这就不能让"洪水"来作话题，而应让遭受洪水之害的事物来作话题。采用"被字句"，不仅可以让遭受洪水之害的事物作话题，更增强了遭受不幸的意味。

最后还可以从句子信息结构的视角重新审视汉语的"把字句"。

一直以来关于"把字句"构造和作用的解释，诸如"表处置—位移""表处置—变化""表致使""表认同""表不如意"等各种说法"铺天盖地"，但也一直"莫衷一是"，尤其是在汉语教学中"把字句"一直是让教师和学生都很有挫败感的一种句式。那么问题的症结究竟在哪里呢？可以发现，以往关于"把字句"的研究与教学没有考虑过和认识到这样的问题：表示"处置、致使、认同"等意义并非"把字句"的专利，还有其他很多句式也可以有这样的作用；而既然诸如主谓谓语句、受事主语句、"给字句""被字句"等也都能表示"把字句"的句式意义，那为什么有时又非用"把字句"不可。

现在就可以从句子信息结构的视角先来比较一下"把字句"跟其他句式的异同，由此认识"把字句"在信息传递上的特点。以表"处置"义的"把字句"或者说"把字句"的"处置"义为例。按"处置"义分析，"把字句"包含四个语块。比如"姐姐把衣服洗干净了"这句话中，"姐姐"是处置者，"衣服"是处置对象，"洗"是处置方式，"干净了"是处置结果。有时候处置方式和处置结果可能融为一体，如"把衣服都洗了"中的"洗了"就同时包含处置方式和处置结果。但前面已提到，除了"把字句"，还有一些句式也可以表"处置"义。比较：

(54) a. 姐姐洗干净了所有的衣服。　　　（"主动宾"句式）

b. 所有的衣服姐姐都洗干净了。　　　（主谓谓语句句式）

c. 所有的衣服都给姐姐洗干净了。　　　（"给字句"句式）

d. 所有的衣服都被姐姐洗干净了。　　　（"被字句"句式）

e. 所有的衣服都洗干净了。　　　　　　（受事主语句句式）

f. 姐姐把所有的衣服都洗干净了。　　　（"把字句"句式）

（54）中6个句式基本意思差不多,也都不同程度地表示"处置"义。但从句子信息结构看,各自传递的信息不同。其中(54a)是以"姐姐"为话题,以"衣服"为聚焦点,客观陈述"姐姐洗干净了衣服"的事实;(54b)以"衣服"作话题,以"洗干净了"为聚焦点;(54c)除了陈述事实外,通过介词"给"的引介,指明"洗干净衣服"的是"姐姐"而不是别人;(54d)用介词"被",增添了不如意的"遭受"义,含有"姐姐洗衣服"并非说话者的意愿之意;(54e)不关心"谁洗衣服"的问题,也没有主观色彩,只是陈述"衣服都洗干净了"这一事实;(54f)就是"把字句",从信息传递的角度看,跟(54a)一样以"姐姐"为话题,但聚焦点不同,跟(54b/c/d/e)一样以"洗干净了"为聚焦点,但话题不同。换言之,"把字句"的信息结构特点是,以"动词的施事(即处置者)"为话题,以"处置及其结果"为聚焦点。

根据句子信息结构的要求,"姐姐"当话题得居于句首,"洗干净了"作信息聚焦点得居于句尾。可这样一来,如果动作处置的对象(即谓语动词的受事"衣服")必须在句子中出现,那唯一可能的位置就是放到句子当中,即话题和信息聚焦点之间。"句子当中"又有两个位置。其中一个位置是作主语(话题)后面的"小主语(次话题)",如"姐姐(所有的衣服)都洗干净了"。但这种情况又有两个限制:一是大主语(话题)和插入的小主语(次话题)之间不能临时形成领属关系;二是插入句子当中作小主语的成分不能太长。比较:

（55）a. 姐姐衣服洗干净了。　　　　b. 老张眼镜打破了。

　　　c. 小明苹果吃完了。　　　　　d. 汪萍咖啡已经喝完了。

　　　e. 王教授试卷已经批改完了。　f. *姐姐大家的衣服洗干净了。

（56）a. 姐姐衣服都洗干净了。

　　　b. 姐姐棉布的衣服都洗干净了。

　　　c. *姐姐棉布的、脏得不像话的衣服都洗干净了。

　　　d. ＊姐姐全是油腻脏得不像话的棉布衣服都洗干净了。

　　上面(55)的例子就证明,将处置对象(受事)插入句子当中(即话题和聚焦点之间),都有跟大主语形成领属关系的可能性(而这肯定不是句子的原义);反过来如果设法取消两个名词间的领属关系(如(55f)),句子又不能说了。(56)的例子证明,即使不考虑大主语和插入名词之间的领属关系,这个插入句子当中(即话题和聚焦点之间)的处置对象(受事名词)也不能太长,至少越长越不能接受(如(56c/d))。

　　可见,如果非要让处置对象(受事)名词置于话题与信息聚焦点之间,而又必须克服上述两方面的限制,那就只有一个可供选择的位置,就是用"把"来引介处置对象。也就是说,"把"的作用是可以自由地将处置对象(受事)插入话题和信息聚焦点之间——既不论处置对象与话题原来有没有领属关系,也不论处置对象名词有多长。比较:

(57) a. 姐姐把衣服都洗干净了。

　　　b. 姐姐把大家的衣服都洗干净了。

　　　c. 姐姐把棉布的、脏得不像话的衣服都洗干净了。

　　　d. 姐姐把大家的全是油腻、脏得不像话的棉布衣服都洗干净了。

　　从句子信息结构角度看,"把字句"的表达作用还不限于此,因为"把字句"还能凸显处置的结果,即具有"强影响性"和"处置的主观认定性"。看下面4组例子:

(58) a_1. 去年张三骗了李四,李四给骗惨了,这我哪能不记得?

　　　a_2. 去年张三骗了李四,李四没有受骗,这我哪能不记得?

　　　b_1. 去年张三把李四骗了,李四给骗惨了,这我哪能不记得?(把字句)

　　　b_2. ＊去年张三把李四骗了,李四没有受骗,这我哪能不记得?(把字句)

　　　c_1. 张三用力砸了那铁锁,门当然就给砸开了。

　　　c_2. 张三用力砸了那铁锁,可是门没给砸开。

　　　d_1. 张三用力把那铁锁砸了,门当然就给砸开了。(把字句)

　　　d_2. ＊张三用力把那铁锁砸了,可是门没给砸开。(把字句)

　　先看前两句。($58a_1$)是"主—动—宾"句式,只是客观陈述张三对李四实施了欺骗这一事实,至于李四是否受骗未明确说明,因此小句后面既可以接"李四给骗惨了",也可以接"而李四没有受骗"。(58b₁)采用"把字句",凸显了李四受了骗这一结果,所以后面只能接"李四给骗惨了",不能接"没受骗"。再看后两句。(58c₁)是"主—动—宾"句式,只是客观陈述"张三用力砸那铁锁"这一事实,至于门是否被砸开并未明确说明,因此小句后面既可以接"门当然就给砸开了",也可以接"可是门没给砸开"。(58c₂)采用"把字句",凸显了"张三砸开了门"这一结果,所以后面只能接"门当然就给砸开了",不能接"没砸开"。

根据上面的细致分析大致可以得出结论,从句子信息结构的角度看,表示"处置"义的"把字句"有三个明显的特点:一是要让"处置者"做话题;二是要让"处置结果"成为信息聚焦点;三是要用介词"把"将"处置对象"不受限制地引入句子内,同时表示"处置"的强影响性和说话者的主观认定性,由此凸显"处置结果"。这不但是言谈中有时必须使用"把字句"的原因,也是为什么人们感觉"把字句"具有强烈"处置"感的原因。

当然对于信息结构理论和句子信息结构在句法分析中的作用,目前还有很多问题尚不清楚。比如什么是信息结构,包括有没有充分信息量的信息结构和最低信息量的信息结构。再如信息结构的组成成分有哪些,如果二分应分成哪两部分,有没有表面的信息结构和隐藏的信息结构。又如信息结构要涉及"信息量、信息度"和"信息焦点"等概念,比方说"焦点"到底有哪些类别,有什么形式特征,到底表示"新信息"(自然焦点)还是"旧信息"(话题焦点);又比方说如果一个信息结构内有多个焦点,还是不是焦点,如果一个信息结构内有多个话题,还是不是话题;等等。可见语言信息构仍是一块有待深入开发的"处女地",信息结构理论也确实是一个有十八般武艺的"金刚钻":要做的事情还很多,能做的事情也很多。

主要参考文献:

蔡维天(2004)谈"只"与"连"的形式语义,《中国语文》第2期。

蔡维天(2007)重温"为什么问怎么样,怎么样问为什么",《中国语文》第3期。

蔡维天(2010)谈汉语模态词的分布与诠释之对应关系,《中国语文》第3期。

方 梅(2005)篇章语法与汉语研究,《语言学前沿与汉语研究》,上海教育出版社。

刘大为(2010)从语法构式到修辞构式,《当代修辞学》第3—4期。

刘丹青(2008)话题理论与汉语句法研究,《当代语言学理论和汉语研究》,商务印书馆。

刘润清(1995)《西方语言学流派》，外语教学与研究出版社。

陆丙甫(1993)《核心推导语法》，上海教育出版社。

陆丙甫(2008)直系成分分析法——论结构分析中确保成分完整性的问题，《中国语
    文》第 2 期。

陆俭明(1981)汉语口语句法里的易位现象，《中国语文》第 1 期。

陆俭明(1986)周遍性主语句及其他，《中国语文》第 3 期。

陆俭明(1987)试论句子意义的组成，《语言研究论丛》第 4 辑。

陆俭明(2006)句法语义接口问题，《外国语》第 3 期。

陆俭明(2008a)构式语法理论的价值与局限，《南京师范大学文学院学报》第 1 期。

陆俭明(2008b)词语之间语义结构关系的多重性，《汉藏语学报》总第 4 期。

陆俭明(2009)构式—语块—汉语教学，《多位视野下的汉语教学》，广西师范大学出
    版社。

陆俭明(2010)从构式看语块，《中国语言学》第四辑。

陆俭明(2011)再论构式语块分析法，《语言研究》第 31 卷第 2 期。

陆俭明(2016)从语法构式到修辞构式再到语法构式，《当代修辞学》第 1 期。

吕叔湘(1946)从主语、宾语的分别谈国语句子的分析，《吕叔湘文集》，商务印书馆
    1990 年。

吕叔湘(1979)《汉语语法分析问题》，商务印书馆。

吕叔湘(1980)《现代汉语八百词》，商务印书馆。

马　真(1983)说"反而"，《中国语文》第 3 期。

马　真(2008)在汉语教学中要重视词语使用的语义背景，《中华文化传播任务与方
    法》，上海人民出版社。

彭家法(2013)"句法结构制图工程"研究进展及相关讨论，《外国语》第 4 期。

屈承熹(2003)话题的表达形式与语用关系，《话题与焦点新论》，上海教育出版社。

沈家煊(1989)"判断语词"的语义强度，《中国语文》第 1 期。

沈家煊(1998)语用法的语法化，《福建外语》第 2 期。

沈家煊(2002)如何处置"处置式"——论把字句的主观性，《中国语文》第 5 期。

施春宏(2013)新"被"字式的生成机制、语义理解及语用效应，《当代修辞学》第
    1 期。

苏丹洁(2010)试析"构式—语块"教学法——以存现句教学实验为例，《汉语学习》
    第 2 期。

苏丹洁(2011)构式语块教学法的实质——以兼语句教学及实验为例,《语言教学与研究》第 2 期。

温锁林(1999)汉语句子的信息安排及其句法后果,《汉语法特点面面观》,北京语言文化大学出版社。

文　炼(1984)关于句子的意义和内容,《语文研究》第 1 期。

萧国政(2001)句子信息结构与汉语语法实体成活,《世界汉语教学》第 4 期。

徐烈炯(2002)汉语是话题概念结构化语言吗,《中国语文》第 2 期。

徐烈炯、刘丹青(1998)《话题的结构与功能》,上海教育出版社。

徐烈炯、刘丹青(2003)《话题与焦点新论》,上海教育出版社。

张伯江(2000)论"把"字句的句式语义,《语言研究》第 1 期。

张伯江(2005)功能语法与汉语研究,《语言学前沿与汉语研究》,上海教育出版社。

张伯江、方梅(1996)《汉语功能语法研究》,江西教育出版社。

张旺熹(2009)连字句序位框架及其对条件成分的映射,《汉语句法结构隐性量探微》,北京语言大学出版社。

张谊生(2003)范围副词"都"的选择限制,《中国语文》第 5 期。

张志恒(2013)从制图理论探索汉语话题与焦点的分布,《现代外语》第 1 期。

朱德熙(1982)《语法讲义》,商务印书馆。

朱　敏(2012)人称和陈述语气,《汉语人称与语气选择性研究》,世界图书出版公司。

Belletti, A. (2004) Aspects of the Low IP Area, in L. Rizzi (ed.) *The Structure of CP and IP*. New York & Oxford: Oxford University Press.

Chomsky, N. (1968) *Language and Mind*. New York: Harcourt, Brace & World.

Chomsky, N. (1986) *Knowledge of Language: Its Nature, Origin and Use*. New York: Praeger.

Croft, William A. (2001) *Radical Construction Grammar: Syntactic Theory in Typological Perspective*. Oxford: Oxford University Press.

Del Gobbo, F & L. Badan (2007) *On the Left Periphery of Chinese*. Presented at 15th IACL & 19th NACCL. New York: Columbia University.

Halliday M. A. K (1985) *An Introduction to Functional Grammar*. London: Edward Amold. Lambrecht.

Hopper, Paul J. (1987) Emergent Grammar, *Berkeley Linguistics Society* 13.

Langacker, Ronald (1987) *Foundations of Cognitive Grammar*, Vol. 1. Stanford: Stanford University Press.

Knud (1994), *Information Structure and Sentence Form*: *Topic*, *Focus and the Mental Representations of Discourse Referents*, Cambridge: Cambridge University Press.

Paul, W. (2005) Low IP and Left Periphery in Mandarin Chinese. *Recherches Linguistiques de Vincennes* 33.

Rizzi, L. (1997) The Fine Structure of the Left Periphery, in L. Haegeman (ed.) *Elements of Grammar*. Amsterdam: Kluwer.

初版后记

　　这本书是在陆俭明老师和我一起为北京大学本科生开设的全校通选课"汉语和汉语研究"讲义的基础上经过修改和补充写成的。现在作为由北京大学发起并联合全国十几所重点高校共同编写的"高等学校人文素质教育通识课系列教程"中的一本,由北京大学出版社正式出版,因此在后面又统一加上了"十五讲"的名称。

　　因为本书定稿出版时陆老师不在国内,所以在书的最后就由我代表本书的两位作者,就编写中的一些想法和有关的几个事情跟大家做一些说明。

　　一、关于这门课的性质和这本书的读者对象。

　　这本书应该说一半带有普及读物的性质,但一半也带有学术著作的性质。因此本书或许能起到两方面的作用,或者说可以有两部分读者,即一部分是非语言学专业的学生和社会读者,另一部分是语言学专业的学生和语言学的爱好者。用一个不一定恰当的说法就是,我们希望这本书能做到"雅俗共赏"。

　　从一方面看,这本书当然首先是一本高等学校人文素质教育通识课程的教材,而且我们希望尽可能把所有的内容都说得浅显易懂些,因此本书读者对象主要就是大学生,而且是非语言学专业的大学生(包括理工科的学生)。

　　为什么大学生要了解一些汉语和汉语研究的情况和知识,在本书"绪论"部分已经说过了,这里不再重复。问题在于应该给大学生们讲一些什么样的关于汉语研究的情况和知识,这一点陆老师和我倒是商量了很久。汉语研究的内容当然远不止现在写在书里面的这些专题(这一点在本书第一讲"关于汉语"和第二讲"汉语研究概述"中实际上也都讲到了)。不过在一本书或者更准确地说在一个学期的课程中要把汉语研究方方面面的问题都谈到（更不用说要详细讨论），似乎是不大可能的，因此写入书中（或安排讲课）的内容就不得不有所取舍。所以后来我们考虑就把大学生应该了解的一些语言学的基础知识放到本系列的另一本教材《语言学常识十五讲》（沈阳编著，北京大学出版社 2004 年）中，而在这本书中则侧重介绍和讨论能够反映当代语言学理论和方法的一些比较新的认识和比较重要的成果。同时还考虑到一本书或一门课的内容应相对集中些，加上当代的各种语言学理论大多都是基于语言中的语法现象（包括句法、语义、语用等）建立起来的，所以这本书主要就以若干重要语法理论或研究方向（广义地都称之为理论）为线索，把有关的内容串联起来。所以从这个角度说，这本书应该具有"汉语研究概况"一类著作的作用。我们希望，对于那些只是想推开"汉语和汉语研究"这扇门去粗略地"看热闹"的人来说，这本书或许已能使他们"大开眼界"。

不过从另一方面看，这本书毕竟讨论了语法研究和语言应用中的一些比较重要的理论和方法，而且几乎涉及所有前沿的研究方向和热点的研究课题，因此本书的对象也可以是语言学专业的学生（包括硕士和博士研究生）和初入门的汉语研究者。

现在确实有很多学习语言学的学生，甚至硕士生和博士生，似乎并不清楚自己该做哪个方向的研究，也不知道该怎么去找研究的题目。比如我们现在承担了国家社科基金的"现代汉语语义所指和语义指向研究"的课题，可是包括参加课题的一些研究生也似乎还没有真正搞清楚什么是"语义所指"和"语义指向"，更不用说其他的一些学生了。又比如现在"认知语法"很热门，可是有些学生却连什么是"认知语法"也说不上来，当然也就对怎么走这条路子摸不着门了。至于有些学生临到要写毕业论文了，还跑来问老师该采用哪种理论方法，该写什么具体题目，这更是我们常常碰到的事情。这就使我们想到：虽然一般地说，对于一个语言学专业的学生（更不用说高层次的学生），必须能够通过学习自觉地掌握基本的理论方法，主动地选定自己的主攻方向，独立地观察发现语言事实和找出研究的题目，这其实是一种"基本功"，但从另一个意义上说，面对语言研究（即便只是语法研究）的"莽莽森林和崎岖山路"，或许也确实需要有门课或有本书给后来者"指点迷津"。本书分别以不同的理论和方法为"路标"，讨论了汉语中一些已经有初步解释的语言现象，这是想说明也许走其中的某一条路可能到达一个暂时的终点；同时也讨论了汉语中一些存在争议的语言现象，这是想说明也许可能沿着不同的路继续走下去；另外还指出了一些没有真正解决的语言现象，这是想说明也许还可能试探着走出一条新的路子来。所以从这个角度说，这本书也具有"汉语研究入门"一类著作的作用。我们也希望，对于那些不但推开了门而且想走进"汉语和汉语研究"这间屋子来细细地"看门道"的人来说，这本书或许还能使他们"顿开茅塞"。

二、关于怎么学、怎么教和怎么读这本书。

我们希望这门课和这本书既适用于大学生和一般的社会读者，也可以提供给语言学专业的学生和年轻学者作为参考，但是对于学这门课的学生、对于教这门课的教师、对于想从事语法研究的学者来说，怎么学和教这门课，怎么读和用这本书，毕竟还是有不同的要求。概括起来就是三句话：一是想想"是什么"，二是想想"为什么"，三是想想"怎么样"。

对于非语言学专业的大学生和社会上一般读者，实际上只需要认真地看这本书，知道"是什么"这样的问题也就差不多了。因为一方面本书已经原原本本地把汉语研究中一些问题的来龙去脉、前因后果都说清楚了，即使不具备专业基础的学生和读者应该也不难看懂；另一方面根据我们的教学实践看，给非专业的大学生讲这些内容本来也不必要求他们学会多少语言学的术语概念或具体的操作技术，而最重要的是使他们通过对汉语中一些语言现象的分析和解释，能够开阔视野和拓宽思路，多多少少地认识和了解汉语和汉语研究，多多少少从语言研究的理论方法中得到启发。从听过这门课的学生的积极反应来看，我们觉得这个要求是切合实际的，也是大多数学生选修这门课所希望得到的结果。

而对于承担这门课程教学任务的教师来说，当然要求就要稍微高一些了，也就是在知道了"是什么"的基础上，至少还要了解"为什么"这样的问题。比如说为什么某个问题会成其为一个问题，为什么某种理论会成其为一种理论，乃至于为什么某个现象需要和能够用某种理论和方法来处理和解释。而要真正做到知其然又知其所以然，就最好在看这本书的同时，再去查阅一下列在书中的最重要的一些参考文献，也就是说起码要做到对书中讨论的某个理论或某个问题有比较全面的了解和认识。必须强调说明的是,本书列出的参考文献在某种意义上应该说比写在书中的内容更重要,不但其本身往往是某个问题原汁原味的研究成果,而且也能帮助大家理解和消化这本书中说的内容。

进一步,对于语言学专业的学生和开始做汉语研究的年轻学者来说,恐怕除了要知道"是什么"和"为什么",就最好还要懂得"怎么样"这样的问题了。知道了别人提出的理论和别人的研究成果,那总归是别人的,而要研究汉语问题,就必须得靠自己去做才行。"怎么样"就既包括怎样沿着别人开辟的路走下去,也包括怎样走一条新路来解决别人没解决的问题,同时还包括细细体会一下本书各讲说的内容怎么样。而要做到这一点,在读这本书的时候,当然就要透过书中说的内容和参考文献的内容,看得更深一些,更远一些。从这个角度说,一方面书中已经提出了一些语言现象的线索,就可以进一步去把涉及相关讨论的文献都找来,然后看看这个现象或与之相联系的语言现象还存在什么问题;另一方面书中也已经提到了一些理论方法的线索,同样也就可以进一步去把涉及相关理论和方法的著作都找来,然后看看这个理论和相关的理论方法到底有多少用处。我们觉得,或许这样来读这本书,那么要在汉语研究中迈出自己那一步,大概也就相距不太远了。

三、关于本书编写中的一些情况。

一是本书作者和书稿编写情况。

"汉语和汉语研究"这门课是陆俭明老师和我一起开设的,《汉语和汉语研究十五讲》这本书也是陆俭明老师和我合作编写的。就本书具体分工的情况说,陆老师执笔的除绪论外,还有第一讲至第六讲,以及第十五讲;由我执笔的是其余的第七讲至第十四讲。但全部书稿均经陆老师仔细看过,最后由我负责在全书的体例和文字上统稿定稿。

不过书稿写完后才发现了一个问题,即由于我写的那些部分似乎有点"啰唆",以至于全书的字数最后超过了原定 30 万字的篇幅。但考虑到有关的内容再删节就不完整了,剩下的内容也不大容易说清楚,加上后来受出版时间限制,也不允许再做大的修改,所以只好保持原稿的样子。好在这样写倒是符合主编关于书稿内容要尽量让学生容易看懂的要求,而教师在使用这本书作为教材时也可以自由决定有关内容的取舍,不至于影响教学。

二是本书的主体内容和参考文献。

这本书讨论的许多内容当然主要跟作者自己的研究有关,也就是说本书大多数内容除了适当提及相关的争论意见外,还是以我们自己的学术观点和研究结果为主。毋庸讳言,这些观点和结果不一定都是正确的,其中很可能有这样那样的问题,我们也无意把这些东西看作是相关研究的定论。现在之所以把这些内容写进书里,一方面当然是因为书里讨论相关专题的需要,另一方面也是想借此机会把这些不成熟的东西拿出来进一步听取专家学者的批评意见。有关的内容将随着研究的深入和成果的更新,在以后修订时再加以补充和修改。

另外这本书还涉及一些我们不太熟悉和没有太多研究成果的专题,即使是我们自己做过的研究中也涉及许多其他学者的研究成果。这方面的内容我们则主要参考了一些学者的著作和文章,有的部分甚至就直接采用了有关学者论著中的表述形式。比如本书第十二讲"认知理论与语言认知分析"和第十三讲"语用理论与语言运用分析"中相当一部分内容,就是经沈家煊先生允许,在他的论著和演讲稿部分内容的基础上改写的;本书第七讲"空语类理论与空语类分析"和第九讲"约束理论与语义所指分析"中的有关内容则主要参考了徐烈炯等先生的论著。对包括上面提到的几位在内的许多为本书提供了巨大帮助的专家学者,我们除了在书中尽可能随文注明,并在各章末尾列出参考文献以外,当然也想借此机会特别加以说明,并对他们表示衷心的感谢。

对于参考文献,我们还想说明一点:目前在书中列出的参考文献并不完整,而且只列国内学者的最重要的文献,基本不列国外学者和外文的文献,所以叫作"主要参考文献",其实也可以叫作"选择性参考文献(selected references)"。这一方面是因为这本书主要还是一本教材,因此列出的参考文献主要还要考虑让学生和读者比较容易找到,并且在有限的时间里面读完,这样数量就不宜过多,且要有所取舍;另一方面即使对于那些真的想多读一些书或希望更深入更全面了解相关研究情况的读者,其实也不妨先看本书列出来的代表性文献,然后再进一步去看这些文献后面的参考文献,这同样可达到检索和查阅更多相关文献的目的。

三是其他为本书做出贡献的单位和个人。

前面说过,这本书是在课程讲义的基础上编写的。在这两年几轮讲课的过程中,同学们的表现出乎我们意料地活跃,还提出了不少从他们的角度想到的很有意思的问题,其中有一些是我们事先没有考虑到的;同学们也对更希望听到哪些内容提出了不同的要求,对如何讲好这门课提出了许多很好的建议,这些也都使我们得到不少启发。对同学们的积极支持和参与,对同学们在教学评估中把这门课评选为"最受欢迎的全校通选课"之一,我们当然是很感动的,这将鼓舞我们今后继续开好这门课。

前面也说过,这本书是北京大学联合全国十几所重点高校共同编写的"高等学校人文素质教育通识课系列教程"中的一本,北京大学校长许智宏教授亲自担任了这套系列教材的编审委员会主任,北京大学中文系主任温儒敏教授担任了这套教材的执行主编。我们这门课程的教材有幸被选择为首批推出的"十五讲"系列教材之一,这是编委会对我们教学工作的肯定和鼓励。我们和参加编写这套系列教材的其他学者一样,都非常支持在高等学校推行人文素质通识教育这一重大的举措,也都非常愿意为创出"十五讲"这一人文素质教育通识课系列教材的品牌做出自己的贡献。我们希望这本书没有辜负编委会的信任。

前面还提到,这套"十五讲"系列教材的编辑出版工作是由北京大学出版社承担的。出版社为推出这套系列教材做了精心的筹划和细致的安排。具体负责我们这本书的汉语编辑室主任郭力编审和责任编辑徐刚先生,不但始终关心书稿的编写工作,对书稿的内容和体例提出了很好的建议和意见,并且在后来时间非常紧迫的情况下,千方百计加快排版、校对的进度,保证了本书的按时出版。对出版社的大力支持和编辑们付出的辛勤劳动,我们也要表示深深的谢意。

最后还想说一句:开设这样的一门课,编写这样的一本书,对我们来说也是一种尝试。因此一方面从专业的角度看,这本书肯定存在着不少遗漏和错误,我们当然诚恳地希望得到同行专家的批评指正;另一方面从教学的角度看,这本书是否适合高校教学,在专题内容的取舍衔接、文字表述的难易深浅等方面是否恰当,也都还需要接受更多教学实践的检验,我们当然就更加希望听到使用这本教材的教师和学生的意见建议。而我们愿意得到上述两方面批评意见的更重要的目的是,希望有更多汉语研究的专家学者通过批评这本书,能和我们一起努力让汉语研究的成果走进全社会,希望有更多社会上方方面面的人士通过阅读这本书,能和我们一起积极关心汉语研究和汉语的未来。这不但无疑将是一件大好事，而且也正是我们开设这门课和编写这本书的初衷。

沈　阳

2002 年 12 月于北京大学

第二版后记

　　本书 2003 年由北京大学出版社推出第一版（后曾多次印刷）, 2016 年由北京大学出版社出版修订版（即第二版）。由于本书作者之一的陆俭明教授工作太忙, 这一版的修订工作主要由沈阳执笔, 陆俭明提供修订意见并负责审定。

　　本书这次虽名为修订, 其实也几乎等于重写, 因为全书每一章、每一节, 甚至每一段文字表述, 都至少重新调整了一遍。具体的做法包括: 一是"合并"。主要是将原来的第一讲"认识汉语"和第二讲"汉语研究概况"合并为第一讲"关于汉语和汉语研究", 同时将原来第二讲的内容大幅度压缩。二是"删除"。这既包括取消了原来的第十五讲"汉语研究和汉语研究的应用", 也包括删除了一部分艰深的内容和烦冗的文字。三是"补充"。这既包括增加了第十四讲"韵律理论与结构韵律研究"和第十五讲"最新理论与相关结构分析", 也包括在若干章节中补充了一些新内容或新例证。从本书修订的结果看, 一方面是力争做到更加通俗易懂, 也就是更像一本"普及读物", 另一方面是努力做到更加科学严谨, 也就是更像一本"学术著作"。这大概也正是为了使本书更符合"雅俗共赏"的要求吧。

　　应该说, 本书上一版到现在已经十几年过去了, 无论是新的理论方法还是新的研究成果都"风起云涌", 本书似乎也应该"喜新厌旧"才对。比如应多介绍一些新冒出来的理论和新做出来的成果, 少重复那些稍显陈旧的理论和似乎过时的研究。但我们考虑到, 有些虽然已成为"传统"的理论其实并未"时过境迁", 而是"历久弥新", 甚至"老树开新花", 因此本书仍然保留了"结构理论""变换理论"和"配价理论"在内的一些内容。同时我们也考虑到, 有些理论虽然面目"新鲜", 但毕竟没有"久经沙场", 还不能"独挑大梁",甚至不无可能"新瓶装旧酒",所以本书尽管增加了包括"韵律理论""制图理论""构式语法理论"和"信息结构理论"等在内的一些新的理论方法和研究成果,但大多只是点到为止。我们倒是真心希望,语言学理论也罢,汉语研究也罢,不是"乱哄哄你方唱罢我登场",而是"长江后浪推前浪,把前浪拍在沙滩上"。或许那时,我们确实会需要一本全新的"十五讲"。

本书第一版后来曾多次印刷,总印数近 6 万册。本书在使用中,得到广大读者的欢迎和好评,不少高校都将其列为语言学专业学生的必读书目,甚至很多青年学者充满感情地说"是读着这本书成长起来的";本书也获得学术界的高度肯定,先后获得教育部全国普通高等学校人文社会科学研究优秀成果奖、北京市哲学社会科学研究优秀成果奖、北京市高等教育优秀教学成果奖等多个科研、教学奖项。对于读者对本书的厚爱,对于专家对本书的肯定,我们都深受感动和鼓舞。在这里我们要向本书的读者,要向为本书提供资料的学者,要向本书的出版者北京大学出版社,也要向本书新版责任编辑艾英女士,一并表示深深的谢意。

我们不但是本书文本的写作者,其实也是本书内容的受益者,因为我们写书的过程,也是学习的过程。我们愿意和大家一起,珍爱祖国语言,热爱汉语研究,将"爱情"进行到底!

陆俭明、沈阳

2016 年 7 月 15 日于北京